中国能源统计年鉴

CHINA ENERGY STATISTICAL YEARBOOK

2016

国家统计局能源统计司 编

Compiled by
Department of Energy Statistics,
National Bureau of Statistics, People's Republic of China

中国统计出版社
China Statistics Press

图书在版编目（CIP）数据

中国能源统计年鉴. 2016：汉英对照 / 国家统计局能源统计司编. -- 北京 ：中国统计出版社, 2016.12
ISBN 978-7-5037-8064-6

Ⅰ. ①中… Ⅱ. ①国… Ⅲ. ①能源经济－经济统计－中国－2016－年鉴－汉、英 Ⅳ. ①F426.2-54

中国版本图书馆 CIP 数据核字(2016)第 325358 号

中国能源统计年鉴 2016

作　　者 / 国家统计局能源统计司
责任编辑 / 许立舫
装帧设计 / 李雪燕　王　芳
出版发行 / 中国统计出版社
通信地址 / 北京市丰台区西三环南路甲 6 号　邮政编码/100073
电　　话 / 邮购（010）63376909　书店（010）68783171
网　　址 / http://www.zgtjcbs.com
印　　刷 / 河北鑫宏源印刷包装有限责任公司
经　　销 / 新华书店
开　　本 / 880 × 1230mm　1/16
字　　数 / 1200 千字
印　　张 / 23.25
版　　别 / 2016 年 12 月第 1 版
版　　次 / 2016 年 12 月第 1 次印刷
定　　价 / 298.00 元

如有印装差错，由本社发行部调换。

《中国能源统计年鉴 2016》

编辑出版人员

顾　　问：宁吉喆　许宪春

总 编 辑：文兼武

副总编辑：王晓辉　张　洋　徐　辉

编　　委：（以姓氏笔画为序）

朱　虹　朱春燕　安新莉　张　剑　胡　卫　陶　全

编辑部主任：朱　虹　郑淼淼

编 辑 人员：（以姓氏笔画为序）

马　帅　王庆一　车　桐　朱　虹　朱　峰　朱春燕

任宝莹　安新莉　孙如皎　李　蓓　杨　佳　杨宜茜

张　剑　武　斌　赵　倩　胡　卫　高　镇　陶　全

焦　健　谢　欣　熊晋梅

责任编辑：许立舫

China Energy Statistical Yearbook 2016

EDITORIAL BOARD AND STAFF

编辑说明

一、《中国能源统计年鉴》是一部全面反映中国能源建设、生产、消费、供需平衡的权威性资料书，从 1986 年开始，由国家统计局工业交通统计司主编。2008 年版起，由国家统计局能源统计司主编，中国统计出版社出版，向国内外公开发行。

二、为满足广大读者对中国能源统计数据的需求，提高数据应用的时效性，从 2004 年起，《中国能源统计年鉴》由每两年出版一册改为每年出版一册，封面的年份由数据年份改为出版年份。

三、《中国能源统计年鉴》共分为 7 个篇章：1.综合；2.能源建设；3.能源生产；4.能源消费；5.全国能源平衡表；6.地区能源平衡表；7.香港、澳门特别行政区能源数据；附录内容为台湾省及有关国家和地区能源数据、主要统计指标解释以及各种能源折标准煤参考系数。

四、本书大部分资料来源于国家统计局年度统计报表及《中国统计年鉴》。全国统计数字均未包括香港、澳门特别行政区和台湾省。能源平衡表核算范围不包括非商品能源，西藏自治区能源平衡表数据暂缺。

五、本书中，中国能源数据截止到 2015 年，世界和各国及地区能源数据截止到 2014 年。

六、符号使用说明：年鉴各表中“空格”表示该项统计指标数据不足本表最小位数、数据不详或无该项数据；“#”表示其中的主要项。

七、从 2012 年起，行业分类均采用 2011 年版最新行业分类标准。

PREFACE

China Energy Statistical Yearbook is an annual statistical publication, which covers very comprehensive data in energy construction, production, consumption, equilibrium of supply and demand in an all-round way, established in 1986, edited by Department of Industry and Transport Statistics, National Bureau of Statistics. 2008 annual is edited by Department of Energy Statistics, National Bureau of Statistics, published by China Statistics Press, to the domestic and international public publication.

In order to satisfy the masses of readers' demands for China energy statistics, improve the efficiency and timeliness of the data use, from each of 2004, *China Energy Statistical Yearbook* is published one volume every year instead of one volume every 2 years, the year of front cover also switched over to publishing year.

China Energy Statistical Yearbook consists of seven chapters: 1. General Survey; 2. Construction of Energy Industry; 3. Energy Production; 4. Energy Consumption; 5. Energy Balance Table of China; 6. Energy Balance Table by Region; 7. Energy data for the Hong Kong and Macao Special Administrative Region. Additional information provided in the appendices include major energy data for Taiwan province, energy data for related countries or areas and explanatory notes of main statistical indicators and conversion factors from physical units to coal equivalent.

Annual statistical reports from the National Bureau of Statistics and the *China Statistical Yearbook* are the main data sources of this document. However, the national data in this book does not include that of the Hong Kong and Macao Special Administrative Region, the Taiwan province. Also, the data in the energy balance tables does not cover non-commercial energy. The Tibet energy balance data is unavailable yet.

The China energy data were by the year of 2015, energy data for the world and other countries or area were by the year of 2014.

Notations used in the yearbook: blank space indicates that the figure is not large enough to be measured with the smallest unit in the table, or data are unknown or are not available; " # "indicates a major breakdown of the total.

Since 2012, Classification for national standard of industry classification is implementing new version of 2011 except legal entities.

目 录

CONTENTS

一、综合

Chapter 1 General Survey

二、能源建设

Chapter 2 Construction of Energy Industry

三、能源生产

Chapter 3 Energy Production

四、能源消费
Chapter 4 Energy Consumption

七、香港、澳门特别行政区能源数据

Chapter 7 Energy Data for Hong Kong and Macao Special Administrative Region

附录 1 台湾省能源数据

Appendix Ⅰ Energy Data For Taiwan Province

附录 2 有关国家和地区能源数据
Appendix Ⅱ Energy Data For Related Countries Or Areas

一、综　　合

Chapter 1　General Survey

1-1 能源生产、消费与国内生产总值增长速度
Growth Rate of Energy Production and Consumption Compared With Growth Rate of GDP

年 份 Year	国内生产总值增长速度 (%) Growth Rate of GDP (%)	能源生产增长速度 (%) Growth Rate of Energy Production	电力生产增长速度 (%) Growth Rate of Electricity Production	能源消费增长速度 (%) Growth Rate of Energy Consumption	电力消费增长速度 (%) Growth Rate of Electricity Consumption	能源生产弹性系数 Elasticity of Energy Production	电力生产弹性系数 Elasticity of Electricity Production	能源消费弹性系数 Elasticity of Energy Consumption	电力消费弹性系数 Elasticity of Electricity Consumption
1980	7.8	-1.3	6.6	2.9	6.6		0.85	0.37	0.85
1981	5.1	-0.8	2.9	-1.4	3.0		0.57	-0.27	0.59
1982	9.0	5.6	6.0	4.4	5.9	0.62	0.67	0.49	0.66
1983	10.8	6.7	7.2	6.4	7.3	0.62	0.67	0.59	0.68
1984	15.2	9.2	7.3	7.4	7.4	0.61	0.48	0.49	0.49
1985	13.4	9.9	8.9	8.1	9.0	0.74	0.66	0.60	0.67
1986	8.9	3.0	9.5	5.4	9.5	0.34	1.07	0.61	1.07
1987	11.7	3.6	10.6	7.2	10.6	0.31	0.91	0.62	0.91
1988	11.2	5.0	9.6	7.4	9.7	0.45	0.86	0.66	0.87
1989	4.2	6.1	7.3	4.2	7.3	1.45	1.74	1.00	1.74
1990	3.9	2.2	6.2	1.8	6.2	0.56	1.59	0.46	1.59
1991	9.3	0.9	9.1	5.1	9.2	0.10	0.98	0.55	0.99
1992	14.2	2.3	11.3	5.2	11.5	0.16	0.80	0.37	0.81
1993	13.9	3.6	15.3	6.3	11.0	0.26	1.10	0.45	0.79
1994	13.0	6.9	10.7	5.8	9.9	0.53	0.82	0.45	0.76
1995	11.0	8.7	8.6	6.9	8.2	0.79	0.78	0.63	0.75
1996	9.9	3.1	7.2	3.1	7.4	0.31	0.73	0.31	0.75
1997	9.2	0.3	5.1	0.5	4.8	0.03	0.55	0.05	0.52
1998	7.8	-2.7	2.7	0.2	2.8		0.35	0.03	0.36
1999	7.7	1.6	6.3	3.2	6.1	0.21	0.82	0.42	0.79
2000	8.5	5.0	9.4	4.5	9.5	0.59	1.11	0.54	1.12
2001	8.3	6.4	9.2	5.8	9.3	0.77	1.11	0.70	1.12
2002	9.1	6.0	11.7	9.0	11.8	0.66	1.29	0.99	1.30
2003	10.0	14.1	15.5	16.2	15.6	1.41	1.55	1.62	1.56
2004	10.1	15.6	15.3	16.8	15.4	1.54	1.51	1.67	1.52
2005	11.4	11.1	13.5	13.5	13.5	0.98	1.18	1.18	1.18
2006	12.7	6.9	14.6	9.6	14.6	0.54	1.15	0.76	1.15
2007	14.2	7.9	14.5	8.7	14.4	0.56	1.02	0.61	1.01
2008	9.7	5.0	5.6	2.9	5.6	0.52	0.58	0.30	0.58
2009	9.4	3.1	7.1	4.8	7.2	0.33	0.76	0.51	0.77
2010	10.6	9.1	13.3	7.3	13.2	0.86	1.25	0.69	1.25
2011	9.5	9.0	12.0	7.3	12.1	0.95	1.26	0.77	1.27
2012	7.9	3.2	5.8	3.9	5.9	0.40	0.73	0.49	0.75
2013	7.8	2.2	8.9	3.7	8.9	0.28	1.14	0.47	1.14
2014	7.3	0.9	4.0	2.1	4.0	0.12	0.55	0.29	0.55
2015	6.9	0.0	2.9	1.0	2.9		0.42	0.14	0.42

注：国内生产总值增长速度按可比价格计算，能源生产增长速度和能源消费增长速度采用等价值总量计算。

a) GDP growth rate is calculated at comparable prices, the growth rates of energy production and consumption are calculated by coal equivalent.

1-2 国民经济和能源经济主要指标

指 标	Item	2000	2001	2002	2003
1.年底人口总数(万人)	1.Year-end Population (10^4 persons)	126743	127627	128453	129227
城镇	Urban	45906	48064	50212	52376
乡村	Rural	80837	79563	78241	76851
2.国内生产总值(亿元)	2.Gross Domestic Products (10^8 yuan)	100280	110863	121717	137422
第一产业	Primary Industry	14717	15503	16190	16970
第二产业	Secondary Industry	45665	49661	54106	62697
工业	Industry	40260	43856	47776	55364
建筑业	Construction	5534	5946	6482	7511
第三产业	Tertiary Industry	39898	45700	51422	57754
3.全社会固定资产投资总额(亿元)	3.Investment in Fixed Assets (10^8 yuan)	32918	37214	43500	55567
能源工业(国有)	Energy Industry (State-owned)	2840	2622	2626	2876
煤炭采选业	Coal Mining and Processing	199	199	233	310
石油和天然气开采业	Petroleum and Natural Gas Extraction	365	375	158	236
电力、蒸汽、热水生产和供应业	Electricity, Steam Production and Supply	2130	1861	2082	2158
石油加工及炼焦业	Petroleum Processing and Coking	95	127	93	90
煤气生产和供应业	Gas Production and Supply	60	58	60	82
4.进出口总额(亿元)	4.Total Value of Exports and Imports (10^8 yuan)	39273	42184	51378	70484
出口总额	Exports	20634	22024	26948	36288
进口总额	Imports	18639	20159	24430	34196
5.一次能源生产总量(发电煤耗计算法)* (万吨标准煤)	5.Primary Energy Production (coal equivalent calculation)* (10^4 tce)	138570	147425	156277	178299
一次能源生产总量(电热当量计算法)** (万吨标准煤)	Primary Energy Production (calorific value calculation)** (10^4 tce)	132384	139928	148450	170305
6.能源消费总量(发电煤耗计算法)* (万吨标准煤)	6.Total Energy Consumption (coal equivalent calculation)* (10^4 tce)	146964	155547	169577	197083
能源消费总量(电热当量计算法)** (万吨标准煤)	Total Energy Consumption (calorific value calculation)** (10^4 tce)	140993	148264	161935	189269

注： * 发电煤耗计算法是指电力按当年平均火力发电煤耗换算成标准煤(下表同)。

** 电热当量计算法是指电力按自身的热功当量换算成标准煤。采用的折标系数为1万千瓦时=1.229吨标准煤(下表同)。

* Electricity is converted to TCE by average quantity of fuel used for power generation. (the same as in the following tables)

** Electricity is converted to TCE by 104kwh=1.229TCE. (The same as in the following tables)

Main Indicators of National Economy and Energy Economy

2004	2005	2006	2007	2008	2009	2010	2011	2012	2013	2014	2015
129988	130756	131448	132129	132802	133450	134091	134735	135404	136072	136782	137462
54283	56212	58288	60633	62403	64512	66978	69079	71182	7311	74916	77116
75705	74544	73160	71496	70399	68938	67113	65656	64222	62961	61866	60346
161840	187319	219439	270232	319516	349081	413030	489301	540367	595244	643974	685506
20904	21807	23317	27788	32753	34162	39363	46163	50902	55329	58344	60871
74287	88084	104362	126634	149957	160172	191630	227039	244643	261956	277572	280560
65777	77961	92238	111694	131728	138096	165126	195143	208906	222338	233856	235184
8721	10401	12450	15348	18808	22682	27259	32927	36896	40897	44881	46547
66649	77428	91760	115811	136806	154748	182038	216099	244822	277959	308059	344075
70477	88774	109998	137324	172828	224599	278122	311485	374695	446294	512021	562000
3643	4766	5687	6715	7940	10003	11219	11468	12402	14011	15425	15419
420	624	759	836	1014	1241	1477	1635	1784	1657	1496	1277
301	279	387	586	740	1271	1798	2009	1963	2480	2695	2068
2640	3451	4042	4611	5336	6686	7054	6806	7670	8458	9929	10855
188	299	369	549	698	561	556	653	540	723	628	597
95	113	129	133	153	244	336	365	446	693	678	622
95539	116922	140974	166864	179921	150648	201722	236402	244160	258169	264242	245503
49103	62648	77597	93564	100395	82030	107023	123241	129359	137131	143884	141167
46436	54274	63377	73300	79527	68618	94699	113161	114801	121038	120358	104336
206108	229037	244763	264173	277419	286092	312125	340178	351041	358784	361866	361476
196418	218355	233269	251772	262992	271067	294807	323045	330203	336452	336149	333505
230281	261369	286467	311442	320611	336126	360648	387043	402138	416913	425806	429905
220738	250835	275134	299271	306455	321336	343601	370163	381515	394794	400299	402164

1-3 平均每万元国内生产总值能源消费量
Energy Intensity by GDP

年 份 Year	万元国内生产总值能源消费量 (吨标准煤/万元) Total Energy Consumption (tce/10^4 yuan)	万元国内生产总值煤炭消费量 (吨/万元) Coal (ton/10^4 yuan)	万元国内生产总值焦炭消费量 (吨/万元) Coke (ton/10^4 yuan)	万元国内生产总值石油消费量 (吨/万元) Petroleum (ton/10^4 yuan)	万元国内生产总值原油消费量 (吨/万元) Crude Oil (ton/10^4 yuan)	万元国内生产总值燃料油消费量 (吨/万元) Fuel Oil (ton/10^4 yuan)	万元国内生产总值电力消费量 (万千瓦小时/万元) Electricity (10^4 kW·h/10^4 yuan)
	国内生产总值按1980年可比价格计算 GDP is calculated at 1980 constant prices						
1980	13.14	13.30	0.94	1.91	2.01	0.67	0.66
1981	12.33	12.56	0.81	1.93	1.81	0.59	0.64
1982	11.81	12.20	0.76	1.56	1.65	0.53	0.62
1983	11.34	11.80	0.71	1.44	1.56	0.49	0.60
1984	10.57	11.18	0.66	1.29	1.37	0.43	0.56
1985	10.08	10.72	0.62	1.21	1.25	0.37	0.54
1986	9.75	10.38	0.63	1.17	1.23	0.36	0.54
1987	9.36	10.03	0.62	1.11	1.15	0.34	0.54
1988	9.03	9.65	0.59	1.08	1.09	0.31	0.53
1989	9.04	9.64	0.59	1.08	1.08	0.32	0.55
1990	8.85	9.47	0.62	1.03	1.06	0.30	0.56
	国内生产总值按1990年可比价格计算 GDP is calculated at 1990 constant prices						
1990	5.23	5.59	0.37	0.61	0.62	0.18	0.33
1991	5.03	5.36	0.35	0.60	0.60	0.17	0.33
1992	4.63	4.84	0.33	0.57	0.56	0.15	0.32
1993	4.32	4.51	0.33	0.55	0.52	0.14	0.31
1994	4.05	4.24	0.30	0.49	0.46	0.12	0.31
1995	3.90	4.09	0.32	0.48	0.44	0.11	0.30
1996	3.66	3.79	0.32	0.48	0.43	0.10	0.29
1997	3.36	3.41	0.27	0.48	0.43	0.09	0.28
1998	3.13	3.10	0.26	0.45	0.40	0.09	0.27
1999	3.00	2.97	0.23	0.45	0.40	0.08	0.26
2000	2.89	2.67	0.21	0.44	0.42	0.08	0.26
	国内生产总值按2000年可比价格计算 GDP is calculated at 2000 constant prices						
2000	1.47	1.35	0.11	0.22	0.21	0.04	0.13
2001	1.43	1.32	0.11	0.21	0.20	0.04	0.14
2002	1.43	1.30	0.11	0.21	0.19	0.03	0.14
2003	1.51	1.41	0.12	0.21	0.19	0.03	0.15
2004	1.60	1.48	0.13	0.22	0.20	0.03	0.15
2005	1.63	1.52	0.16	0.20	0.19	0.03	0.16
	国内生产总值按2005年可比价格计算 GDP is calculated at 2005 constant prices						
2005	1.40	1.30	0.13	0.17	0.16	0.02	0.13
2006	1.36	1.28	0.13	0.17	0.15	0.02	0.14
2007	1.29	1.20	0.13	0.15	0.14	0.02	0.14
2008	1.21	1.14	0.12	0.14	0.13	0.01	0.13
2009	1.16	1.12	0.13	0.13	0.13	0.01	0.13
2010	1.13	1.09	0.12	0.14	0.13	0.01	0.13
	国内生产总值按2010年可比价格计算 GDP is calculated at 2010 constant prices						
2010	0.87	0.84	0.09	0.11	0.10	0.01	0.10
2011	0.86	0.86	0.09	0.10	0.10	0.01	0.10
2012	0.82	0.84	0.09	0.10	0.10	0.01	0.10
2013	0.79	0.81	0.09	0.10	0.09	0.01	0.10
2014	0.75	0.73	0.08	0.09	0.09	0.01	0.10
2015	0.71	0.66	0.07	0.09	0.09	0.01	0.10

1-4 能源加工转换效率
Efficiency of Energy Transformation

单位：% (%)

年 份 Year	总效率 Total Efficiency	发电及电站供热 Power Generation and Heating by Power Station	炼 焦 Coking	炼 油 Petroleum Refinery
1980	69.54	36.02	88.68	99.00
1981	69.28	36.68	90.89	99.06
1982	69.20	36.78	90.51	99.13
1983	69.93	36.94	91.18	99.16
1984	69.16	36.95	90.08	99.17
1985	68.29	36.85	90.79	99.10
1986	68.32	36.69	90.63	99.04
1987	67.48	36.75	90.46	98.81
1988	66.54	36.34	90.77	98.76
1989	66.51	36.74	90.30	98.57
1990	66.48	37.34	91.28	90.19
1991	65.90	37.60	89.90	98.10
1992	66.00	37.80	92.70	96.80
1993	67.32	39.90	98.05	98.49
1994	65.20	39.35	89.62	97.48
1995	71.05	37.31	91.99	97.67
1996	70.19	36.63	94.07	97.46
1997	69.76	35.89	94.01	97.37
1998	69.28	37.09	94.97	96.41
1999	69.25	37.04	96.13	97.51
2000	69.38	37.78	96.20	97.32
2001	69.70	38.15	96.47	97.60
2002	68.99	38.67	96.63	96.73
2003	69.38	38.46	96.13	96.38
2004	70.60	38.64	97.10	96.48
2005	71.11	38.97	97.14	96.94
2006	70.87	39.08	97.02	96.90
2007	71.23	39.80	97.54	97.17
2008	71.46	40.47	98.46	96.22
2009	72.41	41.23	98.00	96.74
2010	72.52	41.99	96.38	97.00
2011	72.19	42.13	96.30	97.41
2012	72.68	42.81	95.65	97.11
2013	72.96	43.12	95.60	97.65
2014	73.49	43.55	95.07	97.54
2015	73.72	44.22	92.34	97.55

1-5 人均能源生产量和消费量
Energy Production and Consumption Per Capita

年 份 Year	人均能源生产量 Per-Capita Energy Production				人均能源消费量 Per-Capita Energy Consumption			
	能源总量（千克标准煤） Total Energy (kgce)	原煤（千克） Raw Coal (kg)	原油（千克） Crude Oil (kg)	电力（千瓦小时） Electricity (kW•h)	能源总量（千克标准煤） Total Energy (kgtce)	煤炭（千克） Coal (kg)	石油（千克） Oil (kg)	电力（千瓦小时） Electricity (kW•h)
1980	650	632	108	306	614	622	89	306
1981	636	625	102	311	598	610	94	311
1982	662	661	101	325	615	636	81	325
1983	696	698	104	343	645	671	82	344
1984	751	761	111	364	684	723	83	364
1985	814	830	119	391	730	776	87	392
1986	826	838	123	421	758	806	91	422
1987	842	856	124	459	799	856	95	460
1988	870	889	124	495	844	902	101	496
1989	909	942	123	523	867	925	104	524
1990	915	951	122	547	869	930	101	549
1991	911	945	123	589	902	960	108	591
1992	921	958	122	647	937	979	115	651
1993	942	976	123	711	984	1026	125	715
1994	996	1040	123	779	1030	1078	125	777
1995	1071	1129	125	836	1089	1143	133	832
1996	1093	1147	129	887	1110	1150	145	884
1997	1085	1128	131	923	1105	1120	157	917
1998	1045	1073	130	939	1097	1087	160	934
1999	1053	1089	128	989	1122	1112	168	982
2000	1097	1096	129	1074	1156	1075	178	1067
2001	1159	1157	129	1164	1223	1125	180	1158
2002	1221	1211	130	1292	1324	1200	194	1286
2003	1384	1424	132	1483	1530	1426	214	1477
2004	1590	1638	136	1700	1777	1637	241	1695
2005	1757	1814	139	1918	2005	1867	250	1913
2006	1867	1960	141	2186	2185	2064	266	2181
2007	2005	2094	141	2490	2363	2204	278	2482
2008	2094	2192	144	2617	2420	2269	282	2608
2009	2149	2340	142	2790	2525	2441	290	2782
2010	2399	2563	152	3145	2696	2609	330	3135
2011	2531	2801	151	3506	2880	2894	339	3497
2012	2599	2921	154	3693	2977	3018	354	3684
2013	2643	2928	155	4002	3071	3127	368	3993
2014	2652	2840	155	4141	3121	3017	380	4133
2015	2636	2732	156	4240	3135	2895	402	4231

注：本表按年平均人口数计算，下表同。

a) This table is calculated by annual average population, the same applies to table following.

1-6 人均生活用能量
Residential Energy Consumption Per Capita

年 份 Year	全国人均生活用能量（千克标准煤） Annual Average (kgce)	煤炭（千克） Coal (kg)	电力（千瓦小时） Electricity (kW•h)	液化石油气（千克） LPG (kg)	天然气（立方米） Natural Gas (cu.m)	煤气（立方米） Gas (cu.m)	城镇人均生活用能量（千克标准煤） Urban (kgce)	农村人均生活用能量（千克标准煤） Rural (kgce)
1980	112	118	11	0.4	0.2	1.4	332	60
1981	101	122	12	0.5	0.2	1.4	290	55
1982	102	124	12	0.5	0.2	1.5	281	56
1983	107	128	13	0.6	0.1	1.5	283	59
1984	113	135	15	0.6	0.4	1.6	288	63
1985	127	149	21	0.9	0.4	1.3	307	72
1986	127	148	23	1.1	0.6	1.3	306	71
1987	132	152	26	1.1	0.7	1.6	300	76
1988	141	159	31	1.2	1.4	1.6	307	84
1989	139	152	35	1.4	1.5	2.4	297	84
1990	139	147	42	1.4	1.6	2.5	298	83
1991	139	143	47	1.8	1.6	3.2	292	83
1992	134	127	55	2.1	1.8	4.4	267	85
1993	133	123	63	2.5	1.5	4.6	258	86
1994	129	109	73	3.2	1.7	6.3	238	86
1995	131	112	83	4.4	1.6	4.7	242	86
1996	121	83	88	5.9	1.7	6.4	238	71
1997	119	77	99	6.2	1.7	8.9	226	71
1998	119	73	104	6.9	1.9	9.7	218	71
1999	122	70	109	6.8	2.1	9.3	213	75
2000	132	67	115	6.8	2.6	10.0	213	88
2001	136	66	127	6.7	3.3	9.4	210	93
2002	146	66	138	7.6	3.6	9.8	215	103
2003	166	70	160	8.6	4.0	10.1	238	119
2004	191	75	184	10.4	5.2	10.7	264	140
2005	211	77	221	10.2	6.1	11.1	288	155
2006	230	77	256	11.5	7.8	12.7	248	169
2007	250	74	308	12.4	10.9	14.1	327	186
2008	254	69	332	11.0	12.8	13.9	324	194
2009	264	69	366	11.2	13.3	12.5	328	206
2010	273	68	383	10.5	17.0	12.5	320	227
2011	294	69	418	12.0	19.7	10.9	331	257
2012	313	69	460	12.1	21.3	10.2	344	280
2013	335	68	515	13.6	23.8	7.9	357	311
2014	346	68	526	15.9	25.1	7.1	364	325
2015	365	68	552	18.6	26.2	5.9	377	351

1-7 年末交通运输设备拥有量
Number of Transportation Equipment (Year-End)

指 标 Item	2000	2005	2006	2007	2008	2009	2010	2011	2012	2013	2014	2015
铁路机车合计(台) Total Railway Locomotives(unit)	15253	17473	17799	18306	18437	18922	19431	20721	20797	20835	21069	21366
蒸汽机车 Steam Locomotives	911	193	133	124	118	107	72	15	15	15	15	15
内燃机车 Diesel Locomotives	10826	12114	12148	12111	12021	11805	10990	11081	10602	9961	9485	9132
电力机车 Electric Locomotives	3516	5166	5518	6071	6298	7010	8369	9625	10180	10859	11596	12219
铁路客车(辆) Railway Passenger Coaches(coach)	35989	40328	40945	42471	43215	47436	50391	54731	57721	58965	60629	67706
铁路货车(辆) Railway Freight Cars(coach)	439943	541824	558483	571078	584961	594388	622284	651175	670891	721850	716578	768516
民用汽车合计(万辆) Total Civil Motor Vehicles(10^4 unit)	1609	3160	3697	4358	5100	6281	7802	9356	10933	12670	14598	16284
载客汽车 Passenger Vehicles	854	2132	2620	3196	3839	4845	6124	7478	8943	10562	12327	14096
载货汽车 Trucks	716	956	986	1054	1126	1369	1598	1788	1895	2011	2125	2066
其他机动车(万辆) Others(10^4 unit)	4168	8595	8798	9434	9757	10489	11306	11549	11322	10547	9852	9570
公路部门营运车辆(万辆) Motor Vehicles Owned by Highway Department(10^4 unit)	703	733	803	849	931	1087	1133	1264	1340	1505	1538	1473
私人汽车(万辆) Private Vehicles(10^4 unit)	625	1848	2333	2876	3501	4575	5939	7327	8839	10502	12339	14099
民航飞机合计(架) Total Civil Aircraft(unit)	982	1386	1614	1813	1961	2181	2405	3191	3589	4004	4168	4554
民用运输船舶合计(艘) Total Civil Transport Vessels(unit)	229676	207294	194360	191771	184190	176932	178407	179242	178591	172554	171977	165905
机动船 Motor Vessels	185018	165900	157805	157544	152247	149367	155624	157950	158309	155340	154974	149659
驳船 Barges	44658	41394	36555	34227	31943	27565	22783	21292	20282	17214	17003	16246
#私人运输船舶 #Private Transport Vessels	142117	95838	70292	70017	64552							

1-8 主要能源品种进、出口量
Imports and Exports of Major Energy Products

指 标 Item	2000	2005	2006	2007	2008	2009	2010	2011	2012	2013	2014	2015
进口量 Import												
煤(万吨) Coal(10^4tons)	218	2622	3822	5160	4363	13188	18307	22236	28841	32702	29122	20406
焦炭(万吨) Coal(10^4tons)		1				16	11	12	8	3		
原油(万吨) Crude Oil(10^4tons)	7027	12682	14517	16317	17889	20365	23768	25378	27103	28174	30837	33548
汽油(万吨) Gasoline(10^4tons)			6	23	199	4		3			3	17
煤油(万吨) Kerosene(10^4tons)	255	328	561	524	648	612	487	618	621	669	414	348
柴油(万吨) Diesel Oil(10^4tons)	26	53	71	162	624	184	180	233	91	27	47	43
燃料油(万吨) Fuel Oil(10^4tons)	1480	2609	2799	2417	2186	2407	2299	2684	2683	2347	1785	1540
液化石油气(万吨) LPG(10^4tons)	482	617	536	405	259	408	327	350	359	452	739	1244
其他石油制品(万吨) Other Petroleum Products(10^4tons)	161	443	443	689	666	1153	1731	1648	1548	1924	1677	2063
天然气(亿立方米) Natural Gas(10^8cu.m)			10	40	46	76	165	312	421	525	591	611
电力(亿千瓦小时) Electricity(10^8kW•h)	15	50	54	43	38	60	56	66	69	75	68	62
出口量 Export												
煤(万吨) Coal(10^4tons)	5505	7172	6327	5317	4543	2240	1910	1466	928	751	574	534
焦炭、半焦炭（万吨） Coke and Semi-coke(10^4tons)	1520	1276	1447	1530	1221	54	335	330	102	467	851	965
原油(万吨) Crude Oil(10^4tons)	1031	807	634	389	424	507	303	252	243	162	60	287
汽油(万吨) Gasoline(10^4tons)	455	560	351	464	203	492	517	406	292	469	508	589
煤油(万吨) Kerosene(10^4tons)	199	269	371	448	536	594	605	656	745	917	1067	1237
柴油(万吨) Diesel Oil(10^4tons)	55	148	78	66	63	451	464	202	185	278	410	716
燃料油(万吨) Fuel Oil(10^4tons)	33	230	258	380	732	862	990	1227	1162	1135	948	1052
液化石油气(万吨) LPG(10^4tons)	2	3	15	34	68	85	93	119	128	127	144	144
其它石油制品(万吨) Other Petroleum Products(10^4tons)	280	473	473	416	419	305	386	459	328	315	343	348
天然气(亿立方米) Natural Gas(10^8cu.m)		30	29	26	32	32	40	32	29	27	26	33
电力(亿千瓦小时) Electricity(10^8kW•h)	99	112	123	146	166	174	191	193	177	187	182	187

1-9 主要高耗能产品的进、出口量
Imports and Exports of Energy Intensive Products

指 标 Item	2000	2005	2006	2007	2008	2009	2010	2011	2012	2013	2014	2015
进口量 Import												
钢材（万吨） Steel Products(10^4tons)	1596	2582	1851	1687	1543	1763	1643	1558	1366	1408	1443	1278
未锻造的铜及铜合金(万吨) Copper and Copper Alloys(10^4tons)	81	142	97	173	170	347	338	329	398	389	422	425
未锻造的铝及铝合金(万吨) Aluminum and Aluminum Alloys(10^4tons)	91	64	51	28	26	174	36	33	64	48	35	22
纯碱(万吨) Soda Ash(10^4tons)	13	7	14	4								
肥料(万吨) Chemical Fertilizers, Manufactured(10^4ton)	1189	1397	1129	1169	622	411	718	795	843	793	959	1116
纸浆(万吨) Paper Pulp(10^4ton)	335	759	796	847	952	1368	1137	1445	1646	1685	1796	1984
纺织用合成纤维(万吨) Synthetic Fiber Suitable for Spinning(10^4tons)	100	84	62	51	32	35	37	35	33	38	34	34
出口量 Export												
水泥(万吨) Cement(10^4tons)	605	2216	3613	3301	2604	1561	1616	1061	1200	1454	1391	1575
平板玻璃(万平方米) Plate Glass(10^4sq.m)	5592	19925	26433	30917	27762	16643	17398	18726	17632	19546	21896	21460
钢材（万吨） Steel Products(10^4tons)	621	2052	4301	6265	5923	2460	4256	4888	5573	6234	9378	11240
铜材(吨) Copper Products (ton)	144484	463560	559122	499678	517522	455136	508580	500347	492980	489000	507858	466077
铝材(万吨) Aluminum Products(10^4tons)	13	71	124	185	190	139	218	300	283	307	367	420
未锻造的锌及锌合金(吨) Zinc and Zinc Alloys(ton)	593336	146845	341465	276714	71320	29287	43395	48369	7937	5395	132719	96683
纸及纸板(未切成形)(万吨) Paper and Paperboard in Rolls(10^4tons)	65	167	305	422	361	362	380	450	471	565	630	593

1-10 分地区废气中主要污染物排放情况（2015年）
Main Pollutant Emission in Waste Gas by Region (2015)

地 区	Region	废气中主要污染物排放量 Main Pollutant Emission in Waste Gas		
		二氧化硫 (万吨) Sulphur Dioxide (10^4 tons)	氮氧化物 (万吨) Nitrogen Oxides (10^4 tons)	烟(粉)尘 (万吨) Smoke and Dust (10^4 tons)
全 国	**National Total**	**1859.12**	**1851.02**	**1538.01**
北 京	Beijing	7.12	13.76	4.94
天 津	Tianjin	18.59	24.68	10.07
河 北	Hebei	110.84	135.08	157.54
山 西	Shanxi	112.06	93.08	144.89
内蒙古	Inner Mongolia	123.09	113.90	87.88
辽 宁	Liaoning	96.88	82.81	100.00
吉 林	Jilin	36.29	50.17	44.73
黑龙江	Heilongjiang	45.63	64.48	64.41
上 海	Shanghai	17.08	30.06	12.07
江 苏	Jiangsu	83.51	106.76	65.45
浙 江	Zhejiang	53.78	60.77	33.02
安 徽	Anhui	48.01	72.10	54.59
福 建	Fujian	33.79	37.90	34.17
江 西	Jiangxi	52.81	49.27	48.06
山 东	Shandong	152.57	142.39	108.25
河 南	Henan	114.43	126.24	84.61
湖 北	Hubei	55.14	51.45	44.70
湖 南	Hunan	59.55	49.69	45.45
广 东	Guangdong	67.83	99.69	34.78
广 西	Guangxi	42.12	37.34	35.59
海 南	Hainan	3.23	8.95	2.04
重 庆	Chongqing	49.58	32.07	20.91
四 川	Sichuan	71.76	52.59	41.26
贵 州	Guizhou	85.30	41.91	28.56
云 南	Yunnan	58.37	44.94	31.26
西 藏	Tibet	0.54	5.27	1.71
陕 西	Shaanxi	73.50	62.74	60.36
甘 肃	Gansu	57.06	38.73	29.54
青 海	Qinghai	15.08	11.79	24.60
宁 夏	Ningxia	35.76	36.76	22.99
新 疆	Xinjiang	77.83	73.65	59.59

1-11 分地区废水中主要污染物排放情况（2015年）

地　区	Region	废　水 排放总量 （万吨） Total Waste Water Discharged (10^4 tons)	废水中主要污染物排放量 Main Pullutant Emission in Waste Water 化学需氧量（万吨）COD (10^4 tons)	氨氮（万吨）Ammonia Nitrogen (10^4 tons)	总氮（万吨）Total Nitrogen (10^4 tons)	总磷（万吨）Total Phosphorus (10^4 tons)
全　国	**National Total**	**7353227**	**2223.5**	**229.9**	**461.3**	**54.7**
北　京	Beijing	151733	16.2	1.6	3.3	0.4
天　津	Tianjin	93008	20.9	2.4	3.6	0.5
河　北	Hebei	310568	120.8	9.7	37.8	4.6
山　西	Shanxi	145252	40.5	5.0	8.9	1.1
内蒙古	Inner Mongolia	110861	83.6	4.7	18.9	2.2
辽　宁	Liaoning	260045	116.7	9.6	20.8	2.9
吉　林	Jilin	126908	72.4	5.1	12.5	1.5
黑龙江	Heilongjiang	148595	139.3	8.1	28.5	2.9
上　海	Shanghai	224147	19.9	4.3	1.6	0.2
江　苏	Jiangsu	621303	105.5	13.8	17.3	1.8
浙　江	Zhejiang	433822	68.3	9.8	8.4	1.0
安　徽	Anhui	280626	87.1	9.7	18.6	2.0
福　建	Fujian	256868	60.9	8.5	9.2	1.3
江　西	Jiangxi	223232	71.6	8.5	10.7	1.5
山　东	Shandong	559908	175.8	15.2	67.7	8.2
河　南	Henan	433487	128.7	13.4	42.7	5.1
湖　北	Hubei	313785	98.6	11.4	18.5	2.3
湖　南	Hunan	314107	120.8	15.1	22.2	2.7
广　东	Guangdong	911523	160.7	20.0	18.7	2.8
广　西	Guangxi	220066	71.1	7.7	11.4	1.4
海　南	Hainan	39123	18.8	2.1	4.0	0.5
重　庆	Chongqing	149799	38.0	5.0	5.4	0.7
四　川	Sichuan	341607	118.6	13.1	22.5	2.6
贵　州	Guizhou	112803	31.8	3.6	4.8	0.5
云　南	Yunnan	173333	51.0	5.5	7.5	0.8
西　藏	Tibet	5883	2.9	0.3	0.7	0.1
陕　西	Shaanxi	168122	48.9	5.6	10.0	1.0
甘　肃	Gansu	67072	36.6	3.7	5.1	0.5
青　海	Qinghai	23663	10.4	1.0	0.8	0.1
宁　夏	Ningxia	32025	21.1	1.6	3.6	0.4
新　疆	Xinjiang	99952	66.0	4.6	15.5	1.3

Main Pollutant Emission in Waste Water by Region (2015)

废水中主要污染物排放量 Main Pullutant Emission in Waste Water						
石油类 (吨) Petroleum (ton)	挥发酚 (吨) Volatile Phenol (ton)	铅 (千克) Plumbum (kg)	汞 (千克) Mercury (kg)	镉 (千克) Cadmium (kg)	总铬 (千克) Total Chromium (kg)	砷 (千克) Arsenic (kg)
15192.0	**988.2**	**79430**	**1080**	**15820**	**105288**	**112101**
35.3	0.4	4		1	94	11
53.3	0.3	92	99	2	292	26
1083.3	35.1	341	76	13	6433	52
739.4	423.3	461	37	111	119	291
1214.8	150.3	11871	38	1622	560	19658
524.4	9.6	115	5	19	872	91
282.2	4.0	204	4	28	168	1301
212.7	2.5	46	3	9	95	56
633.7	1.1	153	18	12	1821	89
961.6	31.5	1143	12	26	9915	303
391.7	4.2	725	12	310	12158	247
666.2	3.6	1513	13	141	766	2282
341.0	2.2	3594	19	625	9962	3097
673.0	14.3	9206	88	2093	1228	9200
461.8	33.0	924	3	1043	6787	2257
912.6	108.1	1753	17	364	26208	959
940.8	12.5	3989	14	859	3380	11621
580.6	18.5	18173	142	4593	8161	30887
433.4	7.8	2724	35	444	8177	936
269.6	4.8	4635	152	631	879	3636
48.1	0.0	4		1	42	6
350.9	5.4	83	1	4	706	34
563.8	2.5	3788	71	207	2685	3395
412.8	0.5	73	22	20	335	110
327.7	1.7	5066	24	857	167	8431
1.0	5.4	6		1	3	5205
633.1	6.1	1457	35	511	701	1196
728.4	21.1	5840	107	1161	1636	4696
147.1	0.9	1305	6	93	7	1358
161.5	68.7	7	3	1	106	49
406.3	9.1	137	23	17	825	620

二、能源建设

Chapter 2 Construction of Energy Industry

2-1 国有经济能源工业分行业固定资产投资
Investment In Fixed Assets of State-Owned Units in Energy Industry

单位：亿元 (100 million yuan)

项 目 Item	1995	2000	2005	2006	2007	2008	2009	2010	2011	2012	2013	2014	2015
能源工业 Energy Industry	2025	2840	4766	5687	6715	7940	10003	11219	11468	12402	14011	15425	15419
煤炭采选业 Coal Mining and Processing	282	199	624	759	836	1014	1241	1477	1635	1784	1657	1496	1277
石油和天然气开采业 Petroleum and Natural Gas Extraction	500	356	279	387	586	740	1271	1798	2009	1963	2480	2695	2068
电力、蒸汽、热水生产和供应业 Electricity, Steam, Hot Water Producing and Supply	1043	2130	3451	4042	4611	5336	6686	7054	6806	7670	8458	9929	10855
石油加工及炼焦业 Petroleum Processing and Coking	162	95	299	369	549	698	561	556	653	540	723	628	597
煤气生产和供应业 Coal Gas and Coal Products	39	60	113	129	133	153	244	336	365	446	693	678	622

注：自2011年起，除房地产开发投资和农户投资，固定资产投资统计起点由50万元提高到500万元；城镇固定资产投资数据发布口径改为固定资产投资(不含农户)，该口径等于原来城镇固定资产投资加上农村企事业组织的项目投资,以下表同。

a) Since 2011, the cut-off point has changed from 500 000 yuan to 5 million yuan, published coverage of investment in fixed assets in urban area changed into investment in fixed assets (excluding rural households) which included investment in urban area and investment in rural enterprises (units). The same applies to the tables following.

2-2 国有经济能源工业分行业固定资产投资构成
Proportions of Investment in Fixed Assets of State-Owned Units in Energy Industry

单位：% (%)

项 目 Item	1995	2000	2005	2006	2007	2008	2009	2010	2011	2012	2013	2014	2015
能源工业 Energy Industry	100.00	100.00	100.00	100.00	100.00	100.00	100.00	100.00	100.00	100.00	100.00	100.00	100.00
煤炭采选业 Coal Mining and Processing	13.94	7.00	13.08	13.35	12.45	12.77	12.40	13.16	14.26	14.38	11.83	9.70	8.28
石油和天然气开采业 Petroleum and Natural Gas Extraction	24.67	12.52	5.85	6.80	8.72	9.31	12.71	16.02	17.52	15.83	17.70	17.47	13.41
电力、蒸汽、热水生产和供应业 Electricity, Steam, Hot Water Producing and Supply	51.48	75.02	72.42	71.09	68.67	67.20	66.84	62.87	59.35	61.84	60.37	64.37	70.40
石油加工及炼焦业 Petroleum Processing and Coking	7.98	3.34	6.28	6.49	8.18	8.79	5.61	4.95	5.70	4.35	5.16	4.07	3.87
煤气生产和供应业 Coal Gas and Coal Products	1.93	2.11	2.37	2.27	1.97	1.92	2.44	2.99	3.18	3.60	4.94	4.39	4.04

2-3 分地区国有经济能源工业固定资产投资

Investment in Fixed Assets of State-Owned Units in Energy Industry by Region

单位：亿元 (100 million yuan)

地 区	Region	1995	2000	2005	2006	2007	2008	2009	2010	2011	2012	2013	2014	2015
北 京	Beijing	48	54	100	91	133	124	125	94	88	89	121	168	140
天 津	Tianjin	121	31	47	104	175	273	297	235	241	194	174	164	224
河 北	Hebei	109	167	190	268	257	276	209	370	426	400	464	463	584
山 西	Shanxi	70	107	263	332	441	538	599	797	868	995	1012	1178	1194
内 蒙	Inner Mongolia	74	33	382	445	600	695	822	906	824	648	887	1224	766
辽 宁	Liaoning	133	180	127	167	241	248	307	407	366	424	385	330	286
吉 林	Jilin	44	66	47	80	104	217	256	321	253	229	266	307	314
黑龙江	Heilongjiang	163	72	114	149	180	283	313	586	566	620	549	528	444
上 海	Shanghai	76	76	108	122	138	158	272	140	101	115	116	143	127
江 苏	Jiangsu	49	202	311	285	175	248	324	294	275	417	404	447	681
浙 江	Zhejiang	56	91	291	272	339	258	318	326	420	433	459	529	509
安 徽	Anhui	77	54	170	238	380	388	326	321	289	422	382	340	424
福 建	Fujian	38	71	115	169	272	311	235	268	280	362	468	435	401
江 西	Jiangxi	19	51	81	97	93	83	136	150	129	134	149	168	195
山 东	Shandong	181	330	216	232	216	263	277	407	531	323	458	890	675
河 南	Henan	100	181	210	215	267	405	422	298	275	285	280	220	268
湖 北	Hubei	138	222	188	234	244	280	334	334	298	287	301	284	327
湖 南	Hunan	58	89	117	131	176	220	188	195	226	215	227	265	276
广 东	Guangdong	85	90	376	401	342	349	558	691	544	691	795	874	812
广 西	Guangxi	21	71	67	103	105	95	210	256	284	257	234	266	296
海 南	Hainan	2	13	71	47	20	30	37	27	32	32	27	59	65
重 庆	Chongqing		43	74	140	136	126	150	151	174	266	330	385	452
四 川	Sichuan	111	95	183	273	328	317	386	513	669	751	744	919	901
贵 州	Guizhou	27	67	180	187	202	242	241	263	283	230	268	331	319
云 南	Yunnan	23	49	141	207	215	267	382	348	358	453	535	545	722
西 藏	Tibet	9	10	15	13	18	30	39	44	49	77	144	202	107
陕 西	Shaanxi	40	94	238	276	425	471	580	667	717	766	1026	1037	1021
甘 肃	Gansu	34	53	97	97	147	195	312	416	384	373	532	463	401
青 海	Qinghai	22	11	21	42	32	34	75	57	111	180	235	218	344
宁 夏	Ningxia	12	16	61	76	105	141	182	199	243	188	213	286	398
新 疆	Xinjiang	107	50	74	89	106	173	239	277	308	616	860	877	1210

2-4 分地区国有经济煤炭采选业固定资产投资
Investment in Fixed Assets of State-Owned Units in Coal Mining and Processing by Region

单位：亿元 (100 million yuan)

地 区	Region	1995	2000	2005	2006	2007	2008	2009	2010	2011	2012	2013	2014	2015
北 京	Beijing	0.62	0.21	0.01	0.21	0.66	0.71	1.00	1.15	0.33		1.39	1.04	
天 津	Tianjin	60.30												
河 北	Hebei	62.86	19.54	30.68	42.42	28.63	18.44	29.08	33.88	52.50	40.96	28.79	30.38	19.05
山 西	Shanxi	46.59	34.25	180.97	198.03	193.31	259.36	321.92	505.01	573.41	622.18	528.11	482.67	453.37
内 蒙	Inner Mongolia	35.26	2.49	31.74	70.73	103.60	135.68	188.78	166.89	210.74	205.51	257.35	308.43	138.99
辽 宁	Liaoning	6.09	7.95	15.34	7.94	14.16	17.53	11.27	13.89	18.17	36.17	6.11	6.30	2.15
吉 林	Jilin	2.86	0.84	5.07	14.43	8.49	16.04	15.88	13.21	12.33	8.36	4.34	4.75	8.48
黑龙江	Heilongjiang	14.12	7.46	22.48	33.68	34.66	39.46	54.82	46.95	54.78	51.77	51.35	37.75	29.21
上 海	Shanghai													
江 苏	Jiangsu	6.16	5.48	12.31	7.85	1.00	12.52	13.69	11.55	4.59	4.11			
浙 江	Zhejiang	0.12												
安 徽	Anhui	34.64	13.16	91.42	131.17	166.54	160.06	167.18	164.91	104.34	163.33	89.05	71.70	76.98
福 建	Fujian	1.48	1.27	1.73	1.60	0.81	2.65	3.11	3.32	2.38	2.44	3.50	2.27	1.55
江 西	Jiangxi	1.72	0.89	4.40	4.18	6.47	4.43	8.21	1.00	2.07	0.18	0.41	0.21	0.12
山 东	Shandong	24.62	39.50	55.61	41.61	36.43	31.21	37.13	21.52	26.97	26.43	22.08	19.24	17.96
河 南	Henan	22.83	18.47	23.80	22.97	33.85	50.40	47.32	44.87	49.95	59.07	38.25	26.71	17.60
湖 北	Hubei	0.56	0.43				0.64	0.95	0.65	0.45		0.82		
湖 南	Hunan	3.38	1.04	4.16	2.59	5.21	4.76	6.71	8.84	10.20	16.55	13.90	11.80	12.79
广 东	Guangdong	0.99	0.17										0.60	
广 西	Guangxi	0.93	0.52	1.58	1.83	1.56	2.36	5.79	6.57	10.29	3.94	2.02	1.77	1.33
海 南	Hainan	0.01											2.29	
重 庆	Chongqing		1.08	5.06	15.69	10.09	9.46	9.71	14.37	13.13	20.26	27.38	20.61	20.33
四 川	Sichuan	6.61	2.21	6.90	7.65	6.58	7.05	8.90	15.68	25.46	15.09	11.45	15.55	25.46
贵 州	Guizhou	6.65	4.46	21.56	30.11	32.17	49.92	35.97	42.58	56.44	61.58	45.06	39.87	47.49
云 南	Yunnan	3.59	1.90	6.30	8.69	10.57	17.95	22.96	23.35	14.33	21.53	20.94	13.40	12.66
西 藏	Tibet	0.09									0.20			
陕 西	Shaanxi	8.38	3.20	12.93	20.28	24.69	36.53	75.84	146.32	200.54	216.75	211.62	136.01	183.61
甘 肃	Gansu	4.07	4.97	10.21	8.96	11.56	10.32	46.11	60.63	78.32	66.38	86.13	66.13	56.22
青 海	Qinghai	0.24	0.01	0.42	0.48	1.43	1.28	1.20	2.29	4.61	5.01	17.93	15.24	20.21
宁 夏	Ningxia	5.21	2.79	32.88	32.42	58.67	69.76	77.88	77.76	75.67	76.61	104.25	106.23	30.28
新 疆	Xinjiang	3.34	2.15	6.92	15.90	15.28	18.70	49.31	49.75	33.10	59.24	84.92	74.70	100.90

2-5 分地区国有经济石油和天然气开采业固定资产投资
Investment in Fixed Assets of State-Owned Units in Petroleum and Natural Gas Extraction by Region

单位：亿元 (100 million yuan)

地 区	Region	1995	2000	2005	2006	2007	2008	2009	2010	2011	2012	2013	2014	2015
北 京	Beijing			0.03	0.03		18.16			0.14		1.11	0.61	
天 津	Tianjin	30.77	4.11	9.03	30.60	28.26	29.22	28.18	62.30	66.51	1.40	8.22		34.68
河 北	Hebei	3.06	3.35	2.09	0.96	1.78	1.51	0.97	4.98	3.95	0.90	0.10		
山 西	Shanxi							4.84	5.98	6.08	26.60	59.88	79.81	53.46
内 蒙	Inner Mongolia		0.70	18.05	28.28	105.87	175.69	157.29	184.41	92.55	38.78	129.01	126.54	30.00
辽 宁	Liaoning	54.91	67.50	21.58	34.63	49.47	19.72	11.27	16.18	24.74	4.80	12.07	9.56	72.57
吉 林	Jilin	17.39	20.85	0.14	6.22	20.14	33.47	80.54	66.51	54.99	59.27	66.46	87.32	87.42
黑龙江	Heilongjiang	103.85	0.40	7.52	5.00	19.36	61.43	98.39	327.04	337.64	296.37	322.88	302.73	268.08
上 海	Shanghai	0.07	2.17			12.72	28.41	8.21	0.33	0.57				
江 苏	Jiangsu	6.28	10.74	11.62	14.97	11.25	19.20	25.24	25.71	13.67	28.20	30.59	35.25	44.27
浙 江	Zhejiang													
安 徽	Anhui						0.25		1.50				0.68	0.47
福 建	Fujian												3.64	
江 西	Jiangxi						0.22							
山 东	Shandong	79.97	132.95		0.82	3.47	3.55	8.04	172.27	279.13	2.05	3.88	279.09	1.84
河 南	Henan	26.10	43.95	55.37	55.33	67.44	71.43	73.31	71.26	55.49	59.15	50.28	33.01	31.45
湖 北	Hubei	3.77	13.20	12.19	16.94	28.12	27.46	28.08	1.64	2.02	0.17	1.62		
湖 南	Hunan							0.04	0.10	0.77		0.30		
广 东	Guangdong	6.28	0.72	0.47	0.56	0.60	0.44	0.28	0.08	1.90	0.84	80.46	110.61	10.84
广 西	Guangxi	0.04			0.14	1.17	0.78	1.52	1.02	4.24		1.90	0.65	2.22
海 南	Hainan		5.00											
重 庆	Chongqing		0.09	0.28	0.24	3.14	7.13	8.31	6.20	4.88	11.84	24.29	113.56	136.03
四 川	Sichuan	24.11	6.87	13.65	15.19	19.50	19.37	11.66	7.45		3.16	1.90	8.83	86.17
贵 州	Guizhou			0.52	0.54			0.42		0.56				
云 南	Yunnan		0.03				0.29	0.67	0.73	0.17				
西 藏	Tibet				0.03									0.28
陕 西	Shaanxi	2.76	23.98	94.69	126.50	172.30	161.49	177.36	233.38	273.57	275.01	396.21	358.84	422.20
甘 肃	Gansu	4.29	6.57	5.76	8.05	14.23	22.35	15.23	10.82	17.65	74.09	73.19	110.49	57.30
青 海	Qinghai	6.00	1.76	4.54	1.07	0.92	0.59		0.15	0.05	38.67	60.15	47.98	45.09
宁 夏	Ningxia							0.15	0.05			5.11	1.34	
新 疆	Xinjiang	85.85	10.61	21.23	40.43	26.13	37.35	16.03	11.18	18.05	215.80	290.67	189.09	206.95

2-6 分地区国有经济电力、蒸汽、热水生产和供应业固定资产投资
Investment in Fixed Assets of State-Owned Units in Electricity, Steam, Hot Water Production and Supply by Region

单位：亿元 (100 million yuan)

地区	Region	1995	2000	2005	2006	2007	2008	2009	2010	2011	2012	2013	2014	2015
北京	Beijing	37	36	76	65	126	101	113	82	74	78	96	162	135
天津	Tianjin	23	21	28	60	106	125	155	130	154	167	121	116	158
河北	Hebei	38	134	142	209	193	226	147	307	357	343	368	408	516
山西	Shanxi	21	67	77	123	223	232	245	240	259	310	322	493	563
内蒙	Inner Mongolia	33	29	308	292	340	338	434	536	450	369	457	756	587
辽宁	Liaoning	42	86	77	108	160	187	260	320	215	240	258	261	149
吉林	Jilin	20	43	41	58	73	160	157	238	177	155	190	188	205
黑龙江	Heilongjiang	26	59	76	88	110	151	125	181	143	224	152	164	128
上海	Shanghai	57	62	103	114	100	122	248	124	95	105	105	129	117
江苏	Jiangsu	29	172	284	257	161	202	269	196	246	351	341	368	578
浙江	Zhejiang	54	90	261	259	333	253	313	319	403	403	411	494	482
安徽	Anhui	27	39	66	90	194	209	135	141	128	219	268	253	333
福建	Fujian	33	67	95	118	123	154	154	174	227	257	322	379	378
江西	Jiangxi	14	47	66	86	79	68	116	136	119	120	115	156	179
山东	Shandong	61	149	140	171	127	166	168	181	198	274	422	541	628
河南	Henan	46	113	123	116	147	273	268	157	150	147	168	142	198
湖北	Hubei	126	204	169	208	198	237	279	252	168	178	229	242	292
湖南	Hunan	51	75	101	127	168	209	177	180	205	187	199	237	243
广东	Guangdong	64	82	330	329	244	234	515	645	487	626	628	649	602
广西	Guangxi	20	69	65	100	98	89	199	210	219	222	215	245	240
海南	Hainan	2	6	8	8	15	30	35	23	32	31	22	36	50
重庆	Chongqing		41	67	121	116	103	121	125	150	219	208	219	233
四川	Sichuan	77	83	158	240	295	275	349	475	545	717	709	871	744
贵州	Guizhou	20	62	157	156	168	192	202	218	218	163	210	270	264
云南	Yunnan	19	47	130	197	198	242	344	309	332	423	446	435	621
西藏	Tibet	9	10	15	13	18	30	38	44	48	75	101	152	106
陕西	Shaanxi	25	63	110	107	197	217	264	208	164	189	256	351	315
甘肃	Gansu	18	39	44	42	92	136	188	278	236	208	315	246	263
青海	Qinghai	16	9	16	40	29	32	74	52	104	136	156	154	274
宁夏	Ningxia	6	13	27	43	46	71	104	120	165	110	99	177	366
新疆	Xinjiang	12	34	37	29	60	108	157	178	234	318	441	546	842

2-7 分地区国有经济石油加工及炼焦业固定资产投资
Investment in Fixed Assets of State-Owned Units in Petroleum Processing and Coking by Region

单位：亿元 (100 million yuan)

地 区	Region	1995	2000	2005	2006	2007	2008	2009	2010	2011	2012	2013	2014	2015
北 京	Beijing	6.95	5.59	12.37	15.08	6.79	4.45	8.57	5.81	6.61	8.35	11.28	1.15	0.99
天 津	Tianjin	5.17	1.48	6.94	11.00	35.37	112.59	103.55	29.71	5.10	7.84	7.32	16.42	5.68
河 北	Hebei	4.66	7.14	11.03	6.20	21.35	22.48	16.62	8.24	6.30	2.78	34.25	7.92	11.59
山 西	Shanxi	1.06	2.90	5.08	8.99	21.61	40.12	16.80	20.21	6.71	3.18	73.49	98.25	75.38
内 蒙	Inner Mongolia	5.59	0.26	23.24	51.85	48.22	40.44	32.72	13.35	61.26	29.11	30.85	3.29	1.98
辽 宁	Liaoning	28.90	16.59	8.81	13.64	13.33	17.44	17.31	22.71	43.61	32.42	18.95	25.33	48.80
吉 林	Jilin	3.15	0.55	0.25		0.08		0.22	0.09	0.95		0.95	13.71	2.53
黑龙江	Heilongjiang	16.74	4.26	7.09	19.44	14.31	27.39	26.24	27.15	21.41	41.18	14.40	16.35	12.62
上 海	Shanghai	10.05	5.33	0.97	2.67	19.94	5.53	7.25	10.96	4.19	5.02	3.05	5.08	4.38
江 苏	Jiangsu	6.80	12.24	1.55	3.16	0.80	1.27	1.26	16.89	1.61	27.59	22.02	32.29	44.63
浙 江	Zhejiang	1.36	0.24	0.44	0.37	1.01	0.13	0.10			0.11	6.09	7.55	
安 徽	Anhui	14.39	1.42	9.79	14.32	15.52	11.24	11.78	2.28	46.55	33.64	14.28	2.54	2.88
福 建	Fujian	3.56		11.07	26.35	121.10	143.20	63.89	74.55	42.05	98.64	123.26	1.23	1.10
江 西	Jiangxi	1.87	1.76	9.13	4.27	5.74	8.60	6.04	0.71			7.33	5.60	4.18
山 东	Shandong	13.21	5.68	16.68	14.14	45.55	48.47	57.40	20.41	17.05	9.93	4.51	31.93	10.15
河 南	Henan	1.48	1.42	0.19	7.54	14.48	8.23	4.45	1.84	0.83	1.54	1.61	2.87	1.28
湖 北	Hubei	6.80	3.33	3.24	7.86	11.78	7.45	9.50	68.02	117.23	95.94	55.90	17.59	12.83
湖 南	Hunan	2.02	11.62	10.15	0.71		0.44	0.31	0.90	1.26	0.44	1.90		
广 东	Guangdong	11.70	6.48	36.52	65.65	92.63	107.04	33.05	28.53	46.20	48.38	64.05	92.94	167.50
广 西	Guangxi	0.09	0.10	0.22	1.21	2.14	1.85	2.54	36.83	44.36	15.63	1.63	3.96	2.79
海 南	Hainan			62.53	38.30	2.81		0.26	0.80			4.13	18.29	12.05
重 庆	Chongqing		0.15	0.09	0.14	0.22	0.24	0.25	0.03		0.60	9.39	1.52	9.85
四 川	Sichuan	0.53	0.03	0.33	0.03	3.07	10.22	9.16	5.47	62.93	2.52	1.23	1.04	2.54
贵 州	Guizhou		0.07	0.13		1.36		1.06	1.31	2.38	4.42	2.70	2.62	2.32
云 南	Yunnan	0.05	0.06	0.66			3.03	10.20	9.22	8.56	2.41	57.19	92.81	75.02
西 藏	Tibet							0.03			0.20			
陕 西	Shaanxi	3.31	1.70	16.92	18.18	25.71	50.18	50.71	58.24	53.86	51.45	93.82	87.94	56.08
甘 肃	Gansu	6.64	2.26	36.31	36.51	21.91	20.90	57.58	59.08	40.85	7.28	38.52	29.17	6.33
青 海	Qinghai							0.14	0.38	1.00	0.10			0.27
宁 夏	Ningxia	0.25	0.05	0.49						0.10	0.25	2.86		1.30
新 疆	Xinjiang	5.32	2.07	7.11	1.69	2.53	4.72	12.20	31.86	10.28	8.97	15.64	9.07	19.92

2-8 分地区国有经济煤气生产和供应业固定资产投资
Investment in Fixed Assets of State-Owned Units in Gas Production and Supply by Region

单位：亿元 (100 million yuan)

地 区	Region	1995	2000	2005	2006	2007	2008	2009	2010	2011	2012	2013	2014	2015
北 京	Beijing	4.04	12.50	11.03	10.57			2.08	4.73	7.24	1.90	11.16	2.67	3.18
天 津	Tianjin	1.10	3.90	2.63	2.50	5.72	6.58	10.93	13.88	15.29	17.81	37.80	31.01	24.75
河 北	Hebei	0.53	2.53	4.20	9.55	12.04	7.12	15.26	16.78	6.18	12.30	32.37	16.33	36.52
山 西	Shanxi	1.07	2.80	0.79	2.09	3.55	6.38	11.02	26.24	22.43	32.38	28.30	24.47	48.18
内 蒙	Inner Mongolia	0.14	0.74	1.44	2.64	2.46	5.87	8.79	4.49	9.25	6.18	12.40	29.94	7.95
辽 宁	Liaoning	1.55	1.83	4.15	2.18	3.87	6.16	6.90	34.57	64.71	111.10	89.51	27.67	13.58
吉 林	Jilin	0.91	0.76	0.50	1.49	2.59	7.22	1.92	3.47	7.03	5.77	4.07	13.03	10.43
黑龙江	Heilongjiang	2.61	1.22	0.71	2.43	2.01	4.18	8.42	4.41	9.51	7.17	7.52	7.19	5.64
上 海	Shanghai	8.43	6.88	4.18	5.43	4.65	2.05	8.31	5.39	1.07	4.72	8.07	9.71	5.94
江 苏	Jiangsu	0.86	1.41	1.32	1.94	1.07	12.73	14.92	43.47	9.85	5.60	10.55	11.31	13.60
浙 江	Zhejiang	1.38	1.16	29.35	12.21	4.72	5.10	5.15	6.48	16.96	28.96	41.79	27.30	26.83
安 徽	Anhui	0.88	0.61	3.27	3.00	3.55	6.90	12.15	11.82	9.90	6.76	10.42	11.34	10.08
福 建	Fujian	0.26	2.03	7.36	22.57	26.95	11.08	13.78	15.77	9.04	4.07	18.69	49.51	20.03
江 西	Jiangxi	0.78	0.64	1.14	1.89	1.91	1.85	6.08	12.08	7.95	14.60	26.84	6.03	11.59
山 东	Shandong	2.37	3.38	4.40	4.50	4.05	14.45	6.80	11.54	9.90	10.93	5.42	18.14	16.70
河 南	Henan	3.24	3.64	7.62	12.62	4.59	2.19	29.82	22.42	19.33	19.14	21.54	14.83	19.49
湖 北	Hubei	1.29	0.44	3.10	1.43	5.53	7.86	15.93	11.37	10.37	12.20	14.00	23.99	22.31
湖 南	Hunan	1.05	0.83	1.07	1.13	2.41	5.35	4.75	5.61	9.23	11.06	12.77	16.57	19.81
广 东	Guangdong	1.83	1.45	8.99	5.50	4.70	6.96	9.57	17.14	9.56	15.84	21.72	20.14	31.58
广 西	Guangxi	0.11	1.44	0.27	0.72	1.44	0.97	2.00	1.34	6.06	15.36	14.17	14.71	49.73
海 南	Hainan	0.01	1.58	0.14	0.20	1.80		1.45	2.66		0.63	0.66	2.36	3.22
重 庆	Chongqing		0.72	1.40	2.48	6.48	6.38	11.42	4.52	6.27	13.56	60.44	30.58	52.23
四 川	Sichuan	2.27	3.00	4.51	10.10	4.19	5.54	7.80	9.91	36.34	13.38	20.36	22.61	42.70
贵 州	Guizhou	0.20	0.49	0.36	0.20	0.40	0.32	0.78	1.17	5.61	0.54	10.20	18.49	5.27
云 南	Yunnan	0.41	0.19	3.16	1.00	6.05	3.12	3.92	5.86	3.50	6.30	10.54	3.76	12.72
西 藏	Tibet					0.10	0.24	0.79	0.40	0.72	1.99	43.26	49.25	1.08
陕 西	Shaanxi	0.78	2.37	3.21	3.68	6.02	5.50	11.71	20.72	25.17	33.93	68.29	103.35	44.20
甘 肃	Gansu	0.52	0.36	0.80	1.71	6.79	5.43	5.96	8.10	11.74	16.51	18.87	11.41	17.88
青 海	Qinghai			0.09	0.10	0.11			2.12	1.46	0.24	1.22	1.39	3.88
宁 夏	Ningxia	0.09	0.47	0.21	0.47	0.32	0.57	0.70	0.98	1.55	1.09	1.92	1.17	0.63
新 疆	Xinjiang	0.29	0.68	1.50	2.60	2.47	4.57	4.83	6.10	11.65	13.89	27.92	57.42	40.58

2-9 能源工业分行业投资
Investment in Energy Industry

单位：亿元 (100 million yuan)

项 目 Item	1995	2000	2005	2006	2007	2008	2009	2010	2011	2012	2013	2014	2015
能源工业 Energy Industry	2369	3991	10206	11826	13699	16346	19478	21627	23046	25500	29009	31515	32562
煤炭采选业 Coal Mining and Processing	286	211	1163	1459	1805	2399	3057	3785	4907	5370	5213	4684	4007
石油和天然气开采业 Petroleum and Natural Gas Extraction	504	789	1464	1822	2225	2675	2791	2928	3022	3077	3821	3948	3425
电力、蒸汽、热水生产和供应业 Electricity Steam, Hot Water Producing and and Supply	1337	2744	6503	7274	7907	9024	11139	11915	11603	12948	14726	17432	20260
石油加工及炼焦业 Petroleum Processing and Coking	194	173	801	939	1415	1828	1840	2035	2268	2500	3039	3208	2539
煤气生产和供应业 Gas Production and Supply	49	74	275	331	347	420	651	964	1244	1605	2210	2242	2331

2-10 能源工业分行业投资构成
Investment in Energy Industry by Proportions

单位：% (%)

项 目 Item	1995	2000	2005	2006	2007	2008	2009	2010	2011	2012	2013	2014	2015
能源工业 Energy Industry	100.00	100.00	100.00	100.00	100.00	100.00	100.00	100.00	100.00	100.00	100.00	100.00	100.00
煤炭采选业 Coal Mining and Processing	12.05	5.30	11.40	12.34	13.17	14.68	15.69	17.50	21.29	21.06	17.97	14.86	12.30
石油和天然气开采业 Petroleum and Natural Gas Extraction	21.27	19.78	14.34	15.41	16.25	16.37	14.33	13.54	13.11	12.06	13.17	12.53	10.52
电力、蒸汽、热水生产和供应业 Electricity Steam, Hot Water Producing and and Supply	56.43	68.76	63.72	61.51	57.72	55.21	57.19	55.09	50.35	50.78	50.76	55.32	62.22
石油加工及炼焦业 Petroleum Processing and Coking	8.20	4.32	7.85	7.94	10.33	11.18	9.45	9.41	9.84	9.81	10.48	10.18	7.80
煤气生产和供应业 Gas Production and Supply	2.05	1.85	2.69	2.80	2.53	2.57	3.34	4.46	5.40	6.29	7.62	7.11	7.16

2-11 分地区能源工业投资
Investment in Energy Industry by Region

单位：亿元 (100 million yuan)

地区	Region	1995	2000	2005	2006	2007	2008	2009	2010	2011	2012	2013	2014	2015
北京	Beijing	58	58	117	104	172	138	158	134	141	192	230	258	181
天津	Tianjin	59	100	178	270	375	586	756	546	431	447	591	596	591
河北	Hebei	80	200	417	513	602	704	635	882	963	1051	1202	1296	1643
山西	Shanxi	73	157	603	682	863	1023	1206	1521	1919	2113	2098	2313	2582
内蒙	Inner Mongolia	74	40	790	941	1197	1550	1880	2093	1903	1827	2331	2887	2133
辽宁	Liaoning	154	190	321	417	599	675	886	1191	960	1059	1094	970	701
吉林	Jilin	44	80	160	260	352	584	572	774	616	739	663	758	785
黑龙江	Heilongjiang	163	225	335	431	555	738	847	1014	983	1113	991	835	680
上海	Shanghai	81	115	139	137	219	198	326	199	145	160	143	165	145
江苏	Jiangsu	90	223	560	443	316	406	487	479	598	840	908	1019	1455
浙江	Zhejiang	70	215	478	443	458	366	434	430	529	623	756	881	919
安徽	Anhui	78	81	294	370	516	528	453	527	481	624	606	614	757
福建	Fujian	64	125	247	299	379	535	567	637	630	728	877	946	862
江西	Jiangxi	25	60	133	155	155	179	300	281	331	298	350	368	464
山东	Shandong	196	393	764	765	674	758	920	972	1133	1275	1559	2047	2332
河南	Henan	133	188	498	574	656	833	940	773	827	785	868	764	1154
湖北	Hubei	146	239	287	365	364	403	495	512	518	491	511	510	643
湖南	Hunan	59	96	249	271	329	421	406	496	601	607	677	774	733
广东	Guangdong	174	182	674	685	594	710	919	966	891	999	1147	1310	1282
广西	Guangxi	27	87	187	284	305	289	351	368	421	473	560	560	662
海南	Hainan	24	15	83	58	27	36	56	61	101	124	127	167	127
重庆	Chongqing		50	164	244	224	225	276	316	343	483	575	680	633
四川	Sichuan	123	137	431	573	655	677	824	1050	1315	1427	1429	1574	1603
贵州	Guizhou	27	72	269	293	319	380	397	467	704	513	586	584	622
云南	Yunnan	35	57	371	491	574	674	792	832	891	1086	1184	1073	1364
西藏	Tibet	9	10	15	13	18	30	39	53	64	90	167	229	154
陕西	Shaanxi	42	106	301	384	577	705	924	1043	1235	1343	1786	1676	1697
甘肃	Gansu	34	65	142	173	243	328	530	667	638	851	1094	1138	826
青海	Qinghai	22	30	86	118	112	125	157	141	232	295	397	429	511
宁夏	Ningxia	12	19	104	119	159	195	297	351	414	422	439	606	786
新疆	Xinjiang	107	180	375	490	649	704	795	988	1233	1491	2101	2603	2998

2-12 分地区煤炭采选业投资
Investment in Coal Mining and Processing by Region

单位: 亿元 (100 million yuan)

地区	Region	1995	2000	2005	2006	2007	2008	2009	2010	2011	2012	2013	2014	2015
北京	Beijing	0.62	0.21	0.43	0.43	0.66	0.71	1.92	2.62	2.70		2.39	1.29	0.12
天津	Tianjin		0.08		0.21					3.74				
河北	Hebei	17.10	19.96	43.36	57.21	52.20	55.63	71.91	114.13	135.02	164.20	143.54	127.13	111.85
山西	Shanxi	47.33	36.53	258.75	305.61	363.92	464.08	599.72	929.51	1240.24	1352.22	1157.95	1078.08	1047.05
内蒙	Inner Mongolia	35.28	2.82	109.54	227.59	328.42	452.96	520.40	528.36	588.66	674.38	852.20	863.77	508.98
辽宁	Liaoning	6.09	7.96	25.05	22.01	23.83	32.80	31.92	69.90	62.36	72.29	50.10	49.95	24.78
吉林	Jilin	3.00	0.89	9.02	34.61	28.93	52.29	57.52	59.86	88.11	97.65	56.31	40.09	45.61
黑龙江	Heilongjiang	14.29	11.46	40.71	47.50	55.46	95.43	139.38	201.12	171.66	207.86	193.18	101.07	96.76
上海	Shanghai													
江苏	Jiangsu	6.16	5.52	13.36	11.11	3.67	15.92	17.34	17.45	13.91	17.91	5.61	15.67	3.77
浙江	Zhejiang	0.12		0.34	0.18			0.07			0.19	0.18	0.55	0.05
安徽	Anhui	34.70	14.19	106.81	153.52	185.09	186.06	198.22	194.03	142.04	206.04	145.90	126.34	110.46
福建	Fujian	1.48	1.35	4.54	5.28	5.65	12.94	24.32	18.90	43.66	62.19	90.23	75.03	107.83
江西	Jiangxi	1.86	0.99	9.37	10.66	15.23	24.06	41.42	37.79	78.56	64.76	49.55	47.73	29.21
山东	Shandong	25.26	40.35	148.63	88.29	70.70	77.38	99.65	97.25	93.62	79.40	59.89	77.42	75.93
河南	Henan	23.18	18.71	102.88	136.92	203.25	275.85	315.70	231.93	296.11	247.61	187.27	145.50	99.98
湖北	Hubei	0.58	0.78	3.93	3.70	3.84	8.20	14.77	19.32	45.60	45.92	51.23	39.74	32.03
湖南	Hunan	3.38	1.22	18.42	22.86	40.87	63.57	101.55	146.27	182.15	222.98	241.73	252.53	192.77
广东	Guangdong	0.99	0.17	0.02					0.46	0.49			0.60	
广西	Guangxi	1.04	0.52	5.18	4.41	4.51	4.77	9.74	11.39	21.49	25.20	14.62	12.72	10.08
海南	Hainan	0.01											2.29	
重庆	Chongqing		1.11	23.70	33.68	34.78	49.40	62.12	69.86	89.83	92.03	99.27	81.06	67.78
四川	Sichuan	6.64	2.84	28.74	46.93	58.20	64.40	94.48	139.38	252.46	261.05	186.70	174.55	161.35
贵州	Guizhou	6.65	5.31	32.69	44.50	51.35	95.87	121.20	171.81	359.97	229.09	248.89	174.53	257.08
云南	Yunnan	3.68	2.07	37.07	25.01	36.23	51.31	60.53	74.90	106.37	175.84	227.31	167.20	204.90
西藏	Tibet	0.09									0.20	0.71	0.03	
陕西	Shaanxi	8.73	3.75	36.66	48.17	68.32	107.10	205.46	315.98	507.11	593.20	582.38	462.11	381.00
甘肃	Gansu	4.07	4.98	13.01	15.41	22.90	30.62	54.51	77.04	111.89	138.49	168.30	117.08	87.63
青海	Qinghai	0.24	0.01	2.56	4.93	6.51	11.83	7.61	9.41	14.39	23.80	34.30	41.17	33.73
宁夏	Ningxia	5.37	2.82	33.03	38.69	69.32	79.73	102.00	110.69	119.79	143.83	159.29	155.37	72.53
新疆	Xinjiang	3.36	2.35	16.02	31.60	41.05	49.18	103.46	135.33	135.33	171.89	203.54	253.87	243.39

2-13 分地区石油和天然气开采业投资
Investment in Petroleum and Natural Gas Extraction by Region

单位：亿元 (100 million yuan)

地 区	Region	1995	2000	2005	2006	2007	2008	2009	2010	2011	2012	2013	2014	2015
北 京	Beijing			0.03	0.03	4.62	18.16	13.16	0.12	0.14		1.11	0.61	
天 津	Tianjin	30.77	60.14	123.41	182.19	179.06	268.25	393.16	306.39	219.77	172.02	286.57	303.82	261.70
河 北	Hebei	3.06	3.35	24.89	37.97	74.19	69.60	9.77	33.51	36.79	26.81	39.65	40.70	33.64
山 西	Shanxi					0.44	1.90	16.49	21.62	65.68	88.31	111.63	140.64	124.07
内 蒙	Inner Mongolia		0.70	22.15	35.94	110.18	225.70	187.33	196.58	96.48	53.64	141.31	159.06	42.55
辽 宁	Liaoning	54.91	67.50	94.90	124.21	144.93	102.75	89.03	145.80	110.40	90.71	131.46	95.98	85.03
吉 林	Jilin	17.40	22.20	66.39	111.18	153.82	175.52	206.23	242.42	160.13	228.44	177.90	253.73	295.11
黑龙江	Heilongjiang	103.85	139.44	166.44	212.50	287.45	341.90	332.68	339.90	350.32	312.55	338.93	306.98	271.80
上 海	Shanghai	0.07	2.17	1.68	2.14	14.80	29.03	8.21	0.33	0.57				
江 苏	Jiangsu	6.28	10.74	12.57	14.97	11.85	19.20	25.34	27.35	15.01	28.20	32.14	35.89	44.27
浙 江	Zhejiang													
安 徽	Anhui			0.02	0.01	0.20	0.67	0.20	1.63	1.04	0.66	2.04	3.40	0.87
福 建	Fujian		0.10			0.11							11.89	
江 西	Jiangxi						2.42							
山 东	Shandong	79.97	132.95	117.68	139.88	120.81	185.66	206.65	219.15	289.60	283.62	289.08	298.87	307.88
河 南	Henan	26.10	43.95	55.37	55.33	68.40	72.75	75.88	71.46	59.03	59.54	50.28	42.13	31.45
湖 北	Hubei	3.77	13.20	12.85	17.87	29.94	30.76	30.53	3.64	4.45	0.56	3.20	0.82	1.09
湖 南	Hunan				0.04			0.59	0.44	2.11		0.30		1.08
广 东	Guangdong	6.28	4.41	10.24	26.51	39.43	44.47	54.03	12.35	30.87	28.15	89.18	135.52	23.74
广 西	Guangxi	0.04		0.16	0.14	1.38	0.85	1.89	1.75	4.94	0.35	1.90	2.24	4.88
海 南	Hainan	3.62	5.00		0.75	0.73	0.27	4.40	0.27	11.43	3.01	3.30	5.72	1.36
重 庆	Chongqing		0.34	0.68	0.65	3.44	7.61	10.27	8.95	23.46	12.19	33.00	115.01	138.93
四 川	Sichuan	24.23	11.63	15.90	17.53	22.84	26.22	17.55	10.48		6.19	13.46	14.35	129.76
贵 州	Guizhou		0.10	0.52	0.54		0.04	0.42		1.08				1.44
云 南	Yunnan		0.03	0.02			0.37	0.72	0.78	0.17				
西 藏	Tibet			0.02	0.03									0.28
陕 西	Shaanxi	3.16	23.98	95.71	133.92	190.73	177.58	213.62	256.04	301.25	299.49	502.79	394.27	473.74
甘 肃	Gansu	4.29	6.57	6.11	8.86	15.19	22.40	17.56	11.72	20.98	75.24	115.70	121.20	67.12
青 海	Qinghai	6.00	16.92	30.73	31.74	29.38	37.68	33.36	39.44	34.51	39.92	62.34	59.85	49.35
宁 夏	Ningxia				1.47	1.64	4.00	4.10	1.58	0.95	0.86	8.03	4.52	14.31
新 疆	Xinjiang	85.85	129.38	262.06	308.45	360.56	366.39	323.37	387.93	431.36	440.50	525.30	605.64	543.10

2-14 分地区电力、蒸汽、热水生产和供应业投资
Investment in Electricity, Steam, Hot Water Production and Supply by Region

单位：亿元 (100 million yuan)

地 区	Region	1995	2000	2005	2006	2007	2008	2009	2010	2011	2012	2013	2014	2015
北 京	Beijing	46	38	93	77	149	106	124	110	114	160	177	231	169
天 津	Tianjin	22	34	40	70	145	180	233	173	175	226	226	186	249
河 北	Hebei	54	166	283	343	379	437	406	543	598	558	593	756	1105
山 西	Shanxi	22	105	246	294	385	421	451	418	463	501	551	828	1126
内 蒙	Inner Mongolia	33	35	603	557	634	687	934	1152	865	786	940	1457	1387
辽 宁	Liaoning	50	89	116	173	288	376	550	637	498	502	523	547	375
吉 林	Jilin	20	55	77	104	155	326	283	424	309	345	348	351	359
黑龙江	Heilongjiang	26	67	103	142	175	232	295	351	278	427	341	342	252
上 海	Shanghai	58	89	120	116	163	133	267	148	105	111	116	145	132
江 苏	Jiangsu	69	187	510	383	257	317	383	308	433	619	714	761	1171
浙 江	Zhejiang	60	204	436	410	435	344	406	391	473	541	642	740	776
安 徽	Anhui	27	65	166	188	299	287	202	276	240	325	377	405	576
福 建	Fujian	58	121	222	243	220	354	409	426	456	499	566	684	630
江 西	Jiangxi	21	56	106	131	117	118	195	191	182	164	164	252	370
山 东	Shandong	74	190	373	413	245	272	388	431	487	536	744	1016	1333
河 南	Henan	79	120	303	326	329	424	430	340	314	310	443	389	711
湖 北	Hubei	130	218	244	307	297	331	398	384	310	291	322	345	484
湖 南	Hunan	53	81	206	238	268	324	261	294	340	322	363	431	433
广 东	Guangdong	151	167	547	520	422	513	783	846	735	778	824	867	914
广 西	Guangxi	25	85	175	266	269	200	284	280	311	327	347	418	496
海 南	Hainan	14	7	17	19	21	35	44	54	80	80	75	94	82
重 庆	Chongqing		47	130	202	174	153	184	193	202	282	289	272	269
四 川	Sichuan	89	118	370	482	549	547	657	815	885	1046	1104	1236	1111
贵 州	Guizhou	20	65	232	243	252	258	247	269	292	226	285	371	339
云 南	Yunnan	31	55	321	451	509	596	696	708	747	863	844	781	1033
西 藏	Tibet	9	10	15	13	18	30	39	52	63	87	123	179	152
陕 西	Shaanxi	26	73	138	173	265	291	327	301	234	268	370	488	616
甘 肃	Gansu	18	50	85	110	173	246	391	501	437	579	693	795	592
青 海	Qinghai	16	13	52	73	71	74	114	84	173	225	287	317	420
宁 夏	Ningxia	6	15	69	76	72	80	170	207	224	209	211	403	663
新 疆	Xinjiang	12	42	55	63	100	170	251	333	476	649	1021	1257	1873

2-15 分地区石油加工及炼焦业投资
Investment in Petroleum Processing and Coking by Region

单位：亿元 (100 million yuan)

地 区	Region	1995	2000	2005	2006	2007	2008	2009	2010	2011	2012	2013	2014	2015
北 京	Beijing	6.95	6.67	12.37	15.08	6.85	4.45	8.57	5.85	6.72	8.66	11.39	4.18	1.01
天 津	Tianjin	5.17	1.52	8.31	14.35	45.47	129.94	117.98	50.96	14.54	26.46	34.18	40.97	20.81
河 北	Hebei	5.09	7.65	55.33	45.01	74.12	123.72	121.44	155.33	137.03	215.20	308.99	250.13	170.40
山 西	Shanxi	2.12	11.89	94.03	74.49	92.32	101.48	102.55	96.42	98.43	101.78	197.13	170.22	135.12
内 蒙	Inner Mongolia	5.64	0.49	51.09	114.45	115.68	165.30	156.93	90.16	158.87	126.10	204.59	228.29	99.76
辽 宁	Liaoning	41.89	23.70	78.31	91.95	132.27	149.81	192.93	266.88	189.63	230.81	216.05	179.23	146.14
吉 林	Jilin	3.15	1.09	3.25	6.37	5.20	12.25	9.00	18.34	21.56	30.60	20.57	30.00	17.80
黑龙江	Heilongjiang	16.93	6.27	24.55	25.81	31.61	59.88	66.85	100.68	126.71	105.79	63.82	32.11	24.43
上 海	Shanghai	10.05	17.06	5.54	6.41	29.85	16.65	25.87	24.80	26.59	36.86	3.33	7.13	4.46
江 苏	Jiangsu	7.12	17.46	11.11	18.22	22.50	27.68	26.78	60.64	72.35	116.97	103.26	134.50	160.10
浙 江	Zhejiang	8.24	9.86	8.88	10.53	13.92	10.99	17.34	21.19	22.41	24.41	47.39	75.79	90.32
安 徽	Anhui	15.05	1.46	13.74	20.27	20.39	34.33	27.77	25.30	68.47	59.72	30.82	30.79	29.42
福 建	Fujian	3.59	1.05	11.82	26.71	124.04	152.84	111.85	168.43	111.31	146.29	173.24	84.97	61.07
江 西	Jiangxi	1.87	1.76	11.93	6.42	9.35	20.36	34.55	15.17	29.29	26.05	62.41	41.75	16.80
山 东	Shandong	14.04	26.00	104.50	93.86	213.16	185.24	182.99	178.97	201.64	287.25	361.98	529.29	441.69
河 南	Henan	1.53	1.76	18.84	25.28	37.56	44.65	59.17	74.80	96.29	77.10	69.07	59.16	99.79
湖 北	Hubei	9.86	4.97	9.70	21.68	21.40	16.32	19.62	83.37	129.38	116.05	85.00	54.84	66.98
湖 南	Hunan	2.02	12.47	15.01	3.85	9.21	16.00	20.80	34.63	33.06	18.98	23.09	22.43	30.41
广 东	Guangdong	11.85	6.96	71.62	96.31	108.51	131.84	63.63	55.38	75.50	116.72	143.79	218.20	258.70
广 西	Guangxi	0.09	0.14	2.59	9.72	25.41	77.28	48.01	63.15	67.69	55.95	85.15	49.24	48.94
海 南	Hainan	5.60	0.38	62.65	38.33	3.29	0.35	4.19	2.08	1.13	29.30	33.68	38.40	30.32
重 庆	Chongqing		0.15	3.09	1.19	1.64	2.32	3.34	8.75	7.43	65.53	70.37	147.75	65.94
四 川	Sichuan	0.67	0.14	7.15	7.96	10.50	21.10	28.94	37.81	101.76	43.39	42.60	46.88	48.84
贵 州	Guizhou		0.48	3.18	3.13	13.06	20.28	19.30	21.76	38.09	39.35	30.17	13.75	7.47
云 南	Yunnan	0.05	0.22	9.62	12.51	22.39	21.99	29.56	37.36	29.11	29.54	73.33	97.82	83.92
西 藏	Tibet							0.03			0.20		1.15	0.15
陕 西	Shaanxi	3.48	2.09	26.33	22.31	42.81	119.21	153.90	136.15	158.84	129.90	211.11	184.58	135.52
甘 肃	Gansu	6.65	2.78	36.65	37.14	23.50	22.59	60.02	66.86	48.57	31.04	79.38	61.28	18.76
青 海	Qinghai				7.20	4.16	0.44	1.79	5.58	6.97	1.35	3.23	4.79	0.91
宁 夏	Ningxia	0.25	0.84	2.37	2.21	15.46	27.66	17.23	21.64	60.99	56.96	38.53	24.82	21.41
新 疆	Xinjiang	5.43	5.25	37.73	80.53	139.74	110.56	106.89	106.63	128.10	146.13	211.46	344.04	201.25

2-16 分地区煤气生产和供应业投资
Investment in Gas Production and Supply by Region

单位：亿元 (100 million yuan)

地 区	Region	1995	2000	2005	2006	2007	2008	2009	2010	2011	2012	2013	2014	2015
北 京	Beijing	4.04	12.50	11.12	10.89	10.64	7.88	9.72	15.10	16.98	23.86	38.14	21.31	11.25
天 津	Tianjin	1.10	3.90	6.21	2.70	5.92	7.23	11.74	15.70	18.06	22.84	44.34	65.39	58.97
河 北	Hebei	0.59	3.15	10.83	29.83	22.81	18.10	25.98	36.97	56.26	87.30	117.05	122.14	221.93
山 西	Shanxi	1.07	3.45	3.66	8.41	21.01	34.75	36.58	55.63	51.87	69.34	80.29	95.94	149.89
内 蒙	Inner Mongolia	0.14	0.78	4.17	5.92	8.15	19.12	81.38	126.19	194.54	186.29	192.44	178.80	93.87
辽 宁	Liaoning	1.55	2.25	6.64	5.76	10.51	14.00	21.83	71.63	99.51	163.59	173.67	97.23	69.52
吉 林	Jilin	0.91	1.07	4.69	3.90	9.95	18.03	15.98	29.56	37.29	37.06	59.47	83.35	67.33
黑龙江	Heilongjiang	2.61	1.36	1.13	2.96	5.89	9.25	13.96	21.18	55.52	59.69	54.25	53.43	34.94
上 海	Shanghai	12.98	6.88	11.60	11.84	10.78	19.57	25.57	24.95	12.37	11.89	22.74	12.80	8.10
江 苏	Jiangsu	1.88	2.19	12.46	15.07	21.27	26.15	34.46	65.18	64.24	57.61	52.32	72.15	75.82
浙 江	Zhejiang	1.77	1.59	33.32	22.34	9.01	10.71	10.23	17.07	33.32	57.34	66.23	64.77	52.72
安 徽	Anhui	0.94	0.82	8.18	8.54	11.56	20.55	25.25	30.26	29.07	32.45	50.24	48.75	40.25
福 建	Fujian	0.26	2.12	8.59	24.43	28.94	14.41	21.94	23.87	18.70	20.65	47.75	89.62	63.54
江 西	Jiangxi	0.79	0.69	5.53	7.43	13.51	14.48	28.62	37.47	40.81	43.28	73.84	26.58	48.03
山 东	Shandong	2.37	3.99	20.68	29.58	23.49	37.57	42.39	46.49	61.00	88.69	104.14	125.02	173.13
河 南	Henan	3.24	3.92	17.36	29.97	17.87	15.70	59.45	55.34	61.49	90.20	118.70	127.85	211.96
湖 北	Hubei	1.30	2.35	16.36	14.96	12.47	16.96	31.61	22.19	29.40	36.88	50.11	69.58	59.64
湖 南	Hunan	1.17	1.11	9.39	6.55	10.79	17.66	22.23	20.84	44.48	43.41	48.52	67.84	74.95
广 东	Guangdong	4.11	3.67	45.24	41.70	24.45	21.39	18.45	51.72	49.60	75.96	90.67	88.99	85.51
广 西	Guangxi	0.11	1.77	4.08	4.20	4.57	5.59	7.32	10.89	15.30	64.66	111.12	77.11	102.36
海 南	Hainan	0.76	2.08	2.70	0.54	2.25	0.15	3.67	4.26	8.62	11.19	15.21	27.30	12.98
重 庆	Chongqing		1.53	5.90	6.18	9.92	12.89	16.70	36.00	20.70	31.16	83.48	63.82	91.92
四 川	Sichuan	2.44	3.92	9.05	18.55	13.90	18.62	25.53	47.25	75.05	71.02	82.77	102.49	151.73
贵 州	Guizhou	0.20	0.98	1.20	1.16	2.70	5.49	8.62	4.81	13.14	18.45	21.34	24.85	16.92
云 南	Yunnan	0.41	0.20	3.33	1.87	6.62	4.19	5.45	10.44	9.16	17.65	38.96	26.71	42.53
西 藏	Tibet			0.01		0.11	0.34	0.84	0.64	0.77	2.04	43.46	49.27	1.08
陕 西	Shaanxi	0.78	2.83	3.90	6.27	10.47	9.92	24.14	33.87	33.93	52.37	120.08	147.22	90.60
甘 肃	Gansu	0.61	0.36	1.46	2.22	8.15	6.64	7.01	10.57	19.60	27.67	37.13	43.47	60.44
青 海	Qinghai		0.01	0.86	0.34	0.54	0.86	0.43	3.26	3.35	5.45	10.38	6.70	7.52
宁 夏	Ningxia	0.09	1.01	0.39	0.62	0.98	3.70	3.32	9.84	7.98	10.50	21.91	18.39	14.69
新 疆	Xinjiang	0.29	1.21	4.61	6.78	7.41	8.12	10.26	25.04	62.32	84.20	139.49	142.69	137.36

三、能源生产

Chapter 3 Energy Production

3-1 一次能源生产量和构成
Primary Energy Production and Composition

年 份 Year	电热当量计算法 calorific value calculation						
	一次能源生产量（万吨标准煤）Primary Energy Production (10^4 tce)	占能源生产总量的比重（%） As percentage of primary energy production (%)					
		原 煤 Raw Coal	原 油 Crude Oil	天然气 Natural Gas	一次电力及其他能源 Primary Electricty and Other Energy	#水电 Hydro Power	#核电 Nuclear Power
1980	62046	71.4	24.4	3.0	1.2	1.2	-
1981	61364	72.4	23.6	2.7	1.3	1.3	-
1982	64686	73.5	22.6	2.5	1.4	1.4	-
1983	68877	74.1	22.0	2.4	1.5	1.5	-
1984	75493	74.7	21.7	2.2	1.4	1.4	-
1985	83005	75.1	21.5	2.1	1.3	1.3	-
1986	85523	74.7	21.8	2.1	1.4	1.4	-
1987	88524	74.9	21.6	2.1	1.4	1.4	-
1988	92809	75.5	21.1	2.0	1.4	1.4	-
1989	98418	76.5	20.0	2.0	1.5	1.5	-
1990	100487	76.8	19.7	2.0	1.5	1.5	-
1991	101490	76.5	19.9	2.1	1.5	1.5	-
1992	103771	76.9	19.6	2.0	1.5	1.5	-
1993	107059	76.8	19.4	2.2	1.8	1.8	
1994	114009	77.7	18.3	2.3	2.2	2.1	0.1
1995	123519	78.7	17.4	1.9	2.0	1.9	0.1
1996	127404	78.3	17.6	2.1	2.0	1.8	0.1
1997	127431	77.8	18.0	2.2	2.0	1.9	0.1
1998	123713	76.9	18.6	2.3	2.2	2.1	0.1
1999	126264	77.2	18.1	2.7	2.1	1.9	0.2
2000	132384	76.3	17.6	2.7	3.4	2.1	0.2
2001	139928	76.5	16.7	2.9	3.9	2.4	0.2
2002	148450	77.0	16.1	2.9	4.0	2.4	0.2
2003	170305	79.3	14.2	2.7	3.8	2.0	0.3
2004	196418	80.5	12.8	2.8	3.9	2.2	0.3
2005	218355	81.2	11.9	3.0	3.9	2.2	0.3
2006	233269	81.4	11.3	3.3	4.0	2.3	0.3
2007	251772	81.6	10.6	3.7	4.1	2.4	0.3
2008	262992	81.0	10.3	4.1	4.6	2.7	0.3
2009	271067	81.0	10.0	4.2	4.8	2.8	0.3
2010	294807	80.7	9.8	4.3	5.2	3.0	0.3
2011	323045	81.9	9.0	4.3	4.8	2.7	0.3
2012	330203	81.0	9.0	4.4	5.6	3.2	0.4
2013	336452	80.4	8.9	4.7	6.0	3.4	0.4
2014	336149	79.2	9.0	5.0	6.8	3.9	0.5
2015	333505	78.2	9.2	5.3	7.3	4.2	0.6

3-1 续表 Continued

年 份 Year	发电煤耗计算法 coal equivalent calculation						
	一次能源生产量 (万吨标准煤) Primary Energy Production (10^4 tce)	占能源生产总量的比重 (%) As percentage of primary energy production (%)					
		原 煤 Raw Coal	原 油 Crude Oil	天然气 Natural Gas	一次电力及其他能源 Primary Electricty and Other Energy	#水电 Hydro Power	#核电 Nuclear Power
1980	63735	69.4	23.8	3.0	3.8	3.8	-
1981	63227	70.2	22.9	2.7	4.2	4.2	-
1982	66778	71.3	21.8	2.4	4.5	4.5	-
1983	71270	71.6	21.3	2.3	4.8	4.8	-
1984	77855	72.4	21.0	2.1	4.5	4.5	-
1985	85546	72.8	20.9	2.0	4.3	4.3	-
1986	88124	72.4	21.2	2.1	4.3	4.3	-
1987	91266	72.6	21.0	2.0	4.4	4.4	-
1988	95801	73.1	20.4	2.0	4.5	4.5	-
1989	101639	74.1	19.3	2.0	4.6	4.6	-
1990	103922	74.2	19.0	2.0	4.8	4.8	-
1991	104844	74.1	19.2	2.0	4.7	4.7	-
1992	107256	74.3	18.9	2.0	4.8	4.8	-
1993	111059	74.0	18.7	2.0	5.3	5.2	0.1
1994	118729	74.6	17.6	1.9	5.9	5.4	0.5
1995	129034	75.3	16.6	1.9	6.2	5.8	0.4
1996	133032	75.0	16.9	2.0	6.1	5.7	0.4
1997	133460	74.3	17.2	2.1	6.5	6.0	0.4
1998	129834	73.3	17.7	2.2	6.8	6.4	0.4
1999	131935	73.9	17.3	2.5	6.3	5.9	0.4
2000	138570	72.9	16.8	2.6	7.7	6.1	0.5
2001	147425	72.6	15.9	2.7	8.8	7.1	0.4
2002	156277	73.1	15.3	2.8	8.8	6.8	0.6
2003	178299	75.7	13.6	2.6	8.1	5.8	0.9
2004	206108	76.7	12.2	2.7	8.4	6.2	0.9
2005	229037	77.4	11.3	2.9	8.4	6.2	0.8
2006	244763	77.5	10.8	3.2	8.5	6.3	0.8
2007	264173	77.8	10.1	3.5	8.6	6.3	0.8
2008	277419	76.8	9.8	3.9	9.5	7.1	0.8
2009	286092	76.8	9.4	4.0	9.8	7.1	0.8
2010	312125	76.2	9.3	4.1	10.4	7.4	0.8
2011	340178	77.8	8.5	4.1	9.6	6.5	0.8
2012	351041	76.2	8.5	4.1	11.2	7.8	0.9
2013	358784	75.4	8.4	4.4	11.8	8.0	1.0
2014	361866	73.6	8.4	4.7	13.3	9.1	1.1
2015	361476	72.2	8.5	4.8	14.5	9.6	1.4

3-2 分地区原煤生产量
Raw Coal Production by Region

单位: 万吨 (10 000 tons)

地 区	Region	2014	2015
北 京	Beijing	457.49	450.12
天 津	Tianjin		
河 北	Hebei	7345.44	7437.05
山 西	Shanxi	92793.65	96679.95
内 蒙	Inner Mongolia	99391.26	90957.05
辽 宁	Liaoning	5001.07	4752.33
吉 林	Jilin	3100.23	2634.44
黑龙江	Heilongjiang	7059.27	6551.11
上 海	Shanghai		
江 苏	Jiangsu	2019.20	1918.90
浙 江	Zhejiang		
安 徽	Anhui	12803.86	13404.17
福 建	Fujian	1589.45	1590.95
江 西	Jiangxi	2813.70	2270.69
山 东	Shandong	14684.29	14220.16
河 南	Henan	14415.64	13595.94
湖 北	Hubei	1057.20	859.89
湖 南	Hunan	5553.81	3558.60
广 东	Guangdong		
广 西	Guangxi	615.43	425.45
海 南	Hainan		
重 庆	Chongqing	3884.09	3561.83
四 川	Sichuan	7662.79	6406.47
贵 州	Guizhou	18508.31	17204.99
云 南	Yunnan	4740.86	5184.45
西 藏	Tibet		
陕 西	Shaanxi	52225.60	52576.25
甘 肃	Gansu	4753.03	4399.63
青 海	Qinghai	1833.36	816.46
宁 夏	Ningxia	8563.47	7975.80
新 疆	Xinjiang	14519.50	15221.48

3-3 分地区焦炭生产量
Coke Production by Region

单位：万吨 (10 000 tons)

地 区	Region	1995	2000	2005	2006	2007	2008	2009	2010	2011	2012	2013	2014	2015
北 京	Beijing	401	402	344	254	177	170	166	161					
天 津	Tianjin	175	171	361	376	339	267	308	238	234	229	260	229	196
河 北	Hebei	938	792	2613	3312	3821	3879	4800	5046	6290	6701	6382	5614	5481
山 西	Shanxi	5298	4967	7981	9202	9897	8296	7682	8505	9010	8608	9022	8766	8040
内 蒙	Inner Mongolia	395	394	1034	1060	1440	1413	1838	2034	2482	2569	3180	3446	3041
辽 宁	Liaoning	820	789	1238	1503	1625	1736	1877	1876	2027	2021	2147	2141	2097
吉 林	Jilin	136	154	270	286	365	318	424	411	485	524	489	448	372
黑龙江	Heilongjiang	190	129	474	563	683	784	968	957	1011	957	821	803	687
上 海	Shanghai	651	776	762	736	750	706	661	631	641	633	540	489	534
江 苏	Jiangsu	191	237	576	954	1073	1086	1213	1394	1855	2052	2253	2396	2433
浙 江	Zhejiang	57	60	55	52	53	166	230	282	292	295	296	297	294
安 徽	Anhui	293	330	488	509	684	765	773	875	869	899	904	930	958
福 建	Fujian	39	45	91	91	91	100	118	143	151	190	167	196	152
江 西	Jiangxi	167	187	401	493	557	526	626	799	876	810	831	868	815
山 东	Shandong	465	362	1709	2154	2737	2942	3128	3429	3973	4225	4396	4608	4365
河 南	Henan	489	355	1381	1558	1938	1984	2163	2572	2417	2361	2766	2898	2942
湖 北	Hubei	398	411	678	688	696	918	838	947	994	922	943	932	920
湖 南	Hunan	215	207	446	474	523	451	559	582	677	640	652	660	657
广 东	Guangdong	54	54	125	125	94	136	191	195	194	178	178	193	244
广 西	Guangxi	64	61	223	250	256	310	360	392	411	420	540	606	586
海 南	Hainan													
重 庆	Chongqing		136	223	271	284	282	294	359	397	332	349	267	218
四 川	Sichuan	708	382	828	946	1049	1100	1167	1159	1281	1312	1400	1356	1304
贵 州	Guizhou	426	134	716	901	825	752	781	713	685	839	891	762	729
云 南	Yunnan	370	221	1214	1234	1184	1376	1457	1607	1603	1573	1747	1508	1150
西 藏	Tibet													
陕 西	Shaanxi	341	175	591	1111	1519	451	1325	1571	2172	2894	3475	3835	3658
甘 肃	Gansu	95	126	222	275	249	241	245	244	263	338	458	583	525
青 海	Qinghai	1	2	2	34	84	144	141	130	168	240	252	133	
宁 夏	Ningxia	43	30	117	83	128	119	278	424	438	577	705	784	758
新 疆	Xinjiang	92	95	249	273	431	611	899	1188	1377	1441	2137	2235	1662

3-4 分地区原油生产量
Crude Oil Production by Region

单位：万吨 (10 000 tons)

地 区	Region	1995	2000	2005	2006	2007	2008	2009	2010	2011	2012	2013	2014	2015
北 京	Beijing													
天 津	Tianjin	620.8	764.0	1793.0	1943.1	1924.3	1993.9	2297.0	3332.7	3187.8	3098.3	3044.5	3074.8	3496.8
河 北	Hebei	517.0	518.3	562.5	610.8	660.0	643.1	599.1	599.0	586.1	584.0	591.0	592.3	580.1
山 西	Shanxi													
内 蒙	Inner Mongolia												21.5	45.8
辽 宁	Liaoning	1552.7	1401.1	1261.0	1226.5	1207.2	1199.3	1000.0	950.0	1000.0	1000.0	1001.0	1021.9	1037.1
吉 林	Jilin	342.7	348.5	550.6	680.4	623.9	698.5	639.9	702.3	739.4	810.4	703.7	663.9	665.5
黑龙江	Heilongjiang	5601.5	5306.7	4516.0	4340.5	4169.8	4020.5	4000.7	4004.9	4006.0	4001.5	4001.0	4000.0	3838.6
上 海	Shanghai		52.7	25.3	21.5	20.7	14.6	9.1	8.3	8.1	5.3	7.9	5.7	6.8
江 苏	Jiangsu	101.4	155.0	164.7	188.5	195.7	184.0	184.0	186.0	189.0	194.5	201.5	206.0	190.5
浙 江	Zhejiang													
安 徽	Anhui													
福 建	Fujian													
江 西	Jiangxi													
山 东	Shandong	3006.3	2675.7	2694.5	2755.1	2793.1	2829.6	2828.2	2786.0	2713.5	2774.7	2726.4	2713.2	2608.0
河 南	Henan	602.0	562.2	507.2	492.1	485.1	476.3	474.5	497.9	485.5	476.6	476.5	470.5	412.1
湖 北	Hubei	85.0	75.1	78.1	79.7	85.5	83.9	80.9	86.5	79.0	78.9	80.1	79.0	71.0
湖 南	Hunan													
广 东	Guangdong	651.0	1393.2	1470.0	1337.8	1261.1	1387.7	1345.1	1287.1	1152.8	1209.3	1291.8	1245.4	1572.6
广 西	Guangxi	3.6	3.3	3.4	3.4	2.9	2.9	2.9	2.7	2.3	2.3	43.8	58.7	50.5
海 南	Hainan	0.1		10.1	11.1	10.7	12.1	18.4	20.0	19.7	19.0	26.5	28.5	30.0
重 庆	Chongqing													
四 川	Sichuan	17.2	17.3	13.9	18.0	18.1	22.8	21.7	15.1	16.2	17.5	22.4	19.2	15.4
贵 州	Guizhou													
云 南	Yunnan	10.2		0.1										
西 藏	Tibet													
陕 西	Shaanxi	166.9	746.4	1778.2	1988.9	2265.9	2463.6	2695.9	3017.3	3225.4	3527.6	3688.0	3767.8	3736.7
甘 肃	Gansu	267.8	55.3	78.9	81.7	82.9	74.9	49.2	58.2	62.6	69.9	72.8	71.2	66.6
青 海	Qinghai	121.7	200.0	221.5	223.0	220.7	220.4	186.4	186.1	195.0	205.0	214.5	220.0	223.0
宁 夏	Ningxia	39.0	139.0					3.1	3.1	3.6	2.3	6.1	7.9	13.4
新 疆	Xinjiang	1297.8	1848.2	2406.4	2474.7	2604.3	2715.1	2512.9	2558.2	2615.6	2670.7	2792.5	2875.3	2795.1

3-5 分地区汽油生产量
Gasoline Production by Region

单位: 万吨 (10 000 tons)

地 区	Region	1995	2000	2005	2006	2007	2008	2009	2010	2011	2012	2013	2014	2015
北 京	Beijing	101.95	146.20	170.90	172.93	181.72	215.53	272.55	257.10	251.20	261.90	243.31	299.49	297.98
天 津	Tianjin	94.02	122.02	145.42	129.83	150.10	117.17	136.41	164.60	178.20	183.60	211.31	199.60	245.84
河 北	Hebei	135.11	159.04	223.60	212.85	230.15	272.49	275.24	270.00	292.80	293.60	304.68	322.21	432.83
山 西	Shanxi								3.20	2.80		10.03	2.99	0.34
内 蒙	Inner Mongolia	23.43		44.99	60.57	45.93	41.97	49.65	42.10	34.30	15.30	147.50	151.87	147.91
辽 宁	Liaoning	398.22	683.88	965.60	1032.33	1005.40	1017.33	1043.57	1057.74	1017.43	1088.10	1059.99	1057.66	1128.52
吉 林	Jilin	147.88	159.45	164.72	159.74	153.95	166.80	151.67	163.00	193.50	195.30	201.73	208.23	196.79
黑龙江	Heilongjiang	261.72	347.46	384.85	387.44	402.71	390.84	430.53	462.90	481.70	463.50	480.71	429.52	480.42
上 海	Shanghai	111.00	263.69	263.45	248.16	211.10	244.88	260.04	259.70	274.40	305.00	499.24	471.59	537.31
江 苏	Jiangsu	108.07	171.53	233.25	200.58	223.65	232.18	318.24	286.50	298.50	344.40	451.95	564.26	657.52
浙 江	Zhejiang	124.15	178.98	288.69	254.94	259.64	288.75	321.32	305.10	315.20	284.53	285.10	308.46	333.27
安 徽	Anhui	74.11	79.38	86.00	86.91	89.38	87.87	97.49	97.00	96.30	83.00	126.88	230.85	216.55
福 建	Fujian	81.49	102.22	95.19	102.63	98.55	83.36	122.38	149.60	137.10	170.30	149.38	324.30	391.30
江 西	Jiangxi	64.56	82.51	86.10	86.85	81.33	86.56	96.57	108.60	100.70	130.60	178.22	173.51	193.79
山 东	Shandong	214.88	280.15	474.54	500.33	558.22	799.70	962.20	1195.46	1286.30	1525.36	1670.96	2188.35	2650.54
河 南	Henan	138.68	136.86	127.65	140.86	157.83	159.43	189.40	208.00	191.40	239.20	222.47	209.60	163.95
湖 北	Hubei	126.32	154.97	178.87	178.09	175.74	173.21	216.49	239.80	242.90	241.00	281.34	278.88	317.14
湖 南	Hunan	90.38	120.19	122.83	124.20	129.86	137.83	133.15	125.50	191.00	240.70	241.34	199.02	228.33
广 东	Guangdong	286.47	331.50	367.23	401.37	417.43	459.84	538.74	635.70	635.50	674.10	759.68	873.16	885.73
广 西	Guangxi	15.09	15.64	19.38	24.84	29.58	31.48	37.91	77.30	229.70	300.60	337.39	409.34	432.15
海 南	Hainan				65.68	238.66	244.05	264.31	263.20	295.20	302.70	233.78	218.06	248.19
重 庆	Chongqing						0.83							
四 川	Sichuan	5.92	8.42	23.20	32.47	45.53	51.61	69.40	57.80	76.20	65.20	74.07	194.80	217.44
贵 州	Guizhou													
云 南	Yunnan						0.02						2.91	2.08
西 藏	Tibet													
陕 西	Shaanxi	49.68	180.13	387.83	410.32	465.86	465.09	526.21	572.50	610.80	737.70	745.21	766.18	705.07
甘 肃	Gansu	166.84	150.92	229.30	239.14	276.04	289.31	314.44	287.90	398.60	375.00	390.18	381.23	395.48
青 海	Qinghai	29.48	20.78	29.40	31.52	32.60	30.89	23.62	40.80	46.30	42.10	44.89	49.34	53.91
宁 夏	Ningxia	23.57	26.91	58.17	58.15	51.72	65.56	69.38	76.80	46.50	174.00	205.35	193.54	219.53
新 疆	Xinjiang	178.53	211.86	238.06	252.03	276.76	280.18	274.57	268.15	233.53	239.28	277.35	320.88	323.63

3-6 分地区煤油生产量
Kerosene Production by Region

单位：万吨　　　　(10 000 tons)

地 区	Region	1995	2000	2005	2006	2007	2008	2009	2010	2011	2012	2013	2014	2015
北 京	Beijing	0.26		12.36	11.60	36.39	85.23	111.61	116.10	126.40	132.90	99.38	152.31	160.00
天 津	Tianjin	8.85	32.57	25.83	27.42	35.12	21.80	32.74	81.20	115.00	94.50	130.76	134.14	157.42
河 北	Hebei	4.83	12.69	11.94	13.15	11.14	12.21	7.05	4.30		0.30	13.72	13.50	44.15
山 西	Shanxi													
内 蒙	Inner Mongolia	0.02										2.17	7.75	9.13
辽 宁	Liaoning	84.34	231.53	220.00	218.74	206.19	230.06	231.90	224.20	222.00	293.30	355.90	380.50	429.10
吉 林	Jilin	1.96	1.28				0.05						8.79	21.61
黑龙江	Heilongjiang	22.27	23.27	19.28	20.57	23.54	24.96	28.46	31.50	34.70	42.30	63.97	73.98	68.46
上 海	Shanghai	35.84	48.38	144.25	112.27	121.19	136.98	149.71	149.30	150.10	165.10	222.69	244.61	292.93
江 苏	Jiangsu	50.64	67.21	99.41	99.45	141.03	108.93	156.87	165.60	201.30	231.60	244.84	290.39	410.60
浙 江	Zhejiang	32.31	107.28	130.97	127.29	153.78	129.41	146.08	154.60	162.90	156.20	208.97	218.77	226.26
安 徽	Anhui													0.44
福 建	Fujian	3.49	8.64	5.81	6.31	5.55	6.41	32.28	94.70	106.80	103.20	79.34	118.40	274.82
江 西	Jiangxi	2.14	4.44	4.67	1.57	1.29	0.07				3.20	21.93	24.35	34.17
山 东	Shandong	24.89	44.96	34.65	31.71	35.07	37.88	68.03	86.70	92.20	114.90	163.50	199.53	200.79
河 南	Henan	21.10	17.04	20.07	21.18	32.45	31.19	49.33	56.90	47.70	72.10	78.28	72.63	49.48
湖 北	Hubei	13.64	16.38	8.85	7.84	12.62	15.72	23.52	46.20	51.20	50.90	63.78	84.84	107.75
湖 南	Hunan	7.49	8.57	10.99	7.97	8.44	4.05	3.84	4.80	12.50	28.30	35.22	38.98	51.69
广 东	Guangdong	72.28	147.68	156.29	164.21	204.81	188.59	298.61	344.00	366.10	399.10	438.34	535.00	641.13
广 西	Guangxi	0.55	0.05	0.01				2.90	3.30	18.40	35.10	23.80	90.30	105.67
海 南	Hainan				3.43	32.78	31.06	35.43	44.60	68.10	78.00	90.57	138.64	150.21
重 庆	Chongqing			0.02										
四 川	Sichuan	2.76	4.23	1.44	1.88	1.43	1.11	0.83	1.10	0.90	1.20	1.86	0.42	29.07
贵 州	Guizhou													
云 南	Yunnan													
西 藏	Tibet													
陕 西	Shaanxi	1.65	8.46		8.92	11.32	15.73	18.69	27.70	25.70	30.80	29.84	35.28	33.08
甘 肃	Gansu	38.64	55.88	49.61	48.57	48.53	49.58	50.69	32.30	31.70	39.40	75.29	63.99	74.21
青 海	Qinghai													
宁 夏	Ningxia											7.04	8.65	14.22
新 疆	Xinjiang	15.80	31.75	32.14	34.79	30.60	38.65	30.86	45.60	46.10	59.00	62.66	65.27	72.25

3-7 分地区柴油生产量
Diesel Oil Production by Region

单位：万吨 (10 000 tons)

地 区	Region	1995	2000	2005	2006	2007	2008	2009	2010	2011	2012	2013	2014	2015
北 京	Beijing	79.20	183.92	199.41	204.78	270.89	373.28	364.24	350.40	355.70	319.10	247.15	266.95	208.62
天 津	Tianjin	119.44	246.82	364.54	386.99	383.48	340.19	338.69	602.70	646.00	607.10	659.53	582.43	545.26
河 北	Hebei	165.81	271.19	403.42	412.08	425.82	513.58	482.34	486.90	538.30	547.00	438.50	394.36	497.79
山 西	Shanxi	0.16							0.20					
内 蒙	Inner Mongolia	20.46		41.01	53.96	53.73	42.80	51.13	79.30	93.60	76.40	207.87	214.67	177.29
辽 宁	Liaoning	677.68	1202.07	1899.60	1911.19	2048.93	2048.35	2101.38	2379.82	2284.75	2357.95	2391.33	2331.03	2270.88
吉 林	Jilin	99.83	178.81	367.43	344.02	320.73	321.68	320.88	322.20	412.90	383.40	387.95	382.09	349.61
黑龙江	Heilongjiang	379.68	532.61	627.52	577.03	583.59	547.30	589.15	615.50	609.12	573.00	584.50	530.46	534.42
上 海	Shanghai	129.13	401.30	717.86	639.32	603.47	747.98	682.63	773.60	798.90	822.10	859.25	685.12	761.00
江 苏	Jiangsu	207.31	408.69	725.87	702.33	696.30	738.33	751.10	808.30	746.80	678.70	759.08	687.31	718.67
浙 江	Zhejiang	201.52	387.40	728.09	749.50	758.73	862.33	825.89	832.60	870.90	801.80	769.07	713.93	685.23
安 徽	Anhui	98.87	151.85	177.36	193.75	188.20	177.95	184.93	196.00	208.20	180.00	225.14	303.32	280.04
福 建	Fujian	85.15	161.49	150.34	155.89	135.51	112.86	273.50	388.00	253.20	327.70	283.36	559.96	506.29
江 西	Jiangxi	83.17	127.09	132.53	179.04	166.86	182.86	187.47	190.80	193.90	229.00	204.78	179.61	211.92
山 东	Shandong	328.63	540.04	939.01	1040.80	1107.53	1645.17	1938.55	2263.86	2463.50	2666.36	2885.08	3244.32	3952.20
河 南	Henan	121.69	213.42	219.02	265.47	243.96	253.61	287.01	297.57	274.32	310.60	250.19	191.22	138.43
湖 北	Hubei	153.05	247.01	329.83	352.35	378.28	341.08	360.08	379.60	389.32	354.80	464.28	459.65	450.42
湖 南	Hunan	104.36	215.53	229.25	219.06	228.74	231.16	215.03	215.00	291.60	342.50	322.40	243.25	287.41
广 东	Guangdong	377.36	654.02	875.28	994.26	1033.53	1187.35	1287.36	1531.00	1551.70	1539.90	1580.73	1503.74	1419.41
广 西	Guangxi	14.98	24.92	36.33	42.37	47.46	38.90	44.85	145.50	474.80	650.90	595.46	574.82	592.35
海 南	Hainan				94.70	359.06	344.87	341.38	346.00	319.20	294.00	229.70	280.88	331.16
重 庆	Chongqing							0.30	0.60		0.40	0.44		
四 川	Sichuan	5.78	11.14	48.52	61.22	80.56	83.43	102.68	83.30	86.60	86.00	59.11	313.63	340.91
贵 州	Guizhou													
云 南	Yunnan						0.02							
西 藏	Tibet													
陕 西	Shaanxi	52.93	223.19	513.38	605.17	707.69	769.50	801.61	854.40	853.30	921.50	883.97	895.75	841.99
甘 肃	Gansu	188.59	276.23	535.67	585.65	597.39	594.76	641.83	619.90	736.00	685.00	660.54	628.39	584.38
青 海	Qinghai	20.99	22.63	44.31	47.51	49.58	46.59	37.27	56.70	73.00	67.50	65.49	61.97	67.32
宁 夏	Ningxia	24.92	33.44	76.57	77.64	69.15	85.60	79.94	92.30	53.30	182.00	197.66	193.11	205.31
新 疆	Xinjiang	231.88	364.79	697.27	759.46	819.96	826.75	835.78	976.10	1097.40	1059.10	1063.15	1213.38	1049.58

3-8 分地区燃料油生产量
Fuel Oil Production by Region

单位：万吨 (10 000 tons)

地 区	Region	1995	2000	2005	2006	2007	2008	2009	2010	2011	2012	2013	2014	2015
北 京	Beijing	220.31	78.95	75.29	70.02	50.57	42.33	29.58	35.08	21.40	18.40	22.76	12.08	4.11
天 津	Tianjin	142.38	40.60	29.38	25.92	32.76	54.56	18.31	62.68	21.90	23.30	19.34	12.16	5.69
河 北	Hebei	44.26	30.17	25.37	28.56	64.85	166.51	34.57	116.94	17.40	25.00	109.49	132.27	123.01
山 西	Shanxi						0.18							
内 蒙	Inner Mongolia	18.85		13.56	2.97	26.40	64.57	48.10	30.78	11.20	7.20	9.26	7.97	6.81
辽 宁	Liaoning	610.43	413.40	466.15	497.38	526.10	580.50	504.84	602.36	572.80	454.20	377.60	297.25	194.80
吉 林	Jilin	85.11	95.59	34.76	43.43	33.92	41.52	38.20	36.83	40.00	31.90	27.19	22.48	23.20
黑龙江	Heilongjiang	181.28	120.56	44.69	44.12	48.44	51.28	47.37	55.38	40.40	46.50	42.73	53.70	44.27
上 海	Shanghai	290.40	139.03	119.67	112.99	109.65	51.50	15.15	29.57	29.30	17.30	40.79	42.94	27.82
江 苏	Jiangsu	162.04	136.29	159.43	181.38	290.59	283.71	154.89	187.61	232.40	284.00	281.16	317.74	300.12
浙 江	Zhejiang	78.33	123.40	109.76	192.42	208.57	174.37	113.32	134.66	157.80	115.50	104.12	98.85	110.50
安 徽	Anhui	48.48	10.68	8.30	8.07	13.41	13.64	16.57	12.44	7.90	6.00	4.60	4.60	1.81
福 建	Fujian	10.44	10.01	8.86	20.73	22.75	18.85	31.02	2.60	3.70	4.30	21.75	53.48	68.75
江 西	Jiangxi	43.27	54.27	39.53	20.00	15.76	18.55	22.07	20.89	7.80	4.30	5.38	1.40	0.20
山 东	Shandong	334.33	274.66	602.62	434.14	347.49	597.56	428.96	365.19	327.90	398.40	871.47	917.81	928.84
河 南	Henan	19.56	30.42	40.02	43.38	48.32	29.46	15.43	17.20	14.70	14.50	43.65	49.78	41.55
湖 北	Hubei	95.49	40.24	28.38	23.67	22.58	13.52	15.97	21.93	21.30	16.20	12.06	10.31	7.77
湖 南	Hunan	55.29	33.95	31.55	27.91	28.61	24.66	16.90	22.66	24.00	25.10	55.67	53.53	24.87
广 东	Guangdong	214.73	186.13	248.08	305.83	266.85	380.68	166.29	156.38	130.80	192.20	333.01	254.55	190.92
广 西	Guangxi	3.60	4.37	9.16	9.48	37.82	32.81	20.30	30.82	60.80	72.70	63.92	31.17	19.41
海 南	Hainan		9.45	4.36	9.09	23.04	26.31	23.83	27.04	36.70	33.70	17.02	24.86	24.23
重 庆	Chongqing			0.06			0.18				5.20			
四 川	Sichuan	3.58	4.10				4.56	8.95	14.39	26.20	27.30	27.90	40.72	49.51
贵 州	Guizhou											0.05		
云 南	Yunnan	0.58				0.11	1.34	0.24						
西 藏	Tibet													
陕 西	Shaanxi	55.64	41.54	83.69	90.22	39.34	58.85	42.90	85.30	30.90	61.80	21.64	18.68	23.32
甘 肃	Gansu	101.21	91.65	39.57	21.51	26.42	21.19	8.78	20.57	15.50	19.80	22.67	25.11	16.92
青 海	Qinghai	19.72	6.39	2.11	2.33	4.19	3.43	2.69	3.34	4.20	4.10	4.25	3.81	3.50
宁 夏	Ningxia	10.24	10.54	3.23	3.05	2.85	2.97	2.74	3.10	1.70	9.90	7.71	7.67	25.64
新 疆	Xinjiang	111.22	67.26	33.61	49.42	54.65	34.76	28.74	19.33	10.10	10.30	47.14	46.77	45.44

3-9 分地区天然气生产量
Natural Gas Production by Region

单位：亿立方米 (100 million cu.m)

地 区	Region	1995	2000	2005	2006	2007	2008	2009	2010	2011	2012	2013	2014	2015
北 京	Beijing											7.50	12.80	16.88
天 津	Tianjin	7.57	9.10	8.79	10.50	13.34	14.01	14.30	17.20	18.40	18.70	18.73	21.15	20.54
河 北	Hebei	3.49	5.14	6.92	6.55	7.14	8.74	10.87	12.70	12.20	13.40	15.58	17.50	10.43
山 西	Shanxi	0.47	1.14	3.24	6.02		5.21					25.11	31.60	43.08
内 蒙	Inner Mongolia		4.55									10.04	15.45	9.24
辽 宁	Liaoning	21.12	14.70	11.72	11.94	8.72	8.71	8.10	8.00	7.20	7.20	8.32	8.11	6.59
吉 林	Jilin	1.83	2.05	5.40	2.41	5.22	8.74	11.62	13.70	15.00	22.20	23.91	22.28	20.31
黑龙江	Heilongjiang	25.91	23.04	24.43	24.65	25.50	27.10	30.04	30.00	31.00	33.70	34.99	35.39	35.82
上 海	Shanghai		2.60	6.04	5.64	5.07	4.29	4.03	3.30	3.00	2.90	2.35	2.12	1.88
江 苏	Jiangsu	0.19	0.24	0.64	0.61	0.58	0.58	0.57	0.60	0.50	0.60	0.51	0.52	0.37
浙 江	Zhejiang		0.04	0.03			0.31							
安 徽	Anhui													
福 建	Fujian													
江 西	Jiangxi												0.43	0.35
山 东	Shandong	12.85	6.88	9.25	8.55	7.84	8.85	9.05	5.33	5.20	6.00	5.11	4.92	4.57
河 南	Henan	11.38	14.95	17.62	18.68	15.76	11.22	29.58	6.72	5.00	5.00	4.93	4.87	4.19
湖 北	Hubei	0.76	0.91	1.12	1.16	1.17	1.40	1.67	2.00	2.28	1.70	3.09	1.45	1.35
湖 南	Hunan						3.19							
广 东	Guangdong	1.03	34.60	44.75	48.95	52.48	60.78	58.43	78.40	83.30	83.50	75.26	83.66	96.57
广 西	Guangxi						8.54					0.10	0.16	0.16
海 南	Hainan			1.66	2.05	2.03	2.32	1.86	1.80	2.00	1.80	2.25	1.58	1.88
重 庆	Chongqing		1.94	3.27	6.47	5.00	9.54	0.60	1.20	0.46	0.40	1.70	7.78	33.32
四 川	Sichuan	76.64	88.60	142.30	159.95	187.46	194.23	193.56	237.65	265.53	242.26	244.81	253.53	267.22
贵 州	Guizhou		0.70	0.53				0.12	0.12			0.41	0.40	0.93
云 南	Yunnan	1.81	0.05	0.22	0.17	0.14	0.06	0.02	0.06	0.07	0.05	0.02	0.02	
西 藏	Tibet													
陕 西	Shaanxi	0.22	21.10	75.46	80.47	110.10	144.20	189.52	223.50	272.20	311.30	371.65	410.11	415.92
甘 肃	Gansu	1.13	0.20	0.84	1.53	0.63	1.43	0.29	0.20	0.20	0.20	0.17	0.15	0.08
青 海	Qinghai	0.64	3.91	22.26	25.03	34.02	43.65	43.07	56.10	65.00	64.28	68.06	68.90	61.37
宁 夏	Ningxia	0.62	0.15							3.02	3.33			
新 疆	Xinjiang	11.81	35.38	106.71	164.20	210.20	235.89	245.39	249.90	235.33	253.01	283.98	296.70	293.02

3-10 分地区发电量
Power Generation by Region

单位：亿千瓦小时 (100 million kW•h)

地区	Region	1995	2000	2005	2006	2007	2008	2009	2010	2011	2012	2013	2014	2015
北京	Beijing	132	145	213	215	228	243	243	269	263	291	336	369	421
天津	Tianjin	134	211	369	359	393	382	416	589	621	590	624	626	623
河北	Hebei	607	844	1339	1461	1646	1528	1742	1993	2327	2411	2507	2559	2498
山西	Shanxi	506	620	1312	1526	1761	1794	1874	2151	2344	2546	2641	2679	2449
内蒙	Inner Mongolia	279	439	1057	1413	1932	2184	2242	2489	2973	3172	3567	3977	3929
辽宁	Liaoning	540	646	904	1015	1115	1138	1163	1295	1370	1441	1554	1656	1665
吉林	Jilin	285	314	433	443	495	578	542	605	710	692	779	781	731
黑龙江	Heilongjiang	388	427	596	647	685	733	723	777	835	849	839	889	874
上海	Shanghai	403	553	734	721	739	774	778	876	949	886	959	793	793
江苏	Jiangsu	700	910	2120	2536	2675	2815	2928	3359	3763	4001	4321	4346	4361
浙江	Zhejiang	401	625	1456	1766	1915	1905	2246	2568	2777	2808	2942	2898	3011
安徽	Anhui	310	355	648	734	873	1125	1320	1444	1635	1771	1970	2074	2062
福建	Fujian	262	404	778	904	1038	1127	1171	1356	1580	1623	1777	1907	1901
江西	Jiangxi	176	203	373	440	502	576	533	664	730	728	875	882	982
山东	Shandong	739	1005	1911	2315	2698	2648	2860	3043	3169	3212	3549	4655	4685
河南	Henan	548	695	1415	1601	1918	1978	2055	2192	2585	2643	2864	2741	2625
湖北	Hubei	453	559	1290	1307	1588	1828	1818	2043	2086	2238	2237	2351	2341
湖南	Hunan	333	354	644	755	860	927	1028	1226	1347	1398	1356	1337	1314
广东	Guangdong	821	1293	2279	2466	2732	2716	2758	3237	3802	3764	3875	4013	4035
广西	Guangxi	217	289	446	523	683	869	944	1032	1039	1186	1266	1336	1300
海南	Hainan	32	39	82	97	115	121	128	153	173	199	231	245	261
重庆	Chongqing		168	254	291	375	457	474	504	582	598	630	678	680
四川	Sichuan	576	500	1019	1227	1263	1383	1579	1795	1981	2151	2631	3095	3130
贵州	Guizhou	232	405	798	986	1166	1211	1380	1386	1379	1618	1678	1746	1815
云南	Yunnan	228	298	624	754	905	1079	1171	1365	1555	1759	2181	2526	2553
西藏	Tibet	5	7	13	15	15	18	18	21	27	26	29	36	45
陕西	Shaanxi	237	272	549	585	707	853	909	1112	1222	1342	1512	1630	1623
甘肃	Gansu	238	254	506	530	619	698	697	792	1028	1103	1202	1241	1242
青海	Qinghai	60	134	216	282	308	310	378	468	463	584	611	581	566
宁夏	Ningxia	108	137	313	388	453	471	480	587	939	1010	1105	1196	1155
新疆	Xinjiang	120	182	310	357	414	489	549	679	875	1237	1668	2100	2479

3-11 分地区水力发电量
Hydro Power Generation by Region

单位：亿千瓦小时 (100 million kW•h)

地区	Region	1995	2000	2005	2006	2007	2008	2009	2010	2011	2012	2013	2014	2015
北京	Beijing	3.18	8.64	4.71	4.94	4.93	0.36	0.37	4.40	4.48	4.38	4.72	6.82	6.64
天津	Tianjin	0.21	0.14			0.14	0.14					0.20	0.18	0.16
河北	Hebei	12.63	4.70	5.61	14.42	5.68	10.95	5.71	5.55	7.25	4.70	10.93	11.00	9.98
山西	Shanxi	7.11	13.04	20.32	23.87	47.32	23.36	21.66	36.63	34.63	43.79	38.87	33.06	29.26
内蒙	Inner Mongolia	1.43	5.59	11.55	12.80	11.86	11.18	14.82	16.29	12.21	17.66	19.74	37.49	36.42
辽宁	Liaoning	41.71	14.89	56.73	47.03	43.81	38.58	28.81	43.98	31.69	38.24	61.11	41.80	32.28
吉林	Jilin	83.16	47.84	78.30	54.60	61.83	58.91	56.28	105.50	62.90	65.78	118.48	72.55	58.42
黑龙江	Heilongjiang	6.69	13.19	14.70	14.74	10.41	17.56	17.09	22.53	17.02	16.34	30.52	20.04	16.86
上海	Shanghai													
江苏	Jiangsu	0.35	0.13	2.66	3.05	2.95	6.65	2.23	2.98	2.02	11.22	11.09	11.65	11.69
浙江	Zhejiang	78.25	65.23	135.11	139.76	118.15	143.49	152.67	230.85	161.72	187.01	173.28	176.18	229.06
安徽	Anhui	11.39	4.58	12.52	15.72	19.67	28.14	16.39	18.85	17.90	19.60	34.15	40.51	48.67
福建	Fujian	154.91	195.22	291.00	346.82	311.59	399.61	275.92	453.69	285.20	476.20	402.68	454.40	466.07
江西	Jiangxi	55.13	53.50	67.88	95.40	85.06	167.26	85.07	117.85	79.82	111.66	128.93	138.16	178.31
山东	Shandong	0.40	0.03	1.30	0.17	0.77	2.80	1.74	2.14	2.03	1.23	3.45	5.19	7.77
河南	Henan	15.64	15.52	67.91	88.26	88.53	98.77	93.15	91.67	103.42	136.72	114.71	98.95	110.16
湖北	Hubei	258.82	281.40	813.65	756.06	937.70	1272.47	1205.92	1263.83	1163.89	1415.34	1202.96	1375.99	1328.47
湖南	Hunan	157.97	191.15	241.28	290.69	312.56	407.00	409.43	502.53	459.03	602.70	507.14	559.86	572.52
广东	Guangdong	131.10	106.11	207.74	267.99	241.03	388.31	269.34	348.86	331.03	367.31	388.81	407.14	436.76
广西	Guangxi	138.30	168.87	195.82	243.69	323.52	522.97	516.77	475.26	415.49	541.56	488.95	654.52	749.31
海南	Hainan	11.32	11.54	10.64	11.59	13.09	12.72	14.95	13.34	12.55	15.36	23.93	24.55	11.39
重庆	Chongqing		38.22	67.32	56.43	83.75	171.61	165.74	169.25	184.27	244.75	177.32	240.20	229.44
四川	Sichuan	259.79	315.11	653.35	784.65	814.13	980.86	1065.41	1213.42	1364.02	1562.46	2002.01	2501.14	2667.64
贵州	Guizhou	114.90	183.44	213.35	225.96	340.62	394.04	400.88	416.58	355.00	582.05	477.80	683.96	789.22
云南	Yunnan	162.05	196.53	349.19	355.72	430.95	647.28	622.80	814.12	1007.43	1238.23	1656.34	2058.76	2177.57
西藏	Tibet	3.04	5.54	12.10	13.79	13.99	14.53	15.27	15.85	20.62	18.98	19.75	29.03	39.51
陕西	Shaanxi	25.43	34.80	50.54	39.88	55.45	64.23	74.59	87.24	99.63	88.91	110.87	116.89	134.26
甘肃	Gansu	96.18	102.54	165.57	170.45	189.08	188.72	250.21	262.32	252.00	294.67	332.98	354.18	335.98
青海	Qinghai	42.57	107.69	160.58	209.58	207.76	207.10	276.32	371.11	370.87	455.50	435.49	391.28	364.33
宁夏	Ningxia	9.30	8.18	16.41	16.38	17.47	16.08	17.36	18.02	16.75	19.06	18.76	17.46	15.53
新疆	Xinjiang	22.82	30.83	42.33	53.42	58.84	73.93	79.55	97.08	114.58	139.66	206.95	165.91	209.05

3-12 分地区火力发电量
Thermal Power Generation by Region

单位：亿千瓦小时 (100 million kW•h)

地 区	Region	1995	2000	2005	2006	2007	2008	2009	2010	2011	2012	2013	2014	2015
北 京	Beijing	128.18	136.62	209.80	207.05	223.15	242.99	241.04	261.80	255.50	283.20	327.88	358.96	411.13
天 津	Tianjin	131.58	211.35	365.69	359.24	393.13	377.93	389.67	559.60	619.52	587.32	619.05	618.44	614.15
河 北	Hebei	593.72	839.53	1332.17	1438.88	1633.04	1407.60	1707.18	1926.28	2214.67	2246.36	2334.06	2347.79	2271.73
山 西	Shanxi	498.85	607.27	1291.65	1502.50	1713.18	1764.93	1848.76	2104.00	2301.73	2456.14	2551.32	2566.56	2319.77
内 蒙	Inner Mongolia	277.11	432.09	1042.28	1395.93	1876.83	2071.98	2073.49	2226.55	2639.00	2845.29	3167.64	3516.84	3421.92
辽 宁	Liaoning	496.63	628.00	845.00	962.82	1065.26	1085.26	1117.15	1204.04	1260.40	1304.35	1333.65	1366.14	1353.99
吉 林	Jilin	201.45	265.48	354.16	385.76	422.74	398.63	458.61	463.29	591.97	577.62	606.13	626.64	573.40
黑龙江	Heilongjiang	381.30	413.54	581.13	629.64	670.32	696.62	685.91	720.35	771.57	765.88	732.66	779.97	771.09
上 海	Shanghai	401.93	553.09	728.74	720.33	736.25	765.25	767.77	864.79	946.00	882.45	951.51	787.17	785.18
江 苏	Jiangsu	698.42	909.57	2114.03	2512.58	2577.39	2631.34	2762.15	3166.32	3562.63	3779.05	4099.24	4048.11	4053.30
浙 江	Zhejiang	300.67	539.18	1094.64	1403.49	1570.01	1519.53	1840.32	2075.47	2323.10	2258.60	2412.80	2321.59	2222.25
安 徽	Anhui	297.94	350.87	636.37	718.67	853.76	1096.32	1300.24	1420.18	1609.86	1744.11	1928.35	1991.64	1959.00
福 建	Fujian	106.60	208.45	486.88	555.80	723.63	715.97	882.30	890.43	1272.58	1118.97	1263.03	1258.67	1081.26
江 西	Jiangxi	121.35	149.85	305.61	344.49	416.95	407.54	447.42	545.36	648.70	615.04	745.34	729.19	780.47
山 东	Shandong	738.83	1005.14	1909.59	2309.22	2691.43	2598.25	2828.88	3003.60	3128.18	3141.53	3464.17	4487.99	4502.09
河 南	Henan	532.01	677.76	1346.77	1512.35	1829.73	1754.92	1952.61	2092.09	2467.24	2489.42	2741.34	2618.26	2481.30
湖 北	Hubei	193.71	277.73	476.15	548.41	644.40	525.63	606.07	752.72	913.63	813.88	1021.59	936.44	962.35
湖 南	Hunan	174.86	163.27	403.13	464.08	547.59	520.06	618.51	723.75	880.78	779.17	841.89	749.24	698.51
广 东	Guangdong	583.62	1038.61	1764.53	1884.29	2187.24	1968.54	2157.62	2487.86	3017.97	2880.99	2973.41	2994.08	2903.54
广 西	Guangxi	78.99	120.21	250.23	279.67	355.89	301.26	409.51	543.73	623.02	639.83	774.21	648.32	516.25
海 南	Hainan	20.21	27.51	72.46	85.08	101.61	107.90	112.49	137.39	157.24	180.96	200.62	213.45	234.42
重 庆	Chongqing		129.68	185.81	234.87	290.69	284.88	307.59	333.76	393.50	338.80	450.92	431.68	440.79
四 川	Sichuan	316.18	185.13	365.42	441.93	448.60	400.85	513.09	570.21	609.42	587.90	628.10	584.39	442.13
贵 州	Guizhou	116.64	221.27	584.30	760.39	825.71	816.97	979.15	969.05	1024.00	1026.77	1185.44	1045.08	983.94
云 南	Yunnan	66.37	101.32	274.89	397.91	473.55	388.44	548.05	546.25	536.03	493.42	479.30	391.81	266.47
西 藏	Tibet	0.25	0.05	0.08	0.09	0.01	0.14	1.31	3.82	4.60	4.60	6.76	3.62	1.49
陕 西	Shaanxi	211.34	237.48	495.85	544.82	651.28	786.58	834.37	1024.89	1122.04	1252.07	1391.71	1490.57	1452.38
甘 肃	Gansu	141.56	150.98	339.70	357.38	424.37	479.27	432.45	502.29	709.90	717.50	734.64	731.00	718.65
青 海	Qinghai	17.85	26.10	55.63	72.04	99.90	103.23	101.62	97.15	91.80	114.70	134.43	129.86	122.00
宁 夏	Ningxia	98.48	128.43	295.19	367.31	432.45	449.28	454.60	551.36	909.42	954.70	1011.60	1086.14	1015.83
新 疆	Xinjiang	97.27	149.29	265.48	299.01	349.20	404.25	447.82	550.90	731.02	1047.52	1357.29	1756.59	2059.96

3-13 分地区核能、风力、太阳能发电量
Nuclear,Wind,Solar Power Generation by Region

单位：亿千瓦小时 (100 million kW•h)

地 区	Region	核能发电量			风力发电量			太阳能发电量
		2013	2014	2015	2013	2014	2015	2015
北 京	Beijing				3.31	2.80	2.57	0.51
天 津	Tianjin				5.01	5.51	6.28	0.03
河 北	Hebei				161.39	174.84	186.18	9.47
山 西	Shanxi				50.93	67.67	85.80	3.24
内 蒙	Inner Mongolia				372.84	389.92	407.88	56.99
辽 宁	Liaoning	63.70	119.61	144.66	97.98	109.02	111.84	1.23
吉 林	Jilin				54.07	59.96	72.66	0.80
黑龙江	Heilongjiang				72.88	72.03	64.67	0.16
上 海	Shanghai				3.38	3.41	4.79	0.35
江 苏	Jiangsu	166.86	167.67	166.17	40.61	56.51	59.25	19.34
浙 江	Zhejiang	345.91	354.25	496.23	9.82	12.97	16.42	7.65
安 徽	Anhui				7.55	13.22	20.57	3.74
福 建	Fujian	75.20	141.01	289.97	34.78	39.61	44.97	4.71
江 西	Jiangxi				0.91	5.72	11.33	2.34
山 东	Shandong				75.47	90.86	102.91	21.05
河 南	Henan				5.69	6.72	13.69	0.90
湖 北	Hubei				7.72	8.18	17.19	1.36
湖 南	Hunan				6.49	11.22	28.35	0.37
广 东	Guangdong	464.43	542.84	606.48	48.92	43.32	55.41	1.81
广 西	Guangxi				2.51	2.30	5.91	0.38
海 南	Hainan			4.37	6.90	4.91	5.95	1.94
重 庆	Chongqing				1.71	1.75	2.09	
四 川	Sichuan				0.82	2.26	10.19	1.12
贵 州	Guizhou				10.73	16.86	39.00	
云 南	Yunnan				44.03	61.81	92.28	5.68
西 藏	Tibet							2.61
陕 西	Shaanxi				5.34	21.17	27.87	8.07
甘 肃	Gansu				118.07	114.80	126.70	59.12
青 海	Qinghai				0.86	3.63	6.59	72.67
宁 夏	Ningxia				65.23	65.66	80.51	40.78
新 疆	Xinjiang				96.01	131.14	147.83	59.38

3-14 分地区城市天然气供应情况

地区	Region	供气总量(万立方米) Total Gas Supply (10^4 cu.m)							
		2000	2005	2010	2011	2012	2013	2014	2015
全　国	**National Total**	**821476**	**2104951**	**4875808**	**6787997**	**7950377**	**8882417**	**9643783**	**10407906**
北　京	Beijing	95740	317397	719740	729608	924763	989484	1136874	1444924
天　津	Tianjin	23474	68966	169453	169739	256241	281885	301000	306630
河　北	Hebei	4647	25374	106740	193461	214451	244012	257439	314237
山　西	Shanxi	5611	10802	141440	176342	213502	233051	177638	247397
内蒙古	Inner Mongolia		9444	69531	127724	113040	104732	110922	133207
辽　宁	Liaoning	24923	36817	66173	76601	85701	97745	126814	170434
吉　林	Jilin	13162	17333	43462	51758	69697	85834	115404	111432
黑龙江	Heilongjiang	4185	19555	72497	85070	88191	111136	116623	113245
上　海	Shanghai	25974	174962	450032	543314	631126	690885	696093	734776
江　苏	Jiangsu		87634	472309	591493	691763	765869	842071	969799
浙　江	Zhejiang		10428	118884	148674	191322	230091	328121	319276
安　徽	Anhui	600	11564	112190	138832	171251	199095	219684	234585
福　建	Fujian			51101	66297	95325	112446	132312	148807
江　西	Jiangxi		1051	11263	27004	41910	56127	69115	73570
山　东	Shandong	84065	116691	326931	438016	518344	610755	627532	633917
河　南	Henan	55018	53337	158928	194720	241272	288625	305240	332808
湖　北	Hubei	1	17422	152833	204472	240807	285324	309438	330397
湖　南	Hunan		5632	111757	139137	161274	199746	217162	215488
广　东	Guangdong	339	71597	170266	1183316	1174509	1231702	1291347	1232938
广　西	Guangxi		84	10320	13606	16904	22234	28510	38789
海　南	Hainan		6360	14264	16374	17664	25280	27635	29004
重　庆	Chongqing	68049	164614	254021	268790	324965	324336	321485	349378
四　川	Sichuan	388394	598531	525686	564557	568317	590236	610050	627976
贵　州	Guizhou	450	6199	3546	5484	9853	16078	29011	32906
云　南	Yunnan	1533	14500	119	212	1207	2286	4414	7345
西　藏	Tibet		808				13	16	1346
陕　西	Shaanxi	17770	76285	164654	182495	221162	238667	285839	311286
甘　肃	Gansu	78	4100	72917	88100	112098	134044	159230	161907
青　海	Qinghai	2022	63606	61557	65738	111917	118969	129793	133022
宁　夏	Ningxia	56	68193	108485	122647	179132	210854	218700	199279
新　疆	Xinjiang	5385	45665	134711	174413	262670	380880	448271	447797

Basic Statistics on Supply of Natural Gas in Cities by Region

用气人口(万人)

Population with Access(10^4 persons)

2000	2005	2010	2011	2012	2013	2014	2015
2581	**7104**	**17021**	**19028**	**21208**	**23783**	**25973**	**28561**
295	880	1292	1334	1367	1399	1425	1446
304	412	574	598	637	651	772	847
31	142	839	919	982	1059	1028	1214
36	50	431	509	584	769	826	897
	50	258	287	347	459	505	536
410	567	797	852	957	1021	996	1068
77	167	290	359	387	424	539	677
56	104	568	601	638	673	726	747
67	522	1093	1231	1321	1447	1554	1594
	380	1300	1558	1744	1907	2125	2346
	119	553	644	704	840	937	1005
5	208	636	786	912	976	1083	1184
		274	287	295	347	375	438
	38	157	259	322	430	474	503
62	381	1444	1628	1866	2086	2280	2454
186	399	831	931	1095	1307	1449	1591
	264	700	819	945	1106	1175	1283
	62	422	444	562	640	761	852
4	79	922	1028	1155	1380	1619	1885
	1	106	133	187	242	266	348
	21	77	91	105	111	128	149
329	509	861	862	934	955	1071	1181
556	967	1164	1284	1383	1492	1595	1703
2	2	12	24	55	129	138	248
2	5	37	27	33	38	110	169
	15				5	8	24
126	359	547	594	644	713	767	812
2	118	197	221	252	276	298	372
4	33	89	100	108	123	127	139
1	34	108	128	141	178	188	204
27	220	445	490	548	602	629	648

3-15 分地区城市人工煤气供应情况

地区	Region	供气总量(万立方米) Total Gas Supply (10^4 cu.m)							
		2000	2005	2010	2011	2012	2013	2014	2015
全国	**National Total**	**1523615**	**2558343**	**2799380**	**847256**	**769686**	**627989**	**559513**	**471378**
北京	Beijing	47310	20211						
天津	Tianjin	9882	28803						
河北	Hebei	45918	78435	89834	84634	89595	71058	56763	53538
山西	Shanxi	241869	82291	87203	93515	87787	56556	46851	39450
内蒙古	Inner Mongolia	7485	6887	3069	2806	2786	3500	3500	3090
辽宁	Liaoning	81957	63614	55177	56625	59736	59264	63604	57394
吉林	Jilin	15508	13755	16727	17445	17086	16575	12827	7945
黑龙江	Heilongjiang	30347	40199	7587	8040	8185	8443	7783	7202
上海	Shanghai	213147	199744	142167	118541	90438	59346	31379	5309
江苏	Jiangsu	362606	1290834	1931995	10310	4889	3940	612	
浙江	Zhejiang	27796	27686	484	493	463	500	478	488
安徽	Anhui	22996	8723						
福建	Fujian	12727	1810	2673	2892	3080	2927	2977	3000
江西	Jiangxi	39463	31707	58208	49641	48497	36049	30991	25097
山东	Shandong	43041	47743	35730	34513	21316	9210	9438	59
河南	Henan	81775	117592	109500	116309	85359	60052	59436	53100
湖北	Hubei	14588	9184	12042	9950	5100			
湖南	Hunan	60375	44064	3044	2334	2707	2765	2765	2767
广东	Guangdong	12097	29310	7037	5307	2509			
广西	Guangxi	2817	4483	4517	4503	4423	4533	4739	4439
海南	Hainan								
重庆	Chongqing	100							
四川	Sichuan	111677	128252	159719	159719	159925	165003	165113	165604
贵州	Guizhou	8727	19209	26963	30515	34167	23788	16034	5540
云南	Yunnan	15407	20287	33818	35309	37653	40535	40722	33959
西藏	Tibet								
陕西	Shaanxi	4447	4365						
甘肃	Gansu	6691	3802	9438	1617	1658	1722	1676	1644
青海	Qinghai	24							
宁夏	Ningxia	2838	3013	697	240	137	132	70	
新疆	Xinjiang		232340	1752	1999	2190	2090	1752	1752

Basic Statistics on Supply of Coal Gas in Cities by Region

用气人口(万人) Population with Access(10^4 persons)							
2000	2005	2010	2011	2012	2013	2014	2015
3944	**4369**	**2802**	**2676**	**2442**	**1943**	**1757**	**1322**
83	22						
73	97						
279	401	180	185	188	181	173	159
295	395	238	244	237	102	85	66
78	93	52	49	46	40	41	39
422	532	542	574	557	574	591	531
150	169	165	168	189	179	117	41
211	289	74	81	81	89	94	57
450	662	358	275	198	112	35	
325	234	90	46	28	9	9	
48	83	5	4	4	4	4	4
169	67						
21	11	15	16	19	20	21	21
125	131	150	95	80	32	18	15
335	357	159	140	88	28	18	
136	142	165	154	121	43	29	15
180	22	41	35	12			
81	75	33	21	31	32	32	33
150	163	18					
15	25	43	45	46	47	47	43
1							
30	33	41	43	49	50	50	52
73	125	167	208	176	127	128	31
100	177	233	267	265	248	239	193
33	27						
70	24	20	15	19	18	15	15
3							
10	9	6	5	4	3	3	
	5	9	6	7	5	5	5

3-16 分地区城市液化石油气供应情况

地　区	Region	供气总量(吨) Total Gas Supply (ton)							
		2000	2005	2010	2011	2012	2013	2014	2015
全　国	**National Total**	**10537147**	**12220141**	**12680054**	**11658326**	**11148032**	**11097298**	**10828490**	**10392169**
北　京	Beijing	176460	374358	323104	442535	418156	472980	546293	576306
天　津	Tianjin	44203	61503	53368	58608	49105	49490	43154	50494
河　北	Hebei	189612	327294	205007	224873	205388	183591	161923	166370
山　西	Shanxi	34152	42004	63331	74789	90534	74399	69557	66168
内蒙古	Inner Mongolia	59425	138348	74251	113190	98496	69174	63069	57950
辽　宁	Liaoning	379194	402659	395058	504938	516426	495244	492406	468889
吉　林	Jilin	169062	184659	214818	236297	220874	181420	184553	157752
黑龙江	Heilongjiang	601427	228630	219784	211074	206057	218023	214429	210492
上　海	Shanghai	490561	452613	398427	394278	392514	397314	418013	424112
江　苏	Jiangsu	705010	1129147	766586	766635	735757	700765	651779	593577
浙　江	Zhejiang	630895	1060572	877956	807562	776396	821658	701812	695947
安　徽	Anhui	458621	613614	615770	567246	537160	619620	752627	736312
福　建	Fujian	737609	378053	333758	324768	288978	277846	298252	286906
江　西	Jiangxi	164698	174521	188847	194329	204258	223399	237316	228912
山　东	Shandong	276543	572194	760332	541533	511489	484287	395521	366750
河　南	Henan	162199	225864	241602	238178	234450	227208	223532	217382
湖　北	Hubei	296179	311171	421507	426496	386152	361641	350092	352112
湖　南	Hunan	199873	294718	252906	265876	201279	195167	189230	241529
广　东	Guangdong	3108612	4101990	5055955	4049701	3872441	3889033	3684390	3340353
广　西	Guangxi	204904	315998	303804	297416	326110	309475	267632	262313
海　南	Hainan	77856	66866	63959	76650	55344	91151	89419	82189
重　庆	Chongqing	38769	95577	92807	92861	93315	87922	95672	76435
四　川	Sichuan	66154	164266	191071	206628	180447	183581	175131	173652
贵　州	Guizhou	28973	53779	63772	65375	66101	71027	76043	88670
云　南	Yunnan	82954	70436	166108	162402	174936	196004	210629	210095
西　藏	Tibet	16680	1500	5521	24650	25918	20394	62481	66661
陕　西	Shaanxi	79038	121943	43381	34059	31516	32732	28635	28796
甘　肃	Gansu	783739	71904	185523	151715	151392	73971	59662	85327
青　海	Qinghai	11496	14339	7142	6633	6834	5366	6250	6353
宁　夏	Ningxia	18231	22697	14984	14037	17086	18444	19885	13193
新　疆	Xinjiang	244018	147314	79617	82993	73123	64973	59105	60174

Basic Statistics on Supply of LPG in Cities by Region

用气人口(万人) Population with Access(10^4 persons)							
2000	2005	2010	2011	2012	2013	2014	2015
11107	**18013**	**16503**	**16094**	**15683**	**15102**	**14378**	**13955**
253	341	394	407	417	427	434	432
89	123	42	17	12	13	15	28
476	705	503	459	422	342	334	300
102	170	201	205	167	146	127	119
192	295	354	355	347	279	260	248
569	713	652	669	665	639	601	559
350	493	461	460	443	428	407	365
546	612	507	430	427	403	369	425
421	711	852	839	862	856	837	821
883	1765	1115	1043	1007	957	829	715
555	1135	1244	1166	1161	1150	1083	1157
379	541	491	393	353	351	304	269
341	604	699	716	745	725	724	705
220	412	453	454	456	451	448	478
887	1836	1104	1017	922	819	725	657
430	574	564	560	575	552	533	527
908	1142	862	818	768	644	606	581
461	648	612	718	687	643	537	494
1485	3223	3275	3295	3287	3413	3319	3140
374	551	634	649	632	593	608	596
117	113	111	119	115	122	127	137
35	72	114	108	110	100	101	95
81	152	131	126	133	131	146	140
90	189	199	188	200	210	217	261
138	141	290	295	276	291	282	322
14	3	36	41	17	19	30	37
206	243	165	143	132	95	71	71
102	142	185	179	169	162	164	159
30	37	19	18	19	16	20	21
70	90	83	77	65	54	52	43
306	240	151	131	95	74	68	55

3-17 分地区城市集中供热情况

地 区	Region	蒸汽供应能力(吨/小时) Capacity of Steam Supply (ton/hour)							
		2000	2005	2010	2011	2012	2013	2014	2015
全 国	**National Total**	**74148**	**106723**	**105084**	**85274**	**86452**	**84362**	**84664**	**80699**
北 京	Beijing	3408	2297	450	450	450	300	300	300
天 津	Tianjin	9106	3294	3167	3025	3463	3717	3769	3568
河 北	Hebei	6427	9290	11570	10357	9244	6975	7142	7539
山 西	Shanxi	3316	3133	2674	2802	2639	1291	1225	1385
内蒙古	Inner Mongolia	1200	844	662	1182	1135	767	342	341
辽 宁	Liaoning	11569	12583	13186	11544	13038	12787	12776	12933
吉 林	Jilin	3425	4749	5208	3494	1537	1536	1598	1403
黑龙江	Heilongjiang	4513	5937	4411	4951	4789	4874	4874	4574
上 海	Shanghai								
江 苏	Jiangsu	2554	19744	6280					
浙 江	Zhejiang	1516	4569	5438	4923	5442	8039	8914	3145
安 徽	Anhui	1915	2006	3530	3753	3846	4305	4493	4593
福 建	Fujian								
江 西	Jiangxi								
山 东	Shandong	12498	22770	31086	25634	24678	25211	23396	24373
河 南	Henan	3261	4698	5590	5530	5856	6008	6088	6093
湖 北	Hubei	775	1404	1564	1816	1816	1874	2080	2680
湖 南	Hunan	493	105						
广 东	Guangdong								
广 西	Guangxi								
海 南	Hainan								
重 庆	Chongqing								
四 川	Sichuan		160	60					
贵 州	Guizhou								
云 南	Yunnan								
西 藏	Tibet							13	14
陕 西	Shaanxi	1923	2240	3731	3681	5795	4118	3708	3728
甘 肃	Gansu	3949	4813	4525		384	224	200	26
青 海	Qinghai								
宁 夏	Ningxia	662	646	576	672	381	396	1687	1795
新 疆	Xinjiang	1638	1441	1376	1460	1959	1940	2060	2210

Basic Statistics on Heating Supply in Cities by Region

热水供应能力(兆瓦) Capacity of Hot Water Supply(10^6 W)							
2000	2005	2010	2011	2012	2013	2014	2015
97417	**197976**	**315717**	**338752**	**365278**	**403542**	**447068**	**472556**
4755	30115	35684	36805	38298	38585	40445	41451
5608	10563	18055	19325	21063	21572	22596	24261
8388	13917	23177	24535	26129	27441	29554	32035
5347	8578	17405	18210	20706	23068	26412	30991
5687	10887	25850	28560	29489	33729	38000	45683
19154	36051	55770	59855	62826	68631	69158	71834
10564	18925	29145	30988	36536	40576	41998	42760
13750	23952	32052	41000	38743	42296	44551	46602
8	200	6055					
	233	75	75	75	85	20	30
214	135	182	182	182	182	20182	142
43	286						
9206	16744	27587	28922	33450	39722	43427	47487
1334	2118	4767	6763	6204	8568	9544	11644
	78	278	278	278	278	278	478
					239	240	
551	1806	4215	5309	6682	8902	11428	22023
3611	5791	10208	11137	12758	14069	14146	14331
89	173	370	230	258	348	348	348
2963	5115	5945	6113	7927	8252	7138	7848
6145	12309	18897	20465	23675	26997	27604	32608

四、能源消费

Chapter 4　Energy Consumption

4-1 能源消费总量和构成
Total Energy Consumption and Composition

年 份 Year	电热当量计算法 calorific value calculation						
	能源消费总量 (万吨标准煤) Total Energy Consumption (10^4 tce)	占能源消费总量的比重 (%) As percentage of primary energy consumption (%)					
		煤 炭 Coal	石 油 Petroleum	天然气 Natural Gas	一次电力及其他能源 Primary Electricty and Other Energy	#水电 Hydro Power	#核电 Nuclear Power
1980	58587	74.2	21.4	3.2	1.2	1.2	-
1981	57577	75.1	20.6	2.9	1.4	1.4	-
1982	59966	76.3	19.6	2.6	1.5	1.5	-
1983	63635	77.0	18.8	2.5	1.7	1.7	-
1984	68495	77.8	18.1	2.5	1.6	1.6	-
1985	74112	78.5	17.7	2.3	1.5	1.5	-
1986	77776	78.2	17.9	2.4	1.5	1.5	-
1987	83850	78.7	17.6	2.2	1.5	1.5	-
1988	89963	78.8	17.6	2.1	1.5	1.5	-
1989	93666	79.3	17.1	2.0	1.6	1.6	-
1990	95384	79.0	17.2	2.1	1.7	1.7	-
1991	100413	78.7	17.7	2.1	1.5	1.5	-
1992	105602	78.3	18.1	2.0	1.6	1.6	-
1993	111490	79.0	17.1	2.1	1.8	1.8	-
1994	118071	79.5	16.2	2.2	2.1	2.0	0.1
1995	123471	77.0	18.6	1.9	2.5	2.4	0.1
1996	129665	76.7	19.5	1.9	1.9	1.8	0.1
1997	130082	74.9	21.3	1.8	2.0	1.9	0.1
1998	130260	74.2	21.8	1.9	2.1	2.0	0.1
1999	135132	73.6	22.3	2.1	1.9	1.8	0.1
2000	140993	71.5	22.9	2.3	3.3	1.9	0.1
2001	148264	71.5	22.2	2.5	3.8	2.3	0.1
2002	161935	71.8	22.0	2.4	3.8	2.2	0.2
2003	189269	73.2	20.9	2.4	3.5	1.8	0.3
2004	220738	73.2	20.8	2.4	3.6	2.0	0.3
2005	250835	75.4	18.6	2.5	3.5	1.9	0.3
2006	275134	75.5	18.2	2.8	3.5	1.9	0.2
2007	299271	75.6	17.6	3.1	3.7	2.0	0.3
2008	306455	75.0	17.4	3.5	4.1	2.3	0.3
2009	321336	74.9	17.2	3.7	4.2	2.4	0.3
2010	343601	72.7	18.3	4.2	4.8	2.6	0.3
2011	370163	73.4	17.6	4.8	4.2	2.3	0.3
2012	381515	72.2	17.9	5.1	4.8	2.8	0.3
2013	394794	71.3	18.0	5.6	5.1	2.9	0.3
2014	400299	69.8	18.5	6.0	5.7	3.3	0.4
2015	402164	68.1	19.6	6.2	6.1	3.5	0.5

4-1 续表 Continued

年 份 Year	发电煤耗计算法 coal equivalent calculation						
	能源消费总量(万吨标准煤) Total Energy Consumption (10^4 tce)	占能源消费总量的比重 (%) As percentage of primary energy consumption (%)					
		煤 炭 Coal	石 油 Petroleum	天然气 Natural Gas	一次电力及其他能源 Primary Electricty and Other Energy	#水电 Hydro Power	#核电 Nuclear Power
1980	60275	72.2	20.7	3.1	4.0	4.0	-
1981	59447	72.7	20.0	2.8	4.5	4.5	-
1982	62067	73.7	18.9	2.5	4.9	4.9	-
1983	66040	74.2	18.1	2.4	5.3	5.3	-
1984	70904	75.3	17.4	2.4	4.9	4.9	-
1985	76682	75.8	17.1	2.2	4.9	4.9	-
1986	80850	75.8	17.2	2.3	4.7	4.7	-
1987	86632	76.2	17.0	2.1	4.7	4.7	-
1988	92997	76.1	17.1	2.1	4.7	4.7	-
1989	96934	76.1	17.1	2.1	4.7	4.7	-
1990	98703	76.2	16.6	2.1	5.1	5.1	-
1991	103783	76.1	17.1	2.0	4.8	4.8	-
1992	109170	75.7	17.5	1.9	4.9	4.9	-
1993	115993	74.7	18.2	1.9	5.2	5.1	0.1
1994	122737	75.0	17.4	1.9	5.7	5.2	0.5
1995	131176	74.6	17.5	1.8	6.1	5.7	0.4
1996	135192	73.5	18.7	1.8	6.0	5.6	0.4
1997	135909	71.4	20.4	1.8	6.4	5.9	0.4
1998	136184	70.9	20.8	1.8	6.5	6.1	0.4
1999	140569	70.6	21.5	2.0	5.9	5.5	0.4
2000	146964	68.5	22.0	2.2	7.3	5.7	0.4
2001	155547	68.0	21.2	2.4	8.4	6.7	0.4
2002	169577	68.5	21.0	2.3	8.2	6.3	0.5
2003	197083	70.2	20.1	2.3	7.4	5.3	0.8
2004	230281	70.2	19.9	2.3	7.6	5.5	0.8
2005	261369	72.4	17.8	2.4	7.4	5.4	0.7
2006	286467	72.4	17.5	2.7	7.4	5.4	0.7
2007	311442	72.5	17.0	3.0	7.5	5.4	0.7
2008	320611	71.5	16.7	3.4	8.4	6.1	0.7
2009	336126	71.6	16.4	3.5	8.5	6.0	0.7
2010	360648	69.2	17.4	4.0	9.4	6.4	0.7
2011	387043	70.2	16.8	4.6	8.4	5.7	0.7
2012	402138	68.5	17.0	4.8	9.7	6.8	0.8
2013	416913	67.4	17.1	5.3	10.2	6.9	0.8
2014	425806	65.6	17.4	5.7	11.3	7.7	1.0
2015	429905	63.7	18.3	5.9	12.1	8.0	1.2

4-2 工业分行业终端能源消费量(实物量)-2015

行　业	Item	煤合计 (万吨) Coal Total (10^4 tons)
工业	**Industry**	**90831.25**
(一)采掘业	**Mining and Quarrying**	**5659.90**
煤炭开采和洗选业	Mining and Washing of Coal	4383.14
石油和天然气开采业	Extraction of Petroleum and Natural Gas	137.45
黑色金属矿采选业	Mining and Processing of Ferrous Metal Ores	341.86
有色金属矿采选业	Mining and Processing of Non-Ferrous Metal Ores	149.88
非金属矿采选业	Mining and Processing of Nonmetal Ores	615.24
开采辅助活动	Support Activities for Mining	30.60
其他采矿业	Mining of Other Ores	1.73
(二)制造业	**Manufacturing**	**84142.20**
农副食品加工业	Processing of Food from Agricultural Products	2121.36
食品制造业	Manufacture of Foods	1126.87
酒、饮料和精制茶制造业	Manufacture of Liquor, Beverages and Refined Tea	1135.36
烟草制品业	Manufacture of Tobacco	41.05
纺织业	Manufacture of Textile	1543.47
纺织服装、服饰业	Manufacture of Textile, Wearing Apparel and Accessories	228.35
皮革、毛皮、羽毛及其制品和制鞋业	Manufacture of Leather, Fur, Feather and Related Products and Footwear	153.92
木材加工和木、竹、藤、棕、草制品业	Processing of Timber,Manufacture of Wood,Bamboo,Rattan,Palm, and Straw Products	489.77
家具制造业	Manufacture of Furniture	50.53
造纸和纸制品业	Manufacture of Paper and Paper Products	1641.28
印刷和记录媒介复制业	Printing and Reproduction of Recording Media	81.18
文教、工美、体育和娱乐用品制造业	Manufacture of Articles for Culture, Education, Arts and Crafts, Sport and Entertainment Activities	116.22
石油加工、炼焦和核燃料加工业	Processing of Petroleum, Coking and Processing of Nuclear Fuel	3850.17
化学原料和化学制品制造业	Manufacture of Raw Chemical Materials and Chemical Products	20939.19
医药制造业	Manufacture of Medicines	1146.72
化学纤维制造业	Manufacture of Chemical Fibers	647.88
橡胶和塑料制品业	Manufacture of Rubber and Plastics Products	755.35
非金属矿物制品业	Manufacture of Non-metallic Mineral Products	30458.98
黑色金属冶炼和压延加工业	Smelting and Pressing of Ferrous Metals	13553.37
有色金属冶炼和压延加工业	Smelting and Pressing of Non-ferrous Metals	2178.03
金属制品业	Manufacture of Metal Products	449.66
通用设备制造业	Manufacture of General Purpose Machinery	288.10
专用设备制造业	Manufacture of Special Purpose Machinery	272.72
汽车制造业	Manufacture of Automobiles	231.43
铁路、船舶、航空航天和其他运输设备制造	Manufacture of Railway, Ship, Aerospace and Other Transport Equipments	163.57
电气机械和器材制造业	Manufacture of Electrical Machinery and Apparatus	237.16
计算机、通信和其他电子设备制造业	Manufacture of Computers, Communication and Other Electronic Equipment	86.59
仪器仪表制造业	Manufacture of Measuring Instruments and Machinery	20.39
其他制造业	Other Manufacture	61.92
废弃资源综合利用业	Utilization of Waste Resources	66.48
金属制品、机械和设备修理业	Repair Service of Metal Products, Machinery and Equipment	5.11
(三)电力、煤气及水生产和供应业	**Electric Power, Gas and Water Production and Supply**	**1029.15**
电力、热力生产和供应业	Production and Supply of Electric Power and Heat Power	1006.71
燃气生产和供应业	Production and Supply of Gas	9.16
水的生产和供应业	Production and Supply of Water	13.28

Final Energy Consumption by Industrial Sector (Physical Quantity) -2015

原煤 (万吨) Raw Coal (10^4 tons)	洗精煤 (万吨) Cleaned Coal (10^4 tons)	其他洗煤 (万吨) Other Washed Coal (10^4 tons)	焦炭 (万吨) Coke (10^4 tons)	焦炉煤气 (亿立方米) Coke Oven Gas (10^8 cu.m)	高炉煤气 (亿立方米) Blast Furnace Gas (10^8 cu.m)	转炉煤气 (亿立方米) Converter Gas (10^8 cu.m)	其他煤气 (亿立方米) Other Gas (10^8 cu.m)	其他焦化产品 (万吨) Other Coking Products (10^4 tons)
74393.53	**5837.17**	**9281.06**	**43639.19**	**566.70**	**5522.55**	**356.90**	**86.29**	**1077.23**
4552.35	**207.60**	**877.91**	**236.27**	**7.65**	**35.05**	**0.99**	**3.10**	**2.05**
3568.69	110.55	692.76	63.00	4.27	11.46		3.00	1.88
137.41								
268.79	65.28	1.98	157.54	2.45	23.59	0.99	0.09	0.17
131.58	16.05	0.43	8.67	0.56				
413.56	15.72	182.74	7.03	0.37			0.01	
30.60			0.03					
1.73								
68913.73	**5619.74**	**8315.29**	**43364.34**	**556.58**	**5487.50**	**355.91**	**83.04**	**1073.36**
2061.65	20.78	32.79	141.25	0.28	29.00	1.92		0.03
1094.10	6.95	18.28	3.09	0.18			0.01	0.01
1114.75	5.05	12.12	1.18	0.20				
36.56	2.96	0.72						
1512.43	4.92	9.67	1.93	2.62	0.01			
223.81	0.26	1.81	1.59					0.05
151.95	1.14	0.51	0.34					0.02
487.12	0.27	1.74	1.43	0.05				0.04
49.89	0.01	0.51	1.89					
1589.64	15.89	23.06	0.77					
79.64		0.67	0.49					0.38
110.31	3.31	1.97	3.33					0.03
2086.76	673.23	1053.20	64.81	104.39	94.45		3.16	132.71
19202.47	1138.63	134.31	3576.25	52.70	10.28	2.96	8.43	563.38
1132.44	8.82	3.80	0.79	0.05				
574.80	10.80	1.82	0.32					
706.22	20.22	14.22	3.46	0.24				0.43
23221.75	621.01	6531.98	904.24	36.24	37.29	5.57	6.82	73.53
9860.08	2787.14	349.03	37057.27	345.38	5307.84	343.11	0.17	292.04
1885.72	198.25	84.35	564.52	9.76	0.05		59.04	9.97
432.50	11.48	3.03	100.19	2.22	4.05	0.71	0.03	0.01
280.45	5.01	1.68	684.25	0.23	0.11	0.09	4.06	0.08
207.01	63.36	1.71	67.91	1.08	1.36	0.03	1.11	0.27
226.02	1.83	2.36	129.32	0.07			0.20	
142.05	1.06	20.08	2.72	0.43		1.02		
217.20	16.44	2.40	12.00	0.03				0.21
83.93	0.78	0.51	14.31	0.02	0.01			0.10
19.85	0.01	0.50	2.69					0.08
58.53		1.45	0.25					
59.11	0.10	5.00	21.67	0.42	3.06	0.51		
4.99	0.01		0.05					0.01
927.45	**9.83**	**87.86**	**38.58**	**2.46**			**0.15**	**1.82**
905.97	9.68	87.15	38.56	0.10				1.82
8.44		0.71		2.37			0.15	
13.03	0.15		0.02					

4-2 续表 1

行　　业	Item	油品合计（万吨）Petroleum Products Total (10^4 tons)
工业	**Industry**	**16229.74**
(一)采掘业	**Mining and Quarrying**	**1049.73**
煤炭开采和洗选业	Mining and Washing of Coal	179.13
石油和天然气开采业	Extraction of Petroleum and Natural Gas	569.87
黑色金属矿采选业	Mining and Processing of Ferrous Metal Ores	86.88
有色金属矿采选业	Mining and Processing of Non-Ferrous Metal Ores	39.65
非金属矿采选业	Mining and Processing of Nonmetal Ores	74.98
开采辅助活动	Support Activities for Mining	99.01
其他采矿业	Mining of Other Ores	0.21
(二)制造业	**Manufacturing**	**15086.39**
农副食品加工业	Processing of Food from Agricultural Products	81.78
食品制造业	Manufacture of Foods	30.94
酒、饮料和精制茶制造业	Manufacture of Liquor, Beverages and Refined Tea	20.33
烟草制品业	Manufacture of Tobacco	2.92
纺织业	Manufacture of Textile	52.87
纺织服装、服饰业	Manufacture of Textile, Wearing Apparel and Accessories	27.64
皮革、毛皮、羽毛及其制品和制鞋业	Manufacture of Leather, Fur, Feather and Related Products and Footwear	14.23
木材加工和木、竹、藤、棕、草制品业	Processing of Timber,Manufacture of Wood,Bamboo,Rattan,Palm, and Straw Products	19.78
家具制造业	Manufacture of Furniture	17.92
造纸和纸制品业	Manufacture of Paper and Paper Products	30.23
印刷和记录媒介复制业	Printing and Reproduction of Recording Media	15.04
文教、工美、体育和娱乐用品制造业	Manufacture of Articles for Culture, Education, Arts and Crafts, Sport and Entertainment Activities	18.39
石油加工、炼焦和核燃料加工业	Processing of Petroleum, Coking and Processing of Nuclear Fuel	5787.08
化学原料和化学制品制造业	Manufacture of Raw Chemical Materials and Chemical Products	5786.01
医药制造业	Manufacture of Medicines	24.72
化学纤维制造业	Manufacture of Chemical Fibers	6.48
橡胶和塑料制品业	Manufacture of Rubber and Plastics Products	60.60
非金属矿物制品业	Manufacture of Non-metallic Mineral Products	2136.24
黑色金属冶炼和压延加工业	Smelting and Pressing of Ferrous Metals	151.90
有色金属冶炼和压延加工业	Smelting and Pressing of Non-ferrous Metals	310.19
金属制品业	Manufacture of Metal Products	69.84
通用设备制造业	Manufacture of General Purpose Machinery	77.73
专用设备制造业	Manufacture of Special Purpose Machinery	82.90
汽车制造业	Manufacture of Automobiles	88.20
铁路、船舶、航空航天和其他运输设备制造业	Manufacture of Railway, Ship, Aerospace and Other Transport Equipments	35.49
电气机械和器材制造业	Manufacture of Electrical Machinery and Apparatus	65.80
计算机、通信和其他电子设备制造业	Manufacture of Computers, Communication and Other Electronic Equipment	34.67
仪器仪表制造业	Manufacture of Measuring Instruments and Machinery	11.65
其他制造业	Other Manufacture	12.42
废弃资源综合利用业	Utilization of Waste Resources	5.99
金属制品、机械和设备修理业	Repair Service of Metal Products, Machinery and Equipment	6.40
(三)电力、煤气及水生产和供应业	**Electric Power, Gas and Water Production and Supply**	**93.63**
电力、热力生产和供应业	Production and Supply of Electric Power and Heat Power	80.54
燃气生产和供应业	Production and Supply of Gas	6.77
水的生产和供应业	Production and Supply of Water	6.32

Continued 1

原油 (万吨) Crude Oil (10^4 tons)	汽油 (万吨) Gasoline (10^4 tons)	煤油 (万吨) Kerosene (10^4 tons)	柴油 (万吨) Diesel Oil (10^4 tons)	燃料油 (万吨) Fuel Oil (10^4 tons)	石脑油 (万吨) Naphtha (10^4 tons)	润滑油 (万吨) Lubricants (10^4 tons)	石蜡 (万吨) Paraffin Waxes (10^4 tons)	溶剂油 (万吨) White Spirit (10^4 tons)
782.69	**476.53**	**21.16**	**1436.50**	**594.75**	**4573.66**	**133.80**	**108.20**	**142.00**
440.89	**40.39**	**2.44**	**490.32**	**24.84**	**0.03**	**1.19**		
	10.64	1.72	164.84	0.40		0.89		
440.40	11.29		47.50	22.39				
	3.73	0.07	82.87	0.04		0.14		
	7.03	0.43	30.60	1.51	0.03			
	3.49	0.22	70.80	0.18		0.02		
0.48	4.13		93.60	0.32		0.14		
	0.08		0.13					
341.63	**403.07**	**18.64**	**903.70**	**568.80**	**4573.63**	**132.50**	**107.86**	**142.00**
0.03	28.48	0.50	47.72	1.78		0.04		1.61
	10.13	0.05	15.99	3.59				0.03
	6.63	0.08	11.22	0.64		0.01		
	0.63		1.78	0.42				
	13.89	0.15	14.47	7.12		0.05		0.25
0.01	11.89	0.04	13.82	0.61		0.01		
0.02	6.87	0.12	5.37	0.93	0.01	0.11		0.36
0.04	7.06	0.52	11.86	0.17		0.01		
0.01	5.19	0.01	7.26	0.27			4.59	
0.04	6.14	0.05	17.49	5.43		0.03	0.01	0.25
	6.56	0.05	6.58	0.36		0.01	0.38	0.02
	8.18	0.05	7.86	0.87	0.01	0.02		0.03
71.62	2.95	0.15	15.54	111.29	897.29	115.81		32.87
269.40	35.52	3.44	61.09	148.32	3676.16	3.95	99.05	105.21
	10.82	0.16	10.51	1.36				0.35
	0.95	0.07	2.03	2.97	0.15	0.07	0.05	0.05
0.04	20.88	0.27	25.03	7.28		0.35	1.11	0.53
0.21	30.08	2.46	293.05	207.40		0.39		0.05
0.02	11.32	0.24	67.62	3.80		0.54	0.02	
0.01	6.67	0.73	44.40	44.66		0.46		0.10
0.01	22.33	0.92	29.93	6.67	0.01	0.29	0.59	0.05
0.03	31.19	2.50	36.17	1.13		1.62		0.03
0.08	25.93	0.90	47.01	1.34		1.24	1.14	0.03
0.02	35.33	0.61	37.94	0.79	0.01	6.59	0.04	0.10
0.01	7.12	1.89	19.81	3.91		0.23		0.02
	26.45	0.72	24.56	1.86		0.51	0.30	0.04
0.01	14.54	0.27	13.25	2.08		0.06	0.54	0.01
0.01	5.84	0.42	4.36	0.31		0.03	0.02	
	1.70	0.72	1.63	0.23				
	0.81	0.02	1.20	0.67		0.01		
	0.99	0.53	4.17	0.53		0.04	0.03	
0.18	**33.07**	**0.08**	**42.48**	**1.11**		**0.11**	**0.34**	
0.18	25.73	0.08	37.82	0.92		0.10	0.19	
	3.39		2.54	0.16		0.01	0.03	
	3.94		2.13	0.03			0.12	

4-2 续表 2

行 业	Item	石油沥青 (万吨) Bitumen Asphalt (10^4 tons)
工业	**Industry**	**68.79**
(一)采掘业	**Mining and Quarrying**	**0.23**
煤炭开采和洗选业	Mining and Washing of Coal	
石油和天然气开采业	Extraction of Petroleum and Natural Gas	
黑色金属矿采选业	Mining and Processing of Ferrous Metal Ores	
有色金属矿采选业	Mining and Processing of Non-Ferrous Metal Ores	0.01
非金属矿采选业	Mining and Processing of Nonmetal Ores	0.22
开采辅助活动	Support Activities for Mining	
其他采矿业	Mining of Other Ores	
(二)制造业	**Manufacturing**	**66.14**
农副食品加工业	Processing of Food from Agricultural Products	
食品制造业	Manufacture of Foods	
酒、饮料和精制茶制造业	Manufacture of Liquor, Beverages and Refined Tea	
烟草制品业	Manufacture of Tobacco	
纺织业	Manufacture of Textile	1.86
纺织服装、服饰业	Manufacture of Textile, Wearing Apparel and Accessories	
皮革、毛皮、羽毛及其制品和制鞋业	Manufacture of Leather, Fur, Feather and Related Products and Footwear	
木材加工和木、竹、藤、棕、草制品业	Processing of Timber,Manufacture of Wood,Bamboo,Rattan,Palm, and Straw Products	
家具制造业	Manufacture of Furniture	
造纸和纸制品业	Manufacture of Paper and Paper Products	
印刷和记录媒介复制业	Printing and Reproduction of Recording Media	
文教、工美、体育和娱乐用品制造业	Manufacture of Articles for Culture, Education, Arts and Crafts, Sport and Entertainment Activities	
石油加工、炼焦和核燃料加工业	Processing of Petroleum, Coking and Processing of Nuclear Fuel	1.26
化学原料和化学制品制造业	Manufacture of Raw Chemical Materials and Chemical Products	1.97
医药制造业	Manufacture of Medicines	
化学纤维制造业	Manufacture of Chemical Fibers	
橡胶和塑料制品业	Manufacture of Rubber and Plastics Products	
非金属矿物制品业	Manufacture of Non-metallic Mineral Products	47.78
黑色金属冶炼和压延加工业	Smelting and Pressing of Ferrous Metals	
有色金属冶炼和压延加工业	Smelting and Pressing of Non-ferrous Metals	9.76
金属制品业	Manufacture of Metal Products	0.36
通用设备制造业	Manufacture of General Purpose Machinery	
专用设备制造业	Manufacture of Special Purpose Machinery	0.38
汽车制造业	Manufacture of Automobiles	1.14
铁路、船舶、航空航天和其他运输设备制造	Manufacture of Railway, Ship, Aerospace and Other Transport Equipments	
电气机械和器材制造业	Manufacture of Electrical Machinery and Apparatus	0.08
计算机、通信和其他电子设备制造业	Manufacture of Computers, Communication and Other Electronic Equipment	
仪器仪表制造业	Manufacture of Measuring Instruments and Machinery	
其他制造业	Other Manufacture	1.55
废弃资源综合利用业	Utilization of Waste Resources	
金属制品、机械和设备修理业	Repair Service of Metal Products, Machinery and Equipment	
(三)电力、煤气及水生产和供应业	**Electric Power, Gas and Water Production and Supply**	**2.42**
电力、热力生产和供应业	Production and Supply of Electric Power and Heat Power	2.42
燃气生产和供应业	Production and Supply of Gas	
水的生产和供应业	Production and Supply of Water	

Continued 2

石油焦（万吨）Petroleum Coke (10^4 tons)	液化石油气（万吨）LPG (10^4 tons)	炼厂干气（万吨）Refinery Gas (10^4 tons)	其他石油制品（万吨）Other Petroleum Products (10^4 tons)	天然气（亿立方米）Natural Gas (10^8 cu.m)	液化天然气（万吨）LNG (10^4 tons)	热力（万百万千焦）Heat (10^{10} kJ)	电力（亿千瓦小时）Electricity (10^8 kW•h)	其他能源（万吨标煤）Other Energy (10^4 tons)
1975.82	**731.57**	**1576.01**	**3608.26**	**559.36**	**2040.00**	**280611.96**	**38562.13**	**1231.53**
	0.66	**24.55**	**24.19**	**133.72**	**4.20**	**6338.40**	**2377.66**	**11.75**
	0.08		0.58	7.14		603.83	883.79	7.75
	0.43	24.52	23.33	123.39	3.84	1998.09	459.26	0.04
			0.03	0.01		180.40	344.82	0.46
		0.03		1.05		0.19	325.26	1.08
	0.03		0.02	0.08	0.24	2442.17	225.74	2.42
	0.12		0.22	2.04	0.12	1113.72	25.72	
							113.08	
1964.08	**730.48**	**1550.63**	**3583.25**	**420.63**	**1998.96**	**266258.31**	**31178.09**	**1191.65**
	1.41		0.20	1.52	30.36	4494.21	641.29	336.28
	1.12		0.01	7.56	16.68	5893.23	239.46	37.37
1.04	0.62		0.09	5.17	7.44	4474.74	162.13	18.69
	0.08			0.93	5.88	300.76	52.75	1.71
11.59	2.45		1.03	4.70	10.80	27969.90	1561.63	67.61
	0.81		0.46	0.67	7.80	597.53	216.93	7.57
	0.31		0.13	0.06	1.20	275.15	158.23	3.99
	0.12		0.01	0.64	0.48	574.46	254.36	198.52
	0.57		0.03	0.91	4.44	78.56	92.78	7.35
	0.68		0.12	1.56	51.96	20164.90	634.92	111.08
	0.79		0.29	1.83	3.60	283.41	111.98	4.02
	1.10		0.26	1.32	11.16	90.76	73.11	18.33
184.33	346.78	1470.92	2536.26	36.47	625.56	37532.23	779.92	18.29
62.87	242.42	77.71	998.91	185.69	499.56	96592.11	4754.04	107.56
	0.77	0.01	0.75	5.94	8.76	8393.67	315.19	27.64
	0.04		0.10	0.67	17.40	7639.26	362.05	4.51
	2.07	0.03	3.01	4.65	21.48	2247.40	1174.69	11.52
1463.89	73.51	0.33	17.10	54.69	202.80	1067.89	3105.42	52.42
46.88	17.53	1.59	2.33	35.14	63.36	23693.42	5332.61	93.03
190.96	4.86		7.58	18.23	176.04	14671.54	5505.47	25.94
0.51	5.88		2.31	7.26	65.16	440.44	1264.19	7.40
	2.94		2.12	8.81	15.36	526.62	774.40	3.04
	3.23		1.63	4.59	21.60	695.72	430.99	2.84
	3.80		1.82	14.22	36.36	4187.25	769.06	3.98
	2.09	0.04	0.38	5.48	50.76	420.59	182.75	1.99
0.67	7.79		2.83	3.17	12.56	1354.00	706.17	8.14
	2.07		1.83	7.06	5.92	1394.16	938.62	3.14
	0.18		0.48	0.60	1.32	113.64	87.40	0.58
1.34	4.17		1.08	0.07	18.48	56.77	455.89	0.88
	0.28			0.83	1.08	10.23	29.88	6.20
	0.02		0.11	0.19	3.60	23.75	9.79	
11.74	**0.44**	**0.83**	**0.82**	**5.01**	**36.84**	**8015.25**	**5006.37**	**28.12**
11.74	0.03	0.83	0.50	1.08		7867.05	4446.74	27.79
	0.31		0.32	3.71	36.60	39.40	148.37	0.02
	0.10			0.22	0.24	108.80	411.26	0.32

4-3 工业分行业终端能源消费量(标准量)-2015

单位:万吨标准煤

行业	Sector	终端消费合计 Final Consumption Total (发电煤耗计算法) (coal equivalent calculation)	(电热当量计算法) (calorific value calculation)
工业	**Industry**	**280205.70**	**209726.40**
(一)采掘业	**Mining and Quarrying**	**14721.45**	**10375.84**
煤炭开采和洗选业	Mining and Washing of Coal	5960.47	4345.19
石油和天然气开采业	Extraction of Petroleum and Natural Gas	3995.63	3156.25
黑色金属矿采选业	Mining and Processing of Ferrous Metal Ores	1651.40	1021.18
有色金属矿采选业	Mining and Processing of Non-Ferrous Metal Ores	1169.13	574.65
非金属矿采选业	Mining and Processing of Nonmetal Ores	1288.58	876.01
开采辅助活动	Support Activities for Mining	309.05	262.04
其他采矿业	Mining of Other Ores	347.20	140.52
(二)制造业	**Manufacturing**	**248930.97**	**191947.34**
农副食品加工业	Processing of Food from Agricultural Products	4220.82	3048.75
食品制造业	Manufacture of Foods	1767.54	1329.89
酒、饮料和精制茶制造业	Manufacture of Liquor, Beverages and Refined Tea	1479.22	1182.90
烟草制品业	Manufacture of Tobacco	229.45	133.03
纺织业	Manufacture of Textile	7035.98	4181.81
纺织服装、服饰业	Manufacture of Textile, Wearing Apparel and Accessories	916.64	520.15
皮革、毛皮、羽毛及其制品和制鞋业	Manufacture of Leather, Fur, Feather and Related Products and Footwear	628.69	339.50
木材加工和木、竹、藤、棕、草制品业	Processing of Timber,Manufacture of Wood,Bamboo,Rattan, Palm,and Straw Products	1372.35	907.46
家具制造业	Manufacture of Furniture	376.11	206.54
造纸和纸制品业	Manufacture of Paper and Paper Products	3955.73	2795.30
印刷和记录媒介复制业	Printing and Reproduction of Recording Media	466.48	261.82
文教、工美、体育和娱乐用品制造业	Manufacture of Articles for Culture, Education, Arts and Crafts, Sport and Entertainment Activities	395.15	261.54
石油加工、炼焦和核燃料加工业	Processing of Petroleum, Coking and Processing of Nuclear Fuel	17209.60	15784.15
化学原料和化学制品制造业	Manufacture of Raw Chemical Materials and Chemical Products	48334.98	39646.12
医药制造业	Manufacture of Medicines	2207.05	1630.99
化学纤维制造业	Manufacture of Chemical Fibers	1857.65	1195.95
橡胶和塑料制品业	Manufacture of Rubber and Plastics Products	4390.08	2243.12
非金属矿物制品业	Manufacture of Non-metallic Mineral Products	35059.97	29384.24
黑色金属冶炼和压延加工业	Smelting and Pressing of Ferrous Metals	74731.11	64984.80
有色金属冶炼和压延加工业	Smelting and Pressing of Non-ferrous Metals	20502.34	10440.09
金属制品业	Manufacture of Metal Products	4635.63	2325.10
通用设备制造业	Manufacture of General Purpose Machinery	3520.98	2105.63
专用设备制造业	Manufacture of Special Purpose Machinery	1842.77	1055.07
汽车制造业	Manufacture of Automobiles	3162.65	1757.06
铁路、船舶、航空航天和其他运输设备制造业	Manufacture of Railway, Ship, Aerospace and Other Transport Equipments	886.26	552.25
电气机械和器材制造业	Manufacture of Electrical Machinery and Apparatus	2557.37	1266.72
计算机、通信和其他电子设备制造业	Manufacture of Computers, Communication and Other Electronic Equipment	3138.59	1423.09
仪器仪表制造业	Manufacture of Measuring Instruments and Machinery	315.52	155.78
其他制造业	Other Manufacture	1489.52	656.30
废弃资源综合利用业	Utilization of Waste Resources	192.20	137.59
金属制品、机械和设备修理业	Repair Service of Metal Products, Machinery and Equipment	52.52	34.62
(三)电力、煤气及水生产和供应业	**Electric Power, Gas and Water Production and Supply**	**16553.27**	**7403.22**
电力、热力生产和供应业	Production and Supply of Electric Power and Heat Power	14672.11	6544.88
燃气生产和供应业	Production and Supply of Gas	598.19	327.02
水的生产和供应业	Production and Supply of Water	1282.97	531.32

Final Energy Consumption by Industrial Sector (Standard Quantity) -2015

(10 000 tce)

煤合计 Coal Total	原煤 Raw Coal	洗精煤 Cleaned Coal	其他洗煤 Other Washed Coal	焦炭 Coke	焦炉煤气 Coke Oven Gas	高炉煤气 Blast Furnace Gas	转炉煤气 Converter Gas	其他煤气 Other Gas
62686.28	**51712.67**	**5253.45**	**4918.96**	**42391.11**	**3238.12**	**7102.00**	**968.63**	**154.12**
3634.48	**2968.96**	**186.84**	**465.29**	**229.52**	**43.72**	**45.08**	**2.69**	**5.53**
2768.99	2295.56	99.50	367.16	61.20	24.38	14.74		5.36
95.61	95.58							
263.53	200.20	58.75	1.05	153.03	14.02	30.34	2.69	0.17
90.64	74.86	14.45	0.23	8.43	3.21			
393.15	280.20	14.15	96.85	6.83	2.11			0.01
21.33	21.33			0.03				
1.23	1.23							
58418.50	**48168.26**	**5057.76**	**4407.10**	**42124.12**	**3180.32**	**7056.92**	**965.94**	**148.31**
1396.80	1356.99	18.70	17.38	137.21	1.58	37.29	5.21	
620.17	599.65	6.26	9.69	3.00	1.01			0.01
700.42	687.36	4.55	6.42	1.15	1.12			
29.53	25.99	2.66	0.38					
1071.62	1052.07	4.43	5.13	1.88	14.99	0.01		
160.95	158.25	0.24	0.96	1.55				
107.54	106.05	1.03	0.27	0.33				
336.99	335.43	0.25	0.92	1.39	0.27			
35.11	34.76	0.01	0.27	1.83				
1059.82	1025.59	14.30	12.22	0.75	0.01			
57.34	56.46		0.36	0.48	0.02			
83.04	78.64	2.98	1.04	3.24				
2693.65	1507.09	605.91	558.20	62.95	596.52	121.46		5.64
14161.41	12783.86	1024.77	71.18	3473.97	301.13	13.22	8.03	15.06
799.89	788.92	7.94	2.01	0.77	0.27			
436.99	389.60	9.72	0.97	0.31				
519.40	484.75	18.20	7.54	3.36	1.37			
20644.97	16572.96	558.91	3461.95	878.38	207.06	47.96	15.12	12.18
10689.90	7658.21	2508.43	184.99	35997.43	1973.48	6825.89	931.20	0.30
1508.26	1279.24	178.43	44.71	548.37	55.78	0.06		105.45
320.14	306.59	10.33	1.61	97.32	12.70	5.21	1.92	0.05
203.53	197.55	4.51	0.89	664.68	1.30	0.14	0.24	7.25
203.40	145.08	57.02	0.91	65.97	6.16	1.75	0.07	1.98
160.66	157.02	1.65	1.25	125.62	0.42		0.01	0.36
90.79	78.96	0.95	10.64	2.64	2.44		2.76	0.01
				11.66	0.15			0.01
171.64	154.90	14.80	1.27	13.91	0.12	0.01		
51.59	49.78	0.70	0.27					
				2.62				
14.05	13.76	0.01	0.27	0.24	0.01			
41.21	39.26		0.77	21.05	2.42	3.93	1.37	
44.02	39.91	0.09	2.65	0.05				
3.65	3.57	0.01		37.48	14.08			0.27
633.30	**575.44**	**8.84**	**46.57**	**37.46**	**0.55**			
617.02	559.73	8.71	46.19		13.53			0.27
7.05	6.68		0.38	0.02				
9.23	9.04	0.13		0.06				

4-3 续表 1

单位：万吨标准煤

行　业	Sector	其他焦化产品 Other Coking Products
工业	**Industry**	**1243.13**
(一)采掘业	**Mining and Quarrying**	**2.36**
煤炭开采和洗选业	Mining and Washing of Coal	2.17
石油和天然气开采业	Extraction of Petroleum and Natural Gas	
黑色金属矿采选业	Mining and Processing of Ferrous Metal Ores	0.19
有色金属矿采选业	Mining and Processing of Non-Ferrous Metal Ores	
非金属矿采选业	Mining and Processing of Nonmetal Ores	
开采辅助活动	Support Activities for Mining	
其他采矿业	Mining of Other Ores	
(二)制造业	**Manufacturing**	**1238.66**
农副食品加工业	Processing of Food from Agricultural Products	0.04
食品制造业	Manufacture of Foods	0.01
酒、饮料和精制茶制造业	Manufacture of Liquor, Beverages and Refined Tea	
烟草制品业	Manufacture of Tobacco	
纺织业	Manufacture of Textile	
纺织服装、服饰业	Manufacture of Textile, Wearing Apparel and Accessories	0.05
皮革、毛皮、羽毛及其制品和制鞋业	Manufacture of Leather, Fur, Feather and Related Products and Footwear	0.02
木材加工和木、竹、藤、棕、草制品业	Processing of Timber,Manufacture of Wood,Bamboo,Rattan,Palm, and Straw Products	0.04
家具制造业	Manufacture of Furniture	
造纸和纸制品业	Manufacture of Paper and Paper Products	
印刷和记录媒介复制业	Printing and Reproduction of Recording Media	0.44
文教、工美、体育和娱乐用品制造业	Manufacture of Articles for Culture, Education, Arts and Crafts, Sport and Entertainment Activities	0.03
石油加工、炼焦和核燃料加工业	Processing of Petroleum, Coking and Processing of Nuclear Fuel	153.15
化学原料和化学制品制造业	Manufacture of Raw Chemical Materials and Chemical Products	650.14
医药制造业	Manufacture of Medicines	
化学纤维制造业	Manufacture of Chemical Fibers	
橡胶和塑料制品业	Manufacture of Rubber and Plastics Products	0.49
非金属矿物制品业	Manufacture of Non-metallic Mineral Products	84.85
黑色金属冶炼和压延加工业	Smelting and Pressing of Ferrous Metals	337.01
有色金属冶炼和压延加工业	Smelting and Pressing of Non-ferrous Metals	11.50
金属制品业	Manufacture of Metal Products	0.02
通用设备制造业	Manufacture of General Purpose Machinery	0.09
专用设备制造业	Manufacture of Special Purpose Machinery	0.31
汽车制造业	Manufacture of Automobiles	
铁路、船舶、航空航天和其他运输设备制造业	Manufacture of Railway, Ship, Aerospace and Other Transport Equipments	
电气机械和器材制造业	Manufacture of Electrical Machinery and Apparatus	0.24
计算机、通信和其他电子设备制造业	Manufacture of Computers, Communication and Other Electronic Equipment	0.11
仪器仪表制造业	Manufacture of Measuring Instruments and Machinery	0.09
其他制造业	Other Manufacture	
废弃资源综合利用业	Utilization of Waste Resources	
金属制品、机械和设备修理业	Repair Service of Metal Products, Machinery and Equipment	0.01
(三)电力、煤气及水生产和供应业	**Electric Power, Gas and Water Production and Supply**	**2.11**
电力、热力生产和供应业	Production and Supply of Electric Power and Heat Power	2.11
燃气生产和供应业	Production and Supply of Gas	
水的生产和供应业	Production and Supply of Water	

Continued 1

(10 000 tce)

油品合计 Petroleum Products Total	原油 Crude Oil	汽油 Gasoline	煤油 Kerosene	柴油 Diesel Oil	燃料油 Fuel Oil	石脑油 Naphtha	润滑油 Lubricants	石蜡 Paraffin Waxes
22893.40	**1118.15**	**701.17**	**31.13**	**2093.12**	**849.66**	**6860.49**	**189.23**	**147.67**
1516.72	**629.85**	**59.43**	**3.58**	**714.44**	**35.49**	**0.04**	**1.68**	
261.09		15.65	2.52	240.18	0.58		1.25	
817.28	629.16	16.62		69.21	31.98			
126.63		5.48	0.10	120.75	0.06		0.20	
57.84		10.34	0.63	44.57	2.15	0.04		
109.27		5.14	0.33	103.16	0.26		0.02	
144.30	0.69	6.08		136.38	0.46		0.20	
0.31		0.12		0.19				
21244.88	**488.04**	**593.08**	**27.43**	**1316.78**	**812.58**	**6860.45**	**187.40**	**147.21**
119.88	0.05	41.90	0.74	69.54	2.55		0.06	
45.42		14.91	0.07	23.30	5.13		0.01	
29.43		9.76	0.12	16.36	0.91		0.01	
4.27		0.93	0.00	2.59	0.61		0.00	
72.54		20.44	0.23	21.08	10.17		0.07	
40.58	0.02	17.49	0.06	20.13	0.87		0.02	
20.87	0.03	10.10	0.18	7.83	1.32	0.01	0.15	
28.95	0.05	10.39	0.77	17.28	0.24		0.02	
25.90	0.01	7.64	0.01	10.57	0.38		0.01	6.26
44.14	0.05	9.03	0.07	25.48	7.76		0.04	0.01
22.13		9.66	0.07	9.59	0.52		0.01	0.51
27.14	0.01	12.04	0.07	11.45	1.25	0.01	0.03	
8320.79	102.32	4.35	0.22	22.64	158.99	1345.94	163.79	
8487.29	384.86	52.27	5.06	89.01	211.88	5514.24	5.59	135.18
36.25		15.92	0.23	15.31	1.94			
9.37		1.40	0.11	2.96	4.24	0.23	0.10	0.07
88.43	0.06	30.72	0.39	36.48	10.40		0.49	1.52
2521.04	0.29	44.25	3.61	427.00	296.29		0.56	
206.67	0.03	16.66	0.35	98.53	5.42		0.77	0.02
371.90	0.01	9.82	1.08	64.69	63.79		0.65	
102.80	0.01	32.86	1.35	43.61	9.53	0.01	0.40	0.80
114.13	0.04	45.89	3.68	52.70	1.62		2.29	
121.55	0.11	38.15	1.33	68.49	1.92		1.75	1.56
129.31	0.04	51.98	0.90	55.29	1.14	0.01	9.32	0.05
52.22	0.01	10.48	2.78	28.86	5.59		0.33	
97.53	0.01	38.91	1.06	35.79	2.66		0.72	0.41
50.91	0.02	21.40	0.40	19.30	2.97		0.08	0.74
17.03	0.01	8.60	0.62	6.35	0.44		0.05	0.03
18.29		2.50	1.06	2.37	0.32			0.01
8.80		1.19	0.02	6.12	0.96		0.02	
9.33		1.45	0.78	6.08	0.75		0.06	0.03
131.79	**0.26**	**48.65**	**0.13**	**61.90**	**1.59**		**0.16**	**0.46**
112.57	0.26	37.86	0.12	55.11	1.31		0.14	0.26
9.94		4.99		3.70	0.24		0.02	0.04
9.28		5.80		3.10	0.05			0.16

4-3 续表 2

单位：万吨标准煤

行　业	Sector	溶剂油 White Spirit
工业	**Industry**	**208.34**
(一)采掘业	**Mining and Quarrying**	
煤炭开采和洗选业	Mining and Washing of Coal	
石油和天然气开采业	Extraction of Petroleum and Natural Gas	
黑色金属矿采选业	Mining and Processing of Ferrous Metal Ores	
有色金属矿采选业	Mining and Processing of Non-Ferrous Metal Ores	
非金属矿采选业	Mining and Processing of Nonmetal Ores	
开采辅助活动	Support Activities for Mining	
其他采矿业	Mining of Other Ores	
(二)制造业	**Manufacturing**	**208.34**
农副食品加工业	Processing of Food from Agricultural Products	2.37
食品制造业	Manufacture of Foods	0.05
酒、饮料和精制茶制造业	Manufacture of Liquor, Beverages and Refined Tea	
烟草制品业	Manufacture of Tobacco	
纺织业	Manufacture of Textile	0.36
纺织服装、服饰业	Manufacture of Textile, Wearing Apparel and Accessories	
皮革、毛皮、羽毛及其制品和制鞋业	Manufacture of Leather, Fur, Feather and Related Products and Footwear	0.53
木材加工和木、竹、藤、棕、草制品业	Processing of Timber,Manufacture of Wood,Bamboo,Rattan,Palm, and Straw Products	
家具制造业	Manufacture of Furniture	
造纸和纸制品业	Manufacture of Paper and Paper Products	0.37
印刷和记录媒介复制业	Printing and Reproduction of Recording Media	0.04
文教、工美、体育和娱乐用品制造业	Manufacture of Articles for Culture, Education, Arts and Crafts, Sport and Entertainment Activities	0.05
石油加工、炼焦和核燃料加工业	Processing of Petroleum, Coking and Processing of Nuclear Fuel	48.23
化学原料和化学制品制造业	Manufacture of Raw Chemical Materials and Chemical Products	154.36
医药制造业	Manufacture of Medicines	0.51
化学纤维制造业	Manufacture of Chemical Fibers	0.07
橡胶和塑料制品业	Manufacture of Rubber and Plastics Products	0.77
非金属矿物制品业	Manufacture of Non-metallic Mineral Products	0.07
黑色金属冶炼和压延加工业	Smelting and Pressing of Ferrous Metals	
有色金属冶炼和压延加工业	Smelting and Pressing of Non-ferrous Metals	0.15
金属制品业	Manufacture of Metal Products	0.07
通用设备制造业	Manufacture of General Purpose Machinery	0.05
专用设备制造业	Manufacture of Special Purpose Machinery	0.04
汽车制造业	Manufacture of Automobiles	0.15
铁路、船舶、航空航天和其他运输设备制造业	Manufacture of Railway, Ship, Aerospace and Other Transport Equipments	0.04
电气机械和器材制造业	Manufacture of Electrical Machinery and Apparatus	0.05
计算机、通信和其他电子设备制造业	Manufacture of Computers, Communication and Other Electronic Equipment	0.01
仪器仪表制造业	Manufacture of Measuring Instruments and Machinery	
其他制造业	Other Manufacture	
废弃资源综合利用业	Utilization of Waste Resources	
金属制品、机械和设备修理业	Repair Service of Metal Products, Machinery and Equipment	
(三)电力、煤气及水生产和供应业	**Electric Power, Gas and Water Production and Supply**	
电力、热力生产和供应业	Production and Supply of Electric Power and Heat Power	
燃气生产和供应业	Production and Supply of Gas	
水的生产和供应业	Production and Supply of Water	

Continued 2

(10 000 tce)

石油沥青 Bitumen Asphalt	石油焦 Petroleum Coke	液化石油气 LPG	炼厂干气 Refinery Gas	其他石油制品 Other Petroleum Products	天然气 Natural Gas	液化天然气 LNG	热力 Heat	电力 Electricity	其他能源 Other Energy
90.12	**2074.61**	**1254.13**	**2476.54**	**4798.99**	**7271.72**	**3584.69**	**9568.87**	**47392.86**	**1231.53**
0.30		**1.12**	**38.58**	**32.17**	**1738.32**	**7.38**	**216.14**	**2922.15**	**11.75**
		0.13		0.77	92.76		20.59	1086.17	7.75
		0.74	38.53	31.03	1604.02	6.75	68.13	564.43	0.04
				0.05	0.18		6.15	423.78	0.46
0.02			0.05	0.01	13.70		0.01	399.75	1.08
0.28		0.05		0.02	1.09	0.42	83.28	277.43	2.42
		0.20		0.29	26.58	0.21	37.98	31.61	
								138.98	
86.65	**2062.28**	**1252.26**	**2436.65**	**4765.73**	**5468.21**	**3512.57**	**9079.41**	**38317.88**	**1191.65**
		2.41		0.27	19.70	53.35	153.25	788.14	336.28
0.01		1.92		0.02	98.33	29.31	200.96	294.29	37.37
	1.09	1.06		0.12	67.17	13.07	152.59	199.26	18.69
		0.15			12.10	10.33	10.26	64.83	1.71
2.44	12.17	4.20		1.37	61.16	18.98	953.77	1919.25	67.61
		1.39		0.61	8.76	13.71	20.38	266.61	7.57
		0.54		0.17	0.78	2.11	9.38	194.47	3.99
		0.20		0.01	8.27	0.84	19.59	312.61	198.52
		0.98		0.04	11.84	7.80	2.68	114.03	7.35
		1.16		0.16	20.25	91.30	687.62	780.32	111.08
		1.35		0.38	23.79	6.33	9.66	137.62	4.02
		1.89		0.34	17.19	19.61	3.10	89.85	18.33
1.66	193.55	594.48	2311.40	3373.23	474.11	1099.23	1279.85	958.52	18.29
2.58	66.01	415.57	122.11	1328.55	2413.97	877.83	3293.79	5842.71	107.56
		1.32	0.02	0.99	77.20	15.39	286.22	387.36	27.64
		0.06		0.14	8.73	30.58	260.50	444.95	4.51
		3.54	0.04	4.01	60.46	37.74	76.64	1443.70	11.52
62.59	1537.08	126.02	0.51	22.75	710.91	356.36	36.42	3816.57	52.42
	49.23	30.05	2.50	3.11	456.83	111.34	807.95	6553.78	93.03
12.79	200.51	8.33		10.08	236.97	309.34	500.30	6766.22	25.94
0.47	0.53	10.09		3.07	94.34	114.50	15.02	1553.69	7.40
		5.03	0.01	2.82	114.53	26.99	17.96	951.73	3.04
0.50		5.54		2.17	59.67	37.96	23.72	529.68	2.84
1.49		6.52		2.42	184.86	63.89	142.79	945.17	3.98
		3.58	0.06	0.50	71.25	89.20	14.34	224.60	1.99
0.10	0.71	13.35		3.76	41.23	22.07	46.17	867.88	8.14
		3.55		2.44	91.79	10.40	47.54	1153.57	3.14
		0.31		0.64	7.80	2.32	3.88	107.41	0.58
2.03	1.41	7.15		1.43	0.97	32.47	1.94	560.29	0.88
		0.49			10.82	1.90	0.35	36.72	6.20
		0.03		0.14	2.42	6.33	0.81	12.03	
3.18	**12.33**	**0.75**	**1.31**	**1.09**	**65.19**	**64.74**	**273.32**	**6152.83**	**28.12**
3.18	12.33	0.05	1.31	0.66	14.09		268.27	5465.04	27.79
		0.53		0.42	48.20	64.31	1.34	182.35	0.02
		0.17		0.01	2.89	0.42	3.71	505.44	0.32

4-4 分行业能源消费总量

单位：万吨标准煤

行　业	Sector	1995
消 费 总 量	**Total Consumption**	**131176**
农、林、牧、渔业	**Agriculture, Forestry, Animal Husbandry and Fishery**	**5505**
工业	**Industry**	**96191**
采掘业	**Mining and Quarrying**	**9941**
煤炭开采和洗选业	Mining and Washing of Coal	5500
石油和天然气开采业	Extraction of Petroleum and Natural Gas	2813
黑色金属矿采选业	Mining and Processing of Ferrous Metal Ores	268
有色金属矿采选业	Mining and Processing of Non-Ferrous Metal Ores	557
非金属矿采选业	Mining and Processing of Nonmetal Ores	553
开采辅助活动	Support Activities for Mining	
其他采矿业	Mining of Other Ores	250
制造业	**Manufacturing**	**78368**
农副食品加工业	Processing of Food from Agricultural Products	1973
食品制造业	Manufacture of Foods	1208
酒、饮料和精制茶制造业	Manufacture of Liquor, Beverages and Refined Tea	1000
烟草制品业	Manufacture of Tobacco	224
纺织业	Manufacture of Textile	3531
纺织服装、服饰业	Manufacture of Textile, Wearing Apparel and Accessories	329
皮革、毛皮、羽毛及其制品和制鞋业	Manufacture of Leather, Fur, Feather and Related Products and Footwear	290
木材加工和木、竹、藤、棕、草制品业	Processing of Timber,Manufacture of Wood,Bamboo,Rattan,Palm, and Straw Products	380
家具制造业	Manufacture of Furniture	106
造纸和纸制品业	Manufacture of Paper and Paper Products	2138
印刷和记录媒介复制业	Printing and Reproduction of Recording Media	203
文教、工美、体育和娱乐用品制造业	Manufacture of Articles for Culture, Education, Arts and Crafts, Sport and Entertainment Activities	62
石油加工、炼焦和核燃料加工业	Processing of Petroleum, Coking and Processing of Nuclear Fuel	5567
化学原料和化学制品制造业	Manufacture of Raw Chemical Materials and Chemical Products	15822
医药制造业	Manufacture of Medicines	1201
化学纤维制造业	Manufacture of Chemical Fibers	1278
橡胶和塑料制品业	Manufacture of Rubber and Plastics Products	1186
非金属矿物制品业	Manufacture of Non-metallic Mineral Products	13058
黑色金属冶炼和压延加工业	Smelting and Pressing of Ferrous Metals	18533
有色金属冶炼和压延加工业	Smelting and Pressing of Non-ferrous Metals	2842
金属制品业	Manufacture of Metal Products	994
通用设备制造业	Manufacture of General Purpose Machinery	1651
专用设备制造业	Manufacture of Special Purpose Machinery	1089
汽车制造业	Manufacture of Automobiles	1376
铁路、船舶、航空航天和其他运输设备制造业	Manufacture of Railway, Ship, Aerospace and Other Transport Equipments	
电气机械和器材制造业	Manufacture of Electrical Machinery and Apparatus	629
计算机、通信和其他电子设备制造业	Manufacture of Computers, Communication and Other Electronic Equipment	321
仪器仪表制造业	Manufacture of Measuring Instruments and Machinery	143
其他制造业	Other Manufacture	1234
废弃资源综合利用业	Utilization of Waste Resources	
金属制品、机械和设备修理业	Repair Service of Metal Products, Machinery and Equipment	
电力、煤气及水生产和供应业	**Electric Power, Gas and Water Production and Supply**	**7883**
电力、热力生产和供应业	Production and Supply of Electric Power and Heat Power	7053
燃气生产和供应业	Production and Supply of Gas	341
水的生产和供应业	Production and Supply of Water	489
建筑业	**Construction**	**1335**
交通运输、仓储和邮政业	**Transport, Storage and Post**	**5863**
批发、零售业和住宿、餐饮业	**Wholesale, Retail Trade and Hotel ,Restaurants**	**2018**
其他行业	**Others**	**4519**
生活消费	**Residential Consumption**	**15745**

Consumption of Total Energy and Its Main Varieties by Sector

(10 000 tce)

2000	2005	2009	2010	2011	2012	2013	2014	2015
146964	**261369**	**336126**	**360648**	**387043**	**402138**	**416913**	**425806**	**429905**
4233	**6860**	**6978**	**7266**	**7675**	**7804**	**8055**	**8094**	**8232**
103014	**187914**	**243567**	**261377**	**278048**	**284712**	**291130**	**295686**	**292276**
10286	**12429**	**16636**	**20950**	**23417**	**24532**	**23924**	**23026**	**19258**
4576	5634	8771	12436	14497	15083	14180	13080	10168
3966	3741	3935	3987	3923	3897	4088	4264	4266
376	1135	1468	2089	2137	2065	2224	2170	1659
427	814	911	999	1202	1231	1280	1280	1172
708	995	1297	1224	1374	1469	1380	1421	1309
					481	407	397	337
234	111	254	214	283	305	365	414	347
80914	**158235**	**206556**	**217329**	**229091**	**234539**	**239053**	**245051**	**244920**
1669	3096	4111	3746	3681	3784	3905	4119	4201
1092	1615	1967	1857	1935	1841	1890	1827	1807
844	1523	1767	1369	1454	1498	1610	1516	1476
313	278	229	234	286	257	256	238	229
3020	6145	6884	6988	7379	7290	7366	6960	7136
357	669	813	848	867	978	971	938	920
208	375	481	475	461	679	652	619	629
376	929	1362	1382	1507	1575	1522	1513	1327
104	141	226	252	249	241	247	359	376
2281	4078	4687	4475	4596	4275	4153	4041	4028
207	298	385	420	417	428	448	466	466
123	213	240	237	257	344	368	400	392
7956	12481	17580	17874	18183	18831	19255	20217	23183
14070	28626	33700	36741	40743	42551	44081	47528	49009
977	1521	1723	1816	1999	2105	2179	2185	2248
1911	1789	1641	1644	1819	1840	1909	1833	1903
1405	2894	3541	3853	3891	4195	4350	4459	4418
11515	26215	30460	32512	38272	37799	36561	36592	34495
20563	44724	65353	66873	64726	67376	68839	69342	63951
4129	7966	12043	13628	14831	15621	16617	17510	20707
1218	2375	3227	3804	3736	4164	4704	4811	4635
1266	2495	3467	3774	4571	3619	3571	3634	3525
883	1299	1643	1902	1949	1853	1914	1987	1842
1530	2060	3035	3782	4014	2770	3069	3189	3179
					1151	1045	897	886
658	1410	2038	2347	2499	2511	2606	2589	2584
692	1518	2229	2547	2650	2689	2802	2971	3143
158	223	301	359	332	326	329	319	315
1389	1237	1330	1459	1648	1714	1597	1741	1669
	41	91	129	139	152	169	194	188
					83	66	55	53
11814	**17250**	**20376**	**23099**	**25540**	**25640**	**28153**	**27609**	**28098**
10584	15847	18937	21487	23861	23837	26295	25674	26124
618	692	565	627	633	689	697	709	685
611	711	873	985	1045	1114	1161	1226	1289
2207	**3486**	**4712**	**5533**	**6052**	**6337**	**7017**	**7520**	**7696**
11447	**19136**	**24460**	**27102**	**29694**	**32561**	**34819**	**36336**	**38318**
3251	**5917**	**7303**	**7847**	**9147**	**10012**	**10598**	**10873**	**11404**
6118	**10484**	**13933**	**15052**	**16843**	**18407**	**19763**	**20084**	**21881**
16695	**27573**	**35173**	**36470**	**39584**	**42306**	**45531**	**47212**	**50099**

4-5 分行业煤炭消费总量

单位：万吨

行　业	Sector	1995
消 费 总 量	**Total Consumption**	**137677**
农、林、牧、渔业	**Agriculture, Forestry, Animal Husbandry and Fishery**	**1857**
工业	**Industry**	**117571**
采掘业	**Mining and Quarrying**	**9861**
煤炭开采和洗选业	Mining and Washing of Coal	8291
石油和天然气开采业	Extraction of Petroleum and Natural Gas	637
黑色金属矿采选业	Mining and Processing of Ferrous Metal Ores	95
有色金属矿采选业	Mining and Processing of Non-Ferrous Metal Ores	175
非金属矿采选业	Mining and Processing of Nonmetal Ores	434
开采辅助活动	Support Activities for Mining	
其他采矿业	Mining of Other Ores	229
制造业	**Manufacturing**	**63109**
农副食品加工业	Processing of Food from Agricultural Products	1754
食品制造业	Manufacture of Foods	1215
酒、饮料和精制茶制造业	Manufacture of Liquor, Beverages and Refined Tea	983
烟草制品业	Manufacture of Tobacco	191
纺织业	Manufacture of Textile	2537
纺织服装、服饰业	Manufacture of Textile, Wearing Apparel and Accessories	117
皮革、毛皮、羽毛及其制品和制鞋业	Manufacture of Leather, Fur, Feather and Related Products and Footwear	239
木材加工和木、竹、藤、棕、草制品业	Processing of Timber,Manufacture of Wood,Bamboo,Rattan,Palm, and Straw Products	363
家具制造业	Manufacture of Furniture	63
造纸和纸制品业	Manufacture of Paper and Paper Products	2132
印刷和记录媒介复制业	Printing and Reproduction of Recording Media	87
文教、工美、体育和娱乐用品制造业	Manufacture of Articles for Culture, Education, Arts and Crafts, Sport and Entertainment Activities	33
石油加工、炼焦和核燃料加工业	Processing of Petroleum, Coking and Processing of Nuclear Fuel	8025
化学原料和化学制品制造业	Manufacture of Raw Chemical Materials and Chemical Products	10804
医药制造业	Manufacture of Medicines	915
化学纤维制造业	Manufacture of Chemical Fibers	823
橡胶和塑料制品业	Manufacture of Rubber and Plastics Products	878
非金属矿物制品业	Manufacture of Non-metallic Mineral Products	13424
黑色金属冶炼和压延加工业	Smelting and Pressing of Ferrous Metals	12921
有色金属冶炼和压延加工业	Smelting and Pressing of Non-ferrous Metals	1349
金属制品业	Manufacture of Metal Products	462
通用设备制造业	Manufacture of General Purpose Machinery	821
专用设备制造业	Manufacture of Special Purpose Machinery	653
汽车制造业	Manufacture of Automobiles	860
铁路、船舶、航空航天和其他运输设备制造业	Manufacture of Railway, Ship, Aerospace and Other Transport Equipments	
电气机械和器材制造业	Manufacture of Electrical Machinery and Apparatus	344
计算机、通信和其他电子设备制造业	Manufacture of Computers, Communication and Other Electronic Equipment	142
仪器仪表制造业	Manufacture of Measuring Instruments and Machinery	71
其他制造业	Other Manufacture	906
废弃资源综合利用业	Utilization of Waste Resources	
金属制品、机械和设备修理业	Repair Service of Metal Products, Machinery and Equipment	
电力、煤气及水生产和供应业	**Electric Power, Gas and Water Production and Supply**	**44600**
电力、热力生产和供应业	Production and Supply of Electric Power and Heat Power	43800
燃气生产和供应业	Production and Supply of Gas	763
水的生产和供应业	Production and Supply of Water	38
建筑业	**Construction**	**440**
交通运输、仓储和邮政业	**Transport, Storage and Post**	**1315**
批发、零售业和住宿、餐饮业	**Wholesale, Retail Trade and Hotel ,Restaurants**	**977**
其他行业	**Others**	**1987**
生活消费	**Residential Consumption**	**13530**

Consumption of Coal and Its Main Varieties by Sector

(10 000 tons)

2000	2005	2009	2010	2011	2012	2013	2014	2015
135690	**243375**	**325003**	**349008**	**388961**	**411727**	**424426**	**411614**	**397014**
1051	**1802**	**2081**	**2147**	**2207**	**2266**	**2451**	**2579**	**2625**
121807	**224766**	**305900**	**329728**	**368916**	**391191**	**403157**	**390497**	**375650**
10603	**13307**	**20527**	**27146**	**32914**	**43100**	**39165**	**37659**	**30221**
8913	11748	18372	24893	30664	40786	36772	35613	28493
847	367	541	541	564	495	481	195	186
79	275	406	482	447	438	481	440	378
100	220	192	212	223	220	206	223	199
512	686	1014	1016	1016	973	1037	1027	848
					186	185	159	116
153	11	2	3		2	3	2	2
53356	**105047**	**140382**	**151519**	**163946**	**165862**	**173152**	**175976**	**179476**
1511	2320	3297	3365	3381	3302	3211	2779	2585
761	1260	1589	1845	1834	1866	1961	1814	1617
733	1360	1601	1587	1602	1479	1587	1326	1185
151	143	85	86	115	67	62	52	43
1564	3282	3279	3710	3471	3053	2896	2460	4730
142	293	360	374	334	347	315	297	257
81	149	220	196	177	202	185	162	155
265	568	702	699	693	662	621	660	507
50	35	78	83	81	76	71	61	58
1982	3827	4826	5242	5482	5271	5303	4829	4669
58	56	76	84	63	64	69	82	81
20	31	45	45	37	98	110	130	124
9718	20390	32197	35103	39418	41838	47649	47774	47400
8162	17337	21222	22379	24507	25843	25789	27085	29977
615	980	1187	1274	1357	1374	1382	1392	1511
993	1203	1039	921	1010	1049	1123	1070	1090
485	919	1223	1334	1237	1145	1143	1027	978
9841	23834	29377	30844	33370	32205	31633	33015	31195
12109	20835	29083	30749	33886	34104	34531	34527	33512
1528	2931	4353	6928	7275	7368	9378	11483	14499
274	377	589	555	498	698	646	521	460
413	721	1109	1095	999	452	412	348	301
376	471	601	657	577	460	390	339	285
827	773	853	932	878	583	563	470	431
					307	285	193	167
220	333	617	569	783	701	708	660	731
84	153	192	192	168	249	161	148	149
37	38	40	41	35	45	41	30	20
353	406	501	563	618	876	850	1171	687
	21	43	67	60	68	63	65	66
					11	13	5	5
57848	**106411**	**144991**	**151064**	**172056**	**182229**	**190840**	**176863**	**165954**
56675	105016	143904	149726	170949	181090	189848	176098	165382
1122	1363	1068	1255	1052	1075	935	720	520
51	33	19	83	55	64	57	45	51
537	**604**	**659**	**731**	**797**	**767**	**811**	**914**	**878**
882	**811**	**641**	**639**	**646**	**614**	**615**	**558**	**492**
1461	**2627**	**3201**	**3192**	**3572**	**3752**	**3966**	**3767**	**3864**
1495	**2727**	**3400**	**3412**	**3612**	**3883**	**4136**	**4046**	**4159**
8457	**10039**	**9122**	**9159**	**9212**	**9253**	**9290**	**9253**	**9347**

4-6 分行业焦炭消费总量

单位：万吨

行　业	Sector	1995
消 费 总 量	**Total Consumption**	**10725**
农、林、牧、渔业	**Agriculture, Forestry, Animal Husbandry and Fishery**	**129**
工业	**Industry**	**10412**
采掘业	**Mining and Quarrying**	**151**
煤炭开采和洗选业	Mining and Washing of Coal	42
石油和天然气开采业	Extraction of Petroleum and Natural Gas	1
黑色金属矿采选业	Mining and Processing of Ferrous Metal Ores	57
有色金属矿采选业	Mining and Processing of Non-Ferrous Metal Ores	25
非金属矿采选业	Mining and Processing of Nonmetal Ores	26
开采辅助活动	Support Activities for Mining	
其他采矿业	Mining of Other Ores	1
制造业	**Manufacturing**	**10244**
农副食品加工业	Processing of Food from Agricultural Products	15
食品制造业	Manufacture of Foods	10
酒、饮料和精制茶制造业	Manufacture of Liquor, Beverages and Refined Tea	5
烟草制品业	Manufacture of Tobacco	2
纺织业	Manufacture of Textile	6
纺织服装、服饰业	Manufacture of Textile, Wearing Apparel and Accessories	1
皮革、毛皮、羽毛及其制品和制鞋业	Manufacture of Leather, Fur, Feather and Related Products and Footwear	1
木材加工和木、竹、藤、棕、草制品业	Processing of Timber,Manufacture of Wood,Bamboo,Rattan,Palm, and Straw Products	1
家具制造业	Manufacture of Furniture	1
造纸和纸制品业	Manufacture of Paper and Paper Products	4
印刷和记录媒介复制业	Printing and Reproduction of Recording Media	1
文教、工美、体育和娱乐用品制造业	Manufacture of Articles for Culture, Education, Arts and Crafts, Sport and Entertainment Activities	2
石油加工、炼焦和核燃料加工业	Processing of Petroleum, Coking and Processing of Nuclear Fuel	32
化学原料和化学制品制造业	Manufacture of Raw Chemical Materials and Chemical Products	1299
医药制造业	Manufacture of Medicines	3
化学纤维制造业	Manufacture of Chemical Fibers	24
橡胶和塑料制品业	Manufacture of Rubber and Plastics Products	3
非金属矿物制品业	Manufacture of Non-metallic Mineral Products	277
黑色金属冶炼和压延加工业	Smelting and Pressing of Ferrous Metals	7811
有色金属冶炼和压延加工业	Smelting and Pressing of Non-ferrous Metals	195
金属制品业	Manufacture of Metal Products	123
通用设备制造业	Manufacture of General Purpose Machinery	237
专用设备制造业	Manufacture of Special Purpose Machinery	101
汽车制造业	Manufacture of Automobiles	41
铁路、船舶、航空航天和其他运输设备制造业	Manufacture of Railway, Ship, Aerospace and Other Transport Equipments	
电气机械和器材制造业	Manufacture of Electrical Machinery and Apparatus	16
计算机、通信和其他电子设备制造业	Manufacture of Computers, Communication and Other Electronic Equipment	1
仪器仪表制造业	Manufacture of Measuring Instruments and Machinery	3
其他制造业	Other Manufacture	30
废弃资源综合利用业	Utilization of Waste Resources	
金属制品、机械和设备修理业	Repair Service of Metal Products, Machinery and Equipment	
电力、煤气及水生产和供应业	**Electric Power, Gas and Water Production and Supply**	**17**
电力、热力生产和供应业	Production and Supply of Electric Power and Heat Power	4
燃气生产和供应业	Production and Supply of Gas	13
水的生产和供应业	Production and Supply of Water	
建筑业	**Construction**	**11**
交通运输、仓储和邮政业	**Transport, Storage and Post**	**10**
批发、零售业和住宿、餐饮业	**Wholesale, Retail Trade and Hotel ,Restaurants**	**26**
其他行业	**Others**	**6**
生活消费	**Residential Consumption**	**132**

Consumption of Coke and Its Main Varieties by Sector

(10 000 tons)

2000	2005	2009	2010	2011	2012	2013	2014	2015
10841	**25106**	**36350**	**38703**	**42063**	**44805**	**45852**	**46885**	**44059**
71	**63**	**45**	**47**	**54**	**57**	**69**	**35**	**49**
10555	**24861**	**36243**	**38599**	**41952**	**44695**	**45694**	**46750**	**43923**
161	**150**	**156**	**421**	**258**	**251**	**282**	**292**	**236**
53	37	49	43	51	65	80	88	63
6								
52	84	84	353	185	126	180	187	158
22	16	15	16	14	14	10	10	9
27	13	8	9	8	46	11	7	7
10357	**24646**	**36055**	**38155**	**41670**	**44436**	**45401**	**46406**	**43646**
16	9	17	15	14	12	10	10	141
15	5	22	3	3	2	2	3	3
3	1	2	1	1	1	1	1	1
1								
4	3	4	5	4	3	3	2	2
2	1	1	4	5	3	2	1	2
2		3	1	1	1	1	1	
1	2	16	2	1			1	1
1	1	3	5	5	4	2	2	2
2	4	4	2	2	1	1	1	1
		1						
2	4	5	4	4	5	4	4	3
65	77	112	93	84	74	68	46	65
1105	1724	2485	2475	2932	3105	3200	3419	3579
1	1	6	3	3	2	1	1	1
27	51	3	2	2	1			
9	4	19	15	11	4	3	5	3
312	208	368	386	904	987	1048	1040	904
8085	21429	31253	33448	35449	38367	39313	40146	37336
218	397	646	592	683	617	586	622	565
126	78	98	76	65	104	141	100	100
208	456	664	657	1182	839	695	699	684
74	69	77	126	78	45	54	75	68
32	94	194	169	176	185	199	162	129
					12	8	7	3
11	17	23	27	25	18	17	14	12
	1	8	12	8	9	11	12	14
4	3	8	6	4	4	5	4	3
30	4	2	2	3	1			
	2	10	25	25	20	26	27	22
					12			
37	**65**	**32**	**23**	**24**	**8**	**11**	**51**	**40**
	6	8	4	8		7	49	39
37	59	24	19	16	7	4	2	2
19	**18**	**6**	**6**	**5**	**6**	**8**	**10**	**7**
11	**1**					**2**	**3**	**3**
36	**64**	**4**	**5**	**9**	**7**	**36**	**47**	**40**
12	**8**	**3**	**3**	**2**	**2**	**5**	**5**	**5**
137	**90**	**49**	**43**	**41**	**38**	**38**	**36**	**31**

4-7 分行业原油消费总量

单位：万吨

行 业	Sector	1995
消 费 总 量	**Total Consumption**	**14886.39**
农、林、牧、渔业	**Agriculture, Forestry, Animal Husbandry and Fishery**	**10.11**
工业	**Industry**	**14716.30**
采掘业	**Mining and Quarrying**	**1686.21**
煤炭开采和洗选业	Mining and Washing of Coal	
石油和天然气开采业	Extraction of Petroleum and Natural Gas	1686.16
黑色金属矿采选业	Mining and Processing of Ferrous Metal Ores	
有色金属矿采选业	Mining and Processing of Non-Ferrous Metal Ores	0.05
非金属矿采选业	Mining and Processing of Nonmetal Ores	
开采辅助活动	Support Activities for Mining	
其他采矿业	Mining of Other Ores	
制造业	**Manufacturing**	**12963.62**
农副食品加工业	Processing of Food from Agricultural Products	0.53
食品制造业	Manufacture of Foods	0.72
酒、饮料和精制茶制造业	Manufacture of Liquor, Beverages and Refined Tea	0.72
烟草制品业	Manufacture of Tobacco	
纺织业	Manufacture of Textile	1.29
纺织服装、服饰业	Manufacture of Textile, Wearing Apparel and Accessories	0.04
皮革、毛皮、羽毛及其制品和制鞋业	Manufacture of Leather, Fur, Feather and Related Products and Footwear	0.04
木材加工和木、竹、藤、棕、草制品业	Processing of Timber,Manufacture of Wood,Bamboo,Rattan,Palm, and Straw Products	
家具制造业	Manufacture of Furniture	
造纸和纸制品业	Manufacture of Paper and Paper Products	0.26
印刷和记录媒介复制业	Printing and Reproduction of Recording Media	0.10
文教、工美、体育和娱乐用品制造业	Manufacture of Articles for Culture, Education, Arts and Crafts, Sport and Entertainment Activities	
石油加工、炼焦和核燃料加工业	Processing of Petroleum, Coking and Processing of Nuclear Fuel	11338.36
化学原料和化学制品制造业	Manufacture of Raw Chemical Materials and Chemical Products	1078.84
医药制造业	Manufacture of Medicines	0.12
化学纤维制造业	Manufacture of Chemical Fibers	478.22
橡胶和塑料制品业	Manufacture of Rubber and Plastics Products	1.24
非金属矿物制品业	Manufacture of Non-metallic Mineral Products	56.32
黑色金属冶炼和压延加工业	Smelting and Pressing of Ferrous Metals	3.17
有色金属冶炼和压延加工业	Smelting and Pressing of Non-ferrous Metals	0.35
金属制品业	Manufacture of Metal Products	0.17
通用设备制造业	Manufacture of General Purpose Machinery	0.28
专用设备制造业	Manufacture of Special Purpose Machinery	0.20
汽车制造业	Manufacture of Automobiles	0.57
铁路、船舶、航空航天和其他运输设备制造业	Manufacture of Railway, Ship, Aerospace and Other Transport Equipments	
电气机械和器材制造业	Manufacture of Electrical Machinery and Apparatus	0.85
计算机、通信和其他电子设备制造业	Manufacture of Computers, Communication and Other Electronic Equipment	
仪器仪表制造业	Manufacture of Measuring Instruments and Machinery	
其他制造业	Other Manufacture	1.23
废弃资源综合利用业	Utilization of Waste Resources	
金属制品、机械和设备修理业	Repair Service of Metal Products, Machinery and Equipment	
电力、煤气及水生产和供应业	**Electric Power, Gas and Water Production and Supply**	**66.47**
电力、热力生产和供应业	Production and Supply of Electric Power and Heat Power	66.47
燃气生产和供应业	Production and Supply of Gas	
水的生产和供应业	Production and Supply of Water	
建筑业	**Construction**	**2.71**
交通运输、仓储和邮政业	**Transport, Storage and Post**	**156.77**
批发、零售业和住宿、餐饮业	**Wholesale, Retail Trade and Hotel ,Restaurants**	**0.50**
其他行业	**Others**	
生活消费	**Residential Consumption**	

Consumption of Crude Oil and Its Main Varieties by Sector

(10 000 tons)

2000	2005	2009	2010	2011	2012	2013	2014	2015
21232.01	**30088.94**	**38128.59**	**42874.55**	**43965.84**	**46678.92**	**48652.15**	**51546.95**	**54088.28**
21052.08	**29962.07**	**37975.17**	**42716.55**	**43860.44**	**46559.52**	**48503.42**	**51502.10**	**54052.43**
3196.35	**1373.95**	**1078.98**	**1020.29**	**1000.63**	**1074.08**	**1059.21**	**1068.23**	**1024.18**
2.32						0.04	0.09	0.03
3194.03	1373.95	1078.98	1020.29	1000.57	1050.41	1034.66	1034.61	987.50
				0.06	0.01			
					23.66	24.51	33.52	36.64
17779.14	**28559.26**	**36891.89**	**41692.62**	**42857.70**	**45482.98**	**47441.96**	**50433.54**	**53027.99**
0.42	0.07	0.10	0.11	0.14	0.07	0.24	0.02	0.03
0.48	0.10		0.01					
0.52	0.50	0.20			0.01			
0.05	0.20	0.20	0.02			0.01		
0.16	0.24	0.33	0.03	0.05	0.05	0.02	0.02	0.01
	0.04	0.03	0.05	0.09	0.10	0.05	0.01	0.02
	0.12	0.28	0.22	0.13	0.17	0.16	0.33	0.04
	0.03		0.01			0.01		0.01
0.48	0.68	0.36	0.12	0.04	0.10	0.09	0.05	0.04
			0.01	0.03	0.01			
0.10	0.09	0.04	0.06	0.03	0.01	0.01	0.01	
15295.82	26019.28	34047.74	38624.99	39157.70	42413.38	44315.76	46775.64	49491.16
1809.79	2510.59	2821.81	3062.50	3696.04	3060.77	3123.70	3656.93	3536.22
		0.03	0.02		0.02			
604.71	10.62	10.01						
0.45	0.90	0.42	0.12	0.12	0.04	0.02	0.01	0.04
53.54	14.17	8.89	2.45	2.03	7.78	1.08	0.17	0.21
10.25	0.13	0.04	0.33	0.18	0.01	0.02	0.02	0.02
0.80	0.31	0.61	0.71	0.62	0.23	0.24	0.06	0.01
0.03	0.06	0.18	0.12	0.14	0.01	0.02	0.01	0.01
0.11	0.15	0.06	0.09	0.05	0.03	0.07	0.04	0.03
0.27	0.11	0.05	0.06	0.02	0.04	0.15	0.14	0.08
0.06	0.15	0.10	0.17	0.16	0.07	0.16	0.02	0.02
					0.01	0.06	0.01	0.01
0.50	0.26	0.12	0.15	0.10	0.07	0.07	0.01	
	0.40	0.25	0.27	0.02				0.01
	0.05	0.01		0.01		0.01	0.01	0.01
0.60	0.01	0.02						
						0.01	0.01	
76.59	**28.86**	**4.30**	**3.64**	**2.11**	**2.46**	**2.25**	**0.33**	**0.27**
76.59	28.60	4.09	3.64	2.11	2.46	2.25	0.33	0.27
	0.26	0.21						
3.30								
175.05	**126.87**	**153.42**	**158.00**	**105.40**	**119.40**	**148.73**	**44.85**	**35.85**
0.18								
1.40								

4-8 分行业汽油消费总量

单位：万吨

行　业	Sector	1995
消 费 总 量	**Total Consumption**	**2909.59**
农、林、牧、渔业	**Agriculture, Forestry, Animal Husbandry and Fishery**	**179.66**
工业	**Industry**	**812.43**
采掘业	**Mining and Quarrying**	**135.90**
煤炭开采和洗选业	Mining and Washing of Coal	37.87
石油和天然气开采业	Extraction of Petroleum and Natural Gas	58.99
黑色金属矿采选业	Mining and Processing of Ferrous Metal Ores	4.74
有色金属矿采选业	Mining and Processing of Non-Ferrous Metal Ores	8.18
非金属矿采选业	Mining and Processing of Nonmetal Ores	8.74
开采辅助活动	Support Activities for Mining	
其他采矿业	Mining of Other Ores	17.38
制造业	**Manufacturing**	**637.21**
农副食品加工业	Processing of Food from Agricultural Products	37.56
食品制造业	Manufacture of Foods	16.33
酒、饮料和精制茶制造业	Manufacture of Liquor, Beverages and Refined Tea	14.91
烟草制品业	Manufacture of Tobacco	3.17
纺织业	Manufacture of Textile	42.72
纺织服装、服饰业	Manufacture of Textile, Wearing Apparel and Accessories	11.39
皮革、毛皮、羽毛及其制品和制鞋业	Manufacture of Leather, Fur, Feather and Related Products and Footwear	5.38
木材加工和木、竹、藤、棕、草制品业	Processing of Timber,Manufacture of Wood,Bamboo,Rattan,Palm, and Straw Products	4.68
家具制造业	Manufacture of Furniture	3.71
造纸和纸制品业	Manufacture of Paper and Paper Products	14.59
印刷和记录媒介复制业	Printing and Reproduction of Recording Media	6.17
文教、工美、体育和娱乐用品制造业	Manufacture of Articles for Culture, Education, Arts and Crafts, Sport and Entertainment Activities	2.66
石油加工、炼焦和核燃料加工业	Processing of Petroleum, Coking and Processing of Nuclear Fuel	29.23
化学原料和化学制品制造业	Manufacture of Raw Chemical Materials and Chemical Products	62.64
医药制造业	Manufacture of Medicines	8.98
化学纤维制造业	Manufacture of Chemical Fibers	4.56
橡胶和塑料制品业	Manufacture of Rubber and Plastics Products	31.88
非金属矿物制品业	Manufacture of Non-metallic Mineral Products	82.14
黑色金属冶炼和压延加工业	Smelting and Pressing of Ferrous Metals	42.55
有色金属冶炼和压延加工业	Smelting and Pressing of Non-ferrous Metals	12.71
金属制品业	Manufacture of Metal Products	18.19
通用设备制造业	Manufacture of General Purpose Machinery	58.65
专用设备制造业	Manufacture of Special Purpose Machinery	26.69
汽车制造业	Manufacture of Automobiles	37.48
铁路、船舶、航空航天和其他运输设备制造业	Manufacture of Railway, Ship, Aerospace and Other Transport Equipments	
电气机械和器材制造业	Manufacture of Electrical Machinery and Apparatus	24.07
计算机、通信和其他电子设备制造业	Manufacture of Computers, Communication and Other Electronic Equipment	9.15
仪器仪表制造业	Manufacture of Measuring Instruments and Machinery	4.69
其他制造业	Other Manufacture	20.33
废弃资源综合利用业	Utilization of Waste Resources	
金属制品、机械和设备修理业	Repair Service of Metal Products, Machinery and Equipment	
电力、煤气及水生产和供应业	**Electric Power, Gas and Water Production and Supply**	**39.32**
电力、热力生产和供应业	Production and Supply of Electric Power and Heat Power	33.85
燃气生产和供应业	Production and Supply of Gas	3.21
水的生产和供应业	Production and Supply of Water	2.26
建筑业	**Construction**	**103.62**
交通运输、仓储和邮政业	**Transport, Storage and Post**	**982.30**
批发、零售业和住宿、餐饮业	**Wholesale, Retail Trade and Hotel ,Restaurants**	**197.23**
其他行业	**Others**	**570.65**
生活消费	**Residential Consumption**	**63.70**

Consumption of Gasoline and Its Main Varieties by Sector

(10 000 tons)

2000	2005	2009	2010	2011	2012	2013	2014	2015
3504.56	**4854.91**	**6172.69**	**6956.20**	**7595.95**	**8165.90**	**9366.35**	**9776.37**	**11368.46**
89.16	**159.59**	**168.06**	**169.07**	**185.98**	**192.86**	**198.72**	**216.60**	**231.33**
681.98	**441.71**	**671.07**	**689.46**	**604.81**	**581.06**	**523.38**	**489.04**	**477.08**
120.78	**51.89**	**65.46**	**66.32**	**68.41**	**58.02**	**52.04**	**45.95**	**40.39**
36.32	14.61	21.21	20.11	22.52	16.33	14.41	12.49	10.64
45.38	25.71	25.04	24.20	22.46	14.24	13.92	12.67	11.29
6.81	4.60	6.46	7.70	8.13	6.32	5.54	4.78	3.73
5.87	3.30	7.64	7.59	9.22	8.04	7.15	6.90	7.03
9.07	3.65	5.08	6.40	6.06	5.32	5.43	4.19	3.49
					7.69	5.51	4.69	4.13
17.34	0.02	0.03	0.32	0.02	0.08	0.08	0.22	0.08
528.75	**364.19**	**571.16**	**590.92**	**504.66**	**489.14**	**437.57**	**410.57**	**403.38**
34.04	13.24	32.98	38.93	32.70	31.08	32.98	30.25	28.48
13.62	7.36	14.16	15.74	11.83	10.48	12.59	10.29	10.13
11.35	6.93	10.39	9.55	8.77	8.58	7.53	6.92	6.63
34.04	0.75	0.75	0.72	0.85	0.86	0.74	0.57	0.63
39.68	16.74	26.25	26.96	21.20	16.89	15.45	14.23	13.89
7.94	9.28	17.18	17.83	13.59	17.03	13.94	12.25	11.89
5.68	4.30	9.22	8.40	6.85	7.94	7.55	7.07	6.87
3.68	4.72	7.94	9.29	7.99	7.47	7.66	6.85	7.06
3.97	2.74	7.84	8.23	5.70	5.28	5.27	4.92	5.19
13.62	8.05	12.83	11.32	8.81	9.05	8.29	6.52	6.14
6.81	6.64	8.77	8.33	6.02	6.18	6.29	6.66	6.56
2.55	3.70	4.43	4.08	3.14	7.71	7.77	8.22	8.18
16.63	20.85	39.81	36.18	41.44	40.82	4.34	5.03	3.26
51.05	42.14	49.80	48.20	45.15	42.72	39.47	37.83	35.52
10.22	7.34	12.07	12.16	10.39	11.38	11.46	10.79	10.82
4.31	1.10	1.61	1.55	1.33	1.10	1.03	0.98	0.95
23.42	21.05	29.30	34.02	23.84	24.71	24.06	22.03	20.88
51.74	24.03	36.95	37.47	33.72	33.16	33.15	29.46	30.08
34.04	21.17	15.52	13.40	11.13	13.89	13.96	13.09	11.32
12.49	6.14	10.14	10.35	9.05	7.71	7.83	7.12	6.67
20.42	17.14	31.13	32.95	22.94	22.88	22.86	21.85	22.33
23.82	26.21	50.48	54.03	48.15	39.23	34.73	32.05	31.19
34.12	15.84	28.30	29.51	25.24	24.88	26.77	26.32	25.93
22.70	34.92	42.74	49.21	48.09	37.63	32.08	32.92	35.33
					9.24	8.97	7.56	7.12
18.15	20.62	35.60	36.48	29.24	27.96	27.97	26.61	26.45
9.07	10.55	19.25	20.31	15.28	13.92	13.83	14.09	14.54
3.40	3.45	6.85	7.26	5.59	4.97	5.48	5.00	5.84
16.20	6.87	8.18	7.73	6.02	1.84	1.78	1.36	1.70
	0.31	0.69	0.73	0.61	0.64	0.63	0.77	0.81
					1.91	1.11	0.95	0.99
32.44	**25.62**	**34.45**	**32.22**	**31.74**	**33.90**	**33.77**	**32.52**	**33.31**
28.17	20.31	26.53	24.64	25.23	27.76	27.28	26.01	25.97
1.95	2.36	2.88	3.20	2.98	2.64	2.92	3.04	3.39
2.32	2.95	5.04	4.38	3.53	3.50	3.57	3.47	3.94
115.55	**172.14**	**235.43**	**274.70**	**282.77**	**286.87**	**326.46**	**331.03**	**408.58**
1527.78	**2430.05**	**2881.59**	**3274.92**	**3573.52**	**3778.03**	**4381.80**	**4665.01**	**5306.59**
69.84	**129.39**	**147.52**	**168.18**	**177.14**	**200.06**	**220.86**	**217.79**	**243.29**
792.67	**998.20**	**1069.93**	**1166.22**	**1313.17**	**1460.51**	**1818.68**	**1738.07**	**2108.47**
227.58	**523.83**	**999.08**	**1213.65**	**1458.56**	**1666.52**	**1896.45**	**2118.83**	**2593.11**

4-9 分行业煤油消费总量

单位：万吨

行业	Sector	1995
消费总量	**Total Consumption**	**512.11**
农、林、牧、渔业	**Agriculture, Forestry, Animal Husbandry and Fishery**	**3.57**
工业	**Industry**	**44.94**
采掘业	**Mining and Quarrying**	**2.92**
煤炭开采和洗选业	Mining and Washing of Coal	1.59
石油和天然气开采业	Extraction of Petroleum and Natural Gas	0.59
黑色金属矿采选业	Mining and Processing of Ferrous Metal Ores	0.08
有色金属矿采选业	Mining and Processing of Non-Ferrous Metal Ores	0.40
非金属矿采选业	Mining and Processing of Nonmetal Ores	0.20
开采辅助活动	Support Activities for Mining	
其他采矿业	Mining of Other Ores	0.06
制造业	**Manufacturing**	**40.41**
农副食品加工业	Processing of Food from Agricultural Products	0.26
食品制造业	Manufacture of Foods	0.33
酒、饮料和精制茶制造业	Manufacture of Liquor, Beverages and Refined Tea	0.23
烟草制品业	Manufacture of Tobacco	2.07
纺织业	Manufacture of Textile	2.91
纺织服装、服饰业	Manufacture of Textile, Wearing Apparel and Accessories	0.11
皮革、毛皮、羽毛及其制品和制鞋业	Manufacture of Leather, Fur, Feather and Related Products and Footwear	0.42
木材加工和木、竹、藤、棕、草制品业	Processing of Timber,Manufacture of Wood,Bamboo,Rattan,Palm, and Straw Products	1.17
家具制造业	Manufacture of Furniture	0.01
造纸和纸制品业	Manufacture of Paper and Paper Products	1.78
印刷和记录媒介复制业	Printing and Reproduction of Recording Media	3.41
文教、工美、体育和娱乐用品制造业	Manufacture of Articles for Culture, Education, Arts and Crafts, Sport and Entertainment Activities	0.10
石油加工、炼焦和核燃料加工业	Processing of Petroleum, Coking and Processing of Nuclear Fuel	1.02
化学原料和化学制品制造业	Manufacture of Raw Chemical Materials and Chemical Products	8.10
医药制造业	Manufacture of Medicines	0.15
化学纤维制造业	Manufacture of Chemical Fibers	0.18
橡胶和塑料制品业	Manufacture of Rubber and Plastics Products	0.55
非金属矿物制品业	Manufacture of Non-metallic Mineral Products	2.59
黑色金属冶炼和压延加工业	Smelting and Pressing of Ferrous Metals	0.41
有色金属冶炼和压延加工业	Smelting and Pressing of Non-ferrous Metals	0.57
金属制品业	Manufacture of Metal Products	3.37
通用设备制造业	Manufacture of General Purpose Machinery	3.05
专用设备制造业	Manufacture of Special Purpose Machinery	0.91
汽车制造业	Manufacture of Automobiles	4.87
铁路、船舶、航空航天和其他运输设备制造业	Manufacture of Railway, Ship, Aerospace and Other Transport Equipments	
电气机械和器材制造业	Manufacture of Electrical Machinery and Apparatus	0.50
计算机、通信和其他电子设备制造业	Manufacture of Computers, Communication and Other Electronic Equipment	0.23
仪器仪表制造业	Manufacture of Measuring Instruments and Machinery	0.12
其他制造业	Other Manufacture	0.99
废弃资源综合利用业	Utilization of Waste Resources	
金属制品、机械和设备修理业	Repair Service of Metal Products, Machinery and Equipment	
电力、煤气及水生产和供应业	**Electric Power, Gas and Water Production and Supply**	**1.61**
电力、热力生产和供应业	Production and Supply of Electric Power and Heat Power	1.30
燃气生产和供应业	Production and Supply of Gas	0.11
水的生产和供应业	Production and Supply of Water	0.20
建筑业	**Construction**	**3.51**
交通运输、仓储和邮政业	**Transport, Storage and Post**	**250.01**
批发、零售业和住宿、餐饮业	**Wholesale, Retail Trade and Hotel ,Restaurants**	**8.51**
其他行业	**Others**	**137.32**
生活消费	**Residential Consumption**	**64.25**

Consumption of Kerosene and Its Main Varieties by Sector

(10 000 tons)

2000	2005	2009	2010	2011	2012	2013	2014	2015
871.61	**1076.84**	**1450.49**	**1765.17**	**1816.72**	**1956.60**	**2164.07**	**2335.42**	**2663.72**
1.50	**1.60**	**0.76**	**0.90**	**1.47**	**1.19**	**1.19**	**0.75**	**1.10**
83.95	**57.50**	**32.04**	**40.20**	**34.21**	**32.04**	**27.41**	**17.36**	**21.16**
7.44	**6.40**	**4.64**	**4.41**	**3.22**	**2.64**	**2.94**	**2.52**	**2.44**
5.37	3.26	2.90	2.53	2.30	2.16	2.43	1.89	1.72
0.42	0.17	0.05					0.01	
0.04	1.42	0.45	0.35	0.16	0.03	0.04	0.02	0.07
1.26	0.74	0.87	0.67	0.64	0.41	0.40	0.39	0.43
0.34	0.80	0.37	0.24	0.12	0.04	0.07	0.21	0.22
0.01	0.01		0.62					
76.05	**50.74**	**27.28**	**35.75**	**30.96**	**29.37**	**24.41**	**14.78**	**18.64**
0.25	0.40	0.22	0.51	0.29	0.12	0.18	0.21	0.50
0.08	0.33	0.11	0.20	0.09	0.03	0.04	0.02	0.05
0.08	0.54	0.29	0.13	0.04	0.01	0.01	0.02	0.08
0.08	0.03							
3.78	2.05	0.43	0.50	0.31	0.12	0.16	0.07	0.15
0.42	0.70	0.28	0.25	0.52	0.41	0.06	0.04	0.04
0.17	0.37	0.29	0.24	0.23	0.21	0.11	0.08	0.12
0.08	1.09	0.20	0.17	0.05	0.08	0.12	0.09	0.52
0.04	0.24	0.13	0.08	0.02	0.05	0.05	0.01	0.01
3.61	0.91	0.41	0.22	0.13	0.09	0.13	0.02	0.05
5.71	0.74	0.23	0.10	0.10	0.08	0.13	0.03	0.05
1.26	0.35	0.12	0.11	0.04	0.23	0.06	0.04	0.05
18.06	2.06	1.24	5.64	2.46	0.21	0.17	0.21	0.15
8.73	6.09	3.69	5.02	2.94	3.56	3.22	3.09	3.44
0.15	0.52	0.07	0.34	0.25	0.27	0.30	0.16	0.16
0.42	0.50	0.11	0.01	0.02			0.02	0.07
0.49	1.01	0.31	0.37	0.22	0.14	0.10	0.27	0.27
2.43	3.06	1.23	1.16	3.48	4.69	1.27	1.09	2.46
5.37	1.92	1.39	0.47	0.31	0.22	0.22	0.17	0.24
0.59	2.32	1.65	1.78	1.80	2.35	1.35	0.89	0.73
1.68	2.64	1.64	1.40	1.07	1.33	1.12	0.98	0.92
3.27	5.80	3.88	4.47	3.75	2.71	2.52	2.24	2.50
1.34	1.69	0.53	0.64	0.56	0.35	0.63	0.59	0.90
6.30	11.08	7.16	10.18	11.44	0.96	0.92	0.65	0.61
					8.34	8.74	1.98	1.89
0.25	1.60	0.50	0.66	0.34	0.46	0.41	0.30	0.72
0.18	0.82	0.22	0.36	0.16	0.31	0.35	0.13	0.27
0.15	1.13	0.69	0.61	0.16	0.20	0.16	0.14	0.42
11.08	0.70	0.23	0.10	0.18	0.02	0.06	0.69	0.72
	0.04	0.03	0.03		0.01	0.01	0.02	0.02
					1.81	1.81	0.52	0.53
0.46	**0.36**	**0.12**	**0.04**	**0.03**	**0.03**	**0.06**	**0.06**	**0.08**
0.42	0.32	0.12	0.03	0.02	0.03	0.06	0.05	0.08
0.01	0.02		0.01	0.01				
0.03	0.03							
4.00		**10.39**	**8.77**	**10.79**	**7.89**	**11.42**	**10.42**	**12.50**
535.90	**952.42**	**1314.25**	**1601.08**	**1646.35**	**1787.09**	**1998.18**	**2216.03**	**2504.88**
14.00	**3.67**	**29.15**	**34.98**	**32.18**	**28.64**	**13.39**	**11.28**	**11.68**
160.09	**36.19**	**43.67**	**58.73**	**68.24**	**74.17**	**84.56**	**50.73**	**83.27**
72.17	**25.46**	**20.23**	**20.52**	**23.48**	**25.58**	**27.92**	**28.85**	**29.13**

4-10 分行业柴油消费总量

单位：万吨

行 业	Sector	1995
消 费 总 量	**Total Consumption**	**4321.44**
农、林、牧、渔业	**Agriculture, Forestry, Animal Husbandry and Fishery**	**1001.39**
工业	**Industry**	**1189.87**
采掘业	**Mining and Quarrying**	**229.63**
煤炭开采和洗选业	Mining and Washing of Coal	31.68
石油和天然气开采业	Extraction of Petroleum and Natural Gas	147.95
黑色金属矿采选业	Mining and Processing of Ferrous Metal Ores	5.41
有色金属矿采选业	Mining and Processing of Non-Ferrous Metal Ores	12.62
非金属矿采选业	Mining and Processing of Nonmetal Ores	20.96
开采辅助活动	Support Activities for Mining	
其他采矿业	Mining of Other Ores	11.01
制造业	**Manufacturing**	**722.25**
农副食品加工业	Processing of Food from Agricultural Products	33.65
食品制造业	Manufacture of Foods	18.15
酒、饮料和精制茶制造业	Manufacture of Liquor, Beverages and Refined Tea	8.04
烟草制品业	Manufacture of Tobacco	1.16
纺织业	Manufacture of Textile	36.39
纺织服装、服饰业	Manufacture of Textile, Wearing Apparel and Accessories	8.64
皮革、毛皮、羽毛及其制品和制鞋业	Manufacture of Leather, Fur, Feather and Related Products and Footwear	5.76
木材加工和木、竹、藤、棕、草制品业	Processing of Timber,Manufacture of Wood,Bamboo,Rattan,Palm, and Straw Products	6.10
家具制造业	Manufacture of Furniture	1.42
造纸和纸制品业	Manufacture of Paper and Paper Products	27.59
印刷和记录媒介复制业	Printing and Reproduction of Recording Media	2.66
文教、工美、体育和娱乐用品制造业	Manufacture of Articles for Culture, Education, Arts and Crafts, Sport and Entertainment Activities	2.73
石油加工、炼焦和核燃料加工业	Processing of Petroleum, Coking and Processing of Nuclear Fuel	48.89
化学原料和化学制品制造业	Manufacture of Raw Chemical Materials and Chemical Products	94.41
医药制造业	Manufacture of Medicines	3.86
化学纤维制造业	Manufacture of Chemical Fibers	5.45
橡胶和塑料制品业	Manufacture of Rubber and Plastics Products	25.06
非金属矿物制品业	Manufacture of Non-metallic Mineral Products	149.29
黑色金属冶炼和压延加工业	Smelting and Pressing of Ferrous Metals	73.20
有色金属冶炼和压延加工业	Smelting and Pressing of Non-ferrous Metals	21.66
金属制品业	Manufacture of Metal Products	23.40
通用设备制造业	Manufacture of General Purpose Machinery	31.18
专用设备制造业	Manufacture of Special Purpose Machinery	14.53
汽车制造业	Manufacture of Automobiles	31.60
铁路、船舶、航空航天和其他运输设备制造业	Manufacture of Railway, Ship, Aerospace and Other Transport Equipments	
电气机械和器材制造业	Manufacture of Electrical Machinery and Apparatus	17.14
计算机、通信和其他电子设备制造业	Manufacture of Computers, Communication and Other Electronic Equipment	10.73
仪器仪表制造业	Manufacture of Measuring Instruments and Machinery	3.94
其他制造业	Other Manufacture	15.62
废弃资源综合利用业	Utilization of Waste Resources	
金属制品、机械和设备修理业	Repair Service of Metal Products, Machinery and Equipment	
电力、煤气及水生产和供应业	**Electric Power, Gas and Water Production and Supply**	**237.99**
电力、热力生产和供应业	Production and Supply of Electric Power and Heat Power	234.44
燃气生产和供应业	Production and Supply of Gas	2.12
水的生产和供应业	Production and Supply of Water	1.43
建筑业	**Construction**	**118.19**
交通运输、仓储和邮政业	**Transport, Storage and Post**	**1246.56**
批发、零售业和住宿、餐饮业	**Wholesale, Retail Trade and Hotel ,Restaurants**	**103.59**
其他行业	**Others**	**645.70**
生活消费	**Residential Consumption**	**16.14**

Consumption of Diesel Oil and Its Main Varieties by Sector

(10 000 tons)

2000	2005	2009	2010	2011	2012	2013	2014	2015
6806.23	**10974.94**	**13551.43**	**14699.00**	**15635.10**	**16966.04**	**17150.65**	**17165.30**	**17360.31**
697.10	**1286.35**	**1134.15**	**1206.73**	**1271.90**	**1335.49**	**1441.53**	**1491.99**	**1492.88**
1696.46	**1710.04**	**2043.58**	**2089.99**	**1824.25**	**1747.70**	**1675.88**	**1595.28**	**1516.37**
289.49	**358.27**	**455.47**	**500.35**	**614.87**	**631.77**	**597.21**	**574.02**	**490.51**
54.46	62.13	108.70	141.23	212.42	215.21	211.58	196.37	165.03
166.62	187.31	188.01	185.98	192.24	63.41	61.01	53.91	47.50
12.54	33.32	51.92	62.36	113.38	112.98	109.96	105.69	82.87
13.71	13.46	18.85	20.82	36.06	35.36	35.09	31.73	30.60
29.39	61.05	87.64	89.42	60.55	65.78	71.67	68.27	70.80
					139.01	107.61	117.65	93.60
12.77	0.99	0.35	0.54	0.22	0.02	0.29	0.42	0.13
1139.17	**1217.86**	**1460.02**	**1499.34**	**1120.39**	**1037.70**	**1001.40**	**952.61**	**960.46**
39.71	54.79	51.88	56.78	49.52	50.83	51.17	49.36	47.78
17.88	20.89	26.23	30.47	26.00	22.62	20.65	16.82	15.99
10.75	14.27	15.73	15.91	15.26	13.90	12.10	11.25	11.22
4.29	5.61	4.73	4.50	4.13	3.36	3.18	2.26	1.78
46.31	42.93	41.11	44.63	34.66	20.20	17.67	15.75	14.76
14.69	27.87	33.62	34.34	26.02	20.85	17.51	14.53	13.82
15.55	14.70	13.05	13.70	8.53	8.69	7.25	5.77	5.37
6.97	11.11	15.23	18.06	14.43	14.32	13.84	12.19	11.86
2.58	8.30	12.62	14.53	9.20	7.68	7.61	7.31	7.26
24.18	25.22	29.00	28.43	22.37	20.71	19.90	19.23	17.79
7.70	6.91	13.74	13.57	7.41	6.18	6.45	6.94	6.58
12.20	11.59	15.90	16.39	6.59	9.38	9.29	8.59	7.86
74.18	50.65	81.95	24.53	25.44	20.87	20.32	19.14	18.31
123.40	138.00	161.24	162.69	79.89	97.63	73.11	69.91	113.30
7.18	8.65	17.15	17.15	13.82	13.63	11.39	10.38	10.51
10.41	7.44	4.59	7.95	7.92	2.41	1.74	1.68	2.03
50.55	47.12	54.39	66.87	38.06	29.28	28.08	25.74	25.03
319.33	253.14	272.25	289.95	248.73	260.67	282.38	294.03	293.05
73.95	92.05	102.32	99.88	84.14	89.92	80.93	75.21	68.11
44.09	53.04	60.10	63.98	60.76	55.94	50.63	47.66	44.94
39.86	52.24	68.24	66.29	44.98	38.83	36.92	31.15	29.93
33.28	56.61	63.25	74.65	63.44	44.09	42.27	38.50	36.17
13.62	27.06	42.81	47.63	38.07	34.53	56.96	53.04	47.01
51.30	68.40	95.68	110.55	99.63	45.01	39.05	41.00	37.97
					37.66	28.92	20.59	19.81
25.83	47.58	68.66	71.92	40.44	32.41	28.88	25.82	24.63
38.02	50.22	64.75	71.22	29.98	19.71	16.70	14.09	13.25
10.40	8.80	10.56	14.22	6.65	5.09	4.91	4.27	4.36
20.98	11.52	15.15	14.35	10.07	3.77	3.35	2.14	1.63
	1.15	4.08	4.20	4.25	3.58	5.14	4.29	4.20
					3.95	3.10	3.98	4.17
267.80	**133.91**	**128.09**	**90.30**	**88.99**	**78.23**	**77.27**	**68.65**	**65.40**
257.82	121.78	121.66	83.08	84.89	74.17	73.54	65.16	60.74
7.18	9.73	2.23	2.61	2.11	2.33	1.97	1.91	2.54
2.80	2.39	4.20	4.61	1.99	1.73	1.76	1.58	2.13
205.86	**386.64**	**415.29**	**490.20**	**518.63**	**518.01**	**556.97**	**551.95**	**555.71**
3293.81	**6169.41**	**7991.96**	**8657.56**	**9485.20**	**10727.03**	**10920.53**	**11042.80**	**11162.80**
95.94	**116.03**	**181.74**	**196.60**	**212.31**	**229.00**	**233.51**	**230.13**	**257.74**
638.70	**900.06**	**1131.80**	**1287.19**	**1428.07**	**1444.72**	**1339.76**	**1268.75**	**1384.15**
178.36	**406.40**	**652.91**	**770.73**	**894.74**	**964.09**	**982.47**	**984.40**	**990.66**

4-11 分行业燃料油消费总量

单位：万吨

行　　业	Sector	1995
消费总量	**Total Consumption**	**3693.67**
农、林、牧、渔业	**Agriculture, Forestry, Animal Husbandry and Fishery**	**8.37**
工业	**Industry**	**3406.16**
采掘业	**Mining and Quarrying**	**246.45**
煤炭开采和洗选业	Mining and Washing of Coal	1.16
石油和天然气开采业	Extraction of Petroleum and Natural Gas	226.71
黑色金属矿采选业	Mining and Processing of Ferrous Metal Ores	2.33
有色金属矿采选业	Mining and Processing of Non-Ferrous Metal Ores	9.46
非金属矿采选业	Mining and Processing of Nonmetal Ores	6.79
开采辅助活动	Support Activities for Mining	
其他采矿业	Mining of Other Ores	
制造业	**Manufacturing**	**2186.73**
农副食品加工业	Processing of Food from Agricultural Products	20.68
食品制造业	Manufacture of Foods	5.40
酒、饮料和精制茶制造业	Manufacture of Liquor, Beverages and Refined Tea	7.13
烟草制品业	Manufacture of Tobacco	1.34
纺织业	Manufacture of Textile	34.95
纺织服装、服饰业	Manufacture of Textile, Wearing Apparel and Accessories	2.07
皮革、毛皮、羽毛及其制品和制鞋业	Manufacture of Leather, Fur, Feather and Related Products and Footwear	1.49
木材加工和木、竹、藤、棕、草制品业	Processing of Timber,Manufacture of Wood,Bamboo,Rattan,Palm, and Straw Products	1.59
家具制造业	Manufacture of Furniture	0.83
造纸和纸制品业	Manufacture of Paper and Paper Products	16.62
印刷和记录媒介复制业	Printing and Reproduction of Recording Media	0.23
文教、工美、体育和娱乐用品制造业	Manufacture of Articles for Culture, Education, Arts and Crafts, Sport and Entertainment Activities	0.06
石油加工、炼焦和核燃料加工业	Processing of Petroleum, Coking and Processing of Nuclear Fuel	611.91
化学原料和化学制品制造业	Manufacture of Raw Chemical Materials and Chemical Products	388.63
医药制造业	Manufacture of Medicines	38.86
化学纤维制造业	Manufacture of Chemical Fibers	90.23
橡胶和塑料制品业	Manufacture of Rubber and Plastics Products	336.06
非金属矿物制品业	Manufacture of Non-metallic Mineral Products	324.83
黑色金属冶炼和压延加工业	Smelting and Pressing of Ferrous Metals	464.93
有色金属冶炼和压延加工业	Smelting and Pressing of Non-ferrous Metals	62.13
金属制品业	Manufacture of Metal Products	13.24
通用设备制造业	Manufacture of General Purpose Machinery	9.99
专用设备制造业	Manufacture of Special Purpose Machinery	22.57
汽车制造业	Manufacture of Automobiles	15.93
铁路、船舶、航空航天和其他运输设备制造业	Manufacture of Railway, Ship, Aerospace and Other Transport Equipments	
电气机械和器材制造业	Manufacture of Electrical Machinery and Apparatus	10.20
计算机、通信和其他电子设备制造业	Manufacture of Computers, Communication and Other Electronic Equipment	7.96
仪器仪表制造业	Manufacture of Measuring Instruments and Machinery	1.24
其他制造业	Other Manufacture	17.27
废弃资源综合利用业	Utilization of Waste Resources	
金属制品、机械和设备修理业	Repair Service of Metal Products, Machinery and Equipment	
电力、煤气及水生产和供应业	**Electric Power, Gas and Water Production and Supply**	**972.98**
电力、热力生产和供应业	Production and Supply of Electric Power and Heat Power	927.73
燃气生产和供应业	Production and Supply of Gas	45.25
水的生产和供应业	Production and Supply of Water	
建筑业	**Construction**	**14.24**
交通运输、仓储和邮政业	**Transport, Storage and Post**	**227.45**
批发、零售业和住宿、餐饮业	**Wholesale, Retail Trade and Hotel ,Restaurants**	**6.62**
其他行业	**Others**	**30.83**
生活消费	**Residential Consumption**	

Consumption of Fuel Oil and Its Main Varieties by Sector

(10 000 tons)

2000	2005	2009	2010	2011	2012	2013	2014	2015
3872.75	**4244.16**	**2828.80**	**3758.02**	**3662.80**	**3683.28**	**3953.97**	**4400.47**	**4662.00**
0.40	**0.66**	**1.05**	**1.14**	**1.31**	**1.97**	**2.05**	**1.27**	**0.94**
2975.05	**2986.86**	**1521.53**	**2377.32**	**2260.15**	**2241.69**	**2421.05**	**2835.74**	**3133.03**
209.96	**35.11**	**35.06**	**37.33**	**30.09**	**16.44**	**23.79**	**24.54**	**31.56**
5.77	5.26	4.83	2.32	1.12	0.92	0.71	0.47	0.43
202.77	28.84	29.61	34.75	28.71	13.27	19.20	20.89	28.47
	0.48	0.32	0.07	0.08	0.04	0.03	0.06	0.04
0.22	0.25	0.04	0.01	0.02	0.05	1.78	1.80	1.51
1.20	0.29	0.26	0.18	0.16	0.16	0.17	0.20	0.18
					2.00	1.90	1.12	0.93
1928.86	**1741.84**	**1268.49**	**2220.15**	**2186.41**	**2202.55**	**2371.00**	**2799.41**	**3092.90**
13.32	12.42	12.68	9.79	6.40	4.67	4.10	2.77	1.78
9.04	23.19	13.76	13.76	6.38	5.59	5.09	5.54	3.59
8.08	18.12	11.06	8.26	5.75	3.18	2.04	1.47	0.64
3.00	1.46	0.90	1.06	1.02	0.97	0.74	0.47	0.42
66.61	53.14	23.98	22.45	14.76	8.80	7.41	7.93	7.12
12.44	14.44	6.63	5.31	7.41	2.81	1.34	0.82	0.61
3.50	11.91	8.43	5.87	3.85	3.35	2.05	1.69	0.93
2.82	2.63	0.50	0.25	0.17	0.17	0.17	0.14	0.17
0.67	1.30	0.26	0.58	0.64	0.32	0.25	0.26	0.27
19.72	28.39	19.58	19.58	13.38	7.18	13.21	12.63	12.10
2.30	1.79	1.44	2.05	1.51	0.70	0.79	0.50	0.36
1.04	2.57	2.14	1.73	1.39	1.46	0.71	0.85	0.87
510.63	354.73	263.66	1033.02	1191.77	1308.09	1398.75	1786.61	1873.59
372.50	301.44	219.98	514.56	452.00	501.52	614.58	694.45	903.27
5.53	7.99	5.40	6.69	4.91	3.35	2.08	1.65	1.38
89.86	33.55	18.80	15.24	9.52	6.46	5.18	3.56	2.99
23.21	36.23	26.41	22.83	17.04	10.95	10.24	8.41	7.28
314.36	527.61	411.12	353.57	312.08	231.15	213.88	191.91	207.40
332.01	124.72	59.20	23.91	9.13	7.88	7.99	5.48	3.80
55.43	88.06	77.89	97.12	79.03	63.77	53.38	50.80	44.74
12.93	18.64	14.67	12.47	12.42	7.34	8.39	7.18	6.67
7.05	8.34	11.50	7.75	4.61	1.51	1.33	1.22	1.13
11.56	5.06	5.75	3.75	2.55	1.06	0.98	1.02	1.34
14.22	11.80	12.75	12.50	17.95	1.58	1.26	0.90	0.79
					9.26	7.38	3.85	3.91
12.67	14.75	9.63	7.81	4.11	4.05	4.25	2.65	1.86
12.97	28.37	27.34	13.67	3.29	3.19	1.97	2.33	2.14
0.15	6.32	0.18	0.40	0.43	0.36	0.51	0.53	0.31
11.24	2.57	2.28	2.38	1.75	0.29	0.13	0.02	0.23
	0.30	0.57	1.80	1.16	1.28	0.39	1.44	0.67
					0.26	0.43	0.35	0.53
836.23	**1209.91**	**217.98**	**119.84**	**43.65**	**22.70**	**26.26**	**11.79**	**8.57**
811.91	1195.01	216.65	119.43	43.40	22.51	26.04	11.58	8.38
24.31	14.89	0.83	0.23	0.22	0.19	0.21	0.19	0.16
0.01	0.01	0.50	0.18	0.03		0.01	0.02	0.03
16.71	**14.18**	**34.18**	**30.76**	**30.60**	**27.05**	**59.46**	**44.59**	**53.51**
850.00	**1201.02**	**1251.64**	**1326.65**	**1345.16**	**1383.94**	**1428.99**	**1486.37**	**1439.49**
11.59	**27.52**	**8.11**	**8.62**	**9.34**	**8.69**	**19.07**	**17.39**	**18.95**
19.00	**13.91**	**12.30**	**13.53**	**16.23**	**19.94**	**23.36**	**15.11**	**16.08**

4-12 分行业天然气消费总量

单位：亿立方米

行　　业	Sector	1995
消 费 总 量	**Total Consumption**	**177.41**
农、林、牧、渔业	**Agriculture, Forestry, Animal Husbandry and Fishery**	**0.02**
工业	**Industry**	**154.39**
采掘业	**Mining and Quarrying**	**51.87**
煤炭开采和洗选业	Mining and Washing of Coal	
石油和天然气开采业	Extraction of Petroleum and Natural Gas	50.58
黑色金属矿采选业	Mining and Processing of Ferrous Metal Ores	
有色金属矿采选业	Mining and Processing of Non-Ferrous Metal Ores	0.59
非金属矿采选业	Mining and Processing of Nonmetal Ores	0.70
开采辅助活动	Support Activities for Mining	
其他采矿业	Mining of Other Ores	
制造业	**Manufacturing**	**100.80**
农副食品加工业	Processing of Food from Agricultural Products	1.00
食品制造业	Manufacture of Foods	0.03
酒、饮料和精制茶制造业	Manufacture of Liquor, Beverages and Refined Tea	0.02
烟草制品业	Manufacture of Tobacco	
纺织业	Manufacture of Textile	3.97
纺织服装、服饰业	Manufacture of Textile, Wearing Apparel and Accessories	
皮革、毛皮、羽毛及其制品和制鞋业	Manufacture of Leather, Fur, Feather and Related Products and Footwear	
木材加工和木、竹、藤、棕、草制品业	Processing of Timber,Manufacture of Wood,Bamboo,Rattan,Palm, and Straw Products	
家具制造业	Manufacture of Furniture	
造纸和纸制品业	Manufacture of Paper and Paper Products	0.06
印刷和记录媒介复制业	Printing and Reproduction of Recording Media	
文教、工美、体育和娱乐用品制造业	Manufacture of Articles for Culture, Education, Arts and Crafts, Sport and Entertainment Activities	
石油加工、炼焦和核燃料加工业	Processing of Petroleum, Coking and Processing of Nuclear Fuel	15.14
化学原料和化学制品制造业	Manufacture of Raw Chemical Materials and Chemical Products	63.36
医药制造业	Manufacture of Medicines	0.30
化学纤维制造业	Manufacture of Chemical Fibers	4.32
橡胶和塑料制品业	Manufacture of Rubber and Plastics Products	
非金属矿物制品业	Manufacture of Non-metallic Mineral Products	2.27
黑色金属冶炼和压延加工业	Smelting and Pressing of Ferrous Metals	3.69
有色金属冶炼和压延加工业	Smelting and Pressing of Non-ferrous Metals	0.50
金属制品业	Manufacture of Metal Products	0.45
通用设备制造业	Manufacture of General Purpose Machinery	0.14
专用设备制造业	Manufacture of Special Purpose Machinery	2.25
汽车制造业	Manufacture of Automobiles	0.66
铁路、船舶、航空航天和其他运输设备制造	Manufacture of Railway, Ship, Aerospace and Other Transport Equipments	
电气机械和器材制造业	Manufacture of Electrical Machinery and Apparatus	0.74
计算机、通信和其他电子设备制造业	Manufacture of Computers, Communication and Other Electronic Equipment	1.01
仪器仪表制造业	Manufacture of Measuring Instruments and Machinery	0.01
其他制造业	Other Manufacture	0.88
废弃资源综合利用业	Utilization of Waste Resources	
金属制品、机械和设备修理业	Repair Service of Metal Products, Machinery and Equipment	
电力、煤气及水生产和供应业	**Electric Power, Gas and Water Production and Supply**	**1.72**
电力、热力生产和供应业	Production and Supply of Electric Power and Heat Power	1.14
燃气生产和供应业	Production and Supply of Gas	0.58
水的生产和供应业	Production and Supply of Water	
建筑业	**Construction**	**0.28**
交通运输、仓储和邮政业	**Transport, Storage and Post**	**1.57**
批发、零售业和住宿、餐饮业	**Wholesale, Retail Trade and Hotel ,Restaurants**	**0.55**
其他行业	**Others**	**1.19**
生活消费	**Residential Consumption**	**19.41**

注：2010年起包括液化天然气数据。

Consumption of Natural Gas and Its Main Varieties by Sector

(100 million cu.m)

2000	2005	2009	2010	2011	2012	2013	2014	2015
245.03	**466.08**	**895.20**	**1080.24**	**1341.07**	**1497.00**	**1705.37**	**1868.94**	**1931.75**
			0.50	**0.56**	**0.64**	**0.69**	**0.79**	**0.92**
199.00	**327.24**	**577.90**	**691.75**	**875.72**	**980.75**	**1129.06**	**1221.33**	**1234.48**
72.12	**82.28**	**122.93**	**128.87**	**136.67**	**148.50**	**156.09**	**166.78**	**163.15**
0.10	4.33	4.70	4.53	5.93	11.48	9.50	12.68	14.42
71.98	77.88	117.40	123.55	130.04	127.94	138.23	147.26	143.06
	0.02	0.03	0.03	0.05	0.03	0.02	0.02	0.01
	0.02	0.04	0.09	0.10		0.01	0.64	1.05
0.04	0.03	0.76	0.66	0.55	0.54	0.08	0.07	0.12
					8.51	8.25	6.12	4.49
		0.01	0.01					
118.75	**220.24**	**321.14**	**373.39**	**509.64**	**597.72**	**715.74**	**781.92**	**718.63**
0.15	0.27	0.65	0.88	1.13	1.62	2.19	2.99	5.72
0.07	1.28	2.31	2.76	4.21	6.10	7.32	8.36	9.87
0.03	0.50	1.43	1.70	2.41	3.43	4.25	5.43	6.19
0.08	0.26	0.52	0.62	0.81	1.74	1.76	1.81	1.74
1.09	0.56	1.35	1.66	1.96	2.15	2.87	4.55	6.24
	0.09	0.24	0.32	0.47	0.87	1.44	1.82	1.75
	0.03	0.07	0.04	0.09	0.17	0.22	0.21	0.23
	0.11	0.34	0.30	0.44	0.35	0.39	0.50	0.70
	0.04	0.44	0.36	0.55	0.68	0.77	1.08	1.52
0.29	0.55	1.06	1.49	2.27	4.14	5.66	5.96	9.32
0.08	0.19	0.52	0.77	0.84	0.98	1.59	2.13	2.33
		0.11	0.43	0.25	1.65	2.20	2.92	2.86
13.24	17.76	26.72	44.00	68.33	98.89	137.14	142.08	137.99
88.73	142.30	176.84	191.90	257.41	275.34	305.42	320.28	259.18
0.59	0.97	2.35	2.92	3.70	5.01	6.04	6.75	7.25
0.07	0.29	0.29	0.44	0.51	2.20	2.62	3.10	3.07
0.10	0.89	2.05	2.60	3.28	3.82	5.08	6.12	7.66
2.46	23.81	44.62	45.49	63.76	68.72	80.30	92.90	84.03
1.68	9.76	18.81	21.43	28.56	33.12	38.20	43.56	44.05
0.49	3.87	6.73	9.06	13.94	26.05	34.32	42.65	42.52
0.59	0.69	2.47	3.63	4.87	7.32	11.86	14.32	16.25
0.20	1.81	6.06	8.89	10.97	7.26	9.22	9.44	10.93
1.29	3.09	4.67	6.95	7.24	6.55	8.49	10.13	7.57
1.68	4.98	12.18	12.97	18.55	14.01	18.46	22.28	19.26
					10.73	10.91	12.35	12.55
0.79	1.23	3.03	4.63	5.42	5.97	7.56	6.30	4.90
3.35	4.77	4.88	6.27	6.44	6.88	6.96	7.99	7.88
0.02	0.08	0.36	0.54	0.51	0.54	0.65	0.68	0.78
1.69	0.04	0.06	0.34	0.63	0.67	0.91	1.98	2.63
			0.01	0.10	0.20	0.38	0.65	0.99
					0.57	0.56	0.60	0.68
8.14	**24.73**	**133.82**	**189.48**	**229.41**	**234.52**	**257.24**	**272.63**	**352.70**
6.44	17.49	127.91	180.81	215.58	225.02	244.47	262.60	343.66
1.68	7.18	5.79	8.49	13.64	9.32	12.57	9.76	8.79
0.02	0.06	0.12	0.19	0.18	0.18	0.20	0.27	0.26
0.82	**1.49**	**0.97**	**1.16**	**1.28**	**1.26**	**1.98**	**1.88**	**2.16**
8.81	**38.01**	**91.07**	**106.70**	**138.35**	**154.51**	**175.78**	**214.42**	**237.62**
3.44	**10.79**	**23.96**	**27.24**	**33.64**	**38.69**	**39.31**	**46.63**	**51.29**
0.64	**9.12**	**23.64**	**26.00**	**27.14**	**32.88**	**35.61**	**41.31**	**45.44**
32.32	**79.43**	**177.67**	**226.90**	**264.38**	**288.27**	**322.93**	**342.58**	**359.81**

a) Include the data of LNG since 2010.

4-13 分行业电力消费总量

单位：亿千瓦小时

行　业	Sector	1995
消 费 总 量	**Total Consumption**	**10023.40**
农、林、牧、渔业	**Agriculture, Forestry, Animal Husbandry and Fishery**	**582.42**
工业	**Industry**	**7659.81**
采掘业	**Mining and Quarrying**	**837.66**
煤炭开采和洗选业	Mining and Washing of Coal	392.38
石油和天然气开采业	Extraction of Petroleum and Natural Gas	258.85
黑色金属矿采选业	Mining and Processing of Ferrous Metal Ores	34.28
有色金属矿采选业	Mining and Processing of Non-Ferrous Metal Ores	83.00
非金属矿采选业	Mining and Processing of Nonmetal Ores	52.76
开采辅助活动	Support Activities for Mining	
其他采矿业	Mining of Other Ores	16.39
制造业	**Manufacturing**	**5156.10**
农副食品加工业	Processing of Food from Agricultural Products	181.00
食品制造业	Manufacture of Foods	72.15
酒、饮料和精制茶制造业	Manufacture of Liquor, Beverages and Refined Tea	52.62
烟草制品业	Manufacture of Tobacco	17.16
纺织业	Manufacture of Textile	335.22
纺织服装、服饰业	Manufacture of Textile, Wearing Apparel and Accessories	41.22
皮革、毛皮、羽毛及其制品和制鞋业	Manufacture of Leather, Fur, Feather and Related Products and Footwear	42.88
木材加工和木、竹、藤、棕、草制品业	Processing of Timber,Manufacture of Wood,Bamboo,Rattan,Palm, and Straw Products	25.88
家具制造业	Manufacture of Furniture	13.16
造纸和纸制品业	Manufacture of Paper and Paper Products	169.06
印刷和记录媒介复制业	Printing and Reproduction of Recording Media	31.19
文教、工美、体育和娱乐用品制造业	Manufacture of Articles for Culture, Education, Arts and Crafts, Sport and Entertainment Activities	7.09
石油加工、炼焦和核燃料加工业	Processing of Petroleum, Coking and Processing of Nuclear Fuel	156.06
化学原料和化学制品制造业	Manufacture of Raw Chemical Materials and Chemical Products	1028.05
医药制造业	Manufacture of Medicines	107.46
化学纤维制造业	Manufacture of Chemical Fibers	92.78
橡胶和塑料制品业	Manufacture of Rubber and Plastics Products	125.16
非金属矿物制品业	Manufacture of Non-metallic Mineral Products	599.61
黑色金属冶炼和压延加工业	Smelting and Pressing of Ferrous Metals	905.36
有色金属冶炼和压延加工业	Smelting and Pressing of Non-ferrous Metals	425.61
金属制品业	Manufacture of Metal Products	113.51
通用设备制造业	Manufacture of General Purpose Machinery	136.30
专用设备制造业	Manufacture of Special Purpose Machinery	97.67
汽车制造业	Manufacture of Automobiles	154.63
铁路、船舶、航空航天和其他运输设备制造业	Manufacture of Railway, Ship, Aerospace and Other Transport Equipments	
电气机械和器材制造业	Manufacture of Electrical Machinery and Apparatus	64.96
计算机、通信和其他电子设备制造业	Manufacture of Computers, Communication and Other Electronic Equipment	38.64
仪器仪表制造业	Manufacture of Measuring Instruments and Machinery	17.12
其他制造业	Other Manufacture	104.55
废弃资源综合利用业	Utilization of Waste Resources	
金属制品、机械和设备修理业	Repair Service of Metal Products, Machinery and Equipment	
电力、煤气及水生产和供应业	**Electric Power, Gas and Water Production and Supply**	**1666.05**
电力、热力生产和供应业	Production and Supply of Electric Power and Heat Power	1539.76
燃气生产和供应业	Production and Supply of Gas	10.83
水的生产和供应业	Production and Supply of Water	115.46
建筑业	**Construction**	**159.62**
交通运输、仓储和邮政业	**Transport, Storage and Post**	**182.30**
批发、零售业和住宿、餐饮业	**Wholesale, Retail Trade and Hotel ,Restaurants**	**199.47**
其他行业	**Others**	**234.20**
生活消费	**Residential Consumption**	**1005.58**

Consumption of Electricity and Its Main Varieties by Sector

(100 million kW • h)

2000	2005	2009	2010	2011	2012	2013	2014	2015
13472.38	**24940.32**	**37032.14**	**41934.49**	**47000.88**	**49762.64**	**54203.41**	**56383.69**	**58019.97**
532.96	**776.33**	**939.90**	**976.49**	**1012.90**	**1012.57**	**1026.87**	**1013.39**	**1039.83**
10004.62	**18521.69**	**26854.49**	**30871.77**	**34691.55**	**36232.21**	**39236.88**	**40802.71**	**41549.99**
993.71	**1480.34**	**1761.77**	**1940.39**	**2245.23**	**2391.90**	**2573.16**	**2594.81**	**2377.66**
417.16	589.53	691.13	751.67	818.57	879.14	955.77	939.66	883.79
321.64	385.35	333.34	347.90	374.81	396.81	414.36	431.98	459.26
63.46	205.63	289.73	361.33	436.58	438.42	469.69	468.79	344.82
80.79	157.66	215.72	258.71	311.97	327.82	351.56	351.79	325.26
84.83	114.14	155.26	155.26	214.27	224.23	240.79	241.50	225.74
					28.56	24.60	27.96	25.72
25.84	28.04	76.59	65.52	89.03	96.92	116.39	133.13	113.08
6731.44	**13126.01**	**19685.98**	**22870.00**	**25526.84**	**26822.46**	**28987.01**	**30390.97**	**31178.09**
161.24	253.35	389.32	424.36	471.04	526.15	574.03	611.92	641.29
98.83	114.81	166.54	184.69	198.18	220.97	230.47	230.47	239.46
58.98	76.55	117.03	132.34	145.57	155.76	167.60	159.89	162.13
32.85	35.86	41.70	45.88	51.84	51.22	53.73	52.44	52.75
370.42	823.57	1147.50	1276.74	1378.82	1448.70	1532.86	1541.18	1561.63
49.07	87.60	132.54	151.58	163.70	198.42	214.23	213.03	216.93
27.12	54.85	78.45	89.72	88.37	151.03	151.81	151.43	158.23
32.24	105.57	191.53	212.21	236.15	264.08	268.93	264.40	254.36
12.48	24.28	35.59	44.49	45.83	45.83	49.55	88.90	92.78
237.41	407.73	482.73	535.44	580.38	579.00	599.23	632.26	634.92
31.21	60.71	83.01	95.45	102.50	107.12	110.38	111.34	111.98
20.81	42.54	48.09	48.09	61.79	64.11	69.12	72.89	73.11
245.60	313.49	475.07	565.34	607.06	594.92	677.49	718.82	779.92
1153.74	2129.77	2907.12	3144.93	3528.32	3936.15	4341.38	4627.78	4754.04
88.36	153.21	188.99	222.58	240.88	257.25	283.06	302.33	315.19
194.79	233.20	269.93	298.86	322.36	329.53	349.66	351.62	362.05
219.56	531.71	740.57	862.99	891.32	1024.57	1098.91	1170.61	1174.69
763.74	1419.51	2126.16	2448.48	2917.93	2951.26	3148.49	3324.42	3105.42
1121.08	2550.47	4020.52	4611.61	5248.27	5220.52	5704.23	5795.60	5332.61
697.58	1473.10	2576.15	3129.09	3501.80	3819.08	4113.91	4399.37	5505.47
196.30	507.25	744.40	960.72	959.48	1037.58	1213.22	1302.60	1264.19
160.77	344.77	502.04	621.03	714.18	699.90	746.09	791.90	774.40
94.49	182.90	256.94	317.83	361.84	388.42	409.24	442.83	430.99
203.42	300.72	565.40	790.29	861.41	586.63	673.68	731.32	769.06
					232.15	211.15	180.54	182.75
90.68	245.80	423.49	508.19	584.42	613.64	650.46	684.60	706.17
125.88	327.89	558.96	670.76	737.83	765.87	808.76	870.71	938.62
25.37	42.52	68.54	85.83	83.70	81.14	83.41	84.71	87.40
217.42	275.62	335.49	376.40	424.25	437.98	416.24	440.69	455.89
	6.66	12.15	14.10	17.62	20.27	23.51	29.76	29.88
					13.23	12.20	10.61	9.79
2279.47	**3915.34**	**5406.74**	**6061.38**	**6919.48**	**7017.84**	**7676.71**	**7816.93**	**7994.23**
2094.11	3698.28	5079.98	5687.51	6512.12	6566.61	7183.50	7290.67	7434.60
34.41	29.86	70.23	82.87	90.21	108.90	131.24	138.79	148.37
150.94	187.20	256.53	291.00	317.15	342.33	361.97	387.47	411.26
159.77	**233.93**	**421.90**	**483.24**	**571.82**	**608.40**	**675.07**	**721.67**	**698.67**
281.20	**430.34**	**617.01**	**734.53**	**848.42**	**915.37**	**1000.92**	**1059.24**	**1125.61**
418.68	**752.31**	**1136.77**	**1292.00**	**1503.08**	**1691.49**	**1876.89**	**1995.60**	**2122.04**
623.20	**1340.91**	**2189.92**	**2451.83**	**2753.05**	**3083.64**	**3397.62**	**3614.98**	**3918.63**
1451.95	**2884.81**	**4872.16**	**5124.63**	**5620.06**	**6218.96**	**6989.16**	**7176.10**	**7565.21**

4-14 分地区分品种能源消费量-2015

地 区	Region	能源合计 (万吨标煤) Total Energy Consumption (10^4 tce)	煤炭 (万吨) Coal (10^4 tons)	焦炭 (万吨) Coke (10^4 tons)	石油 (万吨) Petroleum (10^4 tons)	原油 (万吨) Crude Oil (10^4 tons)
北 京	Beijing	6853	1165.18	0.44	1583.81	991.54
天 津	Tianjin	8260	4538.83	904.69	1731.72	1616.72
河 北	Hebei	29395	28943.13	7726.45	1631.63	1666.82
山 西	Shanxi	19384	37115.10	2083.45	774.94	
内蒙古	Inner Mongolia	18927	36499.76	1532.74	869.24	383.67
辽 宁	Liaoning	21667	17336.36	3187.56	4470.36	6439.87
吉 林	Jilin	8142	9805.31	532.82	949.56	960.34
黑龙江	Heilongjiang	12126	13432.85	185.68	2032.23	2123.90
上 海	Shanghai	11387	4728.13	630.75	3460.19	2526.11
江 苏	Jiangsu	30235	27209.12	3588.61	3087.80	3823.20
浙 江	Zhejiang	19610	13826.07	427.59	2970.21	2846.84
安 徽	Anhui	12332	15671.32	1164.77	1405.42	690.59
福 建	Fujian	12180	7659.94	625.60	2111.97	2164.85
江 西	Jiangxi	8440	7698.24	891.70	1017.97	555.96
山 东	Shandong	37945	40926.94	3703.55	4042.32	8607.02
河 南	Henan	23161	23719.94	2843.52	2100.77	847.26
湖 北	Hubei	16404	11765.91	1030.01	2551.16	1299.01
湖 南	Hunan	15469	11142.26	1145.05	1734.45	878.46
广 东	Guangdong	30145	16587.32	543.02	5619.24	4899.60
广 西	Guangxi	9761	6046.71	1000.12	1227.60	1428.77
海 南	Hainan	1938	1071.92		453.06	1116.11
重 庆	Chongqing	8934	6047.19	269.91	793.06	
四 川	Sichuan	19888	9288.90	1853.31	3029.06	989.56
贵 州	Guizhou	9948	12833.49	310.42	842.40	0.02
云 南	Yunnan	10357	7712.85	879.33	1108.29	0.03
西 藏	Xizang					
陕 西	Shaanxi	11716	18373.61	970.06	1114.31	2101.10
甘 肃	Gansu	7523	6557.06	614.92	887.47	1446.50
青 海	Qinghai	4134	1508.12	249.21	261.43	154.33
宁 夏	Ningxia	5405	8907.37	488.53	210.11	477.12
新 疆	Xinjiang	15651	17359.28	748.59	1422.81	2489.49

注：西藏自治区数据暂缺。

Energy Consumption by Region-2015

汽油 (万吨) Gasoline (10⁴ tons)	煤油 (万吨) Kerosene (10⁴ tons)	柴油 (万吨) Diesel Oil (10⁴ tons)	燃料油 (万吨) Fuel Oil (10⁴ tons)	液化石油气 (万吨) LPG (10⁴ tons)	天然气 (亿立方米) Natural Gas (10⁸ cu.m)	电力 (亿千瓦小时) Electricity (10⁸ kW•h)
462.75	544.38	182.35	4.91	51.15	146.88	951.25
263.73	65.78	353.43	94.14	53.58	63.98	851.13
475.32	8.24	749.18	51.73	89.92	72.97	3175.66
208.48	26.51	517.22	0.61	12.17	64.92	1737.21
305.76	32.60	475.13	10.60	11.14	39.15	2542.86
742.72	29.97	1109.26	311.24	198.06	55.35	1984.89
178.01	1.90	347.19	30.89	46.82	21.34	651.96
342.07	68.46	510.02	114.69	142.35	35.82	868.98
607.69	511.45	561.87	540.23	136.17	77.41	1405.56
1003.89	84.85	819.38	143.73	106.66	165.02	5114.70
754.05	113.52	968.37	326.26	358.92	80.35	3553.90
456.60	13.94	611.80	13.44	96.84	34.83	1639.79
465.09	111.81	445.30	174.86	63.75	45.38	1878.87
284.00	2.12	537.51	17.59	60.52	18.02	1087.25
726.02	98.50	1335.26	3247.01	259.36	82.32	5182.19
676.63	68.16	835.30	70.66	128.37	78.77	3247.96
699.92	69.87	859.02	148.75	153.26	40.26	1862.32
514.65	51.76	686.59	92.80	93.07	26.51	1532.77
1229.09	275.02	1587.87	403.47	736.06	145.16	5310.69
290.89	56.36	573.34	24.10	116.32	8.37	1334.32
92.77	85.69	116.82	42.09	60.00	46.00	272.36
199.98	66.63	491.21	13.90	20.18	88.37	875.37
894.98	278.18	814.78	135.68	72.14	170.98	2013.42
293.99	31.50	453.96	0.42	14.09	13.32	1174.21
312.95	90.39	582.87	2.51	40.81	6.34	1438.61
249.51	34.48	465.71	25.51	22.82	82.69	1221.73
158.20	5.86	335.60	4.97	9.19	26.04	1098.72
44.96	0.01	114.53	0.03	9.12	44.38	658.00
36.08	0.02	122.75	50.83	17.13	20.65	878.33
254.50	27.98	637.14	1.76	39.98	145.84	2190.68

a) Data of Tibet is unavailable yet.

五、全国能源平衡表

Chapter 5 Energy Balance Table of China

5-1 中国能源平衡表(实物量) -2015

项 目	Item	煤合计 (万吨) Coal Total (10^4 tons)	原煤 (万吨) Raw Coal (10^4 tons)
一.可供本地区消费的能源量	**Total Primary Energy Supply**	**397073.75**	**396371.63**
1.一次能源生产量	Indigenous Production	374654.16	374654.16
水电	Hydro Power		
核电	Nuclear Power		
风电	Wind Power		
2.进口量	Import	20406.48	20401.30
3.境内轮船和飞机在境外的加油量	Domestic Airplanes&Ships Refueling in Abroad		
4.出口量(-)	Export (-)	533.80	519.73
5.境外轮船和飞机在境内的加油量(-)	Oversea Airplanes&Ships Refueling in China (-)		
6.库存增(-)、减(+)量	Stock Change	2546.91	1835.90
二.加工转换投入(-)产出(+)量	**Input(-) & Output(+) of Transformation**	**-284818.72**	**-302290.15**
1.火力发电	Thermal Power	-179318.38	-176643.54
2.供热	Heating Supply	-24095.38	-23370.24
3.洗选煤	Coal Washing	-18337.66	-93395.97
4.炼焦	Coking	-60643.56	-6891.22
5.炼油及煤制油	Petroleum Refineries	-679.03	-518.32
#油品再投入量(-)	Petroleum Products Input (-)		
6.制气	Gas Works	-1270.45	-1132.67
#焦炭再投入量(-)	Coke Input (-)		
7.天然气液化	Natural Gas Liquefaction		
8.煤制品加工	Briquettes	-474.26	-338.19
9.回收能	Recovery of Energy		
三.损失量	**Loss**		
四.终端消费量	**Total Final Consumption**	**112195.35**	**94027.49**
1.农、林、牧、渔业	Agriculture, Forestry, Animal Husbandry and Fishery	2625.00	2581.03
2.工业	Industry	90831.25	74393.53
#用作原料、材料	Non-Energy Use	9451.26	8354.15
3.建筑业	Construction	878.06	851.29
4.交通运输、仓储和邮政业	Transport, Storage and Post	491.60	460.97
5.批发、零售业和住宿、餐饮业	Wholesale, Retail Trade and Hotel, Restaurants	3863.65	3767.18
6.其他	Others	4158.66	4043.84
7.生活消费	Residential Consumption	9347.13	7929.65
城镇	Urban	1361.50	990.12
乡村	Rural	7985.63	6939.53
五.平衡差额	**Statistical Difference**	**59.68**	**53.99**
六.消费量合计	**Total Energy Consumption**	**397014.07**	**396317.64**

Energy Balance of China (Physical Quantity) -2015

洗精煤 (万吨) Cleaned Coal (10^4 tons)	其他洗煤 (万吨) Other Washed Coal (10^4 tons)	型煤 (万吨) Briquettes (10^4 tons)	煤矸石 (万吨) Gangue (10^4 tons)	焦炭 (万吨) Coke (10^4 tons)	焦炉煤气 (亿立方米) Coke Oven Gas (10^8 cu.m)	高炉煤气 (亿立方米) Blast Furnace Gas (10^8 cu.m)	转炉煤气 (亿立方米) Converter Gas (10^8 cu.m)	其他煤气 (亿立方米) Other Gas (10^8 cu.m)
614.85	**99.26**	**-11.99**		**-803.63**				
		5.18		0.38				
		14.07		964.82				
614.85	99.26	-3.10		160.81				
5261.27	**10284.23**	**1925.93**	**-11.50**	**44538.75**	**590.74**	**5520.91**	**360.31**	**153.19**
-31.82	-2643.02		-2709.60	-5.92	-169.63	-1465.75	-113.46	-2.80
-56.03	-669.11		-725.34	-276.03	-60.85	-620.23	-45.40	-0.51
59304.68	15753.63		3423.44					
-53674.91	-77.43			44633.92	817.32			
-149.89	-10.82							
-130.76	-7.02			188.62	3.90			156.50
				-1.84				
	-2062.00	1925.93						
						7606.89	519.17	
5854.30	**10408.35**	**1905.21**		**43774.95**	**588.51**	**5522.55**	**356.90**	**153.09**
	43.97			49.49				
5837.17	9281.06	1319.49		43639.19	566.70	5522.55	356.90	86.29
663.69	433.43			1745.83	14.53			
8.09	18.68			6.68				
9.04	21.59			3.02				
	62.08	34.39		40.06	0.91			6.14
	102.25	12.57		5.35	1.18			
	878.72	538.77		31.16	19.72			60.66
	203.44	167.94		9.17	19.72			60.46
	675.28	370.82		21.99				0.20
21.82	**-24.86**	**8.73**	**-11.50**	**-39.83**	**2.23**	**-1.64**	**3.41**	**0.10**
59897.71	**15877.75**	**1905.21**	**3434.94**	**44058.74**	**818.99**	**7608.53**	**515.76**	**156.40**

5-1 续表 1

项　目	Item	其他焦化产品(万吨) Other Coking Products (10^4 tons)	油品合计(万吨) Petroleum Products Total (10^4 tons)
一.可供本地区消费的能源量	**Total Primary Energy Supply**		**55188.00**
1.一次能源生产量	Indigenous Production		21455.58
水电	Hydro Power		
核电	Nuclear Power		
风电	Wind Power		
2.进口量	Import		38824.29
3.境内轮船和飞机在境外的加油量	Domestic Airplanes&Ships Refueling in Abroad		924.33
4.出口量(-)	Export (-)		4373.46
5.境外轮船和飞机在境内的加油量(-)	Oversea Airplanes&Ships Refueling in China (-)		754.69
6.库存增(-)、减(+)量	Stock Change		-888.05
二.加工转换投入(-)产出(+)量	**Input(-) & Output(+) of Transformation**	**1074.33**	**-2626.94**
1.火力发电	Thermal Power		-265.54
2.供热	Heating Supply		-493.21
3.洗选煤	Coal Washing		
4.炼焦	Coking	1183.11	
5.炼油及煤制油	Petroleum Refineries	-121.43	7133.09
#油品再投入量(-)	Petroleum Products Input (-)		-9001.28
6.制气	Gas Works	21.87	
#焦炭再投入量(-)	Coke Input (-)	-9.22	
7.天然气液化	Natural Gas Liquefaction		
8.煤制品加工	Briquettes		
9.回收能	Recovery of Energy		
三.损失量	**Loss**		**87.56**
四.终端消费量	**Total Final Consumption**	**1077.23**	**52445.68**
1.农、林、牧、渔业	Agriculture, Forestry, Animal Husbandry and Fishery		1733.41
2.工业	Industry	1077.23	16229.74
#用作原料、材料	Non-Energy Use	392.67	8254.95
3.建筑业	Construction		3507.50
4.交通运输、仓储和邮政业	Transport, Storage and Post		20513.75
5.批发、零售业和住宿、餐饮业	Wholesale, Retail Trade and Hotel, Restaurants		615.70
6.其他	Others		3683.34
7.生活消费	Residential Consumption		6162.25
城镇	Urban		4305.58
乡村	Rural		1856.67
五.平衡差额	**Statistical Difference**	**-2.90**	**27.82**
六.消费量合计	**Total Energy Consumption**	**1207.88**	**55160.18**

Continued 1

原油 (万吨) Crude Oil (10^4 tons)	汽油 (万吨) Gasoline (10^4 tons)	煤油 (万吨) Kerosene (10^4 tons)	柴油 (万吨) Diesel Oil (10^4 tons)	燃料油 (万吨) Fuel Oil (10^4 tons)	石脑油 (万吨) Naphtha (10^4 tons)	润滑油 (万吨) Lubricants (10^4 tons)	石蜡 (万吨) Paraffin Waxes (10^4 tons)	溶剂油 (万吨) White Spirit (10^4 tons)
54093.50	**-718.52**	**-926.01**	**-654.27**	**669.77**	**632.72**	**20.72**	**-53.86**	**-7.06**
21455.58								
33548.28	17.03	348.45	42.80	1540.40	664.72	32.56	8.49	2.21
		367.93	28.65	527.75				
286.56	589.29	1237.33	716.25	1051.69		11.84	62.35	0.42
		389.29	15.00	350.40				
-623.80	-146.26	-15.77	5.53	3.71	-32.00			-8.85
-53218.37	**12103.01**	**3658.62**	**17928.02**	**1424.73**	**3934.63**	**113.58**	**161.33**	**147.26**
-12.46	-0.17		-22.36	-31.52				
-6.69	-0.07		-6.22	-165.13				
-53199.22	12103.56	3658.62	18007.89	3963.01	4585.04	117.17	161.35	147.26
	-0.31		-51.29	-2341.63	-650.41	-3.59	-0.02	
87.22								
782.69	**11367.91**	**2663.71**	**17280.44**	**2123.73**	**4573.66**	**133.80**	**108.20**	**142.00**
	231.33	1.10	1492.88	0.94				
782.69	476.53	21.16	1436.50	594.75	4573.66	133.80	108.20	142.00
135.66	9.33	1.94	27.50	131.74	4249.48	116.67	105.54	136.46
	408.57	12.50	555.71	53.51				
	5306.59	2504.88	11162.80	1439.49				
	243.29	11.68	257.74	18.95				
	2108.47	83.27	1384.15	16.08				
	2593.11	29.13	990.66					
	1804.08	3.74	549.70					
	789.03	25.39	440.96					
5.22	**16.58**	**68.90**	**-6.69**	**-29.23**	**-6.31**	**0.50**	**-0.73**	**-1.80**
54088.28	**11368.46**	**2663.71**	**17360.31**	**4662.01**	**5224.07**	**137.39**	**108.22**	**142.00**

5-1 续表 2

项 目	Item	石油沥青（万吨）Bitumen Asphalt (10^4 tons)	石油焦（万吨）Petroleum Coke (10^4 tons)
一.可供本地区消费的能源量	**Total Primary Energy Supply**	**441.89**	**361.84**
1.一次能源生产量	Indigenous Production		
水电	Hydro Power		
核电	Nuclear Power		
风电	Wind Power		
2.进口量	Import	470.59	588.76
3.境内轮船和飞机在境外的加油量	Domestic Airplanes&Ships Refueling in Abroad		
4.出口量(-)	Export (-)	28.70	241.92
5.境外轮船和飞机在境内的加油量(-)	Oversea Airplanes&Ships Refueling in China (-)		
6.库存增(-)、减(+)量	Stock Change		15.00
二.加工转换投入(-)产出(+)量	**Input(-) & Output(+) of Transformation**	**2007.80**	**1613.62**
1.火力发电	Thermal Power		-136.27
2.供热	Heating Supply		-150.51
3.洗选煤	Coal Washing		
4.炼焦	Coking		
5.炼油及煤制油	Petroleum Refineries	2016.52	1900.40
#油品再投入量(-)	Petroleum Products Input (-)	-8.72	
6.制气	Gas Works		
#焦炭再投入量(-)	Coke Input (-)		
7.天然气液化	Natural Gas Liquefaction		
8.煤制品加工	Briquettes		
9.回收能	Recovery of Energy		
三.损失量	**Loss**		
四.终端消费量	**Total Final Consumption**	**2451.09**	**1975.82**
1.农、林、牧、渔业	Agriculture, Forestry, Animal Husbandry and Fishery		
2.工业	Industry	68.79	1975.82
#用作原料、材料	Non-Energy Use	39.58	1351.11
3.建筑业	Construction	2382.30	
4.交通运输、仓储和邮政业	Transport, Storage and Post		
5.批发、零售业和住宿、餐饮业	Wholesale, Retail Trade and Hotel, Restaurants		
6.其他	Others		
7.生活消费	Residential Consumption		
城镇	Urban		
乡村	Rural		
五.平衡差额	**Statistical Difference**	**-1.40**	**-0.36**
六.消费量合计	**Total Energy Consumption**	**2459.81**	**2262.60**

Continued 2

液化石油气 (万吨) LPG (10^4 tons)	炼厂干气 (万吨) Refinery Gas (10^4 tons)	其他石油制品 (万吨) Other Petroleum Products (10^4 tons)	天然气 (亿立方米) Natural Gas (10^8 cu.m)	液化天然气 (万吨) LNG (10^4 tons)	热力 (万百万千焦) Heat (10^{10} kJ)	电力 (亿千瓦小时) Electricity (10^8 kW•h)	其他能源 (万吨标煤) Other Energy (10^4 tce)
1073.80		**253.48**	**1654.29**	**1961.87**		**15179.41**	**5751.10**
			1346.10			15303.85	5751.10
						11302.70	
						1707.89	
						1857.66	
1243.95		316.05	340.64	1961.87		62.10	
144.15		2.96	32.45			186.54	
-26.00		-59.61					
2552.12	**1570.69**	**3376.02**	**-430.66**	**345.57**	**401604.52**	**42841.88**	**-223.42**
	-50.42	-12.34	-291.59	-163.12	-59452.63	42841.88	-1058.97
-3.27	-131.71	-29.61	-61.70	-9.84	399029.66		-310.67
2934.42	1853.65	8883.42	-3.75				-38.86
-379.03	-100.83	-5465.45					
			3.24				
			-76.86	518.53			
					62027.49		1185.08
0.34			**20.38**	**13.00**	**4875.29**	**2987.86**	
3578.56	**1576.01**	**3688.06**	**1209.66**	**2296.70**	**396778.72**	**55032.12**	**5526.78**
7.16			0.95		106.70	1039.83	492.73
731.57	1576.01	3608.26	559.36	2040.00	280611.96	38562.13	1231.53
233.99	34.20	1681.75	96.94	182.17			
15.10		79.80	2.16		903.67	698.67	35.65
99.98			190.65	256.70	2809.72	1125.61	1171.85
84.04			51.29		6113.91	2122.04	92.52
91.36			45.44		12391.77	3918.63	298.37
2549.35			359.81		93840.97	7565.21	2204.13
1948.06			358.38		93840.97	4103.94	249.53
601.29			1.43			3461.27	1954.60
47.02	**-5.32**	**-58.56**	**-6.41**	**-2.26**	**-49.49**	**1.31**	**0.90**
3961.20	**1858.97**	**9195.46**	**1589.14**	**2482.66**	**461106.64**	**58019.98**	**6935.28**

5-2 中国能源平衡表(标准量) -2015

单位：万吨标准煤

项　目	Item	能源合计（发电煤耗计算法）(coal equivalent calculation)	Energy Total（电热当量计算法）(calorific value calculation)
一.可供本地区消费的能源量	**Total Primary Energy Supply**	**429960.16**	**402217.03**
1.一次能源生产量	Indigenous Production	361475.51	333504.95
水电	Hydro Power	34548.76	13891.02
核电	Nuclear Power	5220.48	2099.00
风电	Wind Power	5678.28	2283.06
2.进口量	Import	76114.18	76000.68
3.境内轮船和飞机在境外的加油量	Domestic Airplanes&Ships Refueling in Abroad	1337.06	1337.06
4.出口量(-)	Export (-)	8688.77	8347.84
5.境外轮船和飞机在境内的加油量(-)	Oversea Airplanes&Ships Refueling in China (-)	1095.24	1095.24
6.库存增(-)、减(+)量	Stock Change	817.41	817.41
二.加工转换投入(-)产出(+)量	**Input(-) & Output(+) of Transformation**	**-2698.85**	**-81000.17**
1.火力发电	Thermal Power		-78301.32
2.供热	Heating Supply	-5291.00	-5291.00
3.洗选煤	Coal Washing	-4996.49	-4996.49
4.炼焦	Coking	-4098.80	-4098.80
5.炼油及煤制油	Petroleum Refineries	10259.45	10259.45
#油品再投入量(-)	Petroleum Products Input (-)	-12489.85	-12489.85
6.制气	Gas Works	-318.65	-318.65
#焦炭再投入量(-)	Coke Input (-)	-12.43	-12.43
7.天然气液化	Natural Gas Liquefaction	-88.02	-88.02
8.煤制品加工	Briquettes	-154.77	-154.77
9.回收能	Recovery of Energy	14491.71	14491.71
三.损失量	**Loss**	**9712.15**	**4251.30**
四.终端消费量	**Total Final Consumption**	**417494.08**	**316912.88**
1.农、林、牧、渔业	Agriculture, Forestry, Animal Husbandry and Fishery	8231.66	6331.18
2.工业	Industry	280205.66	209726.35
#用作原料、材料	Non-Energy Use	22100.70	22100.70
3.建筑业	Construction	7696.41	6419.47
4.交通运输、仓储和邮政业	Transport, Storage and Post	37976.93	35919.67
5.批发、零售业和住宿、餐饮业	Wholesale, Retail Trade and Hotel, Restaurants	11403.69	7525.28
6.其他	Others	21880.78	14718.77
7.生活消费	Residential Consumption	50098.96	36272.17
城镇	Urban	28668.14	21167.44
乡村	Rural	21430.83	15104.73
五.平衡差额	**Statistical Difference**	**55.07**	**52.68**
六.消费量合计	**Total Energy Consumption**	**429905.09**	**402164.35**

Energy Balance of China (Standard Quantity) -2015

(10 000 tce)

煤合计 Coal Total	原煤 Raw Coal	洗精煤 Cleaned Coal	其他洗煤 Other Washed Coal	型煤 Briquettes	煤矸石 Gangue	焦炭 Coke	焦炉煤气 Coke Oven Gas	高炉煤气 Blast Furnace Gas	转炉煤气 Converter Gas
274744.93	**274146.24**	**553.37**	**52.61**	**-7.28**		**-780.65**			
260794.67	260794.67								
12474.98	12471.83			3.15		0.37			
471.22	462.68			8.54		937.23			
1946.50	1342.41	553.37	52.61	-1.88		156.21			
-195909.46	**-207264.67**	**4735.14**	**5450.64**	**1169.43**	**66.17**	**43264.94**	**3375.49**	**7099.89**	**977.88**
-119741.17	-118311.73	-28.64	-1400.80		-541.92	-5.75	-969.27	-1884.95	-307.93
-15420.58	-15015.53	-50.43	-354.63		-145.07	-268.14	-347.70	-797.62	-123.22
-5749.65	-67473.28	53374.21	8349.42		753.16				
-53491.67	-5143.21	-48307.42	-41.04			43357.39	4670.17		
-480.58	-339.95	-134.90	-5.73						
-871.03	-749.62	-117.68	-3.7206			183.23	22.28		
						-1.79			
-154.77	-231.34		-1092.86	1169.43					
								9782.46	1409.03
78801.98	**66859.84**	**5268.87**	**5516.42**	**1156.85**		**42522.99**	**3362.75**	**7102.00**	**968.63**
1965.56	1942.26		23.31			48.07			
62686.28	51712.67	5253.45	4918.96	801.19		42391.11	3238.12	7102.00	968.63
6804.08	5977.05	597.32	229.72			1695.90	83.02		
701.15	683.97	7.28	9.90			6.49			
349.13	329.55	8.14	11.44			2.93			
2972.64	2918.86		32.90	20.88		38.91	5.21		
3157.79	3095.96		54.19	7.63		5.20	6.74		
6969.44	6176.58		465.72	327.14		30.27	112.68		
985.17	775.37		107.82	101.98		8.91	112.68		
5984.27	5401.21		357.90	225.16		21.36			
33.49	**21.73**	**19.64**	**-13.17**	**5.30**	**66.17**	**-38.69**	**12.74**	**-2.11**	**9.25**

5-2 续表 1

单位：万吨标准煤

项　目	Item	其他煤气 Gasoline	其他焦化产品 Other Coking Products
一.可供本地区消费的能源量	**Total Primary Energy Supply**		
1.一次能源生产量	Indigenous Production		
水电	Hydro Power		
核电	Nuclear Power		
风电	Wind Power		
2.进口量	Import		
3.境内轮船和飞机在境外的加油量	Domestic Airplanes&Ships Refueling in Abroad		
4.出口量(−)	Export (-)		
5.境外轮船和飞机在境内的加油量(−)	Oversea Airplanes&Ships Refueling in China (-)		
6.库存增(−)、减(+)量	Stock Change		
二.加工转换投入(−)产出(+)量	**Input(-) & Output(+) of Transformation**	**273.60**	**1239.78**
1.火力发电	Thermal Power	-5.00	
2.供热	Heating Supply	-0.91	
3.洗选煤	Coal Washing		
4.炼焦	Coking		1365.31
5.炼油及煤制油	Petroleum Refineries		-140.13
#油品再投入量(−)	Petroleum Products Input (-)		
6.制气	Gas Works	279.51	25.24
#焦炭再投入量(−)	Coke Input (-)		-10.64
7.天然气液化	Natural Gas Liquefaction		
8.煤制品加工	Briquettes		
9.回收能	Recovery of Energy		
三.损失量	**Loss**		
四.终端消费量	**Total Final Consumption**	**273.41**	**1243.12**
1.农、林、牧、渔业	Agriculture, Forestry, Animal Husbandry and Fishery		
2.工业	Industry	154.11	1243.12
#用作原料、材料	Non-Energy Use		453.14
3.建筑业	Construction		
4.交通运输、仓储和邮政业	Transport, Storage and Post		
5.批发、零售业和住宿、餐饮业	Wholesale, Retail Trade and Hotel, Restaurants	10.97	
6.其他	Others		
7.生活消费	Residential Consumption	108.33	
城镇	Urban	107.98	
乡村	Rural	0.36	
五.平衡差额	**Statistical Difference**	**0.19**	**-3.35**
六.消费量合计	**Total Energy Consumption**		

Continued 1

(10 000 tce)

油品合计 Petroleum Products Total	原油 Crude Oil	汽油 Gasoline	煤油 Kerosene	柴油 Diesel Oil	燃料油 Fuel Oil	石脑油 Naphtha	润滑油 Lubricants	石蜡 Paraffin Waxes
78892.98	**77277.97**	**-1057.23**	**-1362.53**	**-953.34**	**956.83**	**949.08**	**29.30**	**-73.51**
30651.44	30651.44							
55573.30	47927.07	25.06	512.71	62.36	2200.62	997.08	46.05	11.59
1337.06			541.37	41.75	753.94			
6288.28	409.38	867.08	1820.61	1043.65	1502.44		16.75	85.10
1095.24			572.80	21.86	500.58			
-1285.30	-891.16	-215.21	-23.20	8.06	5.30	-48.00		
-2521.08	**-76027.76**	**17808.37**	**5383.29**	**26122.92**	**2035.37**	**5901.95**	**160.64**	**220.18**
-334.39	-17.80	-0.25		-32.58	-45.03			
-664.62	-9.56	-0.10		-9.06	-235.90			
10967.77	-76000.41	17809.18	5383.29	26239.30	5661.56	6877.56	165.71	220.21
-12489.85		-0.46		-74.73	-3345.25	-975.615	-5.077337	-0.027296
125.19	**124.60**							
76185.23	**1118.15**	**16726.74**	**3919.39**	**25179.33**	**3033.96**	**6860.49**	**189.23**	**147.67**
2530.88		340.38	1.62	2175.27	1.34			
22893.36	1118.15	701.17	31.13	2093.12	849.66	6860.49	189.23	147.67
11484.26	193.80	13.73	2.85	40.07	188.20	6374.22	165.01	144.04
4758.57		601.18	18.39	809.72	76.45			
29986.98		7808.12	3685.68	16265.32	2056.46			
921.85		357.98	17.18	375.55	27.07			
5421.37		3102.41	122.52	2016.85	22.97			
9672.20		3815.51	42.86	1443.49				
6800.55		2654.53	5.50	800.96				
2871.66		1160.98	37.36	642.53				
61.48	**7.46**	**24.40**	**101.37**	**-9.75**	**-41.75**	**-9.46**	**0.71**	**-1.00**

5-2 续表 2

单位：万吨标准煤

项 目	Item	溶剂油 White spirit	石油沥青 Bitumen Asphalt
一.可供本地区消费的能源量	**Total Primary Energy Supply**	**-10.36**	**578.88**
1.一次能源生产量	Indigenous Production		
水电	Hydro Power		
核电	Nuclear Power		
风电	Wind Power		
2.进口量	Import	3.24	616.47
3.境内轮船和飞机在境外的加油量	Domestic Airplanes&Ships Refueling in Abroad		
4.出口量(−)	Export (-)	0.62	37.60
5.境外轮船和飞机在境内的加油量(−)	Oversea Airplanes&Ships Refueling in China (-)		
6.库存增(−)、减(+)量	Stock Change	-12.98	
二.加工转换投入(−)产出(+)量	**Input(-) & Output(+) of Transformation**	**216.06**	**2630.22**
1.火力发电	Thermal Power		
2.供热	Heating Supply		
3.洗选煤	Coal Washing		
4.炼焦	Coking		
5.炼油及煤制油	Petroleum Refineries	216.06	2641.64
#油品再投入量(−)	Petroleum Products Input (-)		-11.4232
6.制气	Gas Works		
#焦炭再投入量(−)	Coke Input (-)		
7.天然气液化	Natural Gas Liquefaction		
8.煤制品加工	Briquettes		
9.回收能	Recovery of Energy		
三.损失量	**Loss**		
四.终端消费量	**Total Final Consumption**	**208.34**	**3210.93**
1.农、林、牧、渔业	Agriculture, Forestry, Animal Husbandry and Fishery		
2.工业	Industry	208.34	90.12
#用作原料、材料	Non-Energy Use	200.21	51.85
3.建筑业	Construction		3120.81
4.交通运输、仓储和邮政业	Transport, Storage and Post		
5.批发、零售业和住宿、餐饮业	Wholesale, Retail Trade and Hotel, Restaurants		
6.其他	Others		
7.生活消费	Residential Consumption		
城镇	Urban		
乡村	Rural		
五.平衡差额	**Statistical Difference**	**-2.64**	**-1.83**
六.消费量合计	**Total Energy Consumption**		

Continued 2

(10 000 tce)

石油焦 Petroleum Coke	液化石油气 LPG	炼厂干气 Refinery Gas	其他石油制品 Other Petroleum Products	天然气 Natural Gas	液化天然气 LNG	热力 Heat	电力 Electricity	其他能源 Other Energy
379.93	**1840.82**		**337.13**	**21505.77**	**3447.40**		**18655.49**	**5751.10**
				17499.30			18808.43	5751.10
							13891.02	
							2099.00	
							2283.06	
618.20	2132.50		420.35	4428.32	3447.40		76.32	
254.02	247.12		3.94	421.85			229.26	
15.75	-44.57		-79.28					
1694.30	**4375.10**	**2468.18**	**4490.11**	**-5598.58**	**607.24**	**13694.71**	**52652.67**	**-223.42**
-143.08		-79.23	-16.41	-3790.67	-286.63	-2027.33	52652.67	-1058.97
-158.04	-5.61	-206.97	-39.38	-802.10	-17.29	13606.91		-310.67
1995.42	5030.48	2912.83	11814.95	-48.75				-38.86
	-649.77	-158.44	-7269.05					
				42.12				
				-999.18	911.16			
						2115.14		1185.08
	0.58			**264.94**	**22.84**	**166.25**	**3672.08**	
2074.61	**6134.72**	**2476.54**	**4905.12**	**15725.59**	**4035.77**	**13530.15**	**67634.48**	**5526.78**
	12.27			12.34		3.64	1277.95	492.73
2074.61	1254.13	2476.54	4798.99	7271.68	3584.69	9568.87	47392.86	1231.53
1418.67	401.13	53.74	2236.73	1260.18	320.11			
	25.89		106.13	28.12		30.82	858.67	35.65
	171.40			2478.51	451.08	95.81	1383.37	1171.85
	144.07			666.71		208.48	2607.99	92.52
	156.62			590.74		422.56	4816.00	298.37
	4370.35			4677.49		3199.98	9297.64	2204.13
	3339.56			4658.91		3199.98	5043.74	249.53
	1030.79			18.58			4253.90	1954.60
-0.38	**80.61**	**-8.36**	**-77.88**	**-83.34**	**-3.98**	**-1.69**	**1.61**	**0.90**

5-3 综合能源平衡表

单位：万吨标准煤

项　　目	Item	1980	1985	1990
可供消费的能源总量	**Total Energy Available for Consumption**	**61557**	**77603**	**96138**
一次能源生产量	Primary Energy Output	63735	85546	103922
回收能	Recovery of Energy			
进口量	Imports	261	340	1310
出口量(-)	Exports (-)	3058	5774	5875
年初年末库存差额	Stock Changes in the Year	619	-2509	-3219
能源消费总量	**Total Energy Consumption**	**60275**	**76682**	**98703**
在总量中:	Consumption by Sector			
1.农、林、牧、渔业	Agriculture, Forestry, Animal Husbandry and Fishery	4692	4045	4852
2.工业	Industry	38986	51068	67578
3.建筑业	Construction	957	1302	1213
4.交通运输、仓储和邮政业	Transport, Storage and Post	2902	3713	4541
5.批发、零售业和住宿、餐饮业	Wholesale, Retail Trade and Hotel, Restaurants	518	766	1247
6.其他	Others	1205	2470	3473
7.生活消费	Residential Consumption	11015	13318	15799
在总量中:	Consumption by Usage			
(一) 终端消费	(I) Final Consumption	57508	73586	94289
#工业	Industry	38293	48021	63239
(二) 加工转换损失量	(II) Losses in Processing and	1358	1491	2264
#炼焦	Coking	644	572	905
炼油	Petroleum Refining	113	110	326
(三) 回收能(-)	(III) Recovery of Energy(-)			
(四) 损失量	(IV) Other Losses	1409	1605	2150
平衡差额	**Balance**	**1282**	**921**	**-2565**

注：1.村办工业包括在工业中(下同)。
2.电力按等价热值折算，因此加工转换损失量中不包括发电损失量。
3.进口量包括境内轮船和飞机在境外的加油量；出口量包括境外轮船和飞机在境内的加油量。

Overall Energy Balance Sheet

(10 000 tce)

1995	2000	2005	2010	2011	2012	2013	2014	2015
129535	**144234**	**254619**	**365588**	**390394**	**407594**	**417415**	**426095**	**429960**
129034	138570	229037	312125	340178	351041	358784	361866	361476
2312	3087	7452	8958					
5456	14327	26823	57671	65437	68701	73420	77325	77451
6776	9327	11257	8803	8449	7374	8005	8271	9784
-491	-2424	2564	-4363	-6772	-4773	-6784	-4825	817
131176	**146964**	**261369**	**360648**	**387043**	**402138**	**416913**	**425806**	**429905**
5505	4233	6860	7266	7675	7804	8055	8094	8232
96191	103014	187914	261377	278048	284712	291130	295686	292276
1335	2207	3486	5533	6052	6337	7017	7520	7696
5863	11447	19136	27102	29694	32561	34819	36336	38318
2018	3251	5917	7847	9147	10012	10598	10873	11404
4519	6118	10484	15052	16843	18407	19763	20084	21881
15745	16695	27573	36470	39584	42306	45531	47212	50099
124252	140476	250877	337469	373296	386888	403814	413162	417494
89473	96871	177775	238652	264698	269900	278514	283420	280206
3634	2472	3882	14294	15412	16763	15994	17020	17191
	526	855	1595	1833	2179	2433	2731	4099
	781	1273	1960	1792	2153	1899	2115	2230
				10864	11239	13333	14578	14492
3289	4016	6610	8885	9199	9726	10439	10201	9712
-1641	**-2730**	**-6751**	**4940**	**3350**	**5456**	**502**	**289**	**55**

a) Data on industry include the data of village-run industry.(The same as in the following tables).

b) Electric power is converted on the basic of equal caloric value. Therefore, losses in processing and transformation exclude losses in power generation.

c) Data on imports include the petroleum consumed by the domestic airplanes and ships in refueling abroad. Data on exports include the petroleum consumed by the oversea airplanes and ships in refueling in China.

5-4 煤炭平衡表

单位: 万吨

项 目	Item	1980	1985	1990
可供量	**Total Energy Available for Consumption**	**62601**	**82777**	**102221**
生产量	Output	62015	87228	107988
进口量	Imports	199	231	200
出口量(-)	Exports (-)	632	777	1729
年初年末库存差额	Stock Changes in the Year	1019	-3906	-4239
消费量	**Total Energy Consumption**	**61010**	**81603**	**105523**
在消费量中:	Consumption by Sector			
1.农、林、牧、渔业	Agriculture, Forestry, Animal Husbandry and Fishery	1550	2209	2095
2.工业	Industry	43848	58613	81091
3.建筑业	Construction	556	532	438
4.交通运输、仓储和邮政业	Transport, Storage and Post	1934	2307	2161
5.批发、零售业和住宿、餐饮业	Wholesale, Retail Trade and Hotel, Restaurants	455	738	1058
6.其他	Others	1091	1580	1980
7.生活消费	Residential Consumption	11574	15624	16700
在消费量中:	Consumption by Usage			
(一) 终端消费	(I) Final Consumption	38804	52704	60206
#工业	Industry	21643	29715	35774
(二) 中间消费	(II) Intermediate Consumption			
(用于加工转换)	(Consumed in Transformation)	22205	28899	45317
#发电	Power Generation	12648	16441	27204
供热	Heating		1462	2996
炼焦	Coking	6682	7304	10698
炼油及煤制油	Petroleum Refineries			
制气	Gas Production	131	191	360
(三)洗选损耗	(III) Losses in Coal Washing and Dressing	2744	3501	4059
平衡差额	**Balance**	**1592**	**1174**	**-3302**

注：生产量为原煤产量。

Coal Balance Sheet

(10 000 tons)

1995	2000	2005	2010	2011	2012	2013	2014	2015
133462	**131895**	**235508**	**355578**	**393058**	**418654**	**425015**	**411834**	**397074**
136073	138418	236515	342845	376444	394513	397432	387392	374654
164	218	2622	18307	22236	28841	32702	29122	20406
2862	5506	7173	1911	1467	927	751	574	534
87	-1235	3545	-3663	-4155	-3772	-4368	-4106	2547
137677	**135690**	**243375**	**349008**	**388961**	**411727**	**424426**	**411613**	**397014**
1857	1051	1802	2147	2207	2266	2451	2579	2625
117571	121807	224766	329728	368916	391191	403157	390497	375650
440	537	604	731	797	767	811	914	878
1315	882	811	639	646	614	615	558	492
977	1461	2627	3192	3572	3752	3966	3767	3864
1987	1495	2727	3412	3612	3883	4136	4046	4159
13530	8457	10039	9159	9212	9253	9290	9253	9347
66156	50511	86386	114826	120647	118957	119491	116044	112195
46050	36628	67776	95546	100602	98421	98222	94928	90831
71520	81987	152208	222948	252691	266016	282355	272194	266481
44440	55811	103663	153742	175579	183531	195177	184525	179318
5887	8794	13542	17553	19334	23780	22710	22445	24095
18396	16496	33446	49950	56060	56768	62536	62894	60644
			213	346	378	459	650	679
764	960	1277	1040	870	849	846	948	1270
2033	3191	4782	11235	15623	26754	22579	23375	18338
-4215	**-3795**	**-7868**	**6569**	**4097**	**6928**	**589**	**220**	**60**

a) Data on output refer to the output of raw coal.

5-5 焦炭平衡表

单位：万吨

项　目	Item	1980	1985	1990
可供量	**Total Energy Available for Consumption**	**4315.3**	**4689.7**	**7085.8**
生产量	Output	4343.0	4802.1	7328.3
进口量	Imports		2.1	
出口量(–)	Exports (-)	27.1	36.9	129.0
年初年末库存差额	Stock Changes in the Year	-0.6	-77.6	-113.5
消费量	**Total Energy Consumption**	**4303.0**	**4689.7**	**6914.7**
在消费量中:	Consumption by Sector			
1.农、林、牧、渔业	Agriculture, Forestry, Animal Husbandry and Fishery	10.6	20.8	60.1
2.工业	Industry	4266.7	4627.7	6808.8
3.建筑业	Construction	11.9	7.8	5.2
4.交通运输、仓储和邮政业	Transport, Storage and Post	8.2	5.7	4.1
5.批发、零售业和住宿、餐饮业	Wholesale, Retail Trade and Hotel, Restaurants	0.9	2.7	7.7
6.其他	Others	4.7	2.0	1.9
7.生活消费	Residential Consumption		23.0	26.9
在消费量中:	Consumption by Usage			
(一) 终端消费	(I) Final Consumption	4294.7	4677.9	6846.3
#工业	Industry	4258.4	4615.9	6740.4
(二) 中间消费	(II) Intermediate Consumption			
(用于加工转换)	(Consumed in Transformation)	8.3	11.8	68.4
制气	Gas Production	8.3	11.8	68.4
(三) 损失量	(III) Losses in Coal Washing and Dressing			
平衡差额	**Balance**	**12.3**		**171.1**

Coke Balance Sheet

(10 000 tons)

1995	2000	2005	2010	2011	2012	2013	2014	2015
12207.1	**10892.3**	**25084.4**	**38707.1**	**42085.8**	**44813.7**	**45850.1**	**46894.3**	**44018.9**
13424.5	12184.0	26511.7	38657.8	43433.0	43831.4	48347.8	47980.9	44822.5
0.1		0.5	11.0	11.6	7.6	3.5	0.2	0.4
886.1	1519.7	1276.4	335.0	329.7	102.0	467.3	850.7	964.8
-331.4	228.0	-151.4	373.3	-1029.0	1076.7	-2034.0	-236.0	160.8
10725.3	**10840.8**	**25105.8**	**38702.8**	**42063.3**	**44805.2**	**45851.9**	**46884.9**	**44058.7**
128.6	70.9	63.5	46.8	54.1	57.5	69.2	34.9	49.5
10412.0	10554.6	24860.9	38598.7	41952.1	44694.8	45694.0	46749.6	43923.0
10.8	19.0	18.4	5.8	4.8	6.3	7.7	9.7	6.7
10.1	11.2	1.1	0.1	0.1	0.1	2.2	2.7	3.0
25.7	35.7	64.1	5.1	9.2	6.7	35.8	46.6	40.1
6.4	12.2	7.6	2.8	1.9	1.9	5.0	5.1	5.4
131.6	137.2	90.3	43.5	41.1	37.9	38.0	36.4	31.2
10648.0	10697.9	24877.9	38574.6	41954.3	44738.5	45817.5	46589.1	43775.0
10334.7	10411.7	24633.0	38470.5	41843.1	44628.1	45659.6	46453.8	43639.2
77.3	142.9	227.9	128.2	109.0	66.7	34.4	295.8	283.8
77.3	142.9	227.9	128.2	109.0	66.7	34.4	32.8	1.8
1481.8	**51.6**	**-21.4**	**4.3**	**22.6**	**8.5**	**-1.8**	**9.4**	**-39.8**

5-6 石油平衡表

单位：万吨

项 目	Item	1980	1985	1990
可供量	**Total Energy Available for Consumption**	**8794.5**	**9193.7**	**11435.0**
生产量	Output	10594.6	12489.5	13830.6
进口量	Imports	82.7	90.0	755.6
出口量(-)	Exports (-)	1806.2	3630.4	3110.4
年初年末库存差额	Stock Changes in the Year	-76.6	244.6	-40.8
消费量	**Total Energy Consumption**	**8757.4**	**9168.8**	**11485.6**
在消费量中:	Consumption by Sector			
1.农、林、牧、渔业	Agriculture, Forestry, Animal Husbandry and Fishery	814..9	758.7	1033.6
2.工业	Industry	6203.2	6171.4	7321.6
3.建筑业	Construction	175.2	292.2	327.3
4.交通运输、仓储和邮政业	Transport, Storage and Post	911.5	1176.4	1683.2
5.批发、零售业和住宿、餐饮业	Wholesale, Retail Trade and Hotel, Restaurants	29.0	38.1	77.6
6.其他	Others	481.7	506.1	757.8
7.生活消费	Residential Consumption	141.9	225.9	284.5
在消费量中:	Consumption by Usage			
(一) 终端消费	(I) Final Consumption	6311.0	7063.3	9304.7
#工业	Industry	3780.3	4462.0	5180.4
(二) 中间消费	(II) Intermediate Consumption			
(用于加工转换)	(Consumed in Transformation)	2183.6	1858.5	1630.4
发电	Power Generation	2065.4	1425.5	1234.4
供热	Heating		285.6	356.3
制气	Gas Production	36.7	34.5	39.7
炼油损失量	Losses in Petroleum Refining	81.5	112.9	295.8
(三) 损失量	(III) Other Losses	262.8	247.0	254.7
平衡差额	**Balance**	**37.1**	**24.9**	**-50.6**

注：1.生产量为原油产量。
2.进口量包括境内轮船和飞机在境外的加油量；出口量包括境外轮船和飞机在境内的加油量。

Petroleum Balance Sheet

(10 000 tons)

1995	2000	2005	2010	2011	2012	2013	2014	2015
16072.7	**22631.4**	**32539.1**	**44178.4**	**45659.2**	**47864.7**	**49993.9**	**51861.8**	**55188.0**
15005.0	16300.0	18135.3	20301.4	20287.6	20747.8	20991.9	21142.9	21455.6
3673.2	9748.5	17163.2	29437.2	31593.7	33088.8	34264.8	36179.6	39748.6
2454.5	2172.1	2888.1	4079.0	4117.0	3884.3	4176.7	4213.9	5128.2
-151.0	-1245.0	128.8	-1481.2	-2105.0	-2087.6	-1086.1	-1246.8	-888.1
16064.9	**22495.9**	**32547.0**	**44101.0**	**45619.5**	**47797.3**	**49970.6**	**51814.4**	**55160.2**
1203.2	788.5	1451.7	1382.5	1466.3	1537.9	1650.3	1717.7	1733.4
9349.3	11248.5	14030.4	18555.0	17986.0	17753.2	17594.6	18217.5	18908.1
242.8	840.6	1502.2	2483.1	2581.8	2740.7	3090.6	3311.9	3507.5
2863.6	6399.0	10928.5	15079.3	16221.1	17863.6	18967.6	19546.9	20549.9
333.9	247.0	375.6	481.0	500.0	542.4	565.4	563.2	615.7
1390.3	1635.9	1974.2	2578.2	2880.5	3067.8	3349.7	3152.0	3683.3
682.0	1336.5	2284.4	3541.9	3983.9	4291.6	4752.4	5305.2	6162.2
13676.3	19950.1	29495.6	41243.4	43103.3	45080.7	47458.8	49134.0	52445.7
7095.5	8860.0	11107.5	15857.8	15579.9	15160.4	15235.4	15584.5	16229.7
2230.0	2352.9	2896.0	2663.3	2334.5	2534.6	2295.7	2570.0	2626.9
1358.5	1178.2	1306.4	385.3	319.8	292.4	265.1	254.1	265.5
399.9	427.0	429.1	593.1	525.7	493.5	448.2	521.3	493.2
51.6	25.9	14.4						
420.1	721.9	1146.1	1684.8	1489.1	1748.7	1582.4	1794.6	1868.2
158.6	192.9	155.4	194.4	181.7	182.0	216.1	110.3	87.6
7.8	**135.4**	**-7.9**	**77.4**	**39.7**	**67.4**	**23.3**	**47.4**	**27.8**

a) Data on output refer to the output of crude oil.

b) Data on imports include the petroleum consumed by the domestic airplanes and ships in refueling abroad. Data on exports include the petroleum consumed by the oversea airplanes and ships in refueling in China.

5-7 原油平衡表

单位：万吨

项　目	Item	1980	1985	1990
可供量	**Total Energy Available for Consumption**	**9222.9**	**9516.5**	**11770.6**
生产量	Output	10594.6	12489.5	13830.6
进口量	Imports	36.6		292.3
出口量(-)	Exports (-)	1330.9	3003.0	2399.0
年初年末库存差额	Stock Changes in the Year	-77.4	30.0	46.7
消费量	**Total Energy Consumption**	**9205.0**	**9509.5**	**11762.2**
在消费量中:	Consumption by Sector			
1.农、林、牧、渔业	Agriculture, Forestry, Animal Husbandry and Fishery	8.0	0.8	0.2
2.工业	Industry	9112.0	9389.9	11653.8
3.建筑业	Construction	28.8	74.0	55.2
4.交通运输、仓储和邮政业	Transport, Storage and Post	50.1	44.3	52.1
5.批发、零售业和住宿、餐饮业	Wholesale, Retail Trade and Hotel, Restaurants		0.1	0.3
6.其他	Others	6.1	0.4	0.6
7.生活消费	Residential Consumption			
在消费量中:	Consumption by Usage			
(一) 终端消费	(I) Final Consumption	499.6	350.4	402.1
#工　业	Industry	429.7	254.9	333.4
(二) 中间消费	(II) Intermediate Consumption			
(用于加工转换)	(Consumed in Transformation)	8443.0	8929.7	11106.9
发　电	Power Generation	574.0	279.5	124.6
供　热	Heating		61.3	21.1
炼油	Petroleum Refineries	7869.0	8588.9	10961.2
(三) 油田原油损失量	(III) Losses in Oil Field for Crude Oil	262.4	229.4	253.2
平衡差额	**Balance**	**17.9**	**7.0**	**8.4**

Crude Oil Balanc Sheet

(10 000 tons)

1995	2000	2005	2010	2011	2012	2013	2014	2015
14794.9	**21383.0**	**30089.2**	**42876.6**	**43961.0**	**46684.7**	**48670.9**	**51544.6**	**54093.5**
15004.4	16300.0	18135.3	20301.4	20287.6	20747.8	20991.9	21142.9	21455.6
1709.0	7026.5	12681.7	23768.2	25377.9	27102.7	28174.2	30837.4	33548.3
1822.7	1030.6	806.7	303.0	251.4	243.2	161.7	60.0	286.6
-95.8	-912.9	78.8	-890.0	-1453.0	-922.6	-333.4	-375.7	-623.8
14886.4	**21232.0**	**30088.9**	**42874.6**	**43965.8**	**46678.9**	**48652.2**	**51547.0**	**54088.3**
10.1								
14716.3	21052.1	29962.1	42716.6	43860.4	46559.5	48503.4	51502.1	54052.4
2.7	3.3							
156.8	175.1	126.9	158.0	105.4	119.4	148.7	44.9	35.9
0.5	0.2							
1390.3	1.4							
309.9	636.8	850.4	806.1	522.7	555.5	629.4	855.9	782.7
274.7	612.3	850.4	806.1	522.7	555.5	629.4	855.9	782.7
14419.4	20404.3	29084.8	41876.4	43266.1	45945.7	47810.5	50583.3	53218.4
61.6	85.0	41.3	3.7	11.3	10.9	10.4	8.9	12.5
4.4	14.0	3.0	3.3	4.6	1.4	3.4	7.0	6.7
14353.4	20305.3	29040.5	41869.4	43250.2	45933.5	47796.7	50567.4	53199.2
157.1	190.9	153.8	192.0	177.0	177.7	212.2	107.8	87.2
-91.5	**151.0**	**0.2**	**2.1**	**-4.8**	**5.8**	**18.7**	**-2.3**	**5.2**

5-8 燃料油平衡表

单位：万吨

项 目	Item	1980	1985	1990
可供量	**Total Energy Available for Consumption**	**3096.1**	**2848.0**	**3320.7**
生产量	Output	3142.0	2835.8	3267.9
进口量	Imports	39.0	70.0	167.3
出口量(−)	Exports (-)	45.4	64.9	97.2
年初年末库存差额	Stock Changes in the Year	-39.5	7.1	-17.3
消费量	**Total Energy Consumption**	**3073.7**	**2837.4**	**3367.8**
在消费量中:	Consumption by Sector			
1.农、林、牧、渔业	Agriculture, Forestry, Animal Husbandry and Fishery	2.3	3.1	2.9
2.工业	Industry	2937.4	2662.2	3091.7
3.建筑业	Construction	15.0	18.9	47.3
4.交通运输、仓储和邮政业	Transport, Storage and Post	109.0	144.1	208.2
5.批发、零售业和住宿、餐饮业	Wholesale, Retail Trade and Hotel, Restaurants	2.9	3.1	1.6
6.其他	Others	7.1	6.0	16.1
7.生活消费	Residential Consumption			
在消费量中:	Consumption by Usage			
(一) 终端消费	(I) Final Consumption	1617.9	1538.8	2042.6
#工 业	Industry	1481.6	1363.5	1766.5
(二) 中间消费	(II) Intermediate Consumption			
(用于加工转换)	(Consumed in Transformation)	1455.8	1296.1	1325.2
发 电	Power Generation	1419.1	1042.3	977.3
供 热	Heating		219.3	308.3
炼油再投入量	Petroleum Production			
制 气	Gas Production	36.7	34.5	39.6
(三)损失量	(III) Other Losses		2.5	
平衡差额	**Balance**	**22.4**	**10.6**	**-47.1**

Fuel Oil Balance Sheet

(10 000 ton)

1995	2000	2005	2010	2011	2012	2013	2014	2015
3717.3	**3836.7**	**4237.3**	**3765.4**	**3667.6**	**3691.0**	**3926.1**	**4401.9**	**4632.8**
2960.8	2053.7	1767.4	2487.0	2281.8	2253.2	2775.9	3541.7	3963.0
859.1	1704.3	2883.9	2695.2	3097.4	3102.4	2734.3	2146.3	2068.2
68.6	57.9	427.6	1419.7	1685.6	1601.5	1493.7	1279.9	1402.1
-34.0	136.6	13.5	3.0	-26.0	-63.1	-90.4	-6.2	3.7
3693.7	**3872.8**	**4244.2**	**3758.0**	**3662.8**	**3683.3**	**3954.0**	**4400.5**	**4662.0**
8.4	0.4	0.7	1.1	1.3	2.0	2.0	1.3	0.9
3406.2	2975.1	2986.9	2377.3	2260.2	2241.7	2421.1	2835.7	3133.0
14.2	16.7	14.2	30.8	30.6	27.1	59.5	44.6	53.5
227.5	850.0	1201.0	1326.7	1345.2	1383.9	1429.0	1486.4	1439.5
6.6	11.6	27.5	8.6	9.3	8.7	19.1	17.4	19.0
30.8	19.0	13.9	13.5	16.2	19.9	23.4	15.1	16.1
2262.8	2741.4	2989.9	2403.2	2230.2	2072.8	2101.8	2103.0	2123.7
1975.3	1843.7	1732.6	1022.5	827.6	631.2	568.9	538.2	594.8
1430.9	1131.3	1254.3	1354.8	1432.6	1610.5	1852.1	2297.5	2538.3
1071.5	814.2	1068.7	123.9	60.9	43.1	47.3	35.6	31.5
307.8	291.2	171.1	201.3	183.8	187.3	167.2	164.9	165.1
			1029.6	1188.0	1380.0	1637.7	2097.0	2341.6
51.6	25.9	14.4						
23.6	**-36.1**	**-6.9**	**7.4**	**4.8**	**7.7**	**-27.8**	**1.4**	**-29.2**

5-9 汽油平衡表

单位：万吨

项　　目	Item	1980	1985	1990
可供量	**Total Energy Available for Consumption**	**999.4**	**1399.6**	**1884.1**
生产量	Output	1079.0	1471.9	2173.4
进口量	Imports		0.3	16.9
出口量(-)	Exports (-)	117.8	129.9	233.8
年初年末库存差额	Stock Changes in the Year	38.2	57.3	-72.4
消费量	**Total Energy Consumption**	**998.6**	**1396.3**	**1899.5**
在消费量中:	Consumption by Sector			
1.农、林、牧、渔业	Agriculture, Forestry, Animal Husbandry and Fishery	53.3	122.3	145.9
2.工业	Industry	273.2	451.3	589.3
3.建筑业	Construction	54.1	73.0	89.5
4.交通运输、仓储和邮政业	Transport, Storage and Post	404.9	477.4	620.1
5.批发、零售业和住宿、餐饮业	Wholesale, Retail Trade and Hotel, Restaurants	19.4	23.4	46.0
6.其他	Others	193.7	238.3	390.7
7.生活消费	Residential Consumption		10.6	18.0
平衡差额	**Balance**	**0.8**	**3.3**	**-15.4**

5-10 煤油平衡表

单位：万吨

项　　目	Item	1980	1985	1990
可供量	**Total Energy Available for Consumption**	**359.0**	**383.2**	**350.9**
生产量	Output	398.5	405.3	392.5
进口量	Imports		15.2	26.1
出口量(-)	Exports (-)	46.8	46.0	55.5
年初年末库存差额	Stock Changes in the Year	2.3	8.7	-12.2
消费量	**Total Energy Consumption**	**365.9**	**385.5**	**350.9**
在消费量中:	Consumption by Sector			
1.农、林、牧、渔业	Agriculture, Forestry, Animal Husbandry and Fishery	2.3	3.3	3.1
2.工业	Industry	15.7	20.1	20.6
3.建筑业	Construction	0.8	1.3	1.3
4.交通运输、仓储和邮政业	Transport, Storage and Post	31.4	56.2	93.4
5.批发、零售业和住宿、餐饮业	Wholesale, Retail Trade and Hotel, Restaurants	0.2	0.1	0.6
6.其他	Others	216.7	182.9	127.3
7.生活消费	Residential Consumption	98.8	121.6	104.6
平衡差额	**Balance**	**-6.9**	**-2.3**	

Gasoline Balance Sheet

(10 000 tons)

1995	2000	2005	2010	2011	2012	2013	2014	2015
2902.0	**3504.5**	**4855.3**	**6964.3**	**7597.9**	**8164.5**	**9369.5**	**9770.7**	**11385.0**
3051.6	4134.7	5433.6	7410.5	8117.9	8976.1	9834.0	11029.9	12103.6
15.9				2.9	0.5		3.4	17.0
193.1	467.7	559.7	517.0	406.0	291.7	468.7	507.5	589.3
27.6	-162.5	-18.6	70.8	-117.0	-520.3	4.2	-755.0	-146.3
2909.6	**3504.6**	**4854.9**	**6956.2**	**7595.9**	**8165.9**	**9366.4**	**9776.4**	**11368.5**
179.7	89.2	159.6	169.1	186.0	192.9	198.7	216.6	231.3
812.4	682.0	441.7	689.5	604.8	581.1	523.4	489.0	477.1
103.6	115.6	172.1	274.7	282.8	286.9	326.5	331.0	408.6
982.3	1527.8	2430.1	3274.9	3573.5	3778.0	4381.8	4665.0	5306.6
197.2	69.8	129.4	168.2	177.1	200.1	220.9	217.8	243.3
570.7	792.7	998.2	1166.2	1313.2	1460.5	1818.7	1738.1	2108.5
63.7	227.6	523.8	1213.7	1458.6	1666.5	1896.4	2118.8	2593.1
-7.6	**-0.1**	**0.4**	**8.1**	**1.9**	**-1.4**	**3.2**	**-5.7**	**16.6**

Kerosene Balance Sheet

(10 000 ton)

1995	2000	2005	2010	2011	2012	2013	2014	2015
486.4	**880.9**	**1070.0**	**1767.6**	**1821.7**	**1959.1**	**2189.1**	**2336.4**	**2732.6**
445.8	872.3	1006.5	1924.4	1922.4	2164.0	2523.9	3081.0	3658.6
115.7	322.5	476.1	726.1	875.1	877.3	945.2	721.0	716.4
62.4	256.3	447.6	870.5	966.8	1085.9	1280.6	1455.8	1626.6
-12.7	-57.6	35.0	-12.3	-9.0	3.7	0.6	-9.7	-15.8
512.1	**871.6**	**1076.8**	**1765.2**	**1816.7**	**1956.6**	**2164.1**	**2335.4**	**2663.7**
3.6	1.5	1.6	0.9	1.5	1.2	1.2	0.8	1.1
44.9	84.0	57.5	40.2	34.2	32.0	27.4	17.4	21.2
3.5	4.0		8.8	10.8	7.9	11.4	10.4	12.5
250.0	535.9	952.4	1601.1	1646.4	1787.1	1998.2	2216.0	2504.9
8.5	14.0	3.7	35.0	32.2	28.6	13.4	11.3	11.7
137.3	160.1	36.2	58.7	68.2	74.2	84.6	50.7	83.3
64.3	72.2	25.5	20.5	23.5	25.6	27.9	28.9	29.1
-25.7	**9.3**	**-6.8**	**2.4**	**5.0**	**2.4**	**25.0**	**1.0**	**68.9**

5-11 柴油平衡表

单位：万吨

项　目	Item	1980	1985	1990
可供量	**Total Energy Available for Consumption**	**1663.2**	**1944.1**	**2689.4**
生产量	Output	1827.8	2023.2	2609.0
进口量	Imports	2.1	4.5	233.8
出口量(-)	Exports (-)	166.5	225.6	169.8
年初年末库存差额	Stock Changes in the Year	-0.2	142.0	16.4
消费量	**Total Energy Consumption**	**1663.2**	**1939.4**	**2691.7**
在消费量中:	Consumption by Sector			
1.农、林、牧、渔业	Agriculture, Forestry, Animal Husbandry and Fishery	749.0	629.2	881.5
2.工业	Industry	457.4	644.1	728.1
3.建筑业	Construction	76.5	125.0	133.0
4.交通运输、仓储和邮政业	Transport, Storage and Post	316.1	454.4	709.4
5.批发、零售业和住宿、餐饮业	Wholesale, Retail Trade and Hotel, Restaurants	6.5	10.9	22.5
6.其他	Others	57.7	74.0	217.0
7.生活消费	Residential Consumption			
在消费量中:	Consumption by Usage			
(一) 终端消费	(I) Final Consumption	1590.9	1827.4	2564.8
#工　业	Industry	385.1	532.1	601.2
(二) 中间消费	(II) Intermediate Consumption			
(用于加工转换)	(Consumed in Transformation)	72.3	108.6	126.9
发　电	Power Generation	72.3	103.6	124.5
供　热	Heating		5.0	2.4
(三) 损失量	(III) Other Losses		3.4	
平衡差额	**Balance**		**4.7**	**-2.3**

5-12 液化石油气平衡表

单位：万吨

项　目	Item	1980	1985	1990
可供量	**Total Energy Available for Consumption**	**122.5**	**157.3**	**258.5**
生产量	Output	122.5	159.7	261.6
进口量	Imports			
出口量(-)	Exports (-)		1.9	1.1
年初年末库存差额	Stock Changes in the Year		-0.5	-2.0
消费量	**Total Energy Consumption**	**119.6**	**155.7**	**254.2**
在消费量中:	Consumption by Sector			
1.农、林、牧、渔业	Agriculture, Forestry, Animal Husbandry and Fishery			
2.工业	Industry	76.1	59.9	82.0
3.建筑业	Construction			1.0
4.交通运输、仓储和邮政业	Transport, Storage and Post			
5.批发、零售业和住宿、餐饮业	Wholesale, Retail Trade and Hotel, Restaurants		0.5	6.6
6.其他	Others	0.4	4.5	6.1
7.生活消费	Residential Consumption	43.1	90.8	158.5
平衡差额	**Balance**	**2.9**	**1.6**	**4.3**

Diesel Oil Balance Sheet

(10 000 ton)

1995	2000	2005	2010	2011	2012	2013	2014	2015
4404.2	**6806.5**	**10972.6**	**14701.9**	**15626.2**	**16966.9**	**17105.9**	**17172.9**	**17353.6**
3972.6	7079.6	11090.2	14924.4	15689.7	17063.8	17275.7	17635.3	18007.9
645.3	51.9	61.0	190.2	243.3	99.9	35.3	55.0	71.5
169.5	77.5	170.9	490.2	228.8	205.7	294.4	423.9	731.3
-44.2	-247.6	-7.7	77.5	-78.0	8.9	89.4	-93.7	5.5
4321.4	**6806.2**	**10974.9**	**14699.0**	**15635.1**	**16966.0**	**17150.6**	**17165.3**	**17360.3**
1001.4	697.1	1286.3	1206.7	1271.9	1335.5	1441.5	1492.0	1492.9
1189.9	1696.5	1710.0	2090.0	1824.3	1747.7	1675.9	1595.3	1516.4
118.2	205.9	386.6	490.2	518.6	518.0	557.0	552.0	555.7
1246.6	3293.8	6169.4	8657.6	9485.2	10727.0	10920.5	11042.8	11162.8
103.6	95.9	116.0	196.6	212.3	229.0	233.5	230.1	257.7
645.7	638.7	900.1	1287.2	1428.1	1444.7	1339.8	1268.7	1384.2
16.1	178.4	406.4	770.7	894.7	964.1	982.5	984.4	990.7
4070.0	6578.6	10889.4	14655.2	15593.5	16900.7	17106.8	17127.0	17280.4
938.5	1468.8	1624.5	2046.2	1782.7	1682.3	1632.0	1557.0	1436.5
251.4	227.7	85.5	43.8	41.6	65.4	43.9	38.3	79.9
204.9	227.7	81.9	40.1	39.2	35.6	35.6	25.8	22.4
46.6		3.6	3.8	2.4	2.4	2.6	4.7	6.2
82.7	**0.3**	**-2.4**	**2.9**	**-8.9**	**0.9**	**-44.7**	**7.6**	**-6.7**

LPG Balance Sheet

(10 000 tons)

1995	2000	2005	2010	2011	2012	2013	2014	2015
774.3	**1396.2**	**2052.2**	**2323.8**	**2474.2**	**2496.0**	**2836.1**	**3292.7**	**4008.2**
540.8	916.6	1432.7	2092.3	2240.8	2268.7	2513.3	2705.8	2934.4
232.6	481.7	617.0	327.0	349.6	358.5	451.7	739.4	1244.0
7.1	1.6	2.7	93.0	119.1	128.2	126.9	144.4	144.2
8.0	-0.6	5.2	-2.5	3.0	-3.0	-2.0	-8.0	-26.0
750.6	**1389.7**	**2046.5**	**2321.9**	**2470.2**	**2482.2**	**2823.4**	**3289.8**	**3961.2**
0.1	0.4	3.5	4.7	5.6	6.4	6.8	7.1	7.2
192.5	426.1	534.4	586.8	661.1	621.0	705.1	835.0	1113.9
0.5	8.9	6.3	7.2	7.2	6.8	14.7	16.8	15.1
0.5	16.5	48.7	61.0	65.5	68.1	89.4	91.8	100.3
17.4	55.5	99.0	72.6	69.0	76.0	78.5	86.6	84.0
5.7	24.0	25.8	52.6	54.8	68.5	83.4	79.4	91.4
534.0	858.3	1328.7	1537.0	1607.2	1635.4	1845.6	2173.1	2549.3
23.7	**6.5**	**5.7**	**1.9**	**4.0**	**13.8**	**12.7**	**2.9**	**47.0**

5-13 天然气平衡表

单位：亿立方米

项　　目	Item	1980	1985	1990
可供量	**Total Energy Available for Consumption**	**142.7**	**129.3**	**153.0**
生产量	Output	142.7	129.3	153.0
进口量	Imports			
出口量(-)	Exports (-)			
年初年末库存差额	Stock Changes in the Year			
消费量	**Total Energy Consumption**	**140.6**	**129.3**	**152.5**
在消费量中:	Consumption by Sector			
1.农、林、牧、渔业	Agriculture, Forestry, Animal Husbandry and Fishery			
2.工业	Industry	131.4	109.6	120.2
3.建筑业	Construction	6.0	14.1	10.6
4.交通运输、仓储和邮政业	Transport, Storage and Post	0.7	0.8	1.9
5.批发、零售业和住宿、餐饮业	Wholesale, Retail Trade and Hotel, Restaurants			
6.其他	Others	0.5	0.5	1.2
7.生活消费	Residential Consumption	2.0	4.3	18.6
平衡差额	**Balance**	**2.1**		**0.5**

注：从2010年起包括液化天然气数据。

5-14 电力平衡表

单位：亿千瓦小时

项　　目	Item	1980	1985	1990
可供量	**Total Energy Available for Consumption**	**3006.3**	**4117.6**	**6230.4**
生产量	Output	3006.3	4106.9	6212.0
水电	Hydropower	582.1	923.7	1267.2
火电	Thermal Power	2424.2	3183.2	4944.8
核电	Nuclear Power			
风电	Wind Power			
进口量	Imports		11.1	19.3
出口量(-)	Exports (-)		0.4	0.9
消费量	**Total Energy Consumption**	**3006.3**	**4117.6**	**6230.4**
在消费量中:	Consumption by Sector			
1.农、林、牧、渔业	Agriculture, Forestry, Animal Husbandry and Fishery	270	317.4	426.8
2.工业	Industry	2471.9	3283.4	4873.3
3.建筑业	Construction	47.1	71.2	65.0
4.交通运输、仓储和邮政业	Transport, Storage and Post	26.5	63.4	105.9
5.批发、零售业和住宿、餐饮业	Wholesale, Retail Trade and Hotel, Restaurants	16.8	38.0	76.2
6.其他	Others	68.8	121.7	202.4
7.生活消费	Residential Consumption	105.2	222.5	480.8
在消费量中:	Consumption by Usage			
(一) 终端消费	(I) Final Consumption	2763.4	3813.3	5795.8
#工业	Industry	2229.0	2979.1	4438.7
(二) 输配电损失量	(II) Losses in Transmission	242.9	304.3	434.6

Natural Gas Balance Sheet

(100 million cu.m)

1995	2000	2005	2010	2011	2012	2013	2014	2015
179.5	**240.6**	**463.5**	**1082.3**	**1333.0**	**1497.8**	**1706.6**	**1866.8**	**1925.0**
179.5	272.0	493.2	957.9	1053.4	1106.1	1208.6	1301.6	1346.1
			164.7	311.5	420.6	525.4	591.3	611.4
	31.4	29.7	40.3	31.9	28.9	27.5	26.1	32.5
177.4	**245.0**	**466.1**	**1080.2**	**1341.1**	**1497.0**	**1705.4**	**1868.9**	**1931.7**
			0.5	0.6	0.6	0.7	0.8	0.9
154.4	199.0	327.2	691.8	875.7	980.7	1129.1	1221.3	1234.5
0.3	0.8	1.5	1.2	1.3	1.3	2.0	1.9	2.2
1.6	8.8	38.0	106.7	138.3	154.5	175.8	214.4	237.6
0.6	3.4	10.8	27.2	33.6	38.7	39.3	46.6	51.3
1.2	0.6	9.1	26.0	27.1	32.9	35.6	41.3	45.4
19.4	32.3	79.4	226.9	264.4	288.3	322.9	342.6	359.8
2.1	**-4.4**	**-2.6**	**2.1**	**0.7**	**0.8**	**1.2**	**-2.1**	**-6.7**

a) Include the data of LNG since 2010.

Electricity Balance Sheet

(100 million kW•h)

1995	2000	2005	2010	2011	2012	2013	2014	2015
10023.4	**13472.7**	**24940.8**	**41936.5**	**47002.7**	**49767.7**	**54204.1**	**56381.8**	**58021.3**
10077.3	13556.0	25002.6	42071.6	47130.2	49875.5	54316.4	56495.8	58145.7
1905.8	2224.1	3970.2	7221.7	6989.5	8721.1	9202.9	10643.4	11302.7
8043.2	11141.9	20473.4	33319.3	38337.0	38928.1	42470.1	42686.5	42841.9
128.3	167.4	530.9	738.8	863.5	973.9	1116.1	1325.4	1707.9
			446.2	703.3	959.8	1412.0	1560.8	1857.7
6.4	15.5	50.1	55.5	65.6	68.7	74.4	67.5	62.1
60.3	98.8	111.9	190.6	193.1	176.5	186.7	181.6	186.5
10023.4	**13472.4**	**24940.3**	**41934.5**	**47000.9**	**49762.6**	**54203.4**	**56383.7**	**58020.0**
582.4	533.0	776.3	976.5	1012.9	1012.6	1026.9	1013.4	1039.8
7659.8	10004.6	18521.7	30871.8	34691.6	36232.2	39236.9	40802.7	41550.0
159.6	159.8	233.9	483.2	571.8	608.4	675.1	721.7	698.7
182.3	281.2	430.3	734.5	848.4	915.4	1000.9	1059.2	1125.6
199.5	418.7	752.3	1292.0	1503.1	1691.5	1876.9	1995.6	2122.0
234.2	623.2	1340.9	2451.8	2753.1	3083.6	3397.6	3615.0	3918.6
1005.6	1452.0	2884.8	5124.6	5620.1	6219.0	6989.2	7176.1	7565.2
9278.9	12535.7	23233.8	39366.3	44300.2	46866.5	51062.7	53283.8	55032.1
6915.3	9067.9	16815.2	28303.5	31990.9	33336.1	36096.2	37702.8	38562.1
744.5	936.7	1706.5	2568.2	2700.7	2896.2	3140.7	3099.9	2987.9

六、地区能源平衡表

Chapter 6　Energy Balance Table by Region

6-1 北京能源平衡表(实物量)-2015

项目	Item	煤合计 (万吨) Coal Total (10^4 tons)	原煤 (万吨) Raw Coal (10^4 tons)
一.可供本地区消费的能源量	**Total Primary Energy Supply**	**1165.18**	**1153.57**
1.一次能源生产量	Indigenous Production	450.12	450.12
2.外省(区、市)调入量	Moving In from Other Provinces	1024.19	1012.74
3.进口量	Import		
4.境内轮船和飞机在境外的加油量	Domestic Airplanes&Ships Refueling in Abroad		
5.本省(区、市)调出量(-)	Sending Out to Other Provinces(-)	246.19	246.19
6.出口量(-)	Export(-)	157.38	157.38
7.境外轮船和飞机在境内的加油量(-)	Oversea Airplanes&Ships Refueling in China(-)		
8.库存增(-)、减(+)量	Stock Change	94.43	94.27
二.加工转换投入(-)产出(+)量	**Input(-) & Output(+) of Transformation**	**-515.54**	**-507.85**
1.火力发电	Thermal Power	-161.25	-157.58
2.供热	Heating Supply	-356.81	-347.24
3.洗选煤	Coal Washing	-1.08	-3.03
4.炼焦	Coking		
5.炼油及煤制油	Petroleum Refineries		
#油品再投入量(-)	Petroleum Products Input (-)		
6.制气	Gas Works		
#焦炭再投入量(-)	Coke Input (-)		
7.天然气液化	Natural Gas Liquefaction		
8.煤制品加工	Briquettes	3.60	
9.回收能	Recovery of Energy		
三.损失量	**Loss**		
四.终端消费量	**Total Final Consumption**	**649.64**	**645.72**
1.农、林、牧、渔业	Agriculture, Forestry, Animal Husbandry and Fishery	30.50	30.50
2.工业	Industry	158.28	158.14
#用作原料、材料	Non-Energy Use	0.18	0.18
3.建筑业	Construction	6.08	5.73
4.交通运输、仓储和邮政业	Transport, Storage and Post	12.36	12.30
5.批发、零售业和住宿、餐饮业	Wholesale, Retail Trade and Hotel, Restaurants	26.60	26.48
6.其他	Others	142.80	139.55
7.生活消费	Residential Consumption	273.02	273.02
城镇	Urban	101.21	101.21
乡村	Rural	171.81	171.81
五.平衡差额	**Statistical Difference**		
六.消费量合计	**Total Energy Consumption**	**1165.18**	**1153.57**

Energy Balance of Beijing (Physical Quantity) -2015

洗精煤 (万吨) Cleaned Coal (10^4 tons)	其他洗煤 (万吨) Other Washed Coal (10^4 tons)	型煤 (万吨) Briquettes (10^4 tons)	煤矸石 (万吨) Gangue (10^4 tons)	焦炭 (万吨) Coke (10^4 tons)	焦炉煤气 (亿立方米) Coke Oven Gas (10^8 cu.m)	高炉煤气 (亿立方米) Blast Furnace Gas (10^8 cu.m)	转炉煤气 (亿立方米) Converter Gas (10^8 cu.m)	其他煤气 (亿立方米) Other Gas (10^8 cu.m)
6.76	**0.03**	**4.82**		**0.44**				
6.62	0.03	4.80		0.19				
0.14		0.02		0.25				
-6.72		**-0.97**						
		-3.66						
		-9.57						
1.95								
-8.67		12.26						
0.04	**0.03**	**3.85**		**0.44**				
0.02		0.13		0.43				
		0.34						
		0.06						
		0.12		0.01				
0.03	0.03	3.20						
8.71	**0.03**	**17.08**		**0.44**				

6-1 续表 1

项目	Item	其他焦化产品(万吨) Other Coking Products (10^4 tons)	油品合计(万吨) Petroleum Products Total (10^4 tons)
一.可供本地区消费的能源量	**Total Primary Energy Supply**		**1583.85**
1.一次能源生产量	Indigenous Production		
2.外省(区、市)调入量	Moving In from Other Provinces		3416.10
3.进口量	Import		919.52
4.境内轮船和飞机在境外的加油量	Domestic Airplanes&Ships Refueling in Abroad		113.19
5.本省(区、市)调出量(-)	Sending Out to Other Provinces(-)		2701.28
6.出口量(-)	Export(-)		
7.境外轮船和飞机在境内的加油量(-)	Oversea Airplanes&Ships Refueling in China(-)		106.97
8.库存增(-)、减(+)量	Stock Change		-56.72
二.加工转换投入(-)产出(+)量	**Input(-) & Output(+) of Transformation**		**-36.94**
1.火力发电	Thermal Power		-7.30
2.供热	Heating Supply		-25.74
3.洗选煤	Coal Washing		
4.炼焦	Coking		
5.炼油及煤制油	Petroleum Refineries		262.38
#油品再投入量(-)	Petroleum Products Input (-)		-266.28
6.制气	Gas Works		
#焦炭再投入量(-)	Coke Input (-)		
7.天然气液化	Natural Gas Liquefaction		
8.煤制品加工	Briquettes		
9.回收能	Recovery of Energy		
三.损失量	**Loss**		**1.69**
四.终端消费量	**Total Final Consumption**		**1545.18**
1.农、林、牧、渔业	Agriculture, Forestry, Animal Husbandry and Fishery		7.47
2.工业	Industry		340.56
#用作原料、材料	Non-Energy Use		218.07
3.建筑业	Construction		33.55
4.交通运输、仓储和邮政业	Transport, Storage and Post		708.59
5.批发、零售业和住宿、餐饮业	Wholesale, Retail Trade and Hotel, Restaurants		51.84
6.其他	Others		71.57
7.生活消费	Residential Consumption		331.60
城镇	Urban		322.10
乡村	Rural		9.50
五.平衡差额	**Statistical Difference**		**0.05**
六.消费量合计	**Total Energy Consumption**		**1583.81**

Continued 1

原油 (万吨) Crude Oil (10^4 tons)	汽油 (万吨) Gasoline (10^4 tons)	煤油 (万吨) Kerosene (10^4 tons)	柴油 (万吨) Diesel Oil (10^4 tons)	燃料油 (万吨) Fuel Oil (10^4 tons)	石脑油 (万吨) Naphtha (10^4 tons)	润滑油 (万吨) Lubricants (10^4 tons)	石蜡 (万吨) Paraffin Waxes (10^4 tons)	溶剂油 (万吨) White Spirit (10^4 tons)
991.55	**166.43**	**384.39**	**2.00**	**3.92**	**22.75**	**0.97**	**-8.50**	**0.09**
328.76	810.75	345.17	1162.95		20.91	0.97		0.10
693.67		225.85						
		113.19						
	638.05	184.62	1156.83				8.50	
		106.97						
-30.88	-6.27	-8.24	-4.12	3.92	1.84	-0.01		-0.01
-989.85	**296.32**	**160.00**	**178.87**	**1.10**	**19.08**		**8.73**	
			-0.40					
			-1.09	-0.30				
-989.85	296.32	160.00	180.35	1.40	133.79		8.73	
					-114.71			
1.69								
	462.75	**544.38**	**180.87**	**4.61**	**41.84**	**0.97**	**0.23**	**0.09**
	4.09		3.32					
	19.44	0.06	15.01	2.69	41.84	0.97	0.23	0.09
	0.04	0.01	0.17		41.84	0.97	0.23	0.09
	7.59		25.68	0.00				
	44.65	543.78	118.00	1.79				
	26.48		4.42	0.03				
	53.97	0.54	14.45	0.11				
	306.54							
	306.54							
				0.41				
991.54	**462.75**	**544.38**	**182.35**	**4.91**	**156.55**	**0.97**	**0.23**	**0.09**

6-1 续表 2

项目	Item	石油沥青(万吨) Bitumen Asphalt (10^4 tons)	石油焦(万吨) Petroleum Coke (10^4 tons)
一.可供本地区消费的能源量	**Total Primary Energy Supply**	**2.73**	**-19.59**
1.一次能源生产量	Indigenous Production		
2.外省(区、市)调入量	Moving In from Other Provinces	17.12	
3.进口量	Import		
4.境内轮船和飞机在境外的加油量	Domestic Airplanes&Ships Refueling in Abroad		
5.本省(区、市)调出量(-)	Sending Out to Other Provinces(-)	12.19	18.08
6.出口量(-)	Export(-)		
7.境外轮船和飞机在境内的加油量(-)	Oversea Airplanes&Ships Refueling in China(-)		
8.库存增(-)、减(+)量	Stock Change	-2.19	-1.51
二.加工转换投入(-)产出(+)量	**Input(-) & Output(+) of Transformation**	**12.27**	**19.31**
1.火力发电	Thermal Power		-5.24
2.供热	Heating Supply		-14.25
3.洗选煤	Coal Washing		
4.炼焦	Coking		
5.炼油及煤制油	Petroleum Refineries	12.27	38.80
#油品再投入量(-)	Petroleum Products Input (-)		
6.制气	Gas Works		
#焦炭再投入量(-)	Coke Input (-)		
7.天然气液化	Natural Gas Liquefaction		
8.煤制品加工	Briquettes		
9.回收能	Recovery of Energy		
三.损失量	**Loss**		
四.终端消费量	**Total Final Consumption**	**15.00**	**0.01**
1.农、林、牧、渔业	Agriculture, Forestry, Animal Husbandry and Fishery		
2.工业	Industry	15.00	0.01
#用作原料、材料	Non-Energy Use	15.00	
3.建筑业	Construction		
4.交通运输、仓储和邮政业	Transport, Storage and Post		
5.批发、零售业和住宿、餐饮业	Wholesale, Retail Trade and Hotel, Restaurants		
6.其他	Others		
7.生活消费	Residential Consumption		
城镇	Urban		
乡村	Rural		
五.平衡差额	**Statistical Difference**		**-0.29**
六.消费量合计	**Total Energy Consumption**	**15.00**	**19.50**

Continued 2

液化石油气（万吨） LPG (10^4 tons)	炼厂干气（万吨） Refinery Gas (10^4 tons)	其他石油制品（万吨） Other Petroleum Products (10^4 tons)	天然气（亿立方米） Natural Gas (10^8 cu.m)	液化天然气（万吨） LNG (10^4 tons)	热力（万百万千焦） Heat (10^{10} kJ)	电力（亿千瓦小时） Electricity (10^8 kW•h)	其他能源（万吨标煤） Other Energy (10^4 tce)
17.11		**20.01**	**145.36**	**10.91**	**983.66**	**541.44**	**94.05**
						9.72	94.05
706.11		23.26	145.36	10.92	983.66	536.98	
683.00						5.26	
-6.00		-3.25		-0.01			
33.89	**74.71**	**148.65**	**-86.25**		**15819.74**	**412.53**	**-33.19**
	-0.18	-1.48	-60.52			412.53	-49.58
-0.15	-1.46	-8.49	-25.73		15819.74		
34.04	76.35	310.19					
		-151.57					
							16.39
			3.71			**61.29**	
50.99	**74.78**	**168.65**	**55.42**	**10.91**	**16803.40**	**889.96**	**60.86**
0.06			0.01			18.50	
1.80	74.78	168.65	11.68	0.25	3764.09	228.89	7.32
0.13	18.04	141.56					
0.28			0.16		134.57	20.76	0.40
0.38			2.11	10.66	594.20	47.31	3.30
20.91			7.25		1353.88	93.17	4.85
2.51			20.45		6733.66	306.57	27.76
25.05			13.76		4223.00	174.76	17.22
15.55			13.71		4223.00	149.61	
9.50			0.05			25.15	17.22
	-0.07		**-0.01**			**2.72**	
51.15	**76.41**	**330.20**	**145.37**	**10.91**	**16803.40**	**951.25**	**110.44**

6-2 天津能源平衡表(实物量)-2015

项目	Item	煤合计(万吨) Coal Total (10^4 tons)	原煤(万吨) Raw Coal (10^4 tons)
一.可供本地区消费的能源量	**Total Primary Energy Supply**	**4538.83**	**4172.65**
1.一次能源生产量	Indigenous Production		
2.外省(区、市)调入量	Moving In from Other Provinces	4375.48	4016.11
3.进口量	Import	1185.64	1185.64
4.境内轮船和飞机在境外的加油量	Domestic Airplanes&Ships Refueling in Abroad		
5.本省(区、市)调出量(-)	Sending Out to Other Provinces(-)	1063.34	1063.34
6.出口量(-)	Export(-)	74.21	74.21
7.境外轮船和飞机在境内的加油量(-)	Oversea Airplanes&Ships Refueling in China(-)		
8.库存增(-)、减(+)量	Stock Change	115.26	108.45
二.加工转换投入(-)产出(+)量	**Input(-) & Output(+) of Transformation**	**-3488.95**	**-3218.58**
1.火力发电	Thermal Power	-2300.75	-2300.75
2.供热	Heating Supply	-917.83	-917.83
3.洗选煤	Coal Washing		
4.炼焦	Coking	-270.37	
5.炼油及煤制油	Petroleum Refineries		
#油品再投入量(-)	Petroleum Products Input (-)		
6.制气	Gas Works		
#焦炭再投入量(-)	Coke Input (-)		
7.天然气液化	Natural Gas Liquefaction		
8.煤制品加工	Briquettes		
9.回收能	Recovery of Energy		
三.损失量	**Loss**	**7.64**	**7.64**
四.终端消费量	**Total Final Consumption**	**1042.24**	**946.43**
1.农、林、牧、渔业	Agriculture, Forestry, Animal Husbandry and Fishery	20.37	20.37
2.工业	Industry	808.27	712.46
#用作原料、材料	Non-Energy Use	119.16	119.16
3.建筑业	Construction	15.47	15.47
4.交通运输、仓储和邮政业	Transport, Storage and Post	24.57	24.57
5.批发、零售业和住宿、餐饮业	Wholesale, Retail Trade and Hotel, Restaurants	12.71	12.71
6.其他	Others	82.69	82.69
7.生活消费	Residential Consumption	78.16	78.16
城镇	Urban	5.37	5.37
乡村	Rural	72.79	72.79
五.平衡差额	**Statistical Difference**		
六.消费量合计	**Total Energy Consumption**	**4538.83**	**4172.65**

Energy Balance of Tianjin (Physical Quantity) -2015

洗精煤（万吨）Cleaned Coal (10^4 tons)	其他洗煤（万吨）Other Washed Coal (10^4 tons)	型煤（万吨）Briquettes (10^4 tons)	煤矸石（万吨）Gangue (10^4 tons)	焦炭（万吨）Coke (10^4 tons)	焦炉煤气（亿立方米）Coke Oven Gas (10^8 cu.m)	高炉煤气（亿立方米）Blast Furnace Gas (10^8 cu.m)	转炉煤气（亿立方米）Converter Gas (10^8 cu.m)	其他煤气（亿立方米）Other Gas (10^8 cu.m)
350.39	**14.11**	**1.68**	**17.68**	**708.77**	**1.47**	**6.51**	**1.15**	
343.13	14.55	1.69	17.68	700.81	2.69	8.99	1.55	
					1.22	2.48	0.40	
7.26	-0.44	-0.01		7.96				
-270.37				**195.92**	**3.68**	**157.59**	**6.72**	
					-0.89	-9.45	-2.16	
-270.37				195.92	4.57			
						167.04	8.88	
80.02	**14.11**	**1.68**	**17.68**	**904.69**	**5.15**	**164.10**	**7.87**	
80.02	14.11	1.68	17.68	904.69	5.15	164.10	7.87	
				1.51				
350.39	**14.11**	**1.68**	**17.68**	**904.69**	**6.04**	**173.55**	**10.03**	

6-2 续表 1

项　　目	Item	其他焦化产品(万吨) Other Coking Products (10^4 tons)	油品合计(万吨) Petroleum Products Total (10^4 tons)
一.可供本地区消费的能源量	**Total Primary Energy Supply**	**65.34**	**1731.72**
1.一次能源生产量	Indigenous Production		3496.77
2.外省(区、市)调入量	Moving In from Other Provinces	77.15	4174.82
3.进口量	Import		1194.57
4.境内轮船和飞机在境外的加油量	Domestic Airplanes&Ships Refueling in Abroad		4.31
5.本省(区、市)调出量(-)	Sending Out to Other Provinces(-)	12.31	7209.03
6.出口量(-)	Export(-)		
7.境外轮船和飞机在境内的加油量(-)	Oversea Airplanes&Ships Refueling in China(-)		53.30
8.库存增(-)、减(+)量	Stock Change	0.50	123.58
二.加工转换投入(-)产出(+)量	**Input(-) & Output(+) of Transformation**	**12.87**	**-122.22**
1.火力发电	Thermal Power		-31.62
2.供热	Heating Supply		-44.94
3.洗选煤	Coal Washing		
4.炼焦	Coking	12.87	
5.炼油及煤制油	Petroleum Refineries		286.07
#油品再投入量(-)	Petroleum Products Input (-)		-331.73
6.制气	Gas Works		
#焦炭再投入量(-)	Coke Input (-)		
7.天然气液化	Natural Gas Liquefaction		
8.煤制品加工	Briquettes		
9.回收能	Recovery of Energy		
三.损失量	**Loss**		**1.24**
四.终端消费量	**Total Final Consumption**	**78.21**	**1608.26**
1.农、林、牧、渔业	Agriculture, Forestry, Animal Husbandry and Fishery		30.08
2.工业	Industry	78.21	927.80
#用作原料、材料	Non-Energy Use	31.19	233.61
3.建筑业	Construction		117.58
4.交通运输、仓储和邮政业	Transport, Storage and Post		251.06
5.批发、零售业和住宿、餐饮业	Wholesale, Retail Trade and Hotel, Restaurants		25.14
6.其他	Others		66.80
7.生活消费	Residential Consumption		189.80
城镇	Urban		171.12
乡村	Rural		18.68
五.平衡差额	**Statistical Difference**		
六.消费量合计	**Total Energy Consumption**	**78.21**	**1731.72**

Continued 1

原油 (万吨) Crude Oil (10^4 tons)	汽油 (万吨) Gasoline (10^4 tons)	煤油 (万吨) Kerosene (10^4 tons)	柴油 (万吨) Diesel Oil (10^4 tons)	燃料油 (万吨) Fuel Oil (10^4 tons)	石脑油 (万吨) Naphtha (10^4 tons)	润滑油 (万吨) Lubricants (10^4 tons)	石蜡 (万吨) Paraffin Waxes (10^4 tons)	溶剂油 (万吨) White Spirit (10^4 tons)
1616.72	**17.89**	**-91.64**	**-191.83**	**88.45**	**138.53**	**37.78**	**0.27**	**0.06**
3496.77								
	1502.57	14.04	2238.30	93.86	141.42	38.65	0.26	
1136.06		10.30	2.28	45.93				
		1.31		3.00				
3050.64	1484.33	111.80	2524.71	9.23		0.10		
		2.75		50.55				
34.53	-0.35	-2.74	92.30	5.44	-2.89	-0.77	0.01	0.06
-1605.11	**245.84**	**157.42**	**540.87**	**-37.17**	**109.00**			**0.10**
-14.34			-0.15	-0.04				
			-4.24	-0.10				
-1590.77	245.84	157.42	545.26	5.69	235.81			0.10
				-42.72	-126.81			
1.24								
10.37	**263.73**	**65.78**	**349.04**	**51.28**	**247.53**	**37.78**	**0.27**	**0.16**
	7.05		22.48			0.55		
10.37	13.02	0.29	40.22	8.01	247.53	37.23	0.27	0.16
0.05	0.42		0.98	0.01	164.64	37.23		
	16.02	0.08	96.75	4.07				
	30.20	64.25	118.45	38.05				
	8.87	0.69	14.64	0.21				
	19.85	0.47	45.02	0.94				
	168.72		11.48					
	159.49		10.47					
	9.23		1.01					
1616.72	**263.73**	**65.78**	**353.43**	**94.14**	**374.34**	**37.78**	**0.27**	**0.16**

6-2 续表 2

项　　目	Item	石油沥青（万吨） Bitumen Asphalt (10^4 tons)	石油焦（万吨） Petroleum Coke (10^4 tons)
一.可供本地区消费的能源量	**Total Primary Energy Supply**	**0.24**	**1.14**
1.一次能源生产量	Indigenous Production		
2.外省(区、市)调入量	Moving In from Other Provinces	0.24	4.28
3.进口量	Import		
4.境内轮船和飞机在境外的加油量	Domestic Airplanes&Ships Refueling in Abroad		
5.本省(区、市)调出量(-)	Sending Out to Other Provinces(-)		1.29
6.出口量(-)	Export(-)		
7.境外轮船和飞机在境内的加油量(-)	Oversea Airplanes&Ships Refueling in China(-)		
8.库存增(-)、减(+)量	Stock Change		-1.85
二.加工转换投入(-)产出(+)量	**Input(-) & Output(+) of Transformation**		**89.34**
1.火力发电	Thermal Power		-17.04
2.供热	Heating Supply		-40.47
3.洗选煤	Coal Washing		
4.炼焦	Coking		
5.炼油及煤制油	Petroleum Refineries		146.85
#油品再投入量(-)	Petroleum Products Input (-)		
6.制气	Gas Works		
#焦炭再投入量(-)	Coke Input (-)		
7.天然气液化	Natural Gas Liquefaction		
8.煤制品加工	Briquettes		
9.回收能	Recovery of Energy		
三.损失量	**Loss**		
四.终端消费量	**Total Final Consumption**	**0.24**	**90.48**
1.农、林、牧、渔业	Agriculture, Forestry, Animal Husbandry and Fishery		
2.工业	Industry	0.24	90.48
#用作原料、材料	Non-Energy Use		
3.建筑业	Construction		
4.交通运输、仓储和邮政业	Transport, Storage and Post		
5.批发、零售业和住宿、餐饮业	Wholesale, Retail Trade and Hotel, Restaurants		
6.其他	Others		
7.生活消费	Residential Consumption		
城镇	Urban		
乡村	Rural		
五.平衡差额	**Statistical Difference**		
六.消费量合计	**Total Energy Consumption**	**0.24**	**147.99**

Continued 2

液化石油气(万吨) LPG (10^4 tons)	炼厂干气(万吨) Refinery Gas (10^4 tons)	其他石油制品(万吨) Other Petroleum Products (10^4 tons)	天然气(亿立方米) Natural Gas (10^8 cu.m)	液化天然气(万吨) LNG (10^4 tons)	热力(万百万千焦) Heat (10^{10} kJ)	电力(亿千瓦小时) Electricity (10^8 kW•h)	其他能源(万吨标煤) Other Energy (10^4 tce)
-26.42		**140.53**	**63.68**	**2.15**		**215.25**	**121.17**
			20.54			7.08	47.69
0.54		140.66	52.94	2.15		209.05	73.61
26.93			9.80			0.88	
-0.03		-0.13					-0.13
80.00	**54.78**	**242.71**	**-22.24**	**0.42**	**20203.88**	**635.88**	**-18.86**
		-0.05	-16.30		-227.07	635.88	-8.56
		-0.13	-5.88		19877.26		-10.30
80.00	54.78	405.09					
		-162.20					
			-0.06	0.42			
					553.69		
			1.12		**111.16**	**48.18**	
53.58	**54.78**	**383.24**	**40.32**	**2.57**	**20092.72**	**802.95**	**102.31**
						15.34	
41.96	54.78	383.24	25.17	2.16	8600.61	544.27	102.31
29.75		0.53	1.49	0.12			
0.66			0.07		77.87	14.65	
0.11			1.14	0.41	187.95	34.47	
0.73			7.09		442.09	32.41	
0.52			1.34		1471.80	74.51	
9.60			5.51		9312.40	87.30	
1.16			5.41		9312.40	67.11	
8.44			0.10			20.19	
53.58	**54.78**	**545.62**	**63.62**	**2.57**	**20430.95**	**851.13**	**121.17**

6-3 河北能源平衡表(实物量)-2015

项 目	Item	煤合计 (万吨) Coal Total (10^4 tons)	原煤 (万吨) Raw Coal (10^4 tons)
一.可供本地区消费的能源量	**Total Primary Energy Supply**	**28943.13**	**30140.46**
1.一次能源生产量	Indigenous Production	7437.05	7437.05
2.外省(区、市)调入量	Moving In from Other Provinces	22867.89	22545.09
3.进口量	Import	1949.67	
4.境内轮船和飞机在境外的加油量	Domestic Airplanes&Ships Refueling in Abroad		
5.本省(区、市)调出量(-)	Sending Out to Other Provinces(-)	3194.49	
6.出口量(-)	Export(-)	203.37	
7.境外轮船和飞机在境内的加油量(-)	Oversea Airplanes&Ships Refueling in China(-)		
8.库存增(-)、减(+)量	Stock Change	86.38	158.32
二.加工转换投入(-)产出(+)量	**Input(-) & Output(+) of Transformation**	**-19959.61**	**-22102.59**
1.火力发电	Thermal Power	-8672.29	-8603.23
2.供热	Heating Supply	-1764.30	-1719.82
3.洗选煤	Coal Washing	-2178.74	-11106.84
4.炼焦	Coking	-7400.38	-359.27
5.炼油及煤制油	Petroleum Refineries		
#油品再投入量(-)	Petroleum Products Input (-)		
6.制气	Gas Works		
#焦炭再投入量(-)	Coke Input (-)		
7.天然气液化	Natural Gas Liquefaction		
8.煤制品加工	Briquettes	56.10	-313.43
9.回收能	Recovery of Energy		
三.损失量	**Loss**		
四.终端消费量	**Total Final Consumption**	**8983.52**	**8037.87**
1.农、林、牧、渔业	Agriculture, Forestry, Animal Husbandry and Fishery	131.60	131.60
2.工业	Industry	6824.49	6049.13
#用作原料、材料	Non-Energy Use	289.95	256.16
3.建筑业	Construction	12.83	12.83
4.交通运输、仓储和邮政业	Transport, Storage and Post	30.19	30.19
5.批发、零售业和住宿、餐饮业	Wholesale, Retail Trade and Hotel, Restaurants	105.68	101.28
6.其他	Others	182.91	182.91
7.生活消费	Residential Consumption	1695.82	1529.93
城镇	Urban	338.86	308.95
乡村	Rural	1356.96	1220.98
五.平衡差额	**Statistical Difference**		
六.消费量合计	**Total Energy Consumption**	**28943.13**	**30140.46**

Energy Balance of Hebei (Physical Quantity) -2015

洗精煤 (万吨) Cleaned Coal (10^4 tons)	其他洗煤 (万吨) Other Washed Coal (10^4 tons)	型煤 (万吨) Briquettes (10^4 tons)	煤矸石 (万吨) Gangue (10^4 tons)	焦炭 (万吨) Coke (10^4 tons)	焦炉煤气 (亿立方米) Coke Oven Gas (10^8 cu.m)	高炉煤气 (亿立方米) Blast Furnace Gas (10^8 cu.m)	转炉煤气 (亿立方米) Converter Gas (10^8 cu.m)	其他煤气 (亿立方米) Other Gas (10^8 cu.m)
764.53	**-1892.70**	**-69.16**		**2249.01**				**9.97**
322.80				2580.86				9.97
540.53	1409.14							
	3194.49			295.37				
26.61	176.76			33.84				
-72.19	69.41	-69.16		-2.64				
-178.62	**1952.07**	**369.53**	**16.18**	**5477.44**	**100.67**	**1358.07**	**88.50**	
	-69.06		-216.21		-19.90	-589.53	-40.32	
	-44.48		-75.58		-1.81	-205.83	-3.30	
6862.49	2065.61		307.97					
-7041.11				5477.44	122.38			
		369.53						
						2153.43	132.12	
585.91	**59.37**	**300.37**	**16.18**	**7726.45**	**100.67**	**1358.07**	**88.50**	**9.97**
				2.06				
585.91	59.37	130.08	16.18	7724.39	91.98	1358.07	88.50	0.08
32.81	0.46	0.52		28.47	1.24			
		4.40			3.29			
		165.89			5.40			9.89
		29.91			3.30			5.34
		135.98			2.10			4.55
7627.02	**172.91**	**300.37**	**307.97**	**7726.45**	**122.38**	**2153.43**	**132.12**	**9.97**

6-3 续表 1

项　　目	Item	其他焦化产品(万吨) Other Coking Products (10[4] tons)	油品合计(万吨) Petroleum Products Total (10[4] tons)
一.可供本地区消费的能源量	**Total Primary Energy Supply**	**-197.25**	**1631.63**
1.一次能源生产量	Indigenous Production		580.10
2.外省(区、市)调入量	Moving In from Other Provinces		1086.69
3.进口量	Import		1198.19
4.境内轮船和飞机在境外的加油量	Domestic Airplanes&Ships Refueling in Abroad		
5.本省(区、市)调出量(-)	Sending Out to Other Provinces(-)	198.83	1049.17
6.出口量(-)	Export(-)		140.92
7.境外轮船和飞机在境内的加油量(-)	Oversea Airplanes&Ships Refueling in China(-)		
8.库存增(-)、减(+)量	Stock Change	1.58	-43.26
二.加工转换投入(-)产出(+)量	**Input(-) & Output(+) of Transformation**	**367.82**	**-73.51**
1.火力发电	Thermal Power		-3.95
2.供热	Heating Supply		-5.74
3.洗选煤	Coal Washing		
4.炼焦	Coking	367.82	
5.炼油及煤制油	Petroleum Refineries		67.33
#油品再投入量(-)	Petroleum Products Input (-)		-131.15
6.制气	Gas Works		
#焦炭再投入量(-)	Coke Input (-)		
7.天然气液化	Natural Gas Liquefaction		
8.煤制品加工	Briquettes		
9.回收能	Recovery of Energy		
三.损失量	**Loss**		**13.50**
四.终端消费量	**Total Final Consumption**	**170.57**	**1544.62**
1.农、林、牧、渔业	Agriculture, Forestry, Animal Husbandry and Fishery		153.62
2.工业	Industry	170.57	238.72
#用作原料、材料	Non-Energy Use	79.63	30.70
3.建筑业	Construction		121.03
4.交通运输、仓储和邮政业	Transport, Storage and Post		483.43
5.批发、零售业和住宿、餐饮业	Wholesale, Retail Trade and Hotel, Restaurants		39.43
6.其他	Others		131.30
7.生活消费	Residential Consumption		377.09
城镇	Urban		207.21
乡村	Rural		169.88
五.平衡差额	**Statistical Difference**		
六.消费量合计	**Total Energy Consumption**	**170.57**	**1631.63**

Continued 1

原油 (万吨) Crude Oil (10^4 tons)	汽油 (万吨) Gasoline (10^4 tons)	煤油 (万吨) Kerosene (10^4 tons)	柴油 (万吨) Diesel Oil (10^4 tons)	燃料油 (万吨) Fuel Oil (10^4 tons)	石脑油 (万吨) Naphtha (10^4 tons)	润滑油 (万吨) Lubricants (10^4 tons)	石蜡 (万吨) Paraffin Waxes (10^4 tons)	溶剂油 (万吨) White Spirit (10^4 tons)
1666.82	**42.49**	**-35.91**	**251.39**	**-71.28**	**-59.36**	**-2.84**		**0.33**
580.10								
193.39	151.47		298.40	439.98				0.35
975.31				28.55				
	102.22	35.68	30.36	495.60	58.32	2.47		
79.10				30.42				
-2.88	-6.76	-0.23	-16.65	-13.79	-1.04	-0.37		-0.02
-1637.66	**432.83**	**44.15**	**496.12**	**120.54**	**59.39**	**3.03**		
			-1.51	-0.02				
			-0.16	-0.78				
-1637.66	432.83	44.15	497.79	123.01	59.63	5.68		
				-1.67	-0.24	-2.65		
13.50								
15.66	**475.32**	**8.24**	**747.51**	**49.26**	**0.03**	**0.19**		**0.33**
	52.05	0.80	98.78	1.36				
15.66	30.77	0.61	65.15	26.24	0.03	0.19		0.33
	3.64	0.01	3.67			0.01		0.16
	22.23	0.37	33.20	4.56				
	72.85	4.92	389.52	15.68				
	10.47	0.47	15.10	0.50				
	70.13	1.07	52.87	0.92				
	216.82		92.89					
	137.87		35.43					
	78.95		57.46					
1666.82	**475.32**	**8.24**	**749.18**	**51.73**	**0.27**	**2.84**		**0.33**

6-3 续表 2

项　　目	Item	石油沥青 (万吨) Bitumen Asphalt (10^4 tons)	石油焦 (万吨) Petroleum Coke (10^4 tons)
一.可供本地区消费的能源量	**Total Primary Energy Supply**	**-0.17**	**-56.25**
1.一次能源生产量	Indigenous Production		
2.外省(区、市)调入量	Moving In from Other Provinces		
3.进口量	Import		
4.境内轮船和飞机在境外的加油量	Domestic Airplanes&Ships Refueling in Abroad		
5.本省(区、市)调出量(-)	Sending Out to Other Provinces(-)		56.77
6.出口量(-)	Export(-)		
7.境外轮船和飞机在境内的加油量(-)	Oversea Airplanes&Ships Refueling in China(-)		
8.库存增(-)、减(+)量	Stock Change	-0.17	0.52
二.加工转换投入(-)产出(+)量	**Input(-) & Output(+) of Transformation**	**61.89**	**62.30**
1.火力发电	Thermal Power		
2.供热	Heating Supply		
3.洗选煤	Coal Washing		
4.炼焦	Coking		
5.炼油及煤制油	Petroleum Refineries	61.89	62.30
#油品再投入量(-)	Petroleum Products Input (-)		
6.制气	Gas Works		
#焦炭再投入量(-)	Coke Input (-)		
7.天然气液化	Natural Gas Liquefaction		
8.煤制品加工	Briquettes		
9.回收能	Recovery of Energy		
三.损失量	**Loss**		
四.终端消费量	**Total Final Consumption**	**61.72**	**6.05**
1.农、林、牧、渔业	Agriculture, Forestry, Animal Husbandry and Fishery		
2.工业	Industry	2.19	6.05
#用作原料、材料	Non-Energy Use	0.01	
3.建筑业	Construction	59.53	
4.交通运输、仓储和邮政业	Transport, Storage and Post		
5.批发、零售业和住宿、餐饮业	Wholesale, Retail Trade and Hotel, Restaurants		
6.其他	Others		
7.生活消费	Residential Consumption		
城镇	Urban		
乡村	Rural		
五.平衡差额	**Statistical Difference**		
六.消费量合计	**Total Energy Consumption**	**61.72**	**6.05**

Continued 2

液化石油气 (万吨) LPG (10^4 tons)	炼厂干气 (万吨) Refinery Gas (10^4 tons)	其他石油制品 (万吨) Other Petroleum Products (10^4 tons)	天然气 (亿立方米) Natural Gas (10^8 cu.m)	液化天然气 (万吨) LNG (10^4 tons)	热力 (万百万千焦) Heat (10^{10} kJ)	电力 (亿千瓦小时) Electricity (10^8 kW•h)	其他能源 (万吨标煤) Other Energy (10^4 tce)
-25.49	**-0.50**	**-77.60**	**72.26**	**5.13**		**886.96**	
			10.43			205.63	
3.10			61.88	5.36		681.33	
164.72		29.61					
192.58	0.50	74.67					
		31.40					
-0.73		-1.14	-0.05	-0.23			
115.41	**39.19**	**129.30**	**-2.87**	**8.94**	**37793.96**	**2288.70**	**62.08**
	-0.67	-1.75	-0.23		-4448.59	2288.70	-86.73
	-4.69	-0.11	-1.40		33725.73		-5.13
115.41	50.35	251.95					
	-5.80	-120.79					
			-1.24	8.94			
					8516.82		153.94
						194.48	
89.92	**38.69**	**51.70**	**69.39**	**14.07**	**37793.96**	**2981.18**	**62.08**
0.63			0.69		94.80	98.51	
1.11	38.69	51.70	37.23	1.07	22930.22	2105.69	62.08
0.02	0.05	23.13	1.71	0.13			
1.14			1.17		68.19	32.32	
0.46			3.90	13.00	551.74	87.55	
12.89			7.79		2127.18	123.32	
6.31			6.61		4160.32	162.07	
67.38			12.00		7861.51	371.72	
33.91			11.00		7861.51	146.28	
33.47			1.00			225.44	
89.92	**49.85**	**174.35**	**71.03**	**14.07**	**42242.55**	**3175.66**	**153.94**

6-4 山西能源平衡表(实物量)-2015

项　　目	Item	煤合计 (万吨) Coal Total (10⁴ tons)	原煤 (万吨) Raw Coal (10⁴ tons)
一.可供本地区消费的能源量	**Total Primary Energy Supply**	**37115.10**	**79799.55**
1.一次能源生产量	Indigenous Production	96680.00	96680.00
2.外省(区、市)调入量	Moving In from Other Provinces	4917.76	4917.76
3.进口量	Import		
4.境内轮船和飞机在境外的加油量	Domestic Airplanes&Ships Refueling in Abroad		
5.本省(区、市)调出量(-)	Sending Out to Other Provinces(-)	62425.63	21020.30
6.出口量(-)	Export(-)		
7.境外轮船和飞机在境内的加油量(-)	Oversea Airplanes&Ships Refueling in China(-)		
8.库存增(-)、减(+)量	Stock Change	-2057.03	-777.91
二.加工转换投入(-)产出(+)量	**Input(-) & Output(+) of Transformation**	**-30471.90**	**-74335.66**
1.火力发电	Thermal Power	-10247.76	-9587.45
2.供热	Heating Supply	-1382.24	-1307.57
3.洗选煤	Coal Washing	-7822.44	-63383.77
4.炼焦	Coking	-10914.27	-32.07
5.炼油及煤制油	Petroleum Refineries		
#油品再投入量(-)	Petroleum Products Input (-)		
6.制气	Gas Works	-24.80	-24.80
#焦炭再投入量(-)	Coke Input (-)		
7.天然气液化	Natural Gas Liquefaction		
8.煤制品加工	Briquettes	-80.39	
9.回收能	Recovery of Energy		
三.损失量	**Loss**		
四.终端消费量	**Total Final Consumption**	**6643.20**	**5463.89**
1.农、林、牧、渔业	Agriculture, Forestry, Animal Husbandry and Fishery	175.50	175.50
2.工业	Industry	5044.91	4383.88
#用作原料、材料	Non-Energy Use	668.55	576.42
3.建筑业	Construction	30.64	30.64
4.交通运输、仓储和邮政业	Transport, Storage and Post	69.26	69.26
5.批发、零售业和住宿、餐饮业	Wholesale, Retail Trade and Hotel, Restaurants	170.60	170.60
6.其他	Others	221.09	221.09
7.生活消费	Residential Consumption	931.20	412.92
城镇	Urban	277.50	105.10
乡村	Rural	653.70	307.82
五.平衡差额	**Statistical Difference**		
六.消费量合计	**Total Energy Consumption**	**37115.10**	**79799.55**

Energy Balance of Shanxi (Physical Quantity) -2015

洗精煤 (万吨) Cleaned Coal (10^4 tons)	其他洗煤 (万吨) Other Washed Coal (10^4 tons)	型煤 (万吨) Briquettes (10^4 tons)	煤矸石 (万吨) Gangue (10^4 tons)	焦炭 (万吨) Coke (10^4 tons)	焦炉煤气 (亿立方米) Coke Oven Gas (10^8 cu.m)	高炉煤气 (亿立方米) Blast Furnace Gas (10^8 cu.m)	转炉煤气 (亿立方米) Converter Gas (10^8 cu.m)	其他煤气 (亿立方米) Other Gas (10^8 cu.m)
-24312.29	**-18372.49**	**0.33**		**-5956.43**				
23169.59	18235.74			5901.29				
-1142.70	-136.75	0.33		-55.14				
24685.46	**19043.17**	**135.13**	**76.34**	**8039.88**	**144.88**	**194.20**	**7.71**	**5.42**
-10.15	-650.16		-1043.70		-13.97	-60.89	-1.17	
	-74.67		-105.17		-1.21	-14.12	-0.41	
35577.81	19983.52		1225.21					
-10882.20				8039.88	160.06			
								5.42
	-215.52	135.13						
						269.21	9.29	
373.17	**670.68**	**135.46**	**76.34**	**2083.45**	**144.88**	**194.20**	**7.71**	**5.42**
373.17	207.60	80.26	76.34	2082.51	135.28	194.20	7.71	5.42
58.91	33.22			19.68	6.84			
				0.14				
				0.80	2.10			
	463.08	55.20			7.50			
	153.90	18.50			7.50			
	309.18	36.70						
11265.52	**1611.03**	**135.46**	**1225.21**	**2083.45**	**160.06**	**269.21**	**9.29**	**5.42**

6-4 续表 1

项　　目	Item	其他焦化产品(万吨) Other Coking Products (10^4 tons)	油品合计(万吨) Petroleum Products Total (10^4 tons)
一.可供本地区消费的能源量	**Total Primary Energy Supply**	**-180.38**	**774.94**
1.一次能源生产量	Indigenous Production		
2.外省(区、市)调入量	Moving In from Other Provinces		772.17
3.进口量	Import		
4.境内轮船和飞机在境外的加油量	Domestic Airplanes&Ships Refueling in Abroad		
5.本省(区、市)调出量(-)	Sending Out to Other Provinces(-)	181.34	
6.出口量(-)	Export(-)		
7.境外轮船和飞机在境内的加油量(-)	Oversea Airplanes&Ships Refueling in China(-)		
8.库存增(-)、减(+)量	Stock Change	0.96	2.77
二.加工转换投入(-)产出(+)量	**Input(-) & Output(+) of Transformation**	**347.41**	
1.火力发电	Thermal Power		
2.供热	Heating Supply		
3.洗选煤	Coal Washing		
4.炼焦	Coking	347.41	
5.炼油及煤制油	Petroleum Refineries		
#油品再投入量(-)	Petroleum Products Input (-)		
6.制气	Gas Works		
#焦炭再投入量(-)	Coke Input (-)		
7.天然气液化	Natural Gas Liquefaction		
8.煤制品加工	Briquettes		
9.回收能	Recovery of Energy		
三.损失量	**Loss**		**1.22**
四.终端消费量	**Total Final Consumption**	**167.03**	**773.72**
1.农、林、牧、渔业	Agriculture, Forestry, Animal Husbandry and Fishery		41.70
2.工业	Industry	167.03	101.82
#用作原料、材料	Non-Energy Use	82.99	1.08
3.建筑业	Construction		41.70
4.交通运输、仓储和邮政业	Transport, Storage and Post		505.65
5.批发、零售业和住宿、餐饮业	Wholesale, Retail Trade and Hotel, Restaurants		10.05
6.其他	Others		18.34
7.生活消费	Residential Consumption		54.46
城镇	Urban		24.13
乡村	Rural		30.33
五.平衡差额	**Statistical Difference**		
六.消费量合计	**Total Energy Consumption**	**167.03**	**774.94**

Continued 1

原油 (万吨) Crude Oil (10^4 tons)	汽油 (万吨) Gasoline (10^4 tons)	煤油 (万吨) Kerosene (10^4 tons)	柴油 (万吨) Diesel Oil (10^4 tons)	燃料油 (万吨) Fuel Oil (10^4 tons)	石脑油 (万吨) Naphtha (10^4 tons)	润滑油 (万吨) Lubricants (10^4 tons)	石蜡 (万吨) Paraffin Waxes (10^4 tons)	溶剂油 (万吨) White Spirit (10^4 tons)
	208.48	**26.51**	**517.22**	**0.61**				
	215.02	26.14	508.40	0.32				
	-6.54	0.37	8.82	0.29				
	0.55		**0.67**					
	207.93	**26.51**	**516.55**	**0.61**				
	19.50		22.20					
	10.02	0.96	80.17	0.61				
	15.45	2.86	23.39					
	108.30	22.59	374.76					
	4.61	0.10	5.18					
	12.45		5.89					
	37.60		4.96					
	16.64		0.62					
	20.96		4.34					
	208.48	**26.51**	**517.22**	**0.61**				

6-4 续表 2

项 目	Item	石油沥青(万吨) Bitumen Asphalt (10^4 tons)	石油焦(万吨) Petroleum Coke (10^4 tons)
一.可供本地区消费的能源量	**Total Primary Energy Supply**		
1.一次能源生产量	Indigenous Production		
2.外省(区、市)调入量	Moving In from Other Provinces		
3.进口量	Import		
4.境内轮船和飞机在境外的加油量	Domestic Airplanes&Ships Refueling in Abroad		
5.本省(区、市)调出量(-)	Sending Out to Other Provinces(-)		
6.出口量(-)	Export(-)		
7.境外轮船和飞机在境内的加油量(-)	Oversea Airplanes&Ships Refueling in China(-)		
8.库存增(-)、减(+)量	Stock Change		
二.加工转换投入(-)产出(+)量	**Input(-) & Output(+) of Transformation**		
1.火力发电	Thermal Power		
2.供热	Heating Supply		
3.洗选煤	Coal Washing		
4.炼焦	Coking		
5.炼油及煤制油	Petroleum Refineries		
#油品再投入量(-)	Petroleum Products Input (-)		
6.制气	Gas Works		
#焦炭再投入量(-)	Coke Input (-)		
7.天然气液化	Natural Gas Liquefaction		
8.煤制品加工	Briquettes		
9.回收能	Recovery of Energy		
三.损失量	**Loss**		
四.终端消费量	**Total Final Consumption**		
1.农、林、牧、渔业	Agriculture, Forestry, Animal Husbandry and Fishery		
2.工业	Industry		
#用作原料、材料	Non-Energy Use		
3.建筑业	Construction		
4.交通运输、仓储和邮政业	Transport, Storage and Post		
5.批发、零售业和住宿、餐饮业	Wholesale, Retail Trade and Hotel, Restaurants		
6.其他	Others		
7.生活消费	Residential Consumption		
城镇	Urban		
乡村	Rural		
五.平衡差额	**Statistical Difference**		
六.消费量合计	**Total Energy Consumption**		

Continued 2

液化石油气 (万吨) LPG (10^4 tons)	炼厂干气 (万吨) Refinery Gas (10^4 tons)	其他石油制品 (万吨) Other Petroleum Products (10^4 tons)	天然气 (亿立方米) Natural Gas (10^8 cu.m)	液化天然气 (万吨) LNG (10^4 tons)	热力 (万百万千焦) Heat (10^{10} kJ)	电力 (亿千瓦小时) Electricity (10^8 kW•h)	其他能源 (万吨标煤) Other Energy (10^4 tce)
12.17		**9.95**	**64.85**	**0.50**		**-581.39**	**188.17**
			43.08			138.85	
12.17		10.12	21.77	0.50		23.67	188.17
						743.91	
		-0.17					
			-14.34		**27044.00**	**2318.60**	**-180.79**
			-13.21		-2869.04	2318.60	-173.46
			-1.13		23630.29		-7.33
					6282.75		
						93.12	
12.17		**9.95**	**50.51**	**0.50**	**27044.00**	**1644.09**	**7.38**
			0.01			40.97	
0.11		9.95	23.05	0.08	14624.26	1263.37	7.38
		1.08	0.24				
			1.61	0.17	255.92	16.84	
			8.10			54.31	
0.16			5.29	0.25	2127.12	35.04	
			1.30		1714.70	73.69	
11.90			11.15		8322.00	159.87	
6.87			10.75		8322.00	99.93	
5.03			0.40			59.94	
12.17		**9.95**	**64.85**	**0.50**	**29913.04**	**1737.21**	**188.17**

6-5 内蒙古能源平衡表(实物量)-2015

项 目	Item	煤合计 (万吨) Coal Total (10^4 tons)	原煤 (万吨) Raw Coal (10^4 tons)
一.可供本地区消费的能源量	**Total Primary Energy Supply**	**36499.76**	**40474.13**
1.一次能源生产量	Indigenous Production	90957.05	90957.05
2.外省(区、市)调入量	Moving In from Other Provinces	1050.84	1002.52
3.进口量	Import	1402.90	1402.90
4.境内轮船和飞机在境外的加油量	Domestic Airplanes&Ships Refueling in Abroad		
5.本省(区、市)调出量(-)	Sending Out to Other Provinces(-)	56422.44	52611.88
6.出口量(-)	Export(-)	118.21	118.21
7.境外轮船和飞机在境内的加油量(-)	Oversea Airplanes&Ships Refueling in China(-)		
8.库存增(-)、减(+)量	Stock Change	-370.38	-158.25
二.加工转换投入(-)产出(+)量	**Input(-) & Output(+) of Transformation**	**-28956.74**	**-33303.99**
1.火力发电	Thermal Power	-19131.53	-19117.40
2.供热	Heating Supply	-2563.88	-2563.88
3.洗选煤	Coal Washing	-2106.63	-10364.65
4.炼焦	Coking	-4444.40	-708.47
5.炼油及煤制油	Petroleum Refineries	-347.51	-186.80
#油品再投入量(-)	Petroleum Products Input (-)		
6.制气	Gas Works	-362.79	-362.79
#焦炭再投入量(-)	Coke Input (-)		
7.天然气液化	Natural Gas Liquefaction		
8.煤制品加工	Briquettes		
9.回收能	Recovery of Energy		
三.损失量	**Loss**		
四.终端消费量	**Total Final Consumption**	**7543.02**	**7170.14**
1.农、林、牧、渔业	Agriculture, Forestry, Animal Husbandry and Fishery	501.57	439.98
2.工业	Industry	4459.50	4344.47
#用作原料、材料	Non-Energy Use	1396.68	1371.57
3.建筑业	Construction	143.91	126.56
4.交通运输、仓储和邮政业	Transport, Storage and Post	719.53	645.70
5.批发、零售业和住宿、餐饮业	Wholesale, Retail Trade and Hotel, Restaurants	812.48	754.25
6.其他	Others	596.93	577.60
7.生活消费	Residential Consumption	309.10	281.58
城镇	Urban	52.86	46.90
乡村	Rural	256.24	234.68
五.平衡差额	**Statistical Difference**		
六.消费量合计	**Total Energy Consumption**	**36499.76**	**40474.13**

Energy Balance of Inner Mongolia (Physical Quantity) -2015

洗精煤 (万吨) Cleaned Coal (10^4 tons)	其他洗煤 (万吨) Other Washed Coal (10^4 tons)	型煤 (万吨) Briquettes (10^4 tons)	煤矸石 (万吨) Gangue (10^4 tons)	焦炭 (万吨) Coke (10^4 tons)	焦炉煤气 (亿立方米) Coke Oven Gas (10^8 cu.m)	高炉煤气 (亿立方米) Blast Furnace Gas (10^8 cu.m)	转炉煤气 (亿立方米) Converter Gas (10^8 cu.m)	其他煤气 (亿立方米) Other Gas (10^8 cu.m)
-894.65	**-3128.92**	**49.20**	**0.12**	**-1508.25**				
		48.32						
826.00	2984.56			1474.59				
				0.02				
-68.65	-144.36	0.88	0.12	-33.64				
948.00	**3402.33**	**-3.08**	**-0.12**	**3040.99**	**39.49**	**129.85**	**5.67**	**0.86**
	-11.05	-3.08	-752.90		-5.99	-54.14		
			-33.53		-1.36	-14.93	-4.77	
4823.84	3434.18		786.31					
-3725.95	-9.98			3040.99	46.84			
-149.89	-10.82							
								0.86
						198.92	10.44	
53.35	**273.41**	**46.12**		**1532.74**	**39.49**	**129.85**	**5.67**	**0.86**
	61.59							
53.10	15.81	46.12		1532.74	39.49	129.85	5.67	0.55
3.93	1.37	19.81		537.18	2.94			
	17.35							
0.25	73.58							
	58.23							0.09
	19.33							
	27.52							0.22
	5.96							0.10
	21.56							0.12
3929.19	**305.26**	**49.20**	**786.43**	**1532.74**	**46.84**	**198.92**	**10.44**	**0.86**

6-5 续表 1

项　　目	Item	其他焦化产品(万吨) Other Coking Products (10^4 tons)	油品合计(万吨) Petroleum Products Total (10^4 tons)
一.可供本地区消费的能源量	**Total Primary Energy Supply**	**73.76**	**869.24**
1.一次能源生产量	Indigenous Production		178.83
2.外省(区、市)调入量	Moving In from Other Provinces	86.66	880.98
3.进口量	Import		77.48
4.境内轮船和飞机在境外的加油量	Domestic Airplanes&Ships Refueling in Abroad		
5.本省(区、市)调出量(-)	Sending Out to Other Provinces(-)		248.59
6.出口量(-)	Export(-)	0.05	10.15
7.境外轮船和飞机在境内的加油量(-)	Oversea Airplanes&Ships Refueling in China(-)		
8.库存增(-)、减(+)量	Stock Change	-12.85	-9.30
二.加工转换投入(-)产出(+)量	**Input(-) & Output(+) of Transformation**	**182.96**	**121.26**
1.火力发电	Thermal Power		-8.91
2.供热	Heating Supply		-0.05
3.洗选煤	Coal Washing		
4.炼焦	Coking	248.53	
5.炼油及煤制油	Petroleum Refineries	-65.57	135.15
#油品再投入量(-)	Petroleum Products Input (-)		-4.93
6.制气	Gas Works		
#焦炭再投入量(-)	Coke Input (-)		
7.天然气液化	Natural Gas Liquefaction		
8.煤制品加工	Briquettes		
9.回收能	Recovery of Energy		
三.损失量	**Loss**		
四.终端消费量	**Total Final Consumption**	**256.72**	**990.50**
1.农、林、牧、渔业	Agriculture, Forestry, Animal Husbandry and Fishery		73.04
2.工业	Industry	256.72	188.03
#用作原料、材料	Non-Energy Use	6.59	4.54
3.建筑业	Construction		126.03
4.交通运输、仓储和邮政业	Transport, Storage and Post		376.10
5.批发、零售业和住宿、餐饮业	Wholesale, Retail Trade and Hotel, Restaurants		15.33
6.其他	Others		92.82
7.生活消费	Residential Consumption		119.15
城镇	Urban		80.67
乡村	Rural		38.48
五.平衡差额	**Statistical Difference**		
六.消费量合计	**Total Energy Consumption**	**322.29**	**869.24**

Continued 1

原油（万吨） Crude Oil (10^4 tons)	汽油（万吨） Gasoline (10^4 tons)	煤油（万吨） Kerosene (10^4 tons)	柴油（万吨） Diesel Oil (10^4 tons)	燃料油（万吨） Fuel Oil (10^4 tons)	石脑油（万吨） Naphtha (10^4 tons)	润滑油（万吨） Lubricants (10^4 tons)	石蜡（万吨） Paraffin Waxes (10^4 tons)	溶剂油（万吨） White Spirit (10^4 tons)
383.67	**157.85**	**23.47**	**299.41**	**3.79**	**-26.71**	**0.06**	**-12.11**	**-0.07**
178.83								
190.51	191.17	23.71	373.59					0.05
66.57				3.67		7.24		
50.11	33.45		68.03	1.82	26.46	7.06	12.11	
	2.80		0.05					
-2.13	2.93	-0.24	-6.10	1.95	-0.25	-0.12		-0.12
-378.07	**147.91**	**9.13**	**175.14**	**6.77**	**26.71**		**12.13**	**0.12**
-0.03			-0.53	-0.04				
			-0.05					
-378.04	147.91	9.13	175.72	6.81	26.71		12.13	0.12
5.60	**305.76**	**32.60**	**474.55**	**10.56**		**0.06**	**0.02**	**0.05**
	7.20		65.84					
5.60	13.65	0.24	108.16	10.51		0.06	0.02	0.05
	0.04	0.02	3.99					
	7.98		17.63					
	155.32	32.36	188.15	0.05				
	7.94		7.07					
	50.75		41.81					
	62.92		45.89					
	42.61		31.86					
	20.31		14.03					
383.67	**305.76**	**32.60**	**475.13**	**10.60**		**0.06**	**0.02**	**0.05**

6-5 续表 2

项目	Item	石油沥青(万吨) Bitumen Asphalt (10^4 tons)	石油焦(万吨) Petroleum Coke (10^4 tons)
一.可供本地区消费的能源量	**Total Primary Energy Supply**	**44.98**	**44.58**
1.一次能源生产量	Indigenous Production		
2.外省(区、市)调入量	Moving In from Other Provinces	57.18	44.77
3.进口量	Import		
4.境内轮船和飞机在境外的加油量	Domestic Airplanes&Ships Refueling in Abroad		
5.本省(区、市)调出量(-)	Sending Out to Other Provinces(-)		
6.出口量(-)	Export(-)	7.30	
7.境外轮船和飞机在境内的加油量(-)	Oversea Airplanes&Ships Refueling in China(-)		
8.库存增(-)、减(+)量	Stock Change	-4.90	-0.19
二.加工转换投入(-)产出(+)量	**Input(-) & Output(+) of Transformation**	**42.19**	
1.火力发电	Thermal Power		
2.供热	Heating Supply		
3.洗选煤	Coal Washing		
4.炼焦	Coking		
5.炼油及煤制油	Petroleum Refineries	42.19	
#油品再投入量(-)	Petroleum Products Input (-)		
6.制气	Gas Works		
#焦炭再投入量(-)	Coke Input (-)		
7.天然气液化	Natural Gas Liquefaction		
8.煤制品加工	Briquettes		
9.回收能	Recovery of Energy		
三.损失量	**Loss**		
四.终端消费量	**Total Final Consumption**	**87.17**	**44.58**
1.农、林、牧、渔业	Agriculture, Forestry, Animal Husbandry and Fishery		
2.工业	Industry	4.61	44.58
#用作原料、材料	Non-Energy Use	0.20	0.29
3.建筑业	Construction	82.56	
4.交通运输、仓储和邮政业	Transport, Storage and Post		
5.批发、零售业和住宿、餐饮业	Wholesale, Retail Trade and Hotel, Restaurants		
6.其他	Others		
7.生活消费	Residential Consumption		
城镇	Urban		
乡村	Rural		
五.平衡差额	**Statistical Difference**		
六.消费量合计	**Total Energy Consumption**	**87.17**	**44.58**

Continued 2

液化石油气 (万吨) LPG (10^4 tons)	炼厂干气 (万吨) Refinery Gas (10^4 tons)	其他石油制品 (万吨) Other Petroleum Products (10^4 tons)	天然气 (亿立方米) Natural Gas (10^8 cu.m)	液化天然气 (万吨) LNG (10^4 tons)	热力 (万百万千焦) Heat (10^{10} kJ)	电力 (亿千瓦小时) Electricity (10^8 kW•h)	其他能源 (万吨标煤) Other Energy (10^4 tce)
-25.33		**-24.35**	**47.90**	**-137.82**		**-879.07**	**48.35**
			290.87			501.27	48.35
						15.72	
25.17		24.38	242.97	136.73		1385.06	
						11.00	
-0.16		0.03		-1.09			
36.47	**0.25**	**42.51**	**-11.44**	**138.12**	**32781.96**	**3421.93**	**-33.28**
		-8.31	-0.24		-2014.28	3421.93	-27.35
			-0.56		32736.17		-5.93
36.47	0.25	55.75					
		-4.93					
			10.27				
			-20.91	138.12			
					2060.07		
11.14	**0.25**	**18.16**	**36.46**	**0.30**	**32781.96**	**2542.86**	**15.07**
					32.56	41.36	
	0.25	0.30	20.86	0.30	6661.94	2245.56	15.07
			5.57				
		17.86			172.68	9.92	
0.23			5.07		698.09	23.02	
0.31			4.36		1408.11	45.49	
0.26			3.37		2621.14	49.37	
10.34			2.80		21187.44	128.14	
6.20			2.80		21187.44	91.16	
4.14						36.98	
11.14	**0.25**	**31.40**	**39.11**	**0.30**	**34796.24**	**2542.86**	**48.35**

6-6 辽宁能源平衡表(实物量)-2015

项目	Item	煤合计(万吨) Coal Total (10^4 tons)	原煤(万吨) Raw Coal (10^4 tons)
一.可供本地区消费的能源量	**Total Primary Energy Supply**	**17336.36**	**15387.24**
1.一次能源生产量	Indigenous Production	4752.33	4752.33
2.外省(区、市)调入量	Moving In from Other Provinces	12176.17	9992.42
3.进口量	Import	1403.17	877.01
4.境内轮船和飞机在境外的加油量	Domestic Airplanes&Ships Refueling in Abroad		
5.本省(区、市)调出量(-)	Sending Out to Other Provinces(-)	849.38	99.07
6.出口量(-)	Export(-)	0.50	0.16
7.境外轮船和飞机在境内的加油量(-)	Oversea Airplanes&Ships Refueling in China(-)		
8.库存增(-)、减(+)量	Stock Change	-145.43	-135.29
二.加工转换投入(-)产出(+)量	**Input(-) & Output(+) of Transformation**	**-13326.64**	**-12238.50**
1.火力发电	Thermal Power	-6647.34	-6599.02
2.供热	Heating Supply	-3011.94	-2941.67
3.洗选煤	Coal Washing	-743.73	-2663.41
4.炼焦	Coking	-2893.68	
5.炼油及煤制油	Petroleum Refineries		
#油品再投入量(-)	Petroleum Products Input (-)		
6.制气	Gas Works	-29.11	-29.11
#焦炭再投入量(-)	Coke Input (-)		
7.天然气液化	Natural Gas Liquefaction		
8.煤制品加工	Briquettes	-0.84	-5.29
9.回收能	Recovery of Energy		
三.损失量	**Loss**	**6.00**	
四.终端消费量	**Total Final Consumption**	**4003.72**	**3148.74**
1.农、林、牧、渔业	Agriculture, Forestry, Animal Husbandry and Fishery	23.00	23.00
2.工业	Industry	3241.35	2720.78
#用作原料、材料	Non-Energy Use	41.09	41.09
3.建筑业	Construction	4.45	4.45
4.交通运输、仓储和邮政业	Transport, Storage and Post	89.95	74.77
5.批发、零售业和住宿、餐饮业	Wholesale, Retail Trade and Hotel, Restaurants	53.11	53.11
6.其他	Others	150.06	61.52
7.生活消费	Residential Consumption	441.80	211.11
城镇	Urban	218.68	102.99
乡村	Rural	223.12	108.12
五.平衡差额	**Statistical Difference**		
六.消费量合计	**Total Energy Consumption**	**17336.36**	**15387.24**

Energy Balance of Liaoning (Physical Quantity) -2015

洗精煤 (万吨) Cleaned Coal (10^4 tons)	其他洗煤 (万吨) Other Washed Coal (10^4 tons)	型煤 (万吨) Briquettes (10^4 tons)	煤矸石 (万吨) Gangue (10^4 tons)	焦炭 (万吨) Coke (10^4 tons)	焦炉煤气 (亿立方米) Coke Oven Gas (10^8 cu.m)	高炉煤气 (亿立方米) Blast Furnace Gas (10^8 cu.m)	转炉煤气 (亿立方米) Converter Gas (10^8 cu.m)	其他煤气 (亿立方米) Other Gas (10^8 cu.m)
2699.96	**-771.24**	**20.40**	**378.97**	**1090.32**				
2173.30	10.45		378.97	1111.20				
502.51		23.65		0.17				
	750.31			46.63				
		0.34		1.90				
24.15	-31.38	-2.91		27.48				
-2328.21	**1235.62**	**4.45**	**-378.97**	**2091.54**	**60.99**	**543.15**	**36.99**	**14.27**
	-48.32		-273.60	-3.13	-11.25	-160.26	-9.45	
-19.35	-50.92		-167.26	-0.83	-8.47	-78.65	-9.31	
584.82	1334.86		61.89					
-2893.68				2097.24	80.71			
								14.27
				-1.74				
		4.45						
						782.06	55.75	
	6.00							
371.75	**458.38**	**24.85**		**3181.86**	**60.99**	**543.15**	**36.99**	**14.27**
356.57	157.23	6.77		3181.84	60.99	543.15	36.99	5.17
				48.90				
15.18				0.02				
								0.04
	88.54							
	212.61	18.08						9.06
	112.61	3.08						9.05
	100.00	15.00						0.01
3284.78	**563.62**	**24.85**	**440.86**	**3187.56**	**80.71**	**782.06**	**55.75**	**14.27**

6-6 续表 1

项　　目	Item	其他焦化产品(万吨) Other Coking Products (10^4 tons)	油品合计(万吨) Petroleum Products Total (10^4 tons)
一.可供本地区消费的能源量	**Total Primary Energy Supply**	**-15.73**	**4470.36**
1.一次能源生产量	Indigenous Production		1037.07
2.外省(区、市)调入量	Moving In from Other Provinces		5754.13
3.进口量	Import		2704.25
4.境内轮船和飞机在境外的加油量	Domestic Airplanes&Ships Refueling in Abroad		33.31
5.本省(区、市)调出量(-)	Sending Out to Other Provinces(-)		3871.44
6.出口量(-)	Export(-)		882.54
7.境外轮船和飞机在境内的加油量(-)	Oversea Airplanes&Ships Refueling in China(-)		31.80
8.库存增(-)、减(+)量	Stock Change	-15.73	-272.62
二.加工转换投入(-)产出(+)量	**Input(-) & Output(+) of Transformation**	**75.09**	**-387.38**
1.火力发电	Thermal Power	-0.20	-7.52
2.供热	Heating Supply	-0.42	-32.62
3.洗选煤	Coal Washing		
4.炼焦	Coking	75.71	
5.炼油及煤制油	Petroleum Refineries		-139.46
#油品再投入量(-)	Petroleum Products Input (-)		-202.79
6.制气	Gas Works		-4.99
#焦炭再投入量(-)	Coke Input (-)		
7.天然气液化	Natural Gas Liquefaction		
8.煤制品加工	Briquettes		
9.回收能	Recovery of Energy		
三.损失量	**Loss**		**21.05**
四.终端消费量	**Total Final Consumption**	**59.36**	**4061.93**
1.农、林、牧、渔业	Agriculture, Forestry, Animal Husbandry and Fishery		157.32
2.工业	Industry	59.36	1864.60
#用作原料、材料	Non-Energy Use	17.29	444.16
3.建筑业	Construction		181.69
4.交通运输、仓储和邮政业	Transport, Storage and Post		1200.77
5.批发、零售业和住宿、餐饮业	Wholesale, Retail Trade and Hotel, Restaurants		56.75
6.其他	Others		318.85
7.生活消费	Residential Consumption		281.95
城镇	Urban		244.50
乡村	Rural		37.45
五.平衡差额	**Statistical Difference**		
六.消费量合计	**Total Energy Consumption**	**59.98**	**4470.36**

Continued 1

原油 (万吨) Crude Oil (10^4 tons)	汽油 (万吨) Gasoline (10^4 tons)	煤油 (万吨) Kerosene (10^4 tons)	柴油 (万吨) Diesel Oil (10^4 tons)	燃料油 (万吨) Fuel Oil (10^4 tons)	石脑油 (万吨) Naphtha (10^4 tons)	润滑油 (万吨) Lubricants (10^4 tons)	石蜡 (万吨) Paraffin Waxes (10^4 tons)	溶剂油 (万吨) White Spirit (10^4 tons)
6439.87	**-385.80**	**-399.13**	**-1161.62**	**139.72**	**121.47**	**16.34**	**-40.35**	**0.17**
1037.07								
3142.38	929.56	89.37	1203.35	172.03	97.34	20.62		3.40
2524.28			0.61	15.05	138.55	2.36	0.71	
		4.79		28.52				
	985.84	356.20	2066.12	12.21	117.43			3.20
222.20	262.84	134.32	177.67	22.64		1.69	41.06	
		1.80	3.00	27.00				
-41.66	-66.68	-0.97	-118.79	-14.03	3.01	-4.95		-0.03
-6400.78	**1128.52**	**429.10**	**2270.33**	**125.58**	**412.60**	**0.85**	**65.16**	**0.01**
			-0.44	-6.24				
			-0.11	-27.08				
-6400.78	1128.52	429.10	2270.88	171.52	412.60	0.85	65.16	0.01
				-12.62				
20.00	**1.05**							
19.09	**741.67**	**29.97**	**1108.71**	**265.30**	**534.07**	**17.19**	**24.81**	**0.18**
	60.58		96.73					
19.09	60.00	4.56	156.10	70.16	534.07	17.19	24.81	0.18
	0.05	0.42	0.16		429.03		0.11	0.01
	0.76	0.70	25.06	0.10				
	311.23	24.06	590.39	194.49				
	17.01	0.10	10.04	0.23				
	135.17	0.55	169.90	0.32				
	156.92		60.49					
	142.25		47.91					
	14.67		12.58					
6439.87	**742.72**	**29.97**	**1109.26**	**311.24**	**534.07**	**17.19**	**24.81**	**0.18**

6-6 续表 2

项　　目	Item	石油沥青(万吨) Bitumen Asphalt (10^4 tons)	石油焦(万吨) Petroleum Coke (10^4 tons)
一.可供本地区消费的能源量	**Total Primary Energy Supply**	**-184.16**	**-54.76**
1.一次能源生产量	Indigenous Production		
2.外省(区、市)调入量	Moving In from Other Provinces	66.80	2.59
3.进口量	Import	1.37	21.32
4.境内轮船和飞机在境外的加油量	Domestic Airplanes&Ships Refueling in Abroad		
5.本省(区、市)调出量(-)	Sending Out to Other Provinces(-)	246.34	37.43
6.出口量(-)	Export(-)	0.13	19.70
7.境外轮船和飞机在境内的加油量(-)	Oversea Airplanes&Ships Refueling in China(-)		
8.库存增(-)、减(+)量	Stock Change	-5.86	-21.54
二.加工转换投入(-)产出(+)量	**Input(-) & Output(+) of Transformation**	**412.65**	**184.56**
1.火力发电	Thermal Power		
2.供热	Heating Supply		
3.洗选煤	Coal Washing		
4.炼焦	Coking		
5.炼油及煤制油	Petroleum Refineries	412.65	184.56
#油品再投入量(-)	Petroleum Products Input (-)		
6.制气	Gas Works		
#焦炭再投入量(-)	Coke Input (-)		
7.天然气液化	Natural Gas Liquefaction		
8.煤制品加工	Briquettes		
9.回收能	Recovery of Energy		
三.损失量	**Loss**		
四.终端消费量	**Total Final Consumption**	**228.49**	**129.80**
1.农、林、牧、渔业	Agriculture, Forestry, Animal Husbandry and Fishery		
2.工业	Industry	3.43	129.80
#用作原料、材料	Non-Energy Use		9.53
3.建筑业	Construction	155.06	
4.交通运输、仓储和邮政业	Transport, Storage and Post	70.00	
5.批发、零售业和住宿、餐饮业	Wholesale, Retail Trade and Hotel, Restaurants		
6.其他	Others		
7.生活消费	Residential Consumption		
城镇	Urban		
乡村	Rural		
五.平衡差额	**Statistical Difference**		
六.消费量合计	**Total Energy Consumption**	**228.49**	**129.80**

Continued 2

液化石油气 (万吨) LPG (10^4 tons)	炼厂干气 (万吨) Refinery Gas (10^4 tons)	其他石油制品 (万吨) Other Petroleum Products (10^4 tons)	天然气 (亿立方米) Natural Gas (10^8 cu.m)	液化天然气 (万吨) LNG (10^4 tons)	热力 (万百万千焦) Heat (10^{10} kJ)	电力 (亿千瓦小时) Electricity (10^8 kW•h)	其他能源 (万吨标煤) Other Energy (10^4 tce)
-29.34		**7.95**	**54.36**	**7.15**		**655.76**	**63.00**
			6.59			290.16	63.16
19.40		7.29	9.22	8.01		576.27	0.06
			38.55				
46.67						210.67	
		0.29					
-2.07		0.95		-0.86			-0.22
193.62	**220.99**	**569.43**	**-1.41**	**2.73**	**49453.49**	**1329.13**	**-26.83**
	-0.84				-3160.79	1329.13	-26.83
	-5.43		-0.14		46594.26		
227.40	256.17	701.90					
-28.79	-28.91	-132.47					
-4.99			-0.81				
			-0.46	2.73			
					6020.02		
					30.02	**97.58**	
164.28	**220.99**	**577.38**	**52.95**	**9.88**	**49423.47**	**1887.31**	**36.17**
0.01					12.00	32.44	
46.84	220.99	577.38	42.49	5.74	23973.03	1327.31	11.78
4.84		0.01	4.58	0.11			
0.01			0.05		50.25	27.28	
10.60			3.27	4.14	208.67	46.74	
29.37			0.05		165.24	89.41	
12.91			0.01		1798.23	133.92	
64.54			7.08		23216.05	230.21	24.39
54.34			7.03		23051.05	151.27	21.08
10.20			0.05		165.00	78.94	3.31
198.06	**256.17**	**709.85**	**53.98**	**9.88**	**52614.28**	**1984.89**	**63.00**

6-7 吉林能源平衡表(实物量)-2015

项目	Item	煤合计(万吨) Coal Total (10^4 tons)	原煤(万吨) Raw Coal (10^4 tons)
一.可供本地区消费的能源量	**Total Primary Energy Supply**	**9805.31**	**9698.71**
1.一次能源生产量	Indigenous Production	2634.44	2634.44
2.外省(区、市)调入量	Moving In from Other Provinces	7258.06	7126.15
3.进口量	Import	152.59	152.59
4.境内轮船和飞机在境外的加油量	Domestic Airplanes&Ships Refueling in Abroad		
5.本省(区、市)调出量(-)	Sending Out to Other Provinces(-)	273.00	239.23
6.出口量(-)	Export(-)	4.00	4.00
7.境外轮船和飞机在境内的加油量(-)	Oversea Airplanes&Ships Refueling in China(-)		
8.库存增(-)、减(+)量	Stock Change	37.22	28.76
二.加工转换投入(-)产出(+)量	**Input(-) & Output(+) of Transformation**	**-5933.91**	**-6290.96**
1.火力发电	Thermal Power	-3519.98	-3512.65
2.供热	Heating Supply	-1830.68	-1813.57
3.洗选煤	Coal Washing	-75.80	-957.24
4.炼焦	Coking	-466.66	
5.炼油及煤制油	Petroleum Refineries		
#油品再投入量(-)	Petroleum Products Input (-)		
6.制气	Gas Works	-42.07	-2.20
#焦炭再投入量(-)	Coke Input (-)		
7.天然气液化	Natural Gas Liquefaction		
8.煤制品加工	Briquettes	1.28	-5.30
9.回收能	Recovery of Energy		
三.损失量	**Loss**		
四.终端消费量	**Total Final Consumption**	**3871.40**	**3407.75**
1.农、林、牧、渔业	Agriculture, Forestry, Animal Husbandry and Fishery	72.52	69.83
2.工业	Industry	2310.49	2273.93
#用作原料、材料	Non-Energy Use	137.37	128.97
3.建筑业	Construction	16.24	15.38
4.交通运输、仓储和邮政业	Transport, Storage and Post	541.12	312.73
5.批发、零售业和住宿、餐饮业	Wholesale, Retail Trade and Hotel, Restaurants	204.37	122.35
6.其他	Others	425.12	316.87
7.生活消费	Residential Consumption	301.54	296.66
城镇	Urban	100.47	98.59
乡村	Rural	201.07	198.07
五.平衡差额	**Statistical Difference**		
六.消费量合计	**Total Energy Consumption**	**9805.31**	**9698.71**

Energy Balance of Jilin (Physical Quantity) -2015

洗精煤 (万吨) Cleaned Coal (10^4 tons)	其他洗煤 (万吨) Other Washed Coal (10^4 tons)	型煤 (万吨) Briquettes (10^4 tons)	煤矸石 (万吨) Gangue (10^4 tons)	焦炭 (万吨) Coke (10^4 tons)	焦炉煤气 (亿立方米) Coke Oven Gas (10^8 cu.m)	高炉煤气 (亿立方米) Blast Furnace Gas (10^8 cu.m)	转炉煤气 (亿立方米) Converter Gas (10^8 cu.m)	其他煤气 (亿立方米) Other Gas (10^8 cu.m)
100.49	**6.05**	**0.06**		**160.67**				
131.91				152.76				
33.77								
				0.25				
2.35	6.05	0.06		8.16				
-74.34	**424.81**	**6.58**		**372.15**	**12.06**	**105.08**	**7.66**	
-7.33					-0.35	-11.86	-0.09	
-17.11								
456.63	424.81							
-466.66				344.66	11.26			
-39.87				27.49	1.15			
		6.58						
						116.94	7.75	
26.15	**430.86**	**6.64**		**532.82**	**12.06**	**105.08**	**7.66**	
	2.69			7.21				
25.52	9.28	1.76		525.02	11.60	105.08	7.61	
8.37		0.03		2.53				
0.18	0.68			0.08				
0.45	227.94						0.01	
	82.02			0.39			0.04	
	108.25			0.12				
		4.88			0.46			
		1.88			0.46			
		3.00						
557.12	**430.86**	**6.64**		**532.82**	**12.41**	**116.94**	**7.75**	

6-7 续表 1

项　　目	Item	其他焦化产品(万吨) Other Coking Products (10^4 tons)	油品合计(万吨) Petroleum Products Total (10^4 tons)
一.可供本地区消费的能源量	**Total Primary Energy Supply**	**-0.20**	**949.56**
1.一次能源生产量	Indigenous Production		665.48
2.外省(区、市)调入量	Moving In from Other Provinces		674.07
3.进口量	Import		1.28
4.境内轮船和飞机在境外的加油量	Domestic Airplanes&Ships Refueling in Abroad		
5.本省(区、市)调出量(-)	Sending Out to Other Provinces(-)		397.55
6.出口量(-)	Export(-)		0.07
7.境外轮船和飞机在境内的加油量(-)	Oversea Airplanes&Ships Refueling in China(-)		
8.库存增(-)、减(+)量	Stock Change	-0.20	6.35
二.加工转换投入(-)产出(+)量	**Input(-) & Output(+) of Transformation**	**9.32**	**-52.52**
1.火力发电	Thermal Power		-0.37
2.供热	Heating Supply		-0.45
3.洗选煤	Coal Washing		
4.炼焦	Coking	8.80	
5.炼油及煤制油	Petroleum Refineries		-51.70
#油品再投入量(-)	Petroleum Products Input (-)		
6.制气	Gas Works	0.52	
#焦炭再投入量(-)	Coke Input (-)		
7.天然气液化	Natural Gas Liquefaction		
8.煤制品加工	Briquettes		
9.回收能	Recovery of Energy		
三.损失量	**Loss**		
四.终端消费量	**Total Final Consumption**	**9.12**	**897.04**
1.农、林、牧、渔业	Agriculture, Forestry, Animal Husbandry and Fishery		68.96
2.工业	Industry	9.12	410.92
#用作原料、材料	Non-Energy Use		264.90
3.建筑业	Construction		61.41
4.交通运输、仓储和邮政业	Transport, Storage and Post		242.88
5.批发、零售业和住宿、餐饮业	Wholesale, Retail Trade and Hotel, Restaurants		21.34
6.其他	Others		44.24
7.生活消费	Residential Consumption		47.29
城镇	Urban		28.45
乡村	Rural		18.84
五.平衡差额	**Statistical Difference**		
六.消费量合计	**Total Energy Consumption**	**9.12**	**949.56**

Continued 1

原油 (万吨) Crude Oil (10^4 tons)	汽油 (万吨) Gasoline (10^4 tons)	煤油 (万吨) Kerosene (10^4 tons)	柴油 (万吨) Diesel Oil (10^4 tons)	燃料油 (万吨) Fuel Oil (10^4 tons)	石脑油 (万吨) Naphtha (10^4 tons)	润滑油 (万吨) Lubricants (10^4 tons)	石蜡 (万吨) Paraffin Waxes (10^4 tons)	溶剂油 (万吨) White Spirit (10^4 tons)
960.34	**-18.78**	**-19.71**	**-2.42**	**7.69**	**32.70**	**0.07**	**0.02**	**0.11**
665.48								
313.18	140.12		173.87	6.52	32.02		0.01	0.10
		0.73						
23.22	157.22	20.43	177.92					
	0.01			0.06				
4.90	-1.67	-0.01	1.63	1.23	0.68	0.07	0.01	0.01
-947.34	**196.74**	**21.61**	**349.34**	**22.70**	**82.94**			
			-0.18	-0.19				
	-0.05		-0.09	-0.31				
-947.34	196.79	21.61	349.61	23.20	82.94			
13.00	**177.96**	**1.90**	**346.92**	**30.39**	**115.64**	**0.07**	**0.02**	**0.11**
	22.87	0.03	45.75	0.06				
13.00	27.98	0.28	45.42	21.57	115.64	0.07	0.02	0.11
	0.05		0.24	18.12	115.64			
	17.26	0.40	41.37	1.92				
	37.58	0.26	198.68	5.41				
	15.45	0.52	1.71	1.15				
	34.74	0.41	3.54	0.28				
	22.08		10.45					
	15.28		1.95					
	6.80		8.50					
960.34	**178.01**	**1.90**	**347.19**	**30.89**	**115.64**	**0.07**	**0.02**	**0.11**

6-7 续表 2

项　　目	Item	石油沥青(万吨) Bitumen Asphalt (10^4 tons)	石油焦(万吨) Petroleum Coke (10^4 tons)
一.可供本地区消费的能源量	**Total Primary Energy Supply**	**0.03**	**-18.78**
1.一次能源生产量	Indigenous Production		
2.外省(区、市)调入量	Moving In from Other Provinces	0.03	
3.进口量	Import		
4.境内轮船和飞机在境外的加油量	Domestic Airplanes&Ships Refueling in Abroad		
5.本省(区、市)调出量(-)	Sending Out to Other Provinces(-)		18.76
6.出口量(-)	Export(-)		
7.境外轮船和飞机在境内的加油量(-)	Oversea Airplanes&Ships Refueling in China(-)		
8.库存增(-)、减(+)量	Stock Change		-0.02
二.加工转换投入(-)产出(+)量	**Input(-) & Output(+) of Transformation**		**18.78**
1.火力发电	Thermal Power		
2.供热	Heating Supply		
3.洗选煤	Coal Washing		
4.炼焦	Coking		
5.炼油及煤制油	Petroleum Refineries		18.78
#油品再投入量(-)	Petroleum Products Input (-)		
6.制气	Gas Works		
#焦炭再投入量(-)	Coke Input (-)		
7.天然气液化	Natural Gas Liquefaction		
8.煤制品加工	Briquettes		
9.回收能	Recovery of Energy		
三.损失量	**Loss**		
四.终端消费量	**Total Final Consumption**	**0.03**	
1.农、林、牧、渔业	Agriculture, Forestry, Animal Husbandry and Fishery		
2.工业	Industry	0.03	
#用作原料、材料	Non-Energy Use		
3.建筑业	Construction		
4.交通运输、仓储和邮政业	Transport, Storage and Post		
5.批发、零售业和住宿、餐饮业	Wholesale, Retail Trade and Hotel, Restaurants		
6.其他	Others		
7.生活消费	Residential Consumption		
城镇	Urban		
乡村	Rural		
五.平衡差额	**Statistical Difference**		
六.消费量合计	**Total Energy Consumption**	**0.03**	

Continued 2

液化石油气 (万吨) LPG (10^4 tons)	炼厂干气 (万吨) Refinery Gas (10^4 tons)	其他石油制品 (万吨) Other Petroleum Products (10^4 tons)	天然气 (亿立方米) Natural Gas (10^8 cu.m)	液化天然气 (万吨) LNG (10^4 tons)	热力 (万百万千焦) Heat (10^{10} kJ)	电力 (亿千瓦小时) Electricity (10^8 kW•h)	其他能源 (万吨标煤) Other Energy (10^4 tce)
0.06	**3.49**	**4.74**	**21.32**	**0.13**		**62.12**	**664.17**
			20.32			114.63	136.40
	3.49	4.73	1.00	0.04		147.73	527.76
0.55							
						200.24	
-0.49		0.01		0.09			0.01
46.76	**26.44**	**129.51**	**-1.90**	**1.22**	**24484.32**	**589.83**	**-42.82**
			-0.82		-131.61	589.83	-112.17
			-0.90		23665.46		-1.95
46.76	26.44	129.51					
			-0.18	1.22			
					950.47		71.30
					2990.36		
46.82	**29.93**	**134.25**	**19.42**	**1.35**	**21493.96**	**651.96**	**621.35**
0.25			0.03			12.26	19.68
22.62	29.93	134.25	15.77	1.35	14404.91	409.93	550.05
		130.85	0.35				3.62
0.46					130.86	9.81	11.68
0.95			0.05		357.51	19.22	19.25
2.51			0.15		428.17	34.88	
5.27			0.07		915.06	58.99	
14.76			3.35		5257.45	106.87	20.69
11.22			3.35		5257.45	68.87	8.22
3.54						38.00	12.47
						-0.01	
46.82	**29.93**	**134.25**	**21.15**	**1.35**	**24615.93**	**651.96**	**735.47**

6-8 黑龙江能源平衡表(实物量)-2015

项　　目	Item	煤合计(万吨) Coal Total (10^4 tons)	原煤(万吨) Raw Coal (10^4 tons)
一.可供本地区消费的能源量	**Total Primary Energy Supply**	**13432.85**	**14592.21**
1.一次能源生产量	Indigenous Production	6551.11	6551.11
2.外省(区、市)调入量	Moving In from Other Provinces	9521.84	9507.52
3.进口量	Import	97.80	97.80
4.境内轮船和飞机在境外的加油量	Domestic Airplanes&Ships Refueling in Abroad		
5.本省(区、市)调出量(-)	Sending Out to Other Provinces(-)	2894.77	1702.09
6.出口量(-)	Export(-)		
7.境外轮船和飞机在境内的加油量(-)	Oversea Airplanes&Ships Refueling in China(-)		
8.库存增(-)、减(+)量	Stock Change	156.87	137.87
二.加工转换投入(-)产出(+)量	**Input(-) & Output(+) of Transformation**	**-8511.06**	**-10560.69**
1.火力发电	Thermal Power	-3981.63	-3862.13
2.供热	Heating Supply	-2261.46	-2161.06
3.洗选煤	Coal Washing	-1155.65	-4422.70
4.炼焦	Coking	-1005.46	-27.09
5.炼油及煤制油	Petroleum Refineries		
#油品再投入量(-)	Petroleum Products Input (-)		
6.制气	Gas Works	-106.86	-87.71
#焦炭再投入量(-)	Coke Input (-)		
7.天然气液化	Natural Gas Liquefaction		
8.煤制品加工	Briquettes		
9.回收能	Recovery of Energy		
三.损失量	**Loss**		
四.终端消费量	**Total Final Consumption**	**4921.79**	**4031.52**
1.农、林、牧、渔业	Agriculture, Forestry, Animal Husbandry and Fishery	294.33	294.33
2.工业	Industry	2086.45	1196.18
#用作原料、材料	Non-Energy Use		
3.建筑业	Construction		
4.交通运输、仓储和邮政业	Transport, Storage and Post	449.82	449.82
5.批发、零售业和住宿、餐饮业	Wholesale, Retail Trade and Hotel, Restaurants	893.16	893.16
6.其他	Others	853.33	853.33
7.生活消费	Residential Consumption	344.70	344.70
城镇	Urban	211.10	211.10
乡村	Rural	133.60	133.60
五.平衡差额	**Statistical Difference**		
六.消费量合计	**Total Energy Consumption**	**13432.85**	**14592.21**

Energy Balance of Heilongjiang (Physical Quantity) -2015

洗精煤 (万吨) Cleaned Coal (10^4 tons)	其他洗煤 (万吨) Other Washed Coal (10^4 tons)	型煤 (万吨) Briquettes (10^4 tons)	煤矸石 (万吨) Gangue (10^4 tons)	焦炭 (万吨) Coke (10^4 tons)	焦炉煤气 (亿立方米) Coke Oven Gas (10^8 cu.m)	高炉煤气 (亿立方米) Blast Furnace Gas (10^8 cu.m)	转炉煤气 (亿立方米) Converter Gas (10^8 cu.m)	其他煤气 (亿立方米) Other Gas (10^8 cu.m)
-673.92	**-499.46**	**14.02**		**-501.78**				
		14.32						
701.52	491.16			500.75				
27.60	-8.30	-0.30		-1.03				
1044.92	**1014.56**	**-9.85**	**99.75**	**687.46**	**13.23**	**31.77**	**2.11**	**15.13**
	-116.31	-3.19	-386.71		-1.90			-0.28
	-93.74	-6.66	-143.49		-0.15			
2035.42	1231.63		629.95					
-978.37				687.46	15.28			
-12.13	-7.02							15.41
						31.77	2.11	
371.00	**515.10**	**4.17**	**99.75**	**185.68**	**13.23**	**31.77**	**2.11**	**15.13**
371.00	515.10	4.17	99.75	185.68	13.23	31.77	2.11	15.13
1361.50	**732.17**	**14.02**	**629.95**	**185.68**	**15.28**	**31.77**	**2.11**	**15.41**

6-8 续表 1

项　　目	Item	其他焦化产品(万吨) Other Coking Products (10^4 tons)	油品合计(万吨) Petroleum Products Total (10^4 tons)
一.可供本地区消费的能源量	**Total Primary Energy Supply**		**2032.23**
1.一次能源生产量	Indigenous Production		3838.60
2.外省(区、市)调入量	Moving In from Other Provinces		
3.进口量	Import		2017.07
4.境内轮船和飞机在境外的加油量	Domestic Airplanes&Ships Refueling in Abroad		
5.本省(区、市)调出量(−)	Sending Out to Other Provinces(-)		3713.55
6.出口量(−)	Export(-)		117.03
7.境外轮船和飞机在境内的加油量(−)	Oversea Airplanes&Ships Refueling in China(-)		
8.库存增(−)、减(+)量	Stock Change		7.14
二.加工转换投入(−)产出(+)量	**Input(-) & Output(+) of Transformation**	**50.08**	**-225.94**
1.火力发电	Thermal Power		-7.82
2.供热	Heating Supply		-61.53
3.洗选煤	Coal Washing		
4.炼焦	Coking	50.08	
5.炼油及煤制油	Petroleum Refineries		-10.59
#油品再投入量(−)	Petroleum Products Input (-)		-146.00
6.制气	Gas Works		
#焦炭再投入量(−)	Coke Input (-)		
7.天然气液化	Natural Gas Liquefaction		
8.煤制品加工	Briquettes		
9.回收能	Recovery of Energy		
三.损失量	**Loss**		**34.75**
四.终端消费量	**Total Final Consumption**	**50.08**	**1771.54**
1.农、林、牧、渔业	Agriculture, Forestry, Animal Husbandry and Fishery		167.86
2.工业	Industry	50.08	805.69
#用作原料、材料	Non-Energy Use		
3.建筑业	Construction		8.94
4.交通运输、仓储和邮政业	Transport, Storage and Post		496.49
5.批发、零售业和住宿、餐饮业	Wholesale, Retail Trade and Hotel, Restaurants		202.01
6.其他	Others		0.72
7.生活消费	Residential Consumption		89.83
城镇	Urban		89.83
乡村	Rural		
五.平衡差额	**Statistical Difference**		
六.消费量合计	**Total Energy Consumption**	**50.08**	**2032.23**

Continued 1

原油 (万吨) Crude Oil (10^4 tons)	汽油 (万吨) Gasoline (10^4 tons)	煤油 (万吨) Kerosene (10^4 tons)	柴油 (万吨) Diesel Oil (10^4 tons)	燃料油 (万吨) Fuel Oil (10^4 tons)	石脑油 (万吨) Naphtha (10^4 tons)	润滑油 (万吨) Lubricants (10^4 tons)	石蜡 (万吨) Paraffin Waxes (10^4 tons)	溶剂油 (万吨) White Spirit (10^4 tons)
2123.90	**-138.35**		**-24.40**	**70.42**				
3838.60								
1945.32			0.62	70.44				
3601.68	111.87							
58.51	26.39		32.10					
0.17	-0.09		7.08	-0.02				
-1555.53	**480.28**	**68.46**	**534.03**	**-21.32**		**8.59**	**31.35**	
	-0.14		-0.32	-1.67				
			-0.07	-7.14				
-1555.53	480.42	68.46	534.42	44.27		8.59	31.35	
				-56.78				
34.75								
533.62	**341.93**	**68.46**	**509.63**	**49.10**		**8.59**	**31.35**	
	10.06		157.80					
533.62	9.50	0.06	31.48	49.10		8.59	31.35	
			8.94					
	231.95	68.40	188.66					
	90.42		111.59					
			11.16					
			11.16					
2123.90	**342.07**	**68.46**	**510.02**	**114.69**		**8.59**	**31.35**	

6-8 续表 2

项目	Item	石油沥青(万吨) Bitumen Asphalt (10^4 tons)	石油焦(万吨) Petroleum Coke (10^4 tons)
一.可供本地区消费的能源量	**Total Primary Energy Supply**		
1.一次能源生产量	Indigenous Production		
2.外省(区、市)调入量	Moving In from Other Provinces		
3.进口量	Import		
4.境内轮船和飞机在境外的加油量	Domestic Airplanes&Ships Refueling in Abroad		
5.本省(区、市)调出量(-)	Sending Out to Other Provinces(-)		
6.出口量(-)	Export(-)		
7.境外轮船和飞机在境内的加油量(-)	Oversea Airplanes&Ships Refueling in China(-)		
8.库存增(-)、减(+)量	Stock Change		
二.加工转换投入(-)产出(+)量	**Input(-) & Output(+) of Transformation**	**7.43**	**17.81**
1.火力发电	Thermal Power		
2.供热	Heating Supply		
3.洗选煤	Coal Washing		
4.炼焦	Coking		
5.炼油及煤制油	Petroleum Refineries	7.43	17.81
#油品再投入量(-)	Petroleum Products Input (-)		
6.制气	Gas Works		
#焦炭再投入量(-)	Coke Input (-)		
7.天然气液化	Natural Gas Liquefaction		
8.煤制品加工	Briquettes		
9.回收能	Recovery of Energy		
三.损失量	**Loss**		
四.终端消费量	**Total Final Consumption**	**7.43**	**17.81**
1.农、林、牧、渔业	Agriculture, Forestry, Animal Husbandry and Fishery		
2.工业	Industry		17.81
#用作原料、材料	Non-Energy Use		
3.建筑业	Construction		
4.交通运输、仓储和邮政业	Transport, Storage and Post	7.43	
5.批发、零售业和住宿、餐饮业	Wholesale, Retail Trade and Hotel, Restaurants		
6.其他	Others		
7.生活消费	Residential Consumption		
城镇	Urban		
乡村	Rural		
五.平衡差额	**Statistical Difference**		
六.消费量合计	**Total Energy Consumption**	**7.43**	**17.81**

Continued 2

液化石油气 (万吨) LPG (10^4 tons)	炼厂干气 (万吨) Refinery Gas (10^4 tons)	其他石油制品 (万吨) Other Petroleum Products (10^4 tons)	天然气 (亿立方米) Natural Gas (10^8 cu.m)	液化天然气 (万吨) LNG (10^4 tons)	热力 (万百万千焦) Heat (10^{10} kJ)	电力 (亿千瓦小时) Electricity (10^8 kW•h)	其他能源 (万吨标煤) Other Energy (10^4 tce)
0.66			**35.82**			**65.36**	**143.75**
			35.82			91.34	
						0.48	143.75
0.69						117.71	
						139.78	
0.03						4.39	
131.58	**40.83**	**30.55**	**-5.13**		**34888.46**	**803.62**	**-143.48**
	-5.69		-1.86		-60.09	803.62	-99.78
	-54.32		-3.27		34948.55		-43.70
141.69	100.84	109.66					
-10.11		-79.11					
			0.93				
132.24	**40.83**	**30.55**	**29.76**		**34888.46**	**868.98**	**0.27**
						40.76	
52.80	40.83	30.55	20.75		7274.22	535.69	0.27
					83.66	12.20	
0.05					830.48	13.14	
					2027.15	34.05	
0.72					1857.16	65.52	
78.67			9.01		22815.79	167.62	
78.67			9.01		22815.79	101.50	
						66.12	
142.35	**100.84**	**109.66**	**35.82**		**34948.55**	**868.98**	**143.75**

6-9 上海能源平衡表(实物量)-2015

项　　目	Item	煤合计 (万吨) Coal Total (10^4 tons)	原煤 (万吨) Raw Coal (10^4 tons)
一.可供本地区消费的能源量	**Total Primary Energy Supply**	**4728.43**	**3859.99**
1.一次能源生产量	Indigenous Production		
2.外省(区、市)调入量	Moving In from Other Provinces	5994.19	5121.15
3.进口量	Import	445.55	445.55
4.境内轮船和飞机在境外的加油量	Domestic Airplanes&Ships Refueling in Abroad		
5.本省(区、市)调出量(-)	Sending Out to Other Provinces(-)	1696.08	1696.08
6.出口量(-)	Export(-)		
7.境外轮船和飞机在境内的加油量(-)	Oversea Airplanes&Ships Refueling in China(-)		
8.库存增(-)、减(+)量	Stock Change	-15.23	-10.63
二.加工转换投入(-)产出(+)量	**Input(-) & Output(+) of Transformation**	**-3871.68**	**-3040.83**
1.火力发电	Thermal Power	-2745.09	-2745.09
2.供热	Heating Supply	-295.65	-295.65
3.洗选煤	Coal Washing		
4.炼焦	Coking	-830.46	
5.炼油及煤制油	Petroleum Refineries		
#油品再投入量(-)	Petroleum Products Input (-)		
6.制气	Gas Works	-0.48	-0.09
#焦炭再投入量(-)	Coke Input (-)		
7.天然气液化	Natural Gas Liquefaction		
8.煤制品加工	Briquettes		
9.回收能	Recovery of Energy		
三.损失量	**Loss**	**7.94**	**7.94**
四.终端消费量	**Total Final Consumption**	**848.51**	**811.48**
1.农、林、牧、渔业	Agriculture, Forestry, Animal Husbandry and Fishery	1.10	1.10
2.工业	Industry	746.73	709.70
#用作原料、材料	Non-Energy Use	204.94	204.94
3.建筑业	Construction	10.68	10.68
4.交通运输、仓储和邮政业	Transport, Storage and Post	0.80	0.80
5.批发、零售业和住宿、餐饮业	Wholesale, Retail Trade and Hotel, Restaurants	27.42	27.42
6.其他	Others	31.57	31.57
7.生活消费	Residential Consumption	30.21	30.21
城镇	Urban	24.81	24.81
乡村	Rural	5.40	5.40
五.平衡差额	**Statistical Difference**	**0.30**	**-0.26**
六.消费量合计	**Total Energy Consumption**	**4728.13**	**3860.25**

Energy Balance of Shanghai (Physical Quantity) -2015

洗精煤 (万吨) Cleaned Coal (10^4 tons)	其他洗煤 (万吨) Other Washed Coal (10^4 tons)	型煤 (万吨) Briquettes (10^4 tons)	煤矸石 (万吨) Gangue (10^4 tons)	焦炭 (万吨) Coke (10^4 tons)	焦炉煤气 (亿立方米) Coke Oven Gas (10^8 cu.m)	高炉煤气 (亿立方米) Blast Furnace Gas (10^8 cu.m)	转炉煤气 (亿立方米) Converter Gas (10^8 cu.m)	其他煤气 (亿立方米) Other Gas (10^8 cu.m)
849.74	**0.01**	**18.69**		**96.36**				
844.48		28.56		97.48				
5.26	0.01	-9.87		-1.12				
-830.85				**534.48**	**22.59**	**146.62**	**11.04**	**0.52**
					-0.25	-95.19	-2.02	
-830.46				534.48	22.84			
-0.39								0.52
						241.81	13.06	
								0.01
18.34		**18.69**		**630.75**	**22.59**	**146.62**	**11.04**	**0.51**
18.34		18.69		630.75	22.59	146.62	11.04	0.09
								0.01
								0.04
								0.12
								0.05
								0.20
								0.19
								0.01
0.55	**0.01**			**0.09**				
849.19		**18.69**		**630.75**	**22.84**	**241.81**	**13.06**	**0.52**

6-9 续表 1

项　　目	Item	其他焦化产品 (万吨) Other Coking Products (10^4 tons)	油品合计 (万吨) Petroleum Products Total (10^4 tons)
一.可供本地区消费的能源量	**Total Primary Energy Supply**	**53.54**	**3458.51**
1.一次能源生产量	Indigenous Production		6.83
2.外省(区、市)调入量	Moving In from Other Provinces	76.40	8285.45
3.进口量	Import		1949.05
4.境内轮船和飞机在境外的加油量	Domestic Airplanes&Ships Refueling in Abroad		496.53
5.本省(区、市)调出量(-)	Sending Out to Other Provinces(-)	22.54	6833.85
6.出口量(-)	Export(-)		202.17
7.境外轮船和飞机在境内的加油量(-)	Oversea Airplanes&Ships Refueling in China(-)		170.26
8.库存增(-)、减(+)量	Stock Change	-0.32	-73.06
二.加工转换投入(-)产出(+)量	**Input(-) & Output(+) of Transformation**	**29.49**	**-27.42**
1.火力发电	Thermal Power		-20.22
2.供热	Heating Supply		-17.29
3.洗选煤	Coal Washing		
4.炼焦	Coking	29.49	
5.炼油及煤制油	Petroleum Refineries		40.48
#油品再投入量(-)	Petroleum Products Input (-)		-30.39
6.制气	Gas Works		
#焦炭再投入量(-)	Coke Input (-)		
7.天然气液化	Natural Gas Liquefaction		
8.煤制品加工	Briquettes		
9.回收能	Recovery of Energy		
三.损失量	**Loss**		
四.终端消费量	**Total Final Consumption**	**82.82**	**3432.91**
1.农、林、牧、渔业	Agriculture, Forestry, Animal Husbandry and Fishery		32.60
2.工业	Industry	82.82	1129.28
#用作原料、材料	Non-Energy Use	21.83	686.09
3.建筑业	Construction		72.36
4.交通运输、仓储和邮政业	Transport, Storage and Post		1380.83
5.批发、零售业和住宿、餐饮业	Wholesale, Retail Trade and Hotel, Restaurants		163.52
6.其他	Others		320.92
7.生活消费	Residential Consumption		333.40
城镇	Urban		261.10
乡村	Rural		72.30
五.平衡差额	**Statistical Difference**	**0.21**	**-1.82**
六.消费量合计	**Total Energy Consumption**	**82.82**	**3460.33**

Continued 1

原油 (万吨) Crude Oil (10^4 tons)	汽油 (万吨) Gasoline (10^4 tons)	煤油 (万吨) Kerosene (10^4 tons)	柴油 (万吨) Diesel Oil (10^4 tons)	燃料油 (万吨) Fuel Oil (10^4 tons)	石脑油 (万吨) Naphtha (10^4 tons)	润滑油 (万吨) Lubricants (10^4 tons)	石蜡 (万吨) Paraffin Waxes (10^4 tons)	溶剂油 (万吨) White Spirit (10^4 tons)
2526.15	**69.95**	**219.81**	**-198.28**	**512.71**	**316.70**	**110.27**	**-5.77**	**0.23**
6.83								
1034.57	1335.25	693.49	1582.01	172.49	207.93	155.11		0.23
1499.32		318.04			110.09	0.01		
		100.11	22.05	348.61		25.76		
3.06	1261.31	549.42	1773.96	6.46	1.32	63.10		0.22
		169.58	26.12	0.78			5.69	
		170.26						
-11.51	-3.99	-2.57	-2.26	-1.15		-7.51	-0.08	0.22
-2521.83	**537.31**	**292.93**	**759.97**	**24.46**	**171.98**	**5.05**	**8.86**	**1.13**
			-0.92	-3.22				
			-0.11	-0.14	-0.14			
-2521.83	537.31	292.93	761.00	27.82	172.12	5.05	8.86	1.13
4.28	**607.69**	**511.45**	**560.84**	**536.87**	**488.83**	**115.48**	**3.63**	**1.86**
	19.08		13.10					
4.28	43.60	0.75	73.38	11.86	488.83	5.62	3.63	1.86
	0.14		0.32		487.26	0.14		0.87
	25.99	0.67	21.93	4.86				
	120.63	510.01	201.47	515.11		27.93		
	65.54		67.37	3.26		17.85		
	97.10	0.02	140.86	1.78		34.39		
	235.75		42.73			29.69		
	203.88		23.96			25.34		
	31.87		18.77			4.36		
0.04	**-0.43**	**1.29**	**0.85**	**0.30**	**-0.15**	**-0.16**	**-0.54**	**-0.50**
2526.11	**607.69**	**511.45**	**561.87**	**540.23**	**488.83**	**115.48**	**3.63**	**1.86**

6-9 续表 2

项　　目	Item	石油沥青(万吨) Bitumen Asphalt (10^4 tons)	石油焦(万吨) Petroleum Coke (10^4 tons)
一.可供本地区消费的能源量	**Total Primary Energy Supply**	**-18.33**	**-54.87**
1.一次能源生产量	Indigenous Production		
2.外省(区、市)调入量	Moving In from Other Provinces	896.44	1160.99
3.进口量	Import		
4.境内轮船和飞机在境外的加油量	Domestic Airplanes&Ships Refueling in Abroad		
5.本省(区、市)调出量(−)	Sending Out to Other Provinces(-)	910.59	1209.89
6.出口量(−)	Export(-)		
7.境外轮船和飞机在境内的加油量(−)	Oversea Airplanes&Ships Refueling in China(-)		
8.库存增(−)、减(+)量	Stock Change	-4.18	-5.97
二.加工转换投入(−)产出(+)量	**Input(-) & Output(+) of Transformation**	**85.20**	**95.50**
1.火力发电	Thermal Power		-15.61
2.供热	Heating Supply		-16.26
3.洗选煤	Coal Washing		
4.炼焦	Coking		
5.炼油及煤制油	Petroleum Refineries	85.20	127.37
#油品再投入量(−)	Petroleum Products Input (-)		
6.制气	Gas Works		
#焦炭再投入量(−)	Coke Input (-)		
7.天然气液化	Natural Gas Liquefaction		
8.煤制品加工	Briquettes		
9.回收能	Recovery of Energy		
三.损失量	**Loss**		
四.终端消费量	**Total Final Consumption**	**67.08**	**41.12**
1.农、林、牧、渔业	Agriculture, Forestry, Animal Husbandry and Fishery		
2.工业	Industry	10.36	41.12
#用作原料、材料	Non-Energy Use	0.21	
3.建筑业	Construction	16.72	
4.交通运输、仓储和邮政业	Transport, Storage and Post		
5.批发、零售业和住宿、餐饮业	Wholesale, Retail Trade and Hotel, Restaurants		
6.其他	Others	40.00	
7.生活消费	Residential Consumption		
城镇	Urban		
乡村	Rural		
五.平衡差额	**Statistical Difference**	**-0.21**	**-0.49**
六.消费量合计	**Total Energy Consumption**	**67.08**	**72.99**

Continued 2

液化石油气 (万吨) LPG (10^4 tons)	炼厂干气 (万吨) Refinery Gas (10^4 tons)	其他石油制品 (万吨) Other Petroleum Products (10^4 tons)	天然气 (亿立方米) Natural Gas (10^8 cu.m)	液化天然气 (万吨) LNG (10^4 tons)	热力 (万百万千焦) Heat (10^{10} kJ)	电力 (亿千瓦小时) Electricity (10^8 kW•h)	其他能源 (万吨标煤) Other Energy (10^4 tce)
23.47	**0.61**	**-44.14**	**77.21**	**1.35**		**595.21**	
			1.88			10.85	
1007.19	0.61	39.14	40.48	1.35		647.30	
14.72		6.86	34.85				
988.79		65.73				62.94	
-9.65		-24.41					
112.84	**141.94**	**257.24**	**-18.41**		**10439.19**	**810.34**	**2.98**
	-0.47		-15.71		-864.42	810.34	-42.61
	-0.64		-2.53		6908.33		-6.82
112.84	143.05	287.63					
		-30.39					
			-0.17				
					4395.28		52.41
			3.76			**75.49**	
136.17	**144.53**	**213.08**	**55.05**	**1.35**	**10439.19**	**1330.07**	**2.98**
0.42			0.01			7.35	
86.38	144.53	213.08	31.47	1.35	10248.84	711.54	2.98
46.39	19.43	131.33					
2.19			0.09		17.86	36.04	
5.68			0.81		55.65	42.12	
9.50			2.82		32.56	78.29	
6.77			6.35		83.95	269.24	
25.23			13.50		0.33	185.49	
7.92			11.21			182.72	
17.31			2.29		0.33	2.77	
0.14	**-1.98**	**0.02**	**-0.01**			**-0.01**	
136.17	**145.64**	**243.47**	**77.22**	**1.35**	**11303.61**	**1405.56**	**52.41**

6-10 江苏能源平衡表(实物量)-2015

项 目	Item	煤合计 (万吨) Coal Total (10^4 tons)	原煤 (万吨) Raw Coal (10^4 tons)
一.可供本地区消费的能源量	**Total Primary Energy Supply**	**27209.12**	**24189.36**
1.一次能源生产量	Indigenous Production	1918.90	1918.90
2.外省(区、市)调入量	Moving In from Other Provinces	29392.67	25974.57
3.进口量	Import	492.00	492.00
4.境内轮船和飞机在境外的加油量	Domestic Airplanes&Ships Refueling in Abroad		
5.本省(区、市)调出量(-)	Sending Out to Other Provinces(-)	4871.79	4390.77
6.出口量(-)	Export(-)		
7.境外轮船和飞机在境内的加油量(-)	Oversea Airplanes&Ships Refueling in China(-)		
8.库存增(-)、减(+)量	Stock Change	277.34	194.66
二.加工转换投入(-)产出(+)量	**Input(-) & Output(+) of Transformation**	**-22097.94**	**-19602.18**
1.火力发电	Thermal Power	-15432.87	-15143.22
2.供热	Heating Supply	-3138.77	-3019.84
3.洗选煤	Coal Washing	-210.18	-1338.82
4.炼焦	Coking	-3313.12	-96.80
5.炼油及煤制油	Petroleum Refineries		
#油品再投入量(-)	Petroleum Products Input (-)		
6.制气	Gas Works	-3.50	-3.50
#焦炭再投入量(-)	Coke Input (-)		
7.天然气液化	Natural Gas Liquefaction		
8.煤制品加工	Briquettes	0.50	
9.回收能	Recovery of Energy		
三.损失量	**Loss**		
四.终端消费量	**Total Final Consumption**	**5111.18**	**4587.18**
1.农、林、牧、渔业	Agriculture, Forestry, Animal Husbandry and Fishery	50.47	50.47
2.工业	Industry	5041.34	4517.34
#用作原料、材料	Non-Energy Use	708.47	708.47
3.建筑业	Construction	2.48	2.48
4.交通运输、仓储和邮政业	Transport, Storage and Post	2.57	2.57
5.批发、零售业和住宿、餐饮业	Wholesale, Retail Trade and Hotel, Restaurants		
6.其他	Others	8.06	8.06
7.生活消费	Residential Consumption	6.26	6.26
城镇	Urban	0.05	0.05
乡村	Rural	6.21	6.21
五.平衡差额	**Statistical Difference**		
六.消费量合计	**Total Energy Consumption**	**27209.12**	**24189.36**

Energy Balance of Jiangsu (Physical Quantity) -2015

洗精煤 (万吨) Cleaned Coal (10^4 tons)	其他洗煤 (万吨) Other Washed Coal (10^4 tons)	型煤 (万吨) Briquettes (10^4 tons)	煤矸石 (万吨) Gangue (10^4 tons)	焦炭 (万吨) Coke (10^4 tons)	焦炉煤气 (亿立方米) Coke Oven Gas (10^8 cu.m)	高炉煤气 (亿立方米) Blast Furnace Gas (10^8 cu.m)	转炉煤气 (亿立方米) Converter Gas (10^8 cu.m)	其他煤气 (亿立方米) Other Gas (10^8 cu.m)
2766.96	**218.01**	**34.79**		**1155.23**				
3105.35	240.74	72.01		1894.11				
436.22		44.80		691.08				
				54.00				
97.83	-22.73	7.58		6.20				
-2285.29	**-214.96**	**4.49**		**2433.38**	**30.50**	**641.02**	**51.90**	**1.10**
	-289.65				-10.68	-225.28	-6.53	
	-118.92	-0.01			-1.91	-59.90	-2.76	
935.03	193.61							
-3216.32				2433.38	43.09			
								1.10
-4.00		4.50						
						926.20	61.19	
481.67	**3.05**	**39.28**		**3588.61**	**30.50**	**641.02**	**51.90**	**1.10**
481.67	3.05	39.28		3588.61	30.50	641.02	51.90	1.00
				14.35				
								0.10
3701.99	**411.62**	**39.29**		**3588.61**	**43.09**	**926.20**	**61.19**	**1.10**

6-10 续表 1

项　　目	Item	其他焦化产品(万吨) Other Coking Products (10^4 tons)	油品合计(万吨) Petroleum Products Total (10^4 tons)
一.可供本地区消费的能源量	**Total Primary Energy Supply**	**-118.26**	**3087.80**
1.一次能源生产量	Indigenous Production		190.51
2.外省(区、市)调入量	Moving In from Other Provinces	33.58	4368.55
3.进口量	Import		2557.55
4.境内轮船和飞机在境外的加油量	Domestic Airplanes&Ships Refueling in Abroad		12.29
5.本省(区、市)调出量(-)	Sending Out to Other Provinces(-)	152.27	3796.59
6.出口量(-)	Export(-)		205.85
7.境外轮船和飞机在境内的加油量(-)	Oversea Airplanes&Ships Refueling in China(-)		0.62
8.库存增(-)、减(+)量	Stock Change	0.43	-38.04
二.加工转换投入(-)产出(+)量	**Input(-) & Output(+) of Transformation**	**172.01**	**-138.21**
1.火力发电	Thermal Power		-1.59
2.供热	Heating Supply		-1.41
3.洗选煤	Coal Washing		
4.炼焦	Coking	172.01	
5.炼油及煤制油	Petroleum Refineries		789.70
#油品再投入量(-)	Petroleum Products Input (-)		-924.91
6.制气	Gas Works		
#焦炭再投入量(-)	Coke Input (-)		
7.天然气液化	Natural Gas Liquefaction		
8.煤制品加工	Briquettes		
9.回收能	Recovery of Energy		
三.损失量	**Loss**		**13.24**
四.终端消费量	**Total Final Consumption**	**53.75**	**2936.35**
1.农、林、牧、渔业	Agriculture, Forestry, Animal Husbandry and Fishery		225.49
2.工业	Industry	53.75	826.53
#用作原料、材料	Non-Energy Use	47.70	475.14
3.建筑业	Construction		172.61
4.交通运输、仓储和邮政业	Transport, Storage and Post		1225.16
5.批发、零售业和住宿、餐饮业	Wholesale, Retail Trade and Hotel, Restaurants		28.98
6.其他	Others		23.16
7.生活消费	Residential Consumption		434.42
城镇	Urban		330.07
乡村	Rural		104.35
五.平衡差额	**Statistical Difference**		
六.消费量合计	**Total Energy Consumption**	**53.75**	**3087.80**

Continued 1

原油（万吨） Crude Oil (10^4 tons)	汽油（万吨） Gasoline (10^4 tons)	煤油（万吨） Kerosene (10^4 tons)	柴油（万吨） Diesel Oil (10^4 tons)	燃料油（万吨） Fuel Oil (10^4 tons)	石脑油（万吨） Naphtha (10^4 tons)	润滑油（万吨） Lubricants (10^4 tons)	石蜡（万吨） Paraffin Waxes (10^4 tons)	溶剂油（万吨） White Spirit (10^4 tons)
3823.20	**346.37**	**-325.75**	**100.72**	**-156.39**	**-117.45**	**-13.30**	**-4.31**	**-5.89**
190.51								
1102.45	1063.83	89.13	626.79	917.75	135.28	27.75		3.28
2533.55				24.00				
		4.05	0.21	7.95		0.08		
	717.81	298.97	454.30	1081.61	247.47	36.56	4.31	9.24
		117.22	55.18	26.00				
		0.62						
-3.31	0.35	-2.12	-16.80	1.52	-5.26	-4.57		0.07
-3800.52	**657.52**	**410.60**	**717.39**	**296.69**	**340.46**	**14.28**	**4.50**	**6.60**
			-1.15	-0.10				
			-0.12	-0.11				
-3800.52	657.52	410.60	718.66	300.12	340.46	14.28	4.50	6.60
				-3.22				
12.90								
9.78	**1003.89**	**84.85**	**818.11**	**140.30**	**223.01**	**0.98**	**0.19**	**0.71**
	35.46		180.20	9.83				
9.78	39.20	1.19	79.61	38.74	223.01	0.98	0.19	0.71
	0.34	0.03	0.32	0.12	223.01	0.22	0.05	0.12
	11.63		11.82					
	549.71	83.66	498.65	91.73				
	9.38		19.60					
	15.89		7.23					
	342.62		21.00					
	279.23		5.30					
	63.39		15.70					
3823.20	**1003.89**	**84.85**	**819.38**	**143.73**	**223.01**	**0.98**	**0.19**	**0.71**

6-10 续表 2

项　　目	Item	石油沥青(万吨) Bitumen Asphalt (10^4 tons)	石油焦(万吨) Petroleum Coke (10^4 tons)
一.可供本地区消费的能源量	**Total Primary Energy Supply**	**-296.97**	**-198.54**
1.一次能源生产量	Indigenous Production		
2.外省(区、市)调入量	Moving In from Other Provinces	96.04	32.27
3.进口量	Import		
4.境内轮船和飞机在境外的加油量	Domestic Airplanes&Ships Refueling in Abroad		
5.本省(区、市)调出量(-)	Sending Out to Other Provinces(-)	389.04	232.40
6.出口量(-)	Export(-)	1.56	
7.境外轮船和飞机在境内的加油量(-)	Oversea Airplanes&Ships Refueling in China(-)		
8.库存增(-)、减(+)量	Stock Change	-2.41	1.59
二.加工转换投入(-)产出(+)量	**Input(-) & Output(+) of Transformation**	**456.80**	**221.63**
1.火力发电	Thermal Power		
2.供热	Heating Supply		
3.洗选煤	Coal Washing		
4.炼焦	Coking		
5.炼油及煤制油	Petroleum Refineries	465.52	221.63
#油品再投入量(-)	Petroleum Products Input (-)	-8.72	
6.制气	Gas Works		
#焦炭再投入量(-)	Coke Input (-)		
7.天然气液化	Natural Gas Liquefaction		
8.煤制品加工	Briquettes		
9.回收能	Recovery of Energy		
三.损失量	**Loss**		
四.终端消费量	**Total Final Consumption**	**159.83**	**23.09**
1.农、林、牧、渔业	Agriculture, Forestry, Animal Husbandry and Fishery		
2.工业	Industry	10.89	23.09
#用作原料、材料	Non-Energy Use		13.59
3.建筑业	Construction	148.94	
4.交通运输、仓储和邮政业	Transport, Storage and Post		
5.批发、零售业和住宿、餐饮业	Wholesale, Retail Trade and Hotel, Restaurants		
6.其他	Others		
7.生活消费	Residential Consumption		
城镇	Urban		
乡村	Rural		
五.平衡差额	**Statistical Difference**		
六.消费量合计	**Total Energy Consumption**	**168.55**	**23.09**

Continued 2

液化石油气 (万吨) LPG (10^4 tons)	炼厂干气 (万吨) Refinery Gas (10^4 tons)	其他石油制品 (万吨) Other Petroleum Products (10^4 tons)	天然气 (亿立方米) Natural Gas (10^8 cu.m)	液化天然气 (万吨) LNG (10^4 tons)	热力 (万百万千焦) Heat (10^{10} kJ)	电力 (亿千瓦小时) Electricity (10^8 kW•h)	其他能源 (万吨标煤) Other Energy (10^4 tce)
-92.50		**28.61**	**162.83**	**15.87**		**954.07**	**332.36**
			0.37			265.32	332.63
57.98		216.00	162.46	93.77		805.84	
				153.00			
144.99		179.89		226.60		117.09	
		5.89					
-5.49		-1.61		-4.30			-0.27
199.16	**97.62**	**239.06**	**-61.68**	**0.95**	**60072.36**	**4160.63**	**-298.84**
	-0.34		-57.85		-3753.79	4160.63	-274.41
	-1.18		-3.70		56970.40		-24.43
199.16	99.14	1152.03					
		-912.97					
			-0.13	0.95			
					6855.75		
0.34			**2.17**		**5354.12**	**198.18**	
106.32	**97.62**	**267.67**	**98.98**	**16.82**	**54718.24**	**4916.52**	**33.52**
						52.51	
33.85	97.62	267.67	68.28	8.76	54145.45	3705.43	33.52
0.14		237.20	1.50	0.05			
0.22			0.01			48.96	
1.41			10.04	8.06	20.11	62.72	
			1.02		76.12	161.94	
0.04			1.59		28.82	355.76	
70.80			18.04		447.74	529.20	
45.54			18.04		447.74	257.46	
25.26						271.74	
106.66	**99.14**	**1180.64**	**162.70**	**16.82**	**63826.15**	**5114.70**	**332.36**

6-11 浙江能源平衡表(实物量)-2015

项 目	Item	煤合计(万吨) Coal Total (10^4 tons)	原煤(万吨) Raw Coal (10^4 tons)
一.可供本地区消费的能源量	**Total Primary Energy Supply**	**13826.06**	**13420.01**
1.一次能源生产量	Indigenous Production		
2.外省(区、市)调入量	Moving In from Other Provinces	12252.37	11851.74
3.进口量	Import	1546.29	1546.29
4.境内轮船和飞机在境外的加油量	Domestic Airplanes&Ships Refueling in Abroad		
5.本省(区、市)调出量(-)	Sending Out to Other Provinces(-)		
6.出口量(-)	Export(-)		
7.境外轮船和飞机在境内的加油量(-)	Oversea Airplanes&Ships Refueling in China(-)		
8.库存增(-)、减(+)量	Stock Change	27.41	21.99
二.加工转换投入(-)产出(+)量	**Input(-) & Output(+) of Transformation**	**-10389.68**	**-10323.31**
1.火力发电	Thermal Power	-7849.92	-7844.99
2.供热	Heating Supply	-2200.66	-2189.79
3.洗选煤	Coal Washing		
4.炼焦	Coking	-398.99	-52.08
5.炼油及煤制油	Petroleum Refineries		
#油品再投入量(-)	Petroleum Products Input (-)		
6.制气	Gas Works	-1.31	-1.31
#焦炭再投入量(-)	Coke Input (-)		
7.天然气液化	Natural Gas Liquefaction		
8.煤制品加工	Briquettes	61.20	-235.14
9.回收能	Recovery of Energy		
三.损失量	**Loss**		
四.终端消费量	**Total Final Consumption**	**3436.39**	**3096.70**
1.农、林、牧、渔业	Agriculture, Forestry, Animal Husbandry and Fishery	6.00	6.00
2.工业	Industry	3270.18	2982.50
#用作原料、材料	Non-Energy Use	122.39	97.20
3.建筑业	Construction	15.00	15.00
4.交通运输、仓储和邮政业	Transport, Storage and Post	0.21	0.21
5.批发、零售业和住宿、餐饮业	Wholesale, Retail Trade and Hotel, Restaurants	75.00	62.00
6.其他	Others	7.00	7.00
7.生活消费	Residential Consumption	63.00	24.00
城镇	Urban	20.00	6.00
乡村	Rural	43.00	18.00
五.平衡差额	**Statistical Difference**	**-0.01**	
六.消费量合计	**Total Energy Consumption**	**13826.07**	**13420.01**

Energy Balance of Zhejiang (Physical Quantity) -2015

洗精煤（万吨） Cleaned Coal (10^4 tons)	其他洗煤（万吨） Other Washed Coal (10^4 tons)	型煤（万吨） Briquettes (10^4 tons)	煤矸石（万吨） Gangue (10^4 tons)	焦炭（万吨） Coke (10^4 tons)	焦炉煤气（亿立方米） Coke Oven Gas (10^8 cu.m)	高炉煤气（亿立方米） Blast Furnace Gas (10^8 cu.m)	转炉煤气（亿立方米） Converter Gas (10^8 cu.m)	其他煤气（亿立方米） Other Gas (10^8 cu.m)
406.27	**0.55**	**-0.77**	**1.90**	**133.71**				
400.07	0.56		1.90	131.28				
6.20	-0.01	-0.77		2.43				
-358.27		**291.90**	**-1.03**	**293.84**	**5.80**	**121.12**	**9.00**	**0.21**
-3.58		-1.36	-0.74	-0.01	-0.83	-29.25	-1.74	
-7.78		-3.09	-0.29	-0.03	-0.06	-2.30	-0.32	
-346.91				293.88	6.68			
								0.21
		296.34						
						152.67	11.06	
48.01	**0.55**	**291.12**	**0.87**	**427.56**	**5.80**	**121.12**	**9.00**	**0.21**
48.01	0.55	239.12	0.87	427.56	5.80	121.12	9.00	0.21
		25.19		0.80				
		13.00						
		39.00						
		14.00						
		25.00						
-0.01								
406.28	**0.55**	**295.57**	**1.90**	**427.59**	**6.69**	**152.66**	**11.06**	**0.21**

6-11 续表 1

项　　目	Item	其他焦化产品(万吨) Other Coking Products (10^4 tons)	油品合计(万吨) Petroleum Products Total (10^4 tons)
一.可供本地区消费的能源量	**Total Primary Energy Supply**	**-3.89**	**2970.21**
1.一次能源生产量	Indigenous Production		
2.外省(区、市)调入量	Moving In from Other Provinces		2859.38
3.进口量	Import		3003.01
4.境内轮船和飞机在境外的加油量	Domestic Airplanes&Ships Refueling in Abroad		
5.本省(区、市)调出量(−)	Sending Out to Other Provinces(-)	3.88	2280.08
6.出口量(−)	Export(-)		564.04
7.境外轮船和飞机在境内的加油量(−)	Oversea Airplanes&Ships Refueling in China(-)		
8.库存增(−)、减(+)量	Stock Change	-0.01	-48.05
二.加工转换投入(−)产出(+)量	**Input(-) & Output(+) of Transformation**	**11.58**	**-157.55**
1.火力发电	Thermal Power		-37.32
2.供热	Heating Supply		-11.76
3.洗选煤	Coal Washing		
4.炼焦	Coking	11.58	
5.炼油及煤制油	Petroleum Refineries		334.15
#油品再投入量(−)	Petroleum Products Input (-)		-442.63
6.制气	Gas Works		
#焦炭再投入量(−)	Coke Input (-)		
7.天然气液化	Natural Gas Liquefaction		
8.煤制品加工	Briquettes		
9.回收能	Recovery of Energy		
三.损失量	**Loss**		
四.终端消费量	**Total Final Consumption**	**7.69**	**2812.66**
1.农、林、牧、渔业	Agriculture, Forestry, Animal Husbandry and Fishery		235.00
2.工业	Industry	7.69	743.06
#用作原料、材料	Non-Energy Use		164.63
3.建筑业	Construction		181.40
4.交通运输、仓储和邮政业	Transport, Storage and Post		955.83
5.批发、零售业和住宿、餐饮业	Wholesale, Retail Trade and Hotel, Restaurants		114.00
6.其他	Others		119.38
7.生活消费	Residential Consumption		464.00
城镇	Urban		239.00
乡村	Rural		225.00
五.平衡差额	**Statistical Difference**		
六.消费量合计	**Total Energy Consumption**	**7.69**	**2970.21**

Continued 1

原油 (万吨) Crude Oil (10^4 tons)	汽油 (万吨) Gasoline (10^4 tons)	煤油 (万吨) Kerosene (10^4 tons)	柴油 (万吨) Diesel Oil (10^4 tons)	燃料油 (万吨) Fuel Oil (10^4 tons)	石脑油 (万吨) Naphtha (10^4 tons)	润滑油 (万吨) Lubricants (10^4 tons)	石蜡 (万吨) Paraffin Waxes (10^4 tons)	溶剂油 (万吨) White Spirit (10^4 tons)
2846.84	**420.78**	**-112.74**	**283.14**	**216.02**	**-96.78**	**1.61**	**0.62**	**-0.50**
722.69	510.00	84.39	449.00	1022.00		30.33	0.61	
2185.88	0.28	14.89	5.14	598.52		1.24		
	74.33	106.10	120.38	1024.82	96.78	31.89		0.50
56.92		105.71	34.37	365.59		0.87		
-4.81	-15.17	-0.21	-16.25	-14.09		2.81	0.01	
-2846.84	**333.27**	**226.26**	**684.60**	**-21.09**	**96.79**			**1.21**
			-0.59					
			-0.04					
-2846.84	333.27	226.26	685.23	110.23	304.04			1.21
				-131.33	-207.25			
	754.05	**113.52**	**967.74**	**194.93**	**0.01**	**1.61**	**0.62**	**0.71**
	30.00		205.00					
	68.65	1.71	151.49	58.81	0.01	1.61	0.62	0.71
	1.02	0.34	1.46	3.00		0.29	0.22	0.24
	36.40		145.00					
	351.00	111.81	381.00	112.00				
	28.00		29.00	18.00				
	67.00		25.26	6.12				
	173.00		31.00					
	91.00		15.00					
	82.00		16.00					
2846.84	**754.05**	**113.52**	**968.37**	**326.26**	**207.26**	**1.61**	**0.62**	**0.71**

6-11 续表 2

项目	Item	石油沥青(万吨) Bitumen Asphalt (10^4 tons)	石油焦(万吨) Petroleum Coke (10^4 tons)
一.可供本地区消费的能源量	**Total Primary Energy Supply**	**-369.53**	**-64.69**
1.一次能源生产量	Indigenous Production		
2.外省(区、市)调入量	Moving In from Other Provinces		
3.进口量	Import		
4.境内轮船和飞机在境外的加油量	Domestic Airplanes&Ships Refueling in Abroad		
5.本省(区、市)调出量(-)	Sending Out to Other Provinces(-)	369.53	65.77
6.出口量(-)	Export(-)		
7.境外轮船和飞机在境内的加油量(-)	Oversea Airplanes&Ships Refueling in China(-)		
8.库存增(-)、减(+)量	Stock Change		1.08
二.加工转换投入(-)产出(+)量	**Input(-) & Output(+) of Transformation**	**369.59**	**118.12**
1.火力发电	Thermal Power		-36.73
2.供热	Heating Supply		-11.73
3.洗选煤	Coal Washing		
4.炼焦	Coking		
5.炼油及煤制油	Petroleum Refineries	369.59	166.58
#油品再投入量(-)	Petroleum Products Input (-)		
6.制气	Gas Works		
#焦炭再投入量(-)	Coke Input (-)		
7.天然气液化	Natural Gas Liquefaction		
8.煤制品加工	Briquettes		
9.回收能	Recovery of Energy		
三.损失量	**Loss**		
四.终端消费量	**Total Final Consumption**	**0.06**	**53.44**
1.农、林、牧、渔业	Agriculture, Forestry, Animal Husbandry and Fishery		
2.工业	Industry	0.06	53.44
#用作原料、材料	Non-Energy Use		6.84
3.建筑业	Construction		
4.交通运输、仓储和邮政业	Transport, Storage and Post		
5.批发、零售业和住宿、餐饮业	Wholesale, Retail Trade and Hotel, Restaurants		
6.其他	Others		
7.生活消费	Residential Consumption		
城镇	Urban		
乡村	Rural		
五.平衡差额	**Statistical Difference**		
六.消费量合计	**Total Energy Consumption**	**0.06**	**101.89**

Continued 2

液化石油气 (万吨) LPG (10^4 tons)	炼厂干气 (万吨) Refinery Gas (10^4 tons)	其他石油制品 (万吨) Other Petroleum Products (10^4 tons)	天然气 (亿立方米) Natural Gas (10^8 cu.m)	液化天然气 (万吨) LNG (10^4 tons)	热力 (万百万千焦) Heat (10^{10} kJ)	电力 (亿千瓦小时) Electricity (10^8 kW•h)	其他能源 (万吨标煤) Other Energy (10^4 tce)
236.86		**-391.42**	**78.00**	**17.02**		**1292.48**	**306.01**
						749.42	305.94
40.36			78.00	17.11		631.17	
197.05							
		389.98				88.12	
0.58							
0.03		-1.44		-0.09			0.07
95.84	**97.27**	**687.42**	**-29.66**	**-2.38**	**45443.03**	**2261.42**	**-214.31**
			-28.88	-2.27	-3602.43	2261.42	-186.67
			-0.78	-0.12	43645.78		-27.64
122.06	122.89	739.63					
-26.21	-25.62	-52.21					
					5399.68		
					1755.28	**136.57**	
332.71	**97.26**	**296.00**	**48.34**	**14.63**	**43687.75**	**3417.33**	**91.70**
						23.81	
12.69	97.26	296.00	30.22	14.63	38926.75	2447.74	91.70
0.70		150.52	0.22	0.14			
						53.81	
0.02			0.02		11.00	51.24	
39.00			5.00		3500.00	146.98	
21.00					1250.00	249.89	
260.00			13.10			443.88	
133.00			13.10			237.55	
127.00						206.33	
358.92	**122.88**	**348.21**	**78.00**	**17.02**	**49045.46**	**3553.90**	**306.00**

6-12 安徽能源平衡表(实物量)-2015

项　　目	Item	煤合计 (万吨) Coal Total (10^4 tons)	原煤 (万吨) Raw Coal (10^4 tons)
一.可供本地区消费的能源量	**Total Primary Energy Supply**	**15708.24**	**18232.78**
1.一次能源生产量	Indigenous Production	13404.16	13404.16
2.外省(区、市)调入量	Moving In from Other Provinces	6512.06	6025.00
3.进口量	Import		
4.境内轮船和飞机在境外的加油量	Domestic Airplanes&Ships Refueling in Abroad		
5.本省(区、市)调出量(-)	Sending Out to Other Provinces(-)	4033.21	1294.88
6.出口量(-)	Export(-)		
7.境外轮船和飞机在境内的加油量(-)	Oversea Airplanes&Ships Refueling in China(-)		
8.库存增(-)、减(+)量	Stock Change	-174.77	98.50
二.加工转换投入(-)产出(+)量	**Input(-) & Output(+) of Transformation**	**-10966.04**	**-13724.47**
1.火力发电	Thermal Power	-8036.10	-7657.76
2.供热	Heating Supply	-417.68	-414.65
3.洗选煤	Coal Washing	-1152.41	-5566.60
4.炼焦	Coking	-1274.39	
5.炼油及煤制油	Petroleum Refineries		
#油品再投入量(-)	Petroleum Products Input (-)		
6.制气	Gas Works	-85.46	-85.46
#焦炭再投入量(-)	Coke Input (-)		
7.天然气液化	Natural Gas Liquefaction		
8.煤制品加工	Briquettes		
9.回收能	Recovery of Energy		
三.损失量	**Loss**		
四.终端消费量	**Total Final Consumption**	**4705.28**	**4510.16**
1.农、林、牧、渔业	Agriculture, Forestry, Animal Husbandry and Fishery	56.79	56.79
2.工业	Industry	4237.63	4044.40
#用作原料、材料	Non-Energy Use	446.50	430.84
3.建筑业	Construction	27.47	25.59
4.交通运输、仓储和邮政业	Transport, Storage and Post	19.30	19.30
5.批发、零售业和住宿、餐饮业	Wholesale, Retail Trade and Hotel, Restaurants	50.17	50.17
6.其他	Others	57.84	57.84
7.生活消费	Residential Consumption	256.08	256.08
城镇	Urban	53.43	53.43
乡村	Rural	202.65	202.65
五.平衡差额	**Statistical Difference**	**36.92**	**-1.85**
六.消费量合计	**Total Energy Consumption**	**15671.32**	**18234.63**

Energy Balance of Anhui (Physical Quantity) -2015

洗精煤 (万吨) Cleaned Coal (10^4 tons)	其他洗煤 (万吨) Other Washed Coal (10^4 tons)	型煤 (万吨) Briquettes (10^4 tons)	煤矸石 (万吨) Gangue (10^4 tons)	焦炭 (万吨) Coke (10^4 tons)	焦炉煤气 (亿立方米) Coke Oven Gas (10^8 cu.m)	高炉煤气 (亿立方米) Blast Furnace Gas (10^8 cu.m)	转炉煤气 (亿立方米) Converter Gas (10^8 cu.m)	其他煤气 (亿立方米) Other Gas (10^8 cu.m)
-744.43	**-1796.48**	**16.37**		**206.28**				
408.50		78.56		200.45				
1084.68	1591.66	61.99		0.41				
-68.25	-204.82	-0.20		6.24				
930.28	**1828.15**		**24.22**	**958.49**	**20.41**	**197.52**	**10.71**	**11.38**
	-378.34		-372.75		-4.24	-100.64	-8.99	
	-3.03		-3.18		-0.38	-8.14	-0.71	
2204.66	2209.52		400.15					
-1274.39				958.49	25.03			
								11.38
						306.30	20.41	
147.07	**31.67**	**16.37**	**10.94**	**1164.77**	**20.41**	**197.52**	**10.71**	**11.38**
145.19	31.67	16.37	10.94	1164.77	20.41	197.52	10.71	11.38
15.65		0.02		5.70				
1.88								
38.77			**13.28**					
1421.46	**413.04**	**16.37**	**386.87**	**1164.77**	**25.03**	**306.30**	**20.41**	**11.38**

6-12 续表 1

项　　目	Item	其他焦化产品(万吨) Other Coking Products (10^4 tons)	油品合计(万吨) Petroleum Products Total (10^4 tons)
一.可供本地区消费的能源量	**Total Primary Energy Supply**	**-53.92**	**1407.04**
1.一次能源生产量	Indigenous Production		
2.外省(区、市)调入量	Moving In from Other Provinces		1671.19
3.进口量	Import		41.57
4.境内轮船和飞机在境外的加油量	Domestic Airplanes&Ships Refueling in Abroad		
5.本省(区、市)调出量(-)	Sending Out to Other Provinces(-)	53.36	289.41
6.出口量(-)	Export(-)		
7.境外轮船和飞机在境内的加油量(-)	Oversea Airplanes&Ships Refueling in China(-)		
8.库存增(-)、减(+)量	Stock Change	-0.56	-16.30
二.加工转换投入(-)产出(+)量	**Input(-) & Output(+) of Transformation**	**63.17**	**-1.98**
1.火力发电	Thermal Power		-0.85
2.供热	Heating Supply		-0.62
3.洗选煤	Coal Washing		
4.炼焦	Coking	63.17	
5.炼油及煤制油	Petroleum Refineries		59.32
#油品再投入量(-)	Petroleum Products Input (-)		-59.83
6.制气	Gas Works		
#焦炭再投入量(-)	Coke Input (-)		
7.天然气液化	Natural Gas Liquefaction		
8.煤制品加工	Briquettes		
9.回收能	Recovery of Energy		
三.损失量	**Loss**		
四.终端消费量	**Total Final Consumption**	**9.25**	**1403.44**
1.农、林、牧、渔业	Agriculture, Forestry, Animal Husbandry and Fishery		90.08
2.工业	Industry	9.25	284.68
#用作原料、材料	Non-Energy Use	9.25	47.77
3.建筑业	Construction		78.78
4.交通运输、仓储和邮政业	Transport, Storage and Post		611.55
5.批发、零售业和住宿、餐饮业	Wholesale, Retail Trade and Hotel, Restaurants		24.39
6.其他	Others		81.35
7.生活消费	Residential Consumption		232.62
城镇	Urban		139.48
乡村	Rural		93.14
五.平衡差额	**Statistical Difference**		**1.62**
六.消费量合计	**Total Energy Consumption**	**9.25**	**1405.42**

Continued 1

原油 (万吨) Crude Oil (10^4 tons)	汽油 (万吨) Gasoline (10^4 tons)	煤油 (万吨) Kerosene (10^4 tons)	柴油 (万吨) Diesel Oil (10^4 tons)	燃料油 (万吨) Fuel Oil (10^4 tons)	石脑油 (万吨) Naphtha (10^4 tons)	润滑油 (万吨) Lubricants (10^4 tons)	石蜡 (万吨) Paraffin Waxes (10^4 tons)	溶剂油 (万吨) White Spirit (10^4 tons)
690.59	**240.05**	**13.50**	**331.76**	**11.64**	**-4.53**	**1.43**	**0.19**	**0.33**
648.83	312.06	13.90	504.09	12.69	0.01	1.39	0.19	0.31
41.57								
	59.07		169.81	0.82	4.54			
0.19	-12.94	-0.40	-2.53	-0.23		0.04		0.02
-689.31	**216.55**	**0.44**	**279.67**	**1.80**	**4.53**	**-0.14**		
			-0.33					
			-0.04					
-689.31	216.55	0.44	280.04	1.80	4.53	0.81		
						-0.95		
1.28	**456.60**	**13.94**	**611.43**	**13.44**		**1.29**	**0.19**	**0.33**
	18.13		71.95					
1.28	8.36	0.30	56.55	7.54		1.29	0.19	0.33
	0.07	0.03	1.70			0.20		0.12
	25.70		51.65	1.42				
	188.18	13.64	405.25	4.48				
	15.48		7.99					
	69.53		10.81					
	131.21		7.22					
	98.08		1.23					
	33.13		5.99					
690.59	**456.60**	**13.94**	**611.80**	**13.44**		**2.24**	**0.19**	**0.33**

6-12 续表 2

项　　目	Item	石油沥青(万吨) Bitumen Asphalt (10^4 tons)	石油焦(万吨) Petroleum Coke (10^4 tons)
一.可供本地区消费的能源量	**Total Primary Energy Supply**	**0.82**	**-23.98**
1.一次能源生产量	Indigenous Production		
2.外省(区、市)调入量	Moving In from Other Provinces	0.82	8.85
3.进口量	Import		
4.境内轮船和飞机在境外的加油量	Domestic Airplanes&Ships Refueling in Abroad		
5.本省(区、市)调出量(-)	Sending Out to Other Provinces(-)		32.67
6.出口量(-)	Export(-)		
7.境外轮船和飞机在境内的加油量(-)	Oversea Airplanes&Ships Refueling in China(-)		
8.库存增(-)、减(+)量	Stock Change		-0.16
二.加工转换投入(-)产出(+)量	**Input(-) & Output(+) of Transformation**		**32.84**
1.火力发电	Thermal Power		
2.供热	Heating Supply		
3.洗选煤	Coal Washing		
4.炼焦	Coking		
5.炼油及煤制油	Petroleum Refineries		32.84
#油品再投入量(-)	Petroleum Products Input (-)		
6.制气	Gas Works		
#焦炭再投入量(-)	Coke Input (-)		
7.天然气液化	Natural Gas Liquefaction		
8.煤制品加工	Briquettes		
9.回收能	Recovery of Energy		
三.损失量	**Loss**		
四.终端消费量	**Total Final Consumption**	**0.82**	**8.86**
1.农、林、牧、渔业	Agriculture, Forestry, Animal Husbandry and Fishery		
2.工业	Industry	0.82	8.86
#用作原料、材料	Non-Energy Use		
3.建筑业	Construction		
4.交通运输、仓储和邮政业	Transport, Storage and Post		
5.批发、零售业和住宿、餐饮业	Wholesale, Retail Trade and Hotel, Restaurants		
6.其他	Others		
7.生活消费	Residential Consumption		
城镇	Urban		
乡村	Rural		
五.平衡差额	**Statistical Difference**		
六.消费量合计	**Total Energy Consumption**	**0.82**	**8.86**

Continued 2

液化石油气 (万吨) LPG (10^4 tons)	炼厂干气 (万吨) Refinery Gas (10^4 tons)	其他石油制品 (万吨) Other Petroleum Products (10^4 tons)	天然气 (亿立方米) Natural Gas (10^8 cu.m)	液化天然气 (万吨) LNG (10^4 tons)	热力 (万百万千焦) Heat (10^{10} kJ)	电力 (亿千瓦小时) Electricity (10^8 kW•h)	其他能源 (万吨标煤) Other Energy (10^4 tce)
38.50		**106.75**	**34.81**			**-349.13**	**178.41**
						72.98	178.41
61.12		106.92	34.81			4.51	
22.50						426.61	
-0.12		-0.17					
58.34	**21.27**	**72.03**	**-0.27**	**0.97**	**8574.17**	**1988.92**	**-151.78**
	-0.52		-0.12		-6097.68	1988.92	-133.89
	-0.58				7986.03		-17.89
58.34	30.07	123.21					
	-7.70	-51.18					
			-0.15	0.97			
					6685.82		
						100.82	
96.84	**19.65**	**178.78**	**34.54**	**1.07**	**8574.17**	**1538.96**	**26.63**
						16.85	
0.73	19.65	178.78	12.20	1.07	7416.76	1031.96	26.63
		45.64					
						25.20	
			4.93			26.74	
0.92			3.61			67.01	
1.00						120.02	
94.19			13.80		1157.41	251.18	
40.17			13.58		1157.41	108.27	
54.02			0.22			142.91	
	1.62			**-0.10**			
96.84	**28.45**	**229.96**	**34.68**	**1.07**	**14671.85**	**1639.79**	**178.41**

6-13 福建能源平衡表(实物量)-2015

项　　目	Item	煤合计(万吨) Coal Total (10^4 tn)	原煤(万吨) Raw Coal (10^4 tn)
一.可供本地区消费的能源量	**Total Primary Energy Supply**	**7659.94**	**7454.72**
1.一次能源生产量	Indigenous Production	1590.95	1590.95
2.外省(区、市)调入量	Moving In from Other Provinces	4660.00	4393.89
3.进口量	Import	2464.67	2464.67
4.境内轮船和飞机在境外的加油量	Domestic Airplanes&Ships Refueling in Abroad		
5.本省(区、市)调出量(-)	Sending Out to Other Provinces(-)	1078.38	1015.32
6.出口量(-)	Export(-)		
7.境外轮船和飞机在境内的加油量(-)	Oversea Airplanes&Ships Refueling in China(-)		
8.库存增(-)、减(+)量	Stock Change	22.70	20.53
二.加工转换投入(-)产出(+)量	**Input(-) & Output(+) of Transformation**	**-4938.15**	**-4820.85**
1.火力发电	Thermal Power	-4401.41	-4401.41
2.供热	Heating Supply	-331.23	-331.23
3.洗选煤	Coal Washing	-2.86	-66.89
4.炼焦	Coking	-202.22	-8.80
5.炼油及煤制油	Petroleum Refineries		
#油品再投入量(-)	Petroleum Products Input (-)		
6.制气	Gas Works	-3.33	-3.33
#焦炭再投入量(-)	Coke Input (-)		
7.天然气液化	Natural Gas Liquefaction		
8.煤制品加工	Briquettes	2.90	-9.19
9.回收能	Recovery of Energy		
三.损失量	**Loss**		
四.终端消费量	**Total Final Consumption**	**2721.79**	**2633.87**
1.农、林、牧、渔业	Agriculture, Forestry, Animal Husbandry and Fishery	35.30	35.30
2.工业	Industry	2636.59	2548.67
#用作原料、材料	Non-Energy Use	93.00	93.00
3.建筑业	Construction	1.80	1.80
4.交通运输、仓储和邮政业	Transport, Storage and Post	2.00	2.00
5.批发、零售业和住宿、餐饮业	Wholesale, Retail Trade and Hotel, Restaurants	5.00	5.00
6.其他	Others	11.00	11.00
7.生活消费	Residential Consumption	30.10	30.10
城镇	Urban	7.00	7.00
乡村	Rural	23.10	23.10
五.平衡差额	**Statistical Difference**		
六.消费量合计	**Total Energy Consumption**	**7659.94**	**7454.72**

Energy Balance of Fujian (Physical Quantity) -2015

洗精煤（万吨） Cleaned Coal (10^4 tn)	其他洗煤（万吨） Other Washed Coal (10^4 tn)	型煤（万吨） Briquettes (10^4 tn)	煤矸石（万吨） Gangue (10^4 tn)	焦炭（万吨） Coke (10^4 tn)	焦炉煤气（亿立方米） Coke Oven Gas (10^8 cu.m)	高炉煤气（亿立方米） Blast Furnace Gas (10^8 cu.m)	转炉煤气（亿立方米） Converter Gas (10^8 cu.m)	其他煤气（亿立方米） Other Gas (10^8 cu.m)
184.53	**1.02**	**19.67**		**473.34**				
245.18	1.02	19.91		483.38				
63.06								
2.41		-0.24		-10.04				
-130.36	**0.97**	**12.09**		**152.26**	**4.92**	**101.45**	**9.70**	**0.73**
					-0.13	-30.60	-1.11	
					-0.25	-15.17	-0.41	
63.06	0.97							
-193.42				152.26	5.30			
								0.73
		12.09						
						147.22	11.22	
54.17	**1.99**	**31.76**		**625.60**	**4.92**	**101.45**	**9.70**	**0.73**
54.17	1.99	31.76		625.60	4.92	101.45	9.70	0.73
				0.50				
247.59	**1.99**	**31.76**		**625.60**	**5.30**	**147.22**	**11.22**	**0.73**

6-13 续表 1

项　　目	Item	其他焦化产品(万吨) Other Coking Products (10^4 tn)	油品合计(万吨) Petroleum Products Total (10^4 tn)
一.可供本地区消费的能源量	**Total Primary Energy Supply**		**2111.97**
1.一次能源生产量	Indigenous Production		
2.外省(区、市)调入量	Moving In from Other Provinces		220.61
3.进口量	Import		2183.71
4.境内轮船和飞机在境外的加油量	Domestic Airplanes&Ships Refueling in Abroad		
5.本省(区、市)调出量(-)	Sending Out to Other Provinces(-)		269.49
6.出口量(-)	Export(-)		
7.境外轮船和飞机在境内的加油量(-)	Oversea Airplanes&Ships Refueling in China(-)		
8.库存增(-)、减(+)量	Stock Change		-22.86
二.加工转换投入(-)产出(+)量	**Input(-) & Output(+) of Transformation**	**9.00**	**-216.70**
1.火力发电	Thermal Power		-54.97
2.供热	Heating Supply		-33.36
3.洗选煤	Coal Washing		
4.炼焦	Coking	9.00	
5.炼油及煤制油	Petroleum Refineries		-128.37
#油品再投入量(-)	Petroleum Products Input (-)		
6.制气	Gas Works		
#焦炭再投入量(-)	Coke Input (-)		
7.天然气液化	Natural Gas Liquefaction		
8.煤制品加工	Briquettes		
9.回收能	Recovery of Energy		
三.损失量	**Loss**		
四.终端消费量	**Total Final Consumption**	**9.00**	**1895.27**
1.农、林、牧、渔业	Agriculture, Forestry, Animal Husbandry and Fishery		30.20
2.工业	Industry	9.00	903.61
#用作原料、材料	Non-Energy Use		
3.建筑业	Construction		112.54
4.交通运输、仓储和邮政业	Transport, Storage and Post		657.27
5.批发、零售业和住宿、餐饮业	Wholesale, Retail Trade and Hotel, Restaurants		12.49
6.其他	Others		27.06
7.生活消费	Residential Consumption		152.10
城镇	Urban		82.97
乡村	Rural		69.13
五.平衡差额	**Statistical Difference**		
六.消费量合计	**Total Energy Consumption**	**9.00**	**2111.97**

Continued 1

原油 (万吨) Crude Oil (10⁴ tn)	汽油 (万吨) Gasoline (10⁴ tn)	煤油 (万吨) Kerosene (10⁴ tn)	柴油 (万吨) Diesel Oil (10⁴ tn)	燃料油 (万吨) Fuel Oil (10⁴ tn)	石脑油 (万吨) Naphtha (10⁴ tn)	润滑油 (万吨) Lubricants (10⁴ tn)	石蜡 (万吨) Paraffin Waxes (10⁴ tn)	溶剂油 (万吨) White Spirit (10⁴ tn)
2164.85	**73.79**	**-163.01**	**-60.99**	**106.11**	**-5.00**	**5.91**	**0.22**	**3.66**
	73.72			109.89		5.89	0.23	3.64
2183.71								
		162.98	61.21		5.00			
-18.86	0.07	-0.03	0.22	-3.78		0.02	-0.01	0.02
-2095.17	**391.30**	**274.82**	**503.51**	**52.87**	**27.24**	**2.80**		
			-2.60	-0.39				
			-0.18	-15.49				
-2095.17	391.30	274.82	506.29	68.75	27.24	2.80		
69.68	**465.09**	**111.81**	**442.52**	**158.98**	**22.24**	**8.71**	**0.22**	**3.66**
	7.20		20.00	2.00				
69.68	115.44	0.98	75.02	90.98	22.24	2.82	0.22	3.66
	28.50		43.60					
	190.95	110.83	280.60	66.00		5.89		
	8.20		4.00					
	21.00		6.00					
	93.80		13.30					
	57.80		3.30					
	36.00		10.00					
2164.85	**465.09**	**111.81**	**445.30**	**174.86**	**22.24**	**8.71**	**0.22**	**3.66**

6-13 续表 2

项 目	Item	石油沥青(万吨) Bitumen Asphalt (10^4 tn)	石油焦(万吨) Petroleum Coke (10^4 tn)
一.可供本地区消费的能源量	**Total Primary Energy Supply**	**0.31**	**27.16**
1.一次能源生产量	Indigenous Production		
2.外省(区、市)调入量	Moving In from Other Provinces		27.24
3.进口量	Import		
4.境内轮船和飞机在境外的加油量	Domestic Airplanes&Ships Refueling in Abroad		
5.本省(区、市)调出量(-)	Sending Out to Other Provinces(-)		
6.出口量(-)	Export(-)		
7.境外轮船和飞机在境内的加油量(-)	Oversea Airplanes&Ships Refueling in China(-)		
8.库存增(-)、减(+)量	Stock Change	0.31	-0.08
二.加工转换投入(-)产出(+)量	**Input(-) & Output(+) of Transformation**	**74.89**	**11.21**
1.火力发电	Thermal Power		-20.31
2.供热	Heating Supply		-13.28
3.洗选煤	Coal Washing		
4.炼焦	Coking		
5.炼油及煤制油	Petroleum Refineries	74.89	44.80
#油品再投入量(-)	Petroleum Products Input (-)		
6.制气	Gas Works		
#焦炭再投入量(-)	Coke Input (-)		
7.天然气液化	Natural Gas Liquefaction		
8.煤制品加工	Briquettes		
9.回收能	Recovery of Energy		
三.损失量	**Loss**		
四.终端消费量	**Total Final Consumption**	**75.20**	**38.37**
1.农、林、牧、渔业	Agriculture, Forestry, Animal Husbandry and Fishery		
2.工业	Industry	35.20	38.37
#用作原料、材料	Non-Energy Use		
3.建筑业	Construction	40.00	
4.交通运输、仓储和邮政业	Transport, Storage and Post		
5.批发、零售业和住宿、餐饮业	Wholesale, Retail Trade and Hotel, Restaurants		
6.其他	Others		
7.生活消费	Residential Consumption		
城镇	Urban		
乡村	Rural		
五.平衡差额	**Statistical Difference**		
六.消费量合计	**Total Energy Consumption**	**75.20**	**71.96**

Continued 2

液化石油气（万吨） LPG (10^4 tn)	炼厂干气（万吨） Refinery Gas (10^4 tn)	其他石油制品（万吨） Other Petroleum Products (10^4 tn)	天然气（亿立方米） Natural Gas (10^8 cu.m)	液化天然气（万吨） LNG (10^4 tn)	热力（万百万千焦） Heat (10^{10} kJ)	电力（亿千瓦小时） Electricity (10^8 kW•h)	其他能源（万吨标煤） Other Energy (10^4 tce)
-40.30		**-0.74**	**45.38**			**769.91**	**110.17**
						800.85	
						1.93	110.17
			45.38				
40.30						32.87	
		-0.74					
104.05	**120.11**	**315.67**	**-12.96**		**7893.67**	**1108.96**	**-14.12**
	-31.67		-12.96		-1939.94	1108.96	-14.12
	-4.41				7338.00		
104.05	156.19	315.67					
					2495.61		
						83.17	
63.75	**120.11**	**314.93**	**32.42**		**7893.67**	**1795.70**	**96.05**
1.00						25.61	
13.96	120.11	314.93	27.80		7893.67	1164.62	96.05
0.44			0.53			25.85	
3.00			1.52			25.64	
0.29			0.76			82.76	
0.06			0.38			126.26	
45.00			1.43			344.96	
21.87			1.35			170.64	
23.13			0.08			174.32	
63.75	**156.19**	**314.93**	**45.38**		**9833.61**	**1878.87**	**110.17**

6-14 江西能源平衡表(实物量)-2015

项目	Item	煤合计 (万吨) Coal Total (10^4 tons)	原煤 (万吨) Raw Coal (10^4 tons)
一.可供本地区消费的能源量	**Total Primary Energy Supply**	**7698.24**	**6979.62**
1.一次能源生产量	Indigenous Production	2270.70	2270.70
2.外省(区、市)调入量	Moving In from Other Provinces	5412.37	4675.19
3.进口量	Import	201.80	201.80
4.境内轮船和飞机在境外的加油量	Domestic Airplanes&Ships Refueling in Abroad		
5.本省(区、市)调出量(-)	Sending Out to Other Provinces(-)	221.78	194.25
6.出口量(-)	Export(-)		
7.境外轮船和飞机在境内的加油量(-)	Oversea Airplanes&Ships Refueling in China(-)		
8.库存增(-)、减(+)量	Stock Change	35.15	26.18
二.加工转换投入(-)产出(+)量	**Input(-) & Output(+) of Transformation**	**-4465.60**	**-3908.12**
1.火力发电	Thermal Power	-3001.81	-3001.81
2.供热	Heating Supply	-93.15	-93.15
3.洗选煤	Coal Washing	-243.17	-813.16
4.炼焦	Coking	-1123.75	
5.炼油及煤制油	Petroleum Refineries		
#油品再投入量(-)	Petroleum Products Input (-)		
6.制气	Gas Works		
#焦炭再投入量(-)	Coke Input (-)		
7.天然气液化	Natural Gas Liquefaction		
8.煤制品加工	Briquettes	-3.72	
9.回收能	Recovery of Energy		
三.损失量	**Loss**		
四.终端消费量	**Total Final Consumption**	**3232.64**	**3071.50**
1.农、林、牧、渔业	Agriculture, Forestry, Animal Husbandry and Fishery	18.00	18.00
2.工业	Industry	2992.14	2926.00
#用作原料、材料	Non-Energy Use	304.33	302.71
3.建筑业	Construction	2.00	2.00
4.交通运输、仓储和邮政业	Transport, Storage and Post	5.00	5.00
5.批发、零售业和住宿、餐饮业	Wholesale, Retail Trade and Hotel, Restaurants	23.00	23.00
6.其他	Others	24.50	24.50
7.生活消费	Residential Consumption	168.00	73.00
城镇	Urban	32.00	7.00
乡村	Rural	136.00	66.00
五.平衡差额	**Statistical Difference**		
六.消费量合计	**Total Energy Consumption**	**7698.24**	**6979.62**

Energy Balance of Jiangxi (Physical Quantity) -2015

洗精煤 (万吨) Cleaned Coal (10^4 tons)	其他洗煤 (万吨) Other Washed Coal (10^4 tons)	型煤 (万吨) Briquettes (10^4 tons)	煤矸石 (万吨) Gangue (10^4 tons)	焦炭 (万吨) Coke (10^4 tons)	焦炉煤气 (亿立方米) Coke Oven Gas (10^8 cu.m)	高炉煤气 (亿立方米) Blast Furnace Gas (10^8 cu.m)	转炉煤气 (亿立方米) Converter Gas (10^8 cu.m)	其他煤气 (亿立方米) Other Gas (10^8 cu.m)
666.84	**47.70**	**4.08**	**41.15**	**76.26**				
685.29	47.61	4.28	41.15	317.19				
27.53				241.83				
9.08	0.09	-0.20		0.90				
-653.45	**0.20**	**95.77**	**-39.16**	**815.44**	**23.48**	**265.80**	**19.19**	
			-62.38		-1.28	-74.42	-5.57	
470.30	99.69		23.22					
-1123.75				815.44	24.76			
	-99.49	95.77						
						340.22	24.76	
13.39	**47.90**	**99.85**	**1.99**	**891.70**	**23.48**	**265.80**	**19.19**	
13.39	47.90	4.85	1.99	891.70	23.18	265.80	19.19	
1.42	0.18	0.02		3.90				
		95.00			0.30			
		25.00			0.30			
		70.00						
1137.14	**147.39**	**99.85**	**64.37**	**891.70**	**24.76**	**340.22**	**24.76**	

6-14 续表 1

项　　目	Item	其他焦化产品(万吨) Other Coking Products (10^4 tons)	油品合计(万吨) Petroleum Products Total (10^4 tons)
一.可供本地区消费的能源量	**Total Primary Energy Supply**	**-19.31**	**1017.97**
1.一次能源生产量	Indigenous Production		
2.外省(区、市)调入量	Moving In from Other Provinces	4.63	611.92
3.进口量	Import		561.93
4.境内轮船和飞机在境外的加油量	Domestic Airplanes&Ships Refueling in Abroad		
5.本省(区、市)调出量(-)	Sending Out to Other Provinces(-)	23.93	161.92
6.出口量(-)	Export(-)		
7.境外轮船和飞机在境内的加油量(-)	Oversea Airplanes&Ships Refueling in China(-)		
8.库存增(-)、减(+)量	Stock Change	-0.01	6.04
二.加工转换投入(-)产出(+)量	**Input(-) & Output(+) of Transformation**	**31.47**	**-14.89**
1.火力发电	Thermal Power		-2.79
2.供热	Heating Supply		-3.69
3.洗选煤	Coal Washing		
4.炼焦	Coking	31.47	
5.炼油及煤制油	Petroleum Refineries		47.35
#油品再投入量(-)	Petroleum Products Input (-)		-55.76
6.制气	Gas Works		
#焦炭再投入量(-)	Coke Input (-)		
7.天然气液化	Natural Gas Liquefaction		
8.煤制品加工	Briquettes		
9.回收能	Recovery of Energy		
三.损失量	**Loss**		**0.46**
四.终端消费量	**Total Final Consumption**	**12.16**	**1002.62**
1.农、林、牧、渔业	Agriculture, Forestry, Animal Husbandry and Fishery		59.00
2.工业	Industry	12.16	227.66
#用作原料、材料	Non-Energy Use		23.27
3.建筑业	Construction		37.71
4.交通运输、仓储和邮政业	Transport, Storage and Post		452.52
5.批发、零售业和住宿、餐饮业	Wholesale, Retail Trade and Hotel, Restaurants		43.50
6.其他	Others		40.03
7.生活消费	Residential Consumption		142.20
城镇	Urban		95.20
乡村	Rural		47.00
五.平衡差额	**Statistical Difference**		
六.消费量合计	**Total Energy Consumption**	**12.16**	**1017.97**

Continued 1

原油 (万吨) Crude Oil (10^4 tons)	汽油 (万吨) Gasoline (10^4 tons)	煤油 (万吨) Kerosene (10^4 tons)	柴油 (万吨) Diesel Oil (10^4 tons)	燃料油 (万吨) Fuel Oil (10^4 tons)	石脑油 (万吨) Naphtha (10^4 tons)	润滑油 (万吨) Lubricants (10^4 tons)	石蜡 (万吨) Paraffin Waxes (10^4 tons)	溶剂油 (万吨) White Spirit (10^4 tons)
555.96	**91.24**	**-32.05**	**325.59**	**17.39**	**-2.20**	**1.53**	**0.12**	**0.04**
	187.91		319.08	17.31		1.68	0.12	0.03
561.93								
	101.53	32.11	0.63	0.08	2.20	0.12		
-5.97	4.86	0.06	7.14	0.16		-0.03		0.01
-555.50	**192.76**	**34.17**	**211.77**	**0.20**	**2.23**			
			-0.15					
-555.50	192.76	34.17	211.92	0.20	2.23			
0.46								
	284.00	**2.12**	**537.36**	**17.59**	**0.03**	**1.53**	**0.12**	**0.04**
	9.00		50.00					
	46.79	0.12	82.66	13.59	0.03	0.20	0.12	0.04
	0.08		0.70	1.33				
	1.21		17.50					
	118.00	1.50	328.00	4.00		1.00		
	14.00	0.50	22.00			0.30		
	20.00		16.00			0.03		
	75.00		21.20					
	56.00		4.20					
	19.00		17.00					
555.96	**284.00**	**2.12**	**537.51**	**17.59**	**0.03**	**1.53**	**0.12**	**0.04**

6-14 续表 2

项　　目	Item	石油沥青(万吨) Bitumen Asphalt (10^4 tons)	石油焦(万吨) Petroleum Coke (10^4 tons)
一.可供本地区消费的能源量	**Total Primary Energy Supply**	**11.59**	**-21.63**
1.一次能源生产量	Indigenous Production		
2.外省(区、市)调入量	Moving In from Other Provinces	11.66	3.84
3.进口量	Import		
4.境内轮船和飞机在境外的加油量	Domestic Airplanes&Ships Refueling in Abroad		
5.本省(区、市)调出量(-)	Sending Out to Other Provinces(-)		25.22
6.出口量(-)	Export(-)		
7.境外轮船和飞机在境内的加油量(-)	Oversea Airplanes&Ships Refueling in China(-)		
8.库存增(-)、减(+)量	Stock Change	-0.07	-0.25
二.加工转换投入(-)产出(+)量	**Input(-) & Output(+) of Transformation**	**8.35**	**31.64**
1.火力发电	Thermal Power		-0.52
2.供热	Heating Supply		-0.08
3.洗选煤	Coal Washing		
4.炼焦	Coking		
5.炼油及煤制油	Petroleum Refineries	8.35	32.24
#油品再投入量(-)	Petroleum Products Input (-)		
6.制气	Gas Works		
#焦炭再投入量(-)	Coke Input (-)		
7.天然气液化	Natural Gas Liquefaction		
8.煤制品加工	Briquettes		
9.回收能	Recovery of Energy		
三.损失量	**Loss**		
四.终端消费量	**Total Final Consumption**	**19.94**	**10.01**
1.农、林、牧、渔业	Agriculture, Forestry, Animal Husbandry and Fishery		
2.工业	Industry	0.94	10.01
#用作原料、材料	Non-Energy Use		5.89
3.建筑业	Construction	19.00	
4.交通运输、仓储和邮政业	Transport, Storage and Post		
5.批发、零售业和住宿、餐饮业	Wholesale, Retail Trade and Hotel, Restaurants		
6.其他	Others		
7.生活消费	Residential Consumption		
城镇	Urban		
乡村	Rural		
五.平衡差额	**Statistical Difference**		
六.消费量合计	**Total Energy Consumption**	**19.94**	**10.61**

Continued 2

液化石油气 (万吨) LPG (10^4 tons)	炼厂干气 (万吨) Refinery Gas (10^4 tons)	其他石油制品 (万吨) Other Petroleum Products (10^4 tons)	天然气 (亿立方米) Natural Gas (10^8 cu.m)	液化天然气 (万吨) LNG (10^4 tons)	热力 (万百万千焦) Heat (10^{10} kJ)	电力 (亿千瓦小时) Electricity (10^8 kW•h)	其他能源 (万吨标煤) Other Energy (10^4 tce)
28.34		**42.05**	**16.67**	**9.81**		**306.78**	**161.32**
			0.35			201.58	150.91
28.24		42.05	16.30	9.77		105.20	18.52
0.03							8.09
0.13			0.02	0.04			-0.02
32.18	**16.40**	**10.91**	**-1.27**		**1523.17**	**780.47**	**-65.58**
	-2.07	-0.05	-1.18		-3206.46	780.47	-60.00
	-3.61		-0.09		1491.45		-5.58
32.18	22.08	66.72					
		-55.76					
					3238.18		
						65.19	
60.52	**16.40**	**52.96**	**15.40**	**9.81**	**1523.17**	**1022.06**	**95.74**
						10.51	
3.80	16.40	52.96	10.29	6.61	1523.17	664.74	59.04
		15.27					
						17.79	
0.02				1.20		28.46	
6.70			0.70			45.87	
4.00			0.50			70.30	
46.00			3.91	2.00		184.39	36.70
35.00			3.82	2.00		98.33	
11.00			0.09			86.06	36.70
60.52	**22.08**	**108.77**	**16.67**	**9.81**	**4729.63**	**1087.25**	**161.32**

6-15 山东能源平衡表(实物量)-2015

项目	Item	煤合计 (万吨) Coal Total (10^4 tons)	原煤 (万吨) Raw Coal (10^4 tons)
一.可供本地区消费的能源量	**Total Primary Energy Supply**	**40926.94**	**40502.43**
1.一次能源生产量	Indigenous Production	14220.16	14220.16
2.外省(区、市)调入量	Moving In from Other Provinces	29561.60	27498.35
3.进口量	Import	1592.19	1592.19
4.境内轮船和飞机在境外的加油量	Domestic Airplanes&Ships Refueling in Abroad		
5.本省(区、市)调出量(-)	Sending Out to Other Provinces(-)	4944.03	3304.45
6.出口量(-)	Export(-)	235.87	235.87
7.境外轮船和飞机在境内的加油量(-)	Oversea Airplanes&Ships Refueling in China(-)		
8.库存增(-)、减(+)量	Stock Change	732.90	732.06
二.加工转换投入(-)产出(+)量	**Input(-) & Output(+) of Transformation**	**-30898.73**	**-32415.57**
1.火力发电	Thermal Power	-18713.47	-17954.95
2.供热	Heating Supply	-4722.09	-4531.02
3.洗选煤	Coal Washing	-1378.22	-9921.13
4.炼焦	Coking	-6084.95	-8.47
5.炼油及煤制油	Petroleum Refineries		
#油品再投入量(-)	Petroleum Products Input (-)		
6.制气	Gas Works		
#焦炭再投入量(-)	Coke Input (-)		
7.天然气液化	Natural Gas Liquefaction		
8.煤制品加工	Briquettes		
9.回收能	Recovery of Energy		
三.损失量	**Loss**		
四.终端消费量	**Total Final Consumption**	**10028.21**	**8086.86**
1.农、林、牧、渔业	Agriculture, Forestry, Animal Husbandry and Fishery	92.60	92.60
2.工业	Industry	8405.58	7507.96
#用作原料、材料	Non-Energy Use	1081.80	850.19
3.建筑业	Construction	20.98	20.98
4.交通运输、仓储和邮政业	Transport, Storage and Post	25.81	25.81
5.批发、零售业和住宿、餐饮业	Wholesale, Retail Trade and Hotel, Restaurants	460.39	100.07
6.其他	Others	401.72	69.35
7.生活消费	Residential Consumption	621.15	270.10
城镇	Urban	221.16	95.52
乡村	Rural	399.99	174.58
五.平衡差额	**Statistical Difference**		
六.消费量合计	**Total Energy Consumption**	**40926.94**	**40502.43**

Energy Balance of Shandong (Physical Quantity) -2015

洗精煤 (万吨) Cleaned Coal (10^4 tons)	其他洗煤 (万吨) Other Washed Coal (10^4 tons)	型煤 (万吨) Briquettes (10^4 tons)	煤矸石 (万吨) Gangue (10^4 tons)	焦炭 (万吨) Coke (10^4 tons)	焦炉煤气 (亿立方米) Coke Oven Gas (10^8 cu.m)	高炉煤气 (亿立方米) Blast Furnace Gas (10^8 cu.m)	转炉煤气 (亿立方米) Converter Gas (10^8 cu.m)	其他煤气 (亿立方米) Other Gas (10^8 cu.m)
662.25	**-1630.91**	**1393.17**	**0.78**	**-661.00**				
672.97		1390.28						
	1639.58			631.78				
-10.72	8.66	2.89	0.78	-29.22				
-113.88	**1712.66**	**-81.93**	**38.07**	**4364.55**	**46.73**	**204.36**	**27.28**	**0.97**
-6.58	-705.28	-46.66	-534.96		-18.14	-237.44	-10.55	-2.80
-6.17	-149.63	-35.27	-112.27		-9.93	-73.63	-1.65	-0.40
5975.35	2567.57		685.30					
-6076.47				4364.55	74.80			
						515.43	39.48	4.18
548.37	**81.75**	**1311.24**	**38.85**	**3703.55**	**46.73**	**204.36**	**27.28**	**0.97**
548.37	81.75	267.50	38.85	3700.16	42.25	204.36	27.28	0.97
206.88	7.65	17.09		38.55				
				0.47				
		360.32		2.92	1.67			
		332.37			1.03			
		351.05			1.78			
		125.64			1.78			
		225.41						
6637.60	**936.65**	**1393.17**	**686.08**	**3703.55**	**74.80**	**515.43**	**39.48**	**4.18**

6-15 续表 1

项　　目	Item	其他焦化产品(万吨) Other Coking Products (10^4 tons)	油品合计(万吨) Petroleum Products Total (10^4 tons)
一.可供本地区消费的能源量	**Total Primary Energy Supply**	**-203.91**	**4042.32**
1.一次能源生产量	Indigenous Production		2608.03
2.外省(区、市)调入量	Moving In from Other Provinces		2210.19
3.进口量	Import		8311.94
4.境内轮船和飞机在境外的加油量	Domestic Airplanes&Ships Refueling in Abroad		
5.本省(区、市)调出量(-)	Sending Out to Other Provinces(-)	204.67	8480.05
6.出口量(-)	Export(-)		399.72
7.境外轮船和飞机在境内的加油量(-)	Oversea Airplanes&Ships Refueling in China(-)		
8.库存增(-)、减(+)量	Stock Change	0.76	-208.08
二.加工转换投入(-)产出(+)量	**Input(-) & Output(+) of Transformation**	**301.15**	**-652.51**
1.火力发电	Thermal Power	-1.42	-15.92
2.供热	Heating Supply		-62.01
3.洗选煤	Coal Washing		
4.炼焦	Coking	302.57	
5.炼油及煤制油	Petroleum Refineries		4754.16
#油品再投入量(-)	Petroleum Products Input (-)		-5328.74
6.制气	Gas Works		
#焦炭再投入量(-)	Coke Input (-)		
7.天然气液化	Natural Gas Liquefaction		
8.煤制品加工	Briquettes		
9.回收能	Recovery of Energy		
三.损失量	**Loss**		
四.终端消费量	**Total Final Consumption**	**97.24**	**3389.81**
1.农、林、牧、渔业	Agriculture, Forestry, Animal Husbandry and Fishery		198.35
2.工业	Industry	97.24	1107.22
#用作原料、材料	Non-Energy Use	70.06	545.87
3.建筑业	Construction		215.36
4.交通运输、仓储和邮政业	Transport, Storage and Post		1181.47
5.批发、零售业和住宿、餐饮业	Wholesale, Retail Trade and Hotel, Restaurants		72.40
6.其他	Others		92.25
7.生活消费	Residential Consumption		522.75
城镇	Urban		383.82
乡村	Rural		138.93
五.平衡差额	**Statistical Difference**		
六.消费量合计	**Total Energy Consumption**	**98.66**	**4042.32**

Continued 1

原油 (万吨) Crude Oil (10^4 tons)	汽油 (万吨) Gasoline (10^4 tons)	煤油 (万吨) Kerosene (10^4 tons)	柴油 (万吨) Diesel Oil (10^4 tons)	燃料油 (万吨) Fuel Oil (10^4 tons)	石脑油 (万吨) Naphtha (10^4 tons)	润滑油 (万吨) Lubricants (10^4 tons)	石蜡 (万吨) Paraffin Waxes (10^4 tons)	溶剂油 (万吨) White Spirit (10^4 tons)
8607.02	**-1923.73**	**-102.29**	**-2616.46**	**2400.36**	**38.27**	**-35.90**	**0.27**	**-200.46**
2608.03								
				2172.24	37.71		0.24	
7389.81	0.01			472.44		2.80		0.20
1306.21	1880.46	38.15	2534.85			36.67		194.80
7.44	32.28	62.88	49.17	174.83		2.34		
-77.17	-11.00	-1.26	-32.43	-69.49	0.56	0.32	0.03	-5.85
-8510.03	**2649.73**	**200.79**	**3898.81**	**-2145.03**	**107.03**	**43.89**		**200.69**
	-0.01		-1.61	-0.35				
	-0.01		-0.29	-5.54				
-8510.03	2649.75	200.79	3951.72	846.65	265.05	43.89		200.69
	-0.01		-51.01	-2985.80	-158.01			
96.99	**726.00**	**98.50**	**1282.35**	**255.33**	**145.31**	**8.00**	**0.27**	**0.24**
	5.23		192.42					
96.99	50.44	0.83	93.65	132.95	145.31	0.87	0.27	0.24
	1.34	0.10	0.45	87.42	139.10	0.20	0.24	0.05
	15.37	0.24	65.59	3.65				
	122.41	97.42	843.85	115.36		2.38		
	24.92		38.83	0.36		0.75		
	56.46		29.08	3.00		0.23		
	451.17		18.92			3.77		
	338.62		6.52			2.29		
	112.54		12.40			1.48		
8607.02	**726.02**	**98.50**	**1335.26**	**3247.01**	**303.32**	**8.00**	**0.27**	**0.24**

6-15 续表 2

项目	Item	石油沥青(万吨) Bitumen Asphalt (10^4 tons)	石油焦(万吨) Petroleum Coke (10^4 tons)
一.可供本地区消费的能源量	**Total Primary Energy Supply**	**-631.41**	**-597.28**
1.一次能源生产量	Indigenous Production		
2.外省(区、市)调入量	Moving In from Other Provinces		
3.进口量	Import	81.41	132.72
4.境内轮船和飞机在境外的加油量	Domestic Airplanes&Ships Refueling in Abroad		
5.本省(区、市)调出量(-)	Sending Out to Other Provinces(-)	704.60	658.55
6.出口量(-)	Export(-)	0.06	70.70
7.境外轮船和飞机在境内的加油量(-)	Oversea Airplanes&Ships Refueling in China(-)		
8.库存增(-)、减(+)量	Stock Change	-8.17	-0.75
二.加工转换投入(-)产出(+)量	**Input(-) & Output(+) of Transformation**	**764.28**	**646.16**
1.火力发电	Thermal Power		-11.03
2.供热	Heating Supply		-28.11
3.洗选煤	Coal Washing		
4.炼焦	Coking		
5.炼油及煤制油	Petroleum Refineries	764.28	685.31
#油品再投入量(-)	Petroleum Products Input (-)		
6.制气	Gas Works		
#焦炭再投入量(-)	Coke Input (-)		
7.天然气液化	Natural Gas Liquefaction		
8.煤制品加工	Briquettes		
9.回收能	Recovery of Energy		
三.损失量	**Loss**		
四.终端消费量	**Total Final Consumption**	**132.87**	**48.88**
1.农、林、牧、渔业	Agriculture, Forestry, Animal Husbandry and Fishery		
2.工业	Industry	2.90	48.88
#用作原料、材料	Non-Energy Use		
3.建筑业	Construction	129.97	
4.交通运输、仓储和邮政业	Transport, Storage and Post		
5.批发、零售业和住宿、餐饮业	Wholesale, Retail Trade and Hotel, Restaurants		
6.其他	Others		
7.生活消费	Residential Consumption		
城镇	Urban		
乡村	Rural		
五.平衡差额	**Statistical Difference**		
六.消费量合计	**Total Energy Consumption**	**132.87**	**88.03**

Continued 2

液化石油气 (万吨) LPG (10^4 tons)	炼厂干气 (万吨) Refinery Gas (10^4 tons)	其他石油制品 (万吨) Other Petroleum Products (10^4 tons)	天然气 (亿立方米) Natural Gas (10^8 cu.m)	液化天然气 (万吨) LNG (10^4 tons)	热力 (万百万千焦) Heat (10^{10} kJ)	电力 (亿千瓦小时) Electricity (10^8 kW•h)	其他能源 (万吨标煤) Other Energy (10^4 tce)
-478.37	**-8.85**	**-408.87**	**80.32**	**14.46**		**629.34**	**443.49**
			4.57			131.74	444.15
			75.75			497.61	
232.56				157.80			
707.84	8.85	409.08		142.98			
0.02							
-3.07		0.22		-0.37			-0.66
565.38	**111.60**	**814.18**	**-0.69**		**91092.99**	**4552.85**	**-404.47**
	-2.62	-0.30	-0.10		-3749.90	4552.85	-342.87
	-9.10	-18.96	-0.60		89193.70		-61.60
737.73	123.32	2795.00					
-172.35		-1961.56					
					5649.19		
87.01	**102.75**	**405.31**	**79.63**	**14.46**	**91092.99**	**5182.19**	**39.02**
0.70						97.31	
25.82	102.75	405.31	46.89	11.65	76097.17	4119.89	39.02
4.03		312.94		1.86			
0.53			0.07		549.49	38.76	
0.04			5.02	2.81	529.76	80.85	
7.54			5.57		1683.12	118.69	
3.49			0.90		4017.32	223.36	
48.90			21.17		8216.14	503.32	
36.39			15.55		7698.68	224.34	
12.51			5.62		517.46	278.98	
259.36	**114.47**	**2386.13**	**80.32**	**14.46**	**94842.89**	**5182.19**	**443.49**

6-16 河南能源平衡表(实物量)-2015

项　　目	Item	煤合计(万吨) Coal Total (10^4 tons)	原煤(万吨) Raw Coal (10^4 tons)
一.可供本地区消费的能源量	**Total Primary Energy Supply**	**23760.95**	**25849.49**
1.一次能源生产量	Indigenous Production	13595.94	13595.94
2.外省(区、市)调入量	Moving In from Other Provinces	13587.82	12618.43
3.进口量	Import		
4.境内轮船和飞机在境外的加油量	Domestic Airplanes&Ships Refueling in Abroad		
5.本省(区、市)调出量(-)	Sending Out to Other Provinces(-)	2821.80	98.60
6.出口量(-)	Export(-)		
7.境外轮船和飞机在境内的加油量(-)	Oversea Airplanes&Ships Refueling in China(-)		
8.库存增(-)、减(+)量	Stock Change	-601.01	-266.28
二.加工转换投入(-)产出(+)量	**Input(-) & Output(+) of Transformation**	**-17552.32**	**-22752.08**
1.火力发电	Thermal Power	-10806.95	-10659.86
2.供热	Heating Supply	-1238.48	-1214.15
3.洗选煤	Coal Washing	-1731.86	-10457.82
4.炼焦	Coking	-3545.90	-143.04
5.炼油及煤制油	Petroleum Refineries		
#油品再投入量(-)	Petroleum Products Input (-)		
6.制气	Gas Works	-229.01	-229.01
#焦炭再投入量(-)	Coke Input (-)		
7.天然气液化	Natural Gas Liquefaction		
8.煤制品加工	Briquettes	-0.12	-48.20
9.回收能	Recovery of Energy		
三.损失量	**Loss**	**23.19**	
四.终端消费量	**Total Final Consumption**	**6144.43**	**3056.40**
1.农、林、牧、渔业	Agriculture, Forestry, Animal Husbandry and Fishery	89.90	89.90
2.工业	Industry	5134.28	2261.20
#用作原料、材料	Non-Energy Use	1442.56	1427.43
3.建筑业	Construction	49.22	49.22
4.交通运输、仓储和邮政业	Transport, Storage and Post	10.48	8.39
5.批发、零售业和住宿、餐饮业	Wholesale, Retail Trade and Hotel, Restaurants	50.97	7.37
6.其他	Others	142.33	
7.生活消费	Residential Consumption	667.26	640.33
城镇	Urban	200.23	190.10
乡村	Rural	467.02	450.22
五.平衡差额	**Statistical Difference**	**41.01**	**41.01**
六.消费量合计	**Total Energy Consumption**	**23719.94**	**25808.48**

Energy Balance of Henan (Physical Quantity) -2015

洗精煤 (万吨) Cleaned Coal (10^4 tons)	其他洗煤 (万吨) Other Washed Coal (10^4 tons)	型煤 (万吨) Briquettes (10^4 tons)	煤矸石 (万吨) Gangue (10^4 tons)	焦炭 (万吨) Coke (10^4 tons)	焦炉煤气 (亿立方米) Coke Oven Gas (10^8 cu.m)	高炉煤气 (亿立方米) Blast Furnace Gas (10^8 cu.m)	转炉煤气 (亿立方米) Converter Gas (10^8 cu.m)	其他煤气 (亿立方米) Other Gas (10^8 cu.m)
-1420.56	**-667.98**			**-98.91**				
	969.39							
1296.42	1426.78			48.30				
-124.14	-210.59			-50.61				
2996.69	**2154.99**	**48.08**	**29.28**	**2792.15**	**11.69**	**186.92**	**9.44**	**45.61**
	-147.09		-178.32		-20.19	-87.64	-1.30	-0.35
	-24.33		-47.67		-0.06	-12.42	-1.10	
6399.55	2326.41		255.27					
-3402.86				2942.41				
					31.94			45.96
				-150.26				
		48.08						
						286.98	11.84	
1.89	**21.30**							**0.31**
1574.24	**1465.71**	**48.08**	**29.28**	**2693.26**	**11.69**	**186.92**	**9.44**	**45.30**
1388.31	1463.62	21.15	29.28	2649.67	11.69	186.92	9.44	45.14
15.13			12.07	71.10				4.05
				1.59				
	2.09							
43.60				42.00				
142.33								
		26.93						0.16
		10.13						0.16
		16.80						
				-0.02				
4978.99	**1658.43**	**48.08**	**255.27**	**2843.52**	**31.94**	**286.98**	**11.84**	**45.96**

6-16 续表 1

项　　目	Item	其他焦化产品(万吨) Other Coking Products (10^4 tons)	油品合计(万吨) Petroleum Products Total (10^4 tons)
一.可供本地区消费的能源量	**Total Primary Energy Supply**	**-26.31**	**2100.77**
1.一次能源生产量	Indigenous Production		412.05
2.外省(区、市)调入量	Moving In from Other Provinces		1839.97
3.进口量	Import		318.62
4.境内轮船和飞机在境外的加油量	Domestic Airplanes&Ships Refueling in Abroad		
5.本省(区、市)调出量(-)	Sending Out to Other Provinces(-)	26.31	355.36
6.出口量(-)	Export(-)		
7.境外轮船和飞机在境内的加油量(-)	Oversea Airplanes&Ships Refueling in China(-)		
8.库存增(-)、减(+)量	Stock Change		-114.52
二.加工转换投入(-)产出(+)量	**Input(-) & Output(+) of Transformation**	**117.77**	**-50.46**
1.火力发电	Thermal Power		-6.83
2.供热	Heating Supply		-22.46
3.洗选煤	Coal Washing		
4.炼焦	Coking	117.77	
5.炼油及煤制油	Petroleum Refineries		-21.17
#油品再投入量(-)	Petroleum Products Input (-)		
6.制气	Gas Works		
#焦炭再投入量(-)	Coke Input (-)		
7.天然气液化	Natural Gas Liquefaction		
8.煤制品加工	Briquettes		
9.回收能	Recovery of Energy		
三.损失量	**Loss**		
四.终端消费量	**Total Final Consumption**	**91.46**	**2050.31**
1.农、林、牧、渔业	Agriculture, Forestry, Animal Husbandry and Fishery		168.37
2.工业	Industry	91.46	511.81
#用作原料、材料	Non-Energy Use	2.67	119.19
3.建筑业	Construction		76.38
4.交通运输、仓储和邮政业	Transport, Storage and Post		852.52
5.批发、零售业和住宿、餐饮业	Wholesale, Retail Trade and Hotel, Restaurants		104.15
6.其他	Others		133.27
7.生活消费	Residential Consumption		203.81
城镇	Urban		103.84
乡村	Rural		99.97
五.平衡差额	**Statistical Difference**		
六.消费量合计	**Total Energy Consumption**	**91.46**	**2100.77**

Continued 1

原油 (万吨) Crude Oil (10^4 tons)	汽油 (万吨) Gasoline (10^4 tons)	煤油 (万吨) Kerosene (10^4 tons)	柴油 (万吨) Diesel Oil (10^4 tons)	燃料油 (万吨) Fuel Oil (10^4 tons)	石脑油 (万吨) Naphtha (10^4 tons)	润滑油 (万吨) Lubricants (10^4 tons)	石蜡 (万吨) Paraffin Waxes (10^4 tons)	溶剂油 (万吨) White Spirit (10^4 tons)
847.26	**424.68**	**-25.32**	**626.87**	**29.25**	**4.87**	**12.98**		**2.60**
412.05								
214.57	469.44	11.93	853.13	32.80	13.28	13.47		2.97
318.62								
31.54	23.52	39.49	207.13	2.26	7.98			
-66.44	-21.24	2.24	-19.13	-1.29	-0.43	-0.49		-0.37
-815.33	**251.95**	**93.48**	**207.24**	**34.65**	**22.39**		**0.01**	**1.29**
-0.03			-1.12	-0.75				
-6.69			-0.07	-6.01				
-808.61	251.95	93.48	208.43	41.41	22.39		0.01	1.29
31.93	**676.63**	**68.16**	**834.11**	**63.90**	**27.26**	**12.98**	**0.01**	**3.89**
	50.86		106.24					
31.93	126.31	1.02	130.30	36.78	27.26	0.62	0.01	3.89
0.01	0.08	0.01	0.16		25.99		0.01	0.17
	32.14	1.00	10.23	19.39				
	270.67	66.07	461.45	5.45		3.89		
	47.99	0.07	32.48	2.28		6.01		
	76.49		40.98			2.46		
	72.17		52.43					
	44.85		21.42					
	27.32		31.01					
847.26	**676.63**	**68.16**	**835.30**	**70.66**	**27.26**	**12.98**	**0.01**	**3.89**

6-16 续表 2

项　目	Item	石油沥青(万吨) Bitumen Asphalt (10^4 tons)	石油焦(万吨) Petroleum Coke (10^4 tons)
一.可供本地区消费的能源量	**Total Primary Energy Supply**	**-1.32**	**64.10**
1.一次能源生产量	Indigenous Production		
2.外省(区、市)调入量	Moving In from Other Provinces	25.86	73.52
3.进口量	Import		
4.境内轮船和飞机在境外的加油量	Domestic Airplanes&Ships Refueling in Abroad		
5.本省(区、市)调出量(-)	Sending Out to Other Provinces(-)	25.92	3.82
6.出口量(-)	Export(-)		
7.境外轮船和飞机在境内的加油量(-)	Oversea Airplanes&Ships Refueling in China(-)		
8.库存增(-)、减(+)量	Stock Change	-1.26	-5.60
二.加工转换投入(-)产出(+)量	**Input(-) & Output(+) of Transformation**	**20.82**	**9.44**
1.火力发电	Thermal Power		-4.51
2.供热	Heating Supply		-8.83
3.洗选煤	Coal Washing		
4.炼焦	Coking		
5.炼油及煤制油	Petroleum Refineries	20.82	22.78
#油品再投入量(-)	Petroleum Products Input (-)		
6.制气	Gas Works		
#焦炭再投入量(-)	Coke Input (-)		
7.天然气液化	Natural Gas Liquefaction		
8.煤制品加工	Briquettes		
9.回收能	Recovery of Energy		
三.损失量	**Loss**		
四.终端消费量	**Total Final Consumption**	**19.50**	**73.54**
1.农、林、牧、渔业	Agriculture, Forestry, Animal Husbandry and Fishery		
2.工业	Industry	5.03	73.54
#用作原料、材料	Non-Energy Use	3.13	44.97
3.建筑业	Construction		
4.交通运输、仓储和邮政业	Transport, Storage and Post	14.47	
5.批发、零售业和住宿、餐饮业	Wholesale, Retail Trade and Hotel, Restaurants		
6.其他	Others		
7.生活消费	Residential Consumption		
城镇	Urban		
乡村	Rural		
五.平衡差额	**Statistical Difference**		
六.消费量合计	**Total Energy Consumption**	**19.50**	**86.88**

Continued 2

液化石油气（万吨） LPG (10^4 tons)	炼厂干气（万吨） Refinery Gas (10^4 tons)	其他石油制品（万吨） Other Petroleum Products (10^4 tons)	天然气（亿立方米） Natural Gas (10^8 cu.m)	液化天然气（万吨） LNG (10^4 tons)	热力（万百万千焦） Heat (10^{10} kJ)	电力（亿千瓦小时） Electricity (10^8 kW•h)	其他能源（万吨标煤） Other Energy (10^4 tce)
90.13	**1.52**	**23.15**	**77.38**	**10.05**		**683.15**	**528.25**
			4.19			143.33	110.36
106.61	1.52	20.87	73.19	10.05		597.56	417.89
13.70						57.74	
-2.79		2.28					
38.24	**17.70**	**67.66**	**-5.13**	**2.61**	**18668.31**	**2564.81**	**-163.92**
	-0.42		-4.12		-2306.12	2564.81	-144.16
	-0.86		-0.65		20974.43		-19.76
38.24	18.98	67.66					
			-0.36	2.61			
			0.92			**208.52**	
128.37	**19.22**	**90.81**	**71.33**	**12.66**	**18668.31**	**3039.44**	**364.33**
11.27			0.74			98.60	17.00
20.12	19.22	35.78	46.51	11.06	12438.17	2109.41	273.75
32.35	1.79	10.52	3.75	0.02			
3.62		10.00	1.61		19.28	29.58	
		30.52	7.16	1.60		80.64	
0.81		14.51	0.93		744.57	125.92	
13.34			0.60		145.62	181.22	
79.21			13.78		5320.67	414.07	73.58
37.57			12.49		5320.67	190.62	
41.64			1.29			223.45	73.58
128.37	**20.50**	**90.81**	**77.02**	**12.66**	**20974.43**	**3247.96**	**528.25**

6-17 湖北能源平衡表(实物量)-2015

项目	Item	煤合计 (万吨) Coal Total (10⁴ tons)	原煤 (万吨) Raw Coal (10⁴ tons)
一.可供本地区消费的能源量	**Total Primary Energy Supply**	**11765.92**	**10170.13**
1.一次能源生产量	Indigenous Production	859.89	859.89
2.外省(区、市)调入量	Moving In from Other Provinces	10605.11	9012.64
3.进口量	Import		
4.境内轮船和飞机在境外的加油量	Domestic Airplanes&Ships Refueling in Abroad		
5.本省(区、市)调出量(-)	Sending Out to Other Provinces(-)		
6.出口量(-)	Export(-)		
7.境外轮船和飞机在境内的加油量(-)	Oversea Airplanes&Ships Refueling in China(-)		
8.库存增(-)、减(+)量	Stock Change	300.92	297.60
二.加工转换投入(-)产出(+)量	**Input(-) & Output(+) of Transformation**	**-5418.24**	**-4183.02**
1.火力发电	Thermal Power	-3637.86	-3637.86
2.供热	Heating Supply	-465.00	-465.00
3.洗选煤	Coal Washing	-18.11	-79.87
4.炼焦	Coking	-1297.26	
5.炼油及煤制油	Petroleum Refineries		
#油品再投入量(-)	Petroleum Products Input (-)		
6.制气	Gas Works		
#焦炭再投入量(-)	Coke Input (-)		
7.天然气液化	Natural Gas Liquefaction		
8.煤制品加工	Briquettes	-0.01	-0.28
9.回收能	Recovery of Energy		
三.损失量	**Loss**		
四.终端消费量	**Total Final Consumption**	**6347.68**	**5987.11**
1.农、林、牧、渔业	Agriculture, Forestry, Animal Husbandry and Fishery	216.56	216.56
2.工业	Industry	4865.70	4551.00
#用作原料、材料	Non-Energy Use	825.23	817.43
3.建筑业	Construction	125.45	125.45
4.交通运输、仓储和邮政业	Transport, Storage and Post	67.73	67.73
5.批发、零售业和住宿、餐饮业	Wholesale, Retail Trade and Hotel, Restaurants	263.53	219.72
6.其他	Others	234.20	234.20
7.生活消费	Residential Consumption	574.50	572.44
城镇	Urban	217.17	215.11
乡村	Rural	357.33	357.33
五.平衡差额	**Statistical Difference**		
六.消费量合计	**Total Energy Consumption**	**11765.91**	**10170.13**

Energy Balance of Hubei (Physical Quantity) -2015

洗精煤 (万吨) Cleaned Coal (10^4 tons)	其他洗煤 (万吨) Other Washed Coal (10^4 tons)	型煤 (万吨) Briquettes (10^4 tons)	煤矸石 (万吨) Gangue (10^4 tons)	焦炭 (万吨) Coke (10^4 tons)	焦炉煤气 (亿立方米) Coke Oven Gas (10^8 cu.m)	高炉煤气 (亿立方米) Blast Furnace Gas (10^8 cu.m)	转炉煤气 (亿立方米) Converter Gas (10^8 cu.m)	其他煤气 (亿立方米) Other Gas (10^8 cu.m)
1428.93	**46.78**	**120.08**	**64.89**	**109.99**		**10.62**		**0.52**
1426.03	46.28	120.16	64.88	108.76		10.62		0.52
2.90	0.50	-0.08	0.01	1.23				
-1235.49		**0.27**	**-58.34**	**920.02**	**8.82**	**174.98**	**4.15**	
			-58.34			-129.93		
					-28.99		-16.14	
61.76								
-1297.26				920.02	37.81			
		0.27						
						304.91	20.29	
193.43	**46.78**	**120.35**	**6.54**	**1030.01**	**8.81**	**185.60**	**4.15**	**0.52**
193.43	46.78	74.48	6.54	1030.01	8.81	185.60	4.15	0.52
1.41	0.37	6.02		48.52				
		43.81						
		2.06						
		2.06						
1490.69	**46.78**	**120.35**	**64.88**	**1030.01**	**37.80**	**315.53**	**20.29**	**0.52**

6-17 续表 1

项　　目	Item	其他焦化产品(万吨) Other Coking Products (10^4 tons)	油品合计(万吨) Petroleum Products Total (10^4 tons)
一.可供本地区消费的能源量	**Total Primary Energy Supply**	**-0.06**	**2551.17**
1.一次能源生产量	Indigenous Production		71.00
2.外省(区、市)调入量	Moving In from Other Provinces		2523.51
3.进口量	Import		
4.境内轮船和飞机在境外的加油量	Domestic Airplanes&Ships Refueling in Abroad		
5.本省(区、市)调出量(-)	Sending Out to Other Provinces(-)		43.15
6.出口量(-)	Export(-)		
7.境外轮船和飞机在境内的加油量(-)	Oversea Airplanes&Ships Refueling in China(-)		
8.库存增(-)、减(+)量	Stock Change	-0.06	-0.19
二.加工转换投入(-)产出(+)量	**Input(-) & Output(+) of Transformation**	**48.62**	**-5.83**
1.火力发电	Thermal Power		-1.71
2.供热	Heating Supply		-3.04
3.洗选煤	Coal Washing		
4.炼焦	Coking	48.62	
5.炼油及煤制油	Petroleum Refineries		312.47
#油品再投入量(-)	Petroleum Products Input (-)		-313.56
6.制气	Gas Works		
#焦炭再投入量(-)	Coke Input (-)		
7.天然气液化	Natural Gas Liquefaction		
8.煤制品加工	Briquettes		
9.回收能	Recovery of Energy		
三.损失量	**Loss**		
四.终端消费量	**Total Final Consumption**	**48.57**	**2545.33**
1.农、林、牧、渔业	Agriculture, Forestry, Animal Husbandry and Fishery		168.18
2.工业	Industry	48.57	707.44
#用作原料、材料	Non-Energy Use	2.01	246.26
3.建筑业	Construction		174.56
4.交通运输、仓储和邮政业	Transport, Storage and Post		900.69
5.批发、零售业和住宿、餐饮业	Wholesale, Retail Trade and Hotel, Restaurants		168.47
6.其他	Others		107.22
7.生活消费	Residential Consumption		318.76
城镇	Urban		167.77
乡村	Rural		150.99
五.平衡差额	**Statistical Difference**		
六.消费量合计	**Total Energy Consumption**	**48.57**	**2551.16**

Continued 1

原油（万吨） Crude Oil (10^4 tons)	汽油（万吨） Gasoline (10^4 tons)	煤油（万吨） Kerosene (10^4 tons)	柴油（万吨） Diesel Oil (10^4 tons)	燃料油（万吨） Fuel Oil (10^4 tons)	石脑油（万吨） Naphtha (10^4 tons)	润滑油（万吨） Lubricants (10^4 tons)	石蜡（万吨） Paraffin Waxes (10^4 tons)	溶剂油（万吨） White Spirit (10^4 tons)
1299.01	**382.78**	**-37.88**	**408.60**	**144.33**	**51.20**	**19.81**	**-5.38**	**3.45**
71.00								
1229.73	382.72		408.45	144.09	48.71	19.81		3.51
		37.78					5.37	
-1.72	0.06	-0.09	0.15	0.24	2.49		-0.01	-0.06
-1288.79	**317.14**	**107.75**	**449.56**	**4.29**	**144.55**		**8.02**	
			-0.80	-0.10				
			-0.06	-0.04				
-1288.79	317.14	107.75	450.42	4.43	144.55		8.02	
10.23	**699.92**	**69.87**	**858.16**	**148.61**	**195.75**	**19.82**	**2.64**	**3.45**
	43.29		116.49					
10.23	39.11	3.45	53.72	45.91	195.75	11.30	0.46	3.45
2.91	0.25	0.05	1.29	0.17	177.36	0.05	0.38	0.01
	22.66		107.71	1.43		0.75		
	367.29	34.66	362.56	99.57		7.77	2.18	
	43.66		91.62					
	77.67	10.68		1.70				
	106.23	21.07	126.05					
	74.92		52.44					
	31.31	21.07	73.61					
1299.01	**699.92**	**69.87**	**859.02**	**148.75**	**195.75**	**19.82**	**2.64**	**3.45**

6-17 续表 2

项目	Item	石油沥青(万吨) Bitumen Asphalt (10^4 tons)	石油焦(万吨) Petroleum Coke (10^4 tons)
一.可供本地区消费的能源量	**Total Primary Energy Supply**	**37.56**	**18.24**
1.一次能源生产量	Indigenous Production		
2.外省(区、市)调入量	Moving In from Other Provinces	37.26	19.02
3.进口量	Import		
4.境内轮船和飞机在境外的加油量	Domestic Airplanes&Ships Refueling in Abroad		
5.本省(区、市)调出量(-)	Sending Out to Other Provinces(-)		
6.出口量(-)	Export(-)		
7.境外轮船和飞机在境内的加油量(-)	Oversea Airplanes&Ships Refueling in China(-)		
8.库存增(-)、减(+)量	Stock Change	0.30	-0.78
二.加工转换投入(-)产出(+)量	**Input(-) & Output(+) of Transformation**	**5.45**	**97.27**
1.火力发电	Thermal Power		
2.供热	Heating Supply		
3.洗选煤	Coal Washing		
4.炼焦	Coking		
5.炼油及煤制油	Petroleum Refineries	5.45	97.27
#油品再投入量(-)	Petroleum Products Input (-)		
6.制气	Gas Works		
#焦炭再投入量(-)	Coke Input (-)		
7.天然气液化	Natural Gas Liquefaction		
8.煤制品加工	Briquettes		
9.回收能	Recovery of Energy		
三.损失量	**Loss**		
四.终端消费量	**Total Final Consumption**	**43.01**	**115.51**
1.农、林、牧、渔业	Agriculture, Forestry, Animal Husbandry and Fishery		
2.工业	Industry	0.50	98.33
#用作原料、材料	Non-Energy Use	0.20	9.47
3.建筑业	Construction	31.38	
4.交通运输、仓储和邮政业	Transport, Storage and Post	7.51	
5.批发、零售业和住宿、餐饮业	Wholesale, Retail Trade and Hotel, Restaurants		
6.其他	Others		17.18
7.生活消费	Residential Consumption	3.62	
城镇	Urban	1.38	
乡村	Rural	2.25	
五.平衡差额	**Statistical Difference**		
六.消费量合计	**Total Energy Consumption**	**43.01**	**115.51**

Continued 2

液化石油气 (万吨) LPG (10^4 tons)	炼厂干气 (万吨) Refinery Gas (10^4 tons)	其他石油制品 (万吨) Other Petroleum Products (10^4 tons)	天然气 (亿立方米) Natural Gas (10^8 cu.m)	液化天然气 (万吨) LNG (10^4 tons)	热力 (万百万千焦) Heat (10^{10} kJ)	电力 (亿千瓦小时) Electricity (10^8 kW•h)	其他能源 (万吨标煤) Other Energy (10^4 tce)
97.42	**0.09**	**131.94**	**44.85**	**-33.21**		**868.46**	**349.43**
			1.35			1307.94	336.56
97.86	0.09	132.26	43.31			335.55	12.27
				33.27		775.03	
-0.44		-0.32	0.19	0.06			0.60
55.84	**35.24**	**57.84**	**-9.55**	**36.52**	**8689.48**	**993.86**	**-247.00**
	-0.80		-2.59		-1285.97	993.86	-237.28
	-2.19	-0.75	-0.12		8953.01		-9.72
55.84	38.23	372.15	-1.44				
		-313.56					
			-5.40	36.52			
					1022.45		
						94.86	
153.26	**35.33**	**189.78**	**35.30**	**3.32**	**8689.48**	**1767.46**	**102.43**
		8.39				22.15	
39.14	35.33	170.76	14.38	0.61	8313.78	1196.27	102.43
38.13	3.77	12.24	0.75	0.01			
		10.62				25.88	
19.15			7.09		5.02	42.10	
33.19			3.36	0.89	370.68	85.88	
			3.71			116.22	
61.79			6.76	1.81		278.96	
39.03			6.76	1.58		184.26	
22.76				0.23		94.70	
153.26	**38.32**	**504.09**	**39.81**	**3.32**	**9975.45**	**1862.32**	**349.43**

6-18 湖南能源平衡表(实物量)-2015

项目	Item	煤合计(万吨) Coal Total (10^4 tons)	原煤(万吨) Raw Coal (10^4 tons)
一.可供本地区消费的能源量	**Total Primary Energy Supply**	**11142.26**	**10315.05**
1.一次能源生产量	Indigenous Production	3558.60	3558.60
2.外省(区、市)调入量	Moving In from Other Provinces	7307.20	6485.58
3.进口量	Import	116.58	116.58
4.境内轮船和飞机在境外的加油量	Domestic Airplanes&Ships Refueling in Abroad		
5.本省(区、市)调出量(-)	Sending Out to Other Provinces(-)		
6.出口量(-)	Export(-)	0.55	
7.境外轮船和飞机在境内的加油量(-)	Oversea Airplanes&Ships Refueling in China(-)		
8.库存增(-)、减(+)量	Stock Change	160.43	154.28
二.加工转换投入(-)产出(+)量	**Input(-) & Output(+) of Transformation**	**-4426.50**	**-4584.12**
1.火力发电	Thermal Power	-2693.95	-2693.95
2.供热	Heating Supply	-278.21	-190.71
3.洗选煤	Coal Washing	-540.56	-1699.45
4.炼焦	Coking	-913.78	
5.炼油及煤制油	Petroleum Refineries		
#油品再投入量(-)	Petroleum Products Input (-)		
6.制气	Gas Works		
#焦炭再投入量(-)	Coke Input (-)		
7.天然气液化	Natural Gas Liquefaction		
8.煤制品加工	Briquettes		
9.回收能	Recovery of Energy		
三.损失量	**Loss**	**31.83**	**28.10**
四.终端消费量	**Total Final Consumption**	**6683.93**	**5702.82**
1.农、林、牧、渔业	Agriculture, Forestry, Animal Husbandry and Fishery	474.10	443.03
2.工业	Industry	4291.61	3819.12
#用作原料、材料	Non-Energy Use		
3.建筑业	Construction	212.19	188.27
4.交通运输、仓储和邮政业	Transport, Storage and Post	169.15	140.46
5.批发、零售业和住宿、餐饮业	Wholesale, Retail Trade and Hotel, Restaurants	437.09	232.08
6.其他	Others	500.31	316.86
7.生活消费	Residential Consumption	599.49	563.00
城镇	Urban	175.96	164.37
乡村	Rural	423.53	398.63
五.平衡差额	**Statistical Difference**		
六.消费量合计	**Total Energy Consumption**	**11142.26**	**10315.05**

Energy Balance of Hunan (Physical Quantity) -2015

洗精煤 (万吨) Cleaned Coal (10^4 tons)	其他洗煤 (万吨) Other Washed Coal (10^4 tons)	型煤 (万吨) Briquettes (10^4 tons)	煤矸石 (万吨) Gangue (10^4 tons)	焦炭 (万吨) Coke (10^4 tons)	焦炉煤气 (亿立方米) Coke Oven Gas (10^8 cu.m)	高炉煤气 (亿立方米) Blast Furnace Gas (10^8 cu.m)	转炉煤气 (亿立方米) Converter Gas (10^8 cu.m)	其他煤气 (亿立方米) Other Gas (10^8 cu.m)
103.87	**205.92**	**517.43**	**153.84**	**487.75**				
93.91	209.74	517.96	153.84	495.00				
		0.55		0.05				
9.96	-3.82	0.01		-7.20				
242.78	**-85.16**		**-97.57**	**382.14**	**13.52**	**44.37**	**12.44**	
			-97.57		-1.83	-80.48		
	-87.49			-275.17		-57.09		
1156.57	2.33							
-913.78				657.30	15.34			
						181.93	12.44	
3.18	**0.55**				**4.49**		**1.34**	
343.47	**120.20**	**517.43**	**56.26**	**869.89**	**9.03**	**44.37**	**11.11**	
		31.07		26.84				
332.56	120.02	19.91	56.26	843.04	9.03	44.37	11.11	
6.03	0.18	17.71						
1.42		27.27						
3.46		201.55						
		183.45						
		36.48						
		11.59						
		24.89						
1260.43	**208.25**	**517.43**	**153.84**	**1145.05**	**15.34**	**181.93**	**12.44**	

6-18 续表 1

项　　目	Item	其他焦化产品(万吨) Other Coking Products (10^4 tons)	油品合计(万吨) Petroleum Products Total (10^4 tons)
一.可供本地区消费的能源量	**Total Primary Energy Supply**	**-0.04**	**1734.45**
1.一次能源生产量	Indigenous Production		
2.外省(区、市)调入量	Moving In from Other Provinces		1638.09
3.进口量	Import		55.96
4.境内轮船和飞机在境外的加油量	Domestic Airplanes&Ships Refueling in Abroad		
5.本省(区、市)调出量(-)	Sending Out to Other Provinces(-)		
6.出口量(-)	Export(-)		2.00
7.境外轮船和飞机在境内的加油量(-)	Oversea Airplanes&Ships Refueling in China(-)		
8.库存增(-)、减(+)量	Stock Change	-0.04	42.40
二.加工转换投入(-)产出(+)量	**Input(-) & Output(+) of Transformation**	**24.38**	**-43.10**
1.火力发电	Thermal Power		-5.31
2.供热	Heating Supply		-7.76
3.洗选煤	Coal Washing		
4.炼焦	Coking	24.38	
5.炼油及煤制油	Petroleum Refineries		87.29
#油品再投入量(-)	Petroleum Products Input (-)		-117.31
6.制气	Gas Works		
#焦炭再投入量(-)	Coke Input (-)		
7.天然气液化	Natural Gas Liquefaction		
8.煤制品加工	Briquettes		
9.回收能	Recovery of Energy		
三.损失量	**Loss**		
四.终端消费量	**Total Final Consumption**	**24.34**	**1691.35**
1.农、林、牧、渔业	Agriculture, Forestry, Animal Husbandry and Fishery		20.56
2.工业	Industry	24.34	327.81
#用作原料、材料	Non-Energy Use		
3.建筑业	Construction		74.63
4.交通运输、仓储和邮政业	Transport, Storage and Post		812.10
5.批发、零售业和住宿、餐饮业	Wholesale, Retail Trade and Hotel, Restaurants		71.52
6.其他	Others		95.74
7.生活消费	Residential Consumption		289.00
城镇	Urban		186.81
乡村	Rural		102.19
五.平衡差额	**Statistical Difference**		
六.消费量合计	**Total Energy Consumption**	**24.34**	**1734.45**

Continued 1

原油 (万吨) Crude Oil (10^4 tons)	汽油 (万吨) Gasoline (10^4 tons)	煤油 (万吨) Kerosene (10^4 tons)	柴油 (万吨) Diesel Oil (10^4 tons)	燃料油 (万吨) Fuel Oil (10^4 tons)	石脑油 (万吨) Naphtha (10^4 tons)	润滑油 (万吨) Lubricants (10^4 tons)	石蜡 (万吨) Paraffin Waxes (10^4 tons)	溶剂油 (万吨) White Spirit (10^4 tons)
878.46	**286.32**	**0.07**	**399.18**	**67.94**		**7.73**	**0.23**	
824.62	267.83	0.08	378.70	64.54		7.72	0.23	
53.77						0.01		
0.07	18.49	-0.01	20.48	3.39		0.01		
-877.42	**228.33**	**51.69**	**286.76**	**18.77**	**15.39**			**6.06**
			-0.60	-2.42				
			-0.05	-3.68				
-877.42	228.33	51.69	287.41	24.87	15.39			6.06
1.04	**514.65**	**51.76**	**685.94**	**86.71**	**15.39**	**7.73**	**0.23**	**6.07**
	10.88		9.45	0.01		0.01		
1.04	19.46	4.72	42.30	21.88	15.39	0.68	0.23	5.43
	17.18	0.21	55.96	0.06		0.01		0.64
	167.44	44.81	500.63	60.88		3.65		
	40.42	1.48	12.78	1.68		1.21		
	68.18	0.54	17.48	0.85		1.15		
	191.08		47.35	1.34		1.02		
	131.82		16.94	0.95		0.87		
	59.26		30.41	0.40		0.15		
878.46	**514.65**	**51.76**	**686.59**	**92.80**	**15.39**	**7.73**	**0.23**	**6.07**

6-18 续表 2

项　　目	Item	石油沥青(万吨) Bitumen Asphalt (10^4 tons)	石油焦(万吨) Petroleum Coke (10^4 tons)
一.可供本地区消费的能源量	**Total Primary Energy Supply**	**0.41**	**4.24**
1.一次能源生产量	Indigenous Production		
2.外省(区、市)调入量	Moving In from Other Provinces	0.44	4.20
3.进口量	Import		2.18
4.境内轮船和飞机在境外的加油量	Domestic Airplanes&Ships Refueling in Abroad		
5.本省(区、市)调出量(-)	Sending Out to Other Provinces(-)		
6.出口量(-)	Export(-)		2.00
7.境外轮船和飞机在境内的加油量(-)	Oversea Airplanes&Ships Refueling in China(-)		
8.库存增(-)、减(+)量	Stock Change	-0.03	-0.13
二.加工转换投入(-)产出(+)量	**Input(-) & Output(+) of Transformation**		**29.92**
1.火力发电	Thermal Power		-1.68
2.供热	Heating Supply		-2.95
3.洗选煤	Coal Washing		
4.炼焦	Coking		
5.炼油及煤制油	Petroleum Refineries		34.56
#油品再投入量(-)	Petroleum Products Input (-)		
6.制气	Gas Works		
#焦炭再投入量(-)	Coke Input (-)		
7.天然气液化	Natural Gas Liquefaction		
8.煤制品加工	Briquettes		
9.回收能	Recovery of Energy		
三.损失量	**Loss**		
四.终端消费量	**Total Final Consumption**	**0.41**	**34.17**
1.农、林、牧、渔业	Agriculture, Forestry, Animal Husbandry and Fishery		
2.工业	Industry	0.41	34.17
#用作原料、材料	Non-Energy Use		
3.建筑业	Construction		
4.交通运输、仓储和邮政业	Transport, Storage and Post		
5.批发、零售业和住宿、餐饮业	Wholesale, Retail Trade and Hotel, Restaurants		
6.其他	Others		
7.生活消费	Residential Consumption		
城镇	Urban		
乡村	Rural		
五.平衡差额	**Statistical Difference**		
六.消费量合计	**Total Energy Consumption**	**0.41**	**38.80**

Continued 2

液化石油气 (万吨) LPG (10^4 tons)	炼厂干气 (万吨) Refinery Gas (10^4 tons)	其他石油制品 (万吨) Other Petroleum Products (10^4 tons)	天然气 (亿立方米) Natural Gas (10^8 cu.m)	液化天然气 (万吨) LNG (10^4 tons)	热力 (万百万千焦) Heat (10^{10} kJ)	电力 (亿千瓦小时) Electricity (10^8 kW•h)	其他能源 (万吨标煤) Other Energy (10^4 tce)
19.44		**70.42**	**25.66**	**6.13**		**822.03**	**773.81**
						615.45	
19.22		70.50	25.66	5.95		293.70	773.84
						87.12	
0.22		-0.08		0.18			-0.03
73.63	**24.75**	**99.01**	**-0.12**		**10696.31**	**710.75**	**-109.21**
	-0.60		-0.01		-2284.76	710.75	-109.21
	-1.09		-0.12		9755.65		
73.63	27.23	215.53					
	-0.80	-116.52					
					3225.43		
						107.42	
93.07	**24.75**	**169.43**	**25.54**	**6.13**	**10696.31**	**1425.35**	**664.60**
0.21			0.08			17.07	155.35
15.21	24.75	142.14	13.23	2.53	10692.61	844.69	331.13
0.57			0.08			19.59	
8.18		26.51	1.96	2.62		42.53	58.56
13.95			1.88	0.95		62.43	
6.75		0.78	3.14		3.70	110.49	
48.20			5.18	0.04		328.56	119.56
36.22			5.09	0.04		177.15	53.97
11.98			0.09			151.41	65.59
93.07	**27.23**	**285.95**	**25.66**	**6.13**	**12981.08**	**1532.77**	**773.81**

6-19 广东能源平衡表(实物量)-2015

项 目	Item	煤合计 (万吨) Coal Total (10^4 tons)	原煤 (万吨) Raw Coal (10^4 tons)
一.可供本地区消费的能源量	**Total Primary Energy Supply**	**16587.32**	**15473.23**
1.一次能源生产量	Indigenous Production		
2.外省(区、市)调入量	Moving In from Other Provinces	15188.51	14072.98
3.进口量	Import	3492.46	3492.46
4.境内轮船和飞机在境外的加油量	Domestic Airplanes&Ships Refueling in Abroad		
5.本省(区、市)调出量(-)	Sending Out to Other Provinces(-)	1618.92	1618.92
6.出口量(-)	Export(-)	2.97	1.35
7.境外轮船和飞机在境内的加油量(-)	Oversea Airplanes&Ships Refueling in China(-)		
8.库存增(-)、减(+)量	Stock Change	-471.76	-471.94
二.加工转换投入(-)产出(+)量	**Input(-) & Output(+) of Transformation**	**-11635.19**	**-11293.83**
1.火力发电	Thermal Power	-10384.76	-10217.28
2.供热	Heating Supply	-873.15	-844.48
3.洗选煤	Coal Washing		
4.炼焦	Coking	-341.85	
5.炼油及煤制油	Petroleum Refineries		
#油品再投入量(-)	Petroleum Products Input (-)		
6.制气	Gas Works	-79.19	-79.19
#焦炭再投入量(-)	Coke Input (-)		
7.天然气液化	Natural Gas Liquefaction		
8.煤制品加工	Briquettes	43.76	-152.88
9.回收能	Recovery of Energy		
三.损失量	**Loss**	**9.50**	**9.50**
四.终端消费量	**Total Final Consumption**	**4942.63**	**4169.90**
1.农、林、牧、渔业	Agriculture, Forestry, Animal Husbandry and Fishery	60.16	60.16
2.工业	Industry	4760.69	4009.19
#用作原料、材料	Non-Energy Use	162.12	161.42
3.建筑业	Construction	4.03	4.03
4.交通运输、仓储和邮政业	Transport, Storage and Post	4.42	4.42
5.批发、零售业和住宿、餐饮业	Wholesale, Retail Trade and Hotel, Restaurants	44.46	44.46
6.其他	Others	2.30	2.30
7.生活消费	Residential Consumption	66.57	45.34
城镇	Urban	34.32	21.17
乡村	Rural	32.25	24.17
五.平衡差额	**Statistical Difference**		
六.消费量合计	**Total Energy Consumption**	**16587.32**	**15473.23**

Energy Balance of Guangdong (Physical Quantity) -2015

洗精煤 (万吨) Cleaned Coal (10^4 tons)	其他洗煤 (万吨) Other Washed Coal (10^4 tons)	型煤 (万吨) Briquettes (10^4 tons)	煤矸石 (万吨) Gangue (10^4 tons)	焦炭 (万吨) Coke (10^4 tons)	焦炉煤气 (亿立方米) Coke Oven Gas (10^8 cu.m)	高炉煤气 (亿立方米) Blast Furnace Gas (10^8 cu.m)	转炉煤气 (亿立方米) Converter Gas (10^8 cu.m)	其他煤气 (亿立方米) Other Gas (10^8 cu.m)
991.76	**24.70**	**97.63**	**363.27**	**298.97**				**26.80**
992.80	24.99	97.74	363.27	330.15				26.80
		1.62		33.45				
-1.04	-0.29	1.51		2.27				
-341.85		**0.49**	**-354.51**	**243.96**	**6.61**	**114.66**	**10.49**	**2.16**
		-167.48	-354.51		-1.68	-42.52	-2.65	
		-28.67				-18.75	-1.28	-0.10
-341.85				244.05	8.29			
								2.26
				-0.09				
		196.64						
						175.93	14.42	
649.91	**24.70**	**98.12**	**8.76**	**542.93**	**6.61**	**114.66**	**10.49**	**28.96**
649.91	24.70	76.89	8.76	507.34	6.61	114.66	10.49	10.57
	0.65	0.05		3.75				
				0.20				
				34.25				5.89
				1.14				
		21.23						12.50
		13.15						12.50
		8.08						
991.76	**24.70**	**294.27**	**363.27**	**543.02**	**8.29**	**175.93**	**14.42**	**29.06**

6-19 续表 1

项　　目	Item	其他焦化产品(万吨) Other Coking Products (10^4 tons)	油品合计(万吨) Petroleum Products Total (10^4 tons)
一.可供本地区消费的能源量	**Total Primary Energy Supply**	**-6.07**	**5619.24**
1.一次能源生产量	Indigenous Production		1572.61
2.外省(区、市)调入量	Moving In from Other Provinces		3083.18
3.进口量	Import	0.05	2531.13
4.境内轮船和飞机在境外的加油量	Domestic Airplanes&Ships Refueling in Abroad		153.71
5.本省(区、市)调出量(-)	Sending Out to Other Provinces(-)	6.11	1080.02
6.出口量(-)	Export(-)	0.01	386.46
7.境外轮船和飞机在境内的加油量(-)	Oversea Airplanes&Ships Refueling in China(-)		234.01
8.库存增(-)、减(+)量	Stock Change		-20.90
二.加工转换投入(-)产出(+)量	**Input(-) & Output(+) of Transformation**	**13.15**	**-293.25**
1.火力发电	Thermal Power		-44.44
2.供热	Heating Supply		-109.79
3.洗选煤	Coal Washing		
4.炼焦	Coking	13.15	
5.炼油及煤制油	Petroleum Refineries		589.48
#油品再投入量(-)	Petroleum Products Input (-)		-728.50
6.制气	Gas Works		
#焦炭再投入量(-)	Coke Input (-)		
7.天然气液化	Natural Gas Liquefaction		
8.煤制品加工	Briquettes		
9.回收能	Recovery of Energy		
三.损失量	**Loss**		**10.62**
四.终端消费量	**Total Final Consumption**	**7.08**	**5315.37**
1.农、林、牧、渔业	Agriculture, Forestry, Animal Husbandry and Fishery		129.11
2.工业	Industry	7.08	1465.94
#用作原料、材料	Non-Energy Use		311.52
3.建筑业	Construction		391.14
4.交通运输、仓储和邮政业	Transport, Storage and Post		1940.30
5.批发、零售业和住宿、餐饮业	Wholesale, Retail Trade and Hotel, Restaurants		282.40
6.其他	Others		79.07
7.生活消费	Residential Consumption		1027.41
城镇	Urban		667.41
乡村	Rural		360.00
五.平衡差额	**Statistical Difference**		
六.消费量合计	**Total Energy Consumption**	**7.08**	**5619.24**

Continued 1

原油 (万吨) Crude Oil (10^4 tons)	汽油 (万吨) Gasoline (10^4 tons)	煤油 (万吨) Kerosene (10^4 tons)	柴油 (万吨) Diesel Oil (10^4 tons)	燃料油 (万吨) Fuel Oil (10^4 tons)	石脑油 (万吨) Naphtha (10^4 tons)	润滑油 (万吨) Lubricants (10^4 tons)	石蜡 (万吨) Paraffin Waxes (10^4 tons)	溶剂油 (万吨) White Spirit (10^4 tons)
4899.60	**343.36**	**-366.11**	**168.46**	**241.72**	**123.23**	**6.96**	**-7.30**	**-27.24**
1572.61								
1919.82	354.74		174.64	378.22	123.89	7.22		
1406.37		33.60	5.50	184.57	3.41	44.55	1.45	0.81
		25.89	3.81	124.01				
		274.83		91.26		42.86	4.04	27.83
		107.85	5.90	163.77		1.69	4.70	0.22
		39.88	5.02	189.11				
0.80	-11.38	-3.04	-4.57	-0.94	-4.07	-0.26	-0.01	
-4873.76	**885.43**	**641.13**	**1416.81**	**59.51**	**364.23**	**12.36**	**7.55**	**28.21**
			-2.22	-15.52				
			-0.10	-85.40				
-4873.76	885.73	641.13	1419.41	161.75	408.03	12.36	7.55	28.21
	-0.30		-0.28	-1.32	-43.80			
2.68	**2.34**	**0.90**	**4.70**					
23.16	**1226.45**	**274.12**	**1580.57**	**301.23**	**487.46**	**19.32**	**0.25**	**0.97**
	18.30		102.50			8.31		
23.16	69.25	3.46	232.49	112.49	487.46	4.22	0.25	0.97
	0.40	0.38	1.72	12.52	259.54	3.45	0.02	0.29
	40.58	0.36	18.80	0.56		0.04		
	402.74	266.13	1043.47	172.58		6.75		
	90.47		154.38	15.54				
	66.48	0.06	9.83	0.06				
	538.63	4.11	19.10					
	377.02	0.45	4.44					
	161.61	3.66	14.66					
4899.60	**1229.09**	**275.02**	**1587.87**	**403.47**	**531.26**	**19.32**	**0.25**	**0.97**

6-19 续表 2

项　目	Item	石油沥青(万吨) Bitumen Asphalt (10^4 tons)	石油焦(万吨) Petroleum Coke (10^4 tons)
一.可供本地区消费的能源量	**Total Primary Energy Supply**	**-66.78**	**-179.02**
1.一次能源生产量	Indigenous Production		
2.外省(区、市)调入量	Moving In from Other Provinces		
3.进口量	Import	136.73	58.18
4.境内轮船和飞机在境外的加油量	Domestic Airplanes&Ships Refueling in Abroad		
5.本省(区、市)调出量(−)	Sending Out to Other Provinces(-)	202.68	239.01
6.出口量(−)	Export(-)	0.83	0.94
7.境外轮船和飞机在境内的加油量(−)	Oversea Airplanes&Ships Refueling in China(-)		
8.库存增(−)、减(+)量	Stock Change		2.75
二.加工转换投入(−)产出(+)量	**Input(-) & Output(+) of Transformation**	**399.71**	**219.42**
1.火力发电	Thermal Power		-23.61
2.供热	Heating Supply		-14.56
3.洗选煤	Coal Washing		
4.炼焦	Coking		
5.炼油及煤制油	Petroleum Refineries	399.71	257.59
#油品再投入量(−)	Petroleum Products Input (-)		
6.制气	Gas Works		
#焦炭再投入量(−)	Coke Input (-)		
7.天然气液化	Natural Gas Liquefaction		
8.煤制品加工	Briquettes		
9.回收能	Recovery of Energy		
三.损失量	**Loss**		
四.终端消费量	**Total Final Consumption**	**332.93**	**40.40**
1.农、林、牧、渔业	Agriculture, Forestry, Animal Husbandry and Fishery		
2.工业	Industry	3.02	40.40
#用作原料、材料	Non-Energy Use		
3.建筑业	Construction	329.91	
4.交通运输、仓储和邮政业	Transport, Storage and Post		
5.批发、零售业和住宿、餐饮业	Wholesale, Retail Trade and Hotel, Restaurants		
6.其他	Others		
7.生活消费	Residential Consumption		
城镇	Urban		
乡村	Rural		
五.平衡差额	**Statistical Difference**		
六.消费量合计	**Total Energy Consumption**	**332.93**	**78.57**

Continued 2

液化石油气 (万吨) LPG (10^4 tons)	炼厂干气 (万吨) Refinery Gas (10^4 tons)	其他石油制品 (万吨) Other Petroleum Products (10^4 tons)	天然气 (亿立方米) Natural Gas (10^8 cu.m)	液化天然气 (万吨) LNG (10^4 tons)	热力 (万百万千焦) Heat (10^{10} kJ)	电力 (亿千瓦小时) Electricity (10^8 kW•h)	其他能源 (万吨标煤) Other Energy (10^4 tce)
479.79		**2.57**	**111.84**	**241.45**		**2377.03**	**805.76**
			116.81			1101.12	
124.65			15.27			1426.27	807.66
458.42		197.54		380.77		11.73	
		197.51		146.22			
100.53		0.03	20.24			162.09	
-2.75		2.57		6.90			-1.90
195.83	**95.14**	**255.18**	**-53.23**	**-162.94**	**19784.10**	**2933.66**	**-316.71**
	-2.69	-0.40	-51.59	-160.56	-2937.34	2933.66	-315.90
	-8.58	-1.15	-0.40	-9.72	19788.22		-0.81
256.27	121.54	863.96					-38.86
-60.44	-15.13	-607.23					
							38.86
			-1.24	7.34			
					2933.22		
			0.01	**13.00**		**235.91**	
675.62	**95.14**	**257.75**	**58.60**	**65.51**	**19784.10**	**5074.78**	**489.05**
						90.14	
135.88	95.14	257.75	34.05	65.51	19763.51	3201.54	469.69
7.44	2.19	23.57	0.33	1.32			
0.89			0.03		0.85	60.31	19.36
48.63			3.08		2.61	82.42	
22.01			7.68			292.75	
2.64			0.35		17.13	501.66	
465.57			13.41			845.96	
285.50			13.41			504.28	
180.07						341.68	
736.06	**121.54**	**866.53**	**110.83**	**248.79**	**22721.44**	**5310.69**	**844.62**

6-20 广西能源平衡表(实物量)-2015

项 目	Item	煤合计 (万吨) Coal Total (10^4 tons)	原煤 (万吨) Raw Coal (10^4 tons)
一.可供本地区消费的能源量	**Total Primary Energy Supply**	**6118.93**	**5397.11**
1.一次能源生产量	Indigenous Production	501.47	425.46
2.外省(区、市)调入量	Moving In from Other Provinces	4840.64	4164.06
3.进口量	Import	949.86	949.86
4.境内轮船和飞机在境外的加油量	Domestic Airplanes&Ships Refueling in Abroad		
5.本省(区、市)调出量(-)	Sending Out to Other Provinces(-)	259.10	259.10
6.出口量(-)	Export(-)		
7.境外轮船和飞机在境内的加油量(-)	Oversea Airplanes&Ships Refueling in China(-)		
8.库存增(-)、减(+)量	Stock Change	86.06	116.83
二.加工转换投入(-)产出(+)量	**Input(-) & Output(+) of Transformation**	**-3405.73**	**-2801.06**
1.火力发电	Thermal Power	-1918.18	-1918.18
2.供热	Heating Supply	-526.49	-526.49
3.洗选煤	Coal Washing	-1.13	-30.95
4.炼焦	Coking	-814.40	-176.39
5.炼油及煤制油	Petroleum Refineries		
#油品再投入量(-)	Petroleum Products Input (-)		
6.制气	Gas Works	-145.40	-145.40
#焦炭再投入量(-)	Coke Input (-)		
7.天然气液化	Natural Gas Liquefaction		
8.煤制品加工	Briquettes	-0.13	-3.65
9.回收能	Recovery of Energy		
三.损失量	**Loss**		
四.终端消费量	**Total Final Consumption**	**2640.98**	**2597.81**
1.农、林、牧、渔业	Agriculture, Forestry, Animal Husbandry and Fishery	13.74	13.74
2.工业	Industry	2592.11	2548.94
#用作原料、材料	Non-Energy Use	211.25	211.25
3.建筑业	Construction		
4.交通运输、仓储和邮政业	Transport, Storage and Post	0.17	0.17
5.批发、零售业和住宿、餐饮业	Wholesale, Retail Trade and Hotel, Restaurants	15.46	15.46
6.其他	Others	5.36	5.36
7.生活消费	Residential Consumption	14.14	14.14
城镇	Urban	7.15	7.15
乡村	Rural	6.99	6.99
五.平衡差额	**Statistical Difference**	**72.22**	**-1.76**
六.消费量合计	**Total Energy Consumption**	**6046.71**	**5398.87**

Energy Balance of Guangxi (Physical Quantity) -2015

洗精煤 (万吨) Cleaned Coal (10^4 tons)	其他洗煤 (万吨) Other Washed Coal (10^4 tons)	型煤 (万吨) Briquettes (10^4 tons)	煤矸石 (万吨) Gangue (10^4 tons)	焦炭 (万吨) Coke (10^4 tons)	焦炉煤气 (亿立方米) Coke Oven Gas (10^8 cu.m)	高炉煤气 (亿立方米) Blast Furnace Gas (10^8 cu.m)	转炉煤气 (亿立方米) Converter Gas (10^8 cu.m)	其他煤气 (亿立方米) Other Gas (10^8 cu.m)
721.34	**-0.29**	**0.77**		**416.76**				
76.01								
676.00	0.09	0.49		391.57				
-30.67	-0.38	0.28		25.19				
-610.48	**2.29**	**3.52**	**0.97**	**582.43**	**17.04**	**186.80**	**16.79**	**49.59**
					-6.28	-80.81	-3.41	
27.53	2.29		0.97					
-638.01				582.43	23.32			
								49.59
		3.52						
						267.61	20.20	
35.62	**2.45**	**5.10**	**0.97**	**1000.12**	**17.04**	**186.80**	**16.79**	**49.59**
35.62	2.45	5.10	0.97	1000.12	17.04	186.80	16.79	49.59
				14.88				
75.24	**-0.45**	**-0.81**		**-0.93**				
673.63	**2.45**	**5.10**	**0.97**	**1000.12**	**23.32**	**267.61**	**20.20**	**49.59**

6-20 续表 1

项　　目	Item	其他焦化产品(万吨) Other Coking Products (10^4 tons)	油品合计(万吨) Petroleum Products Total (10^4 tons)
一.可供本地区消费的能源量	**Total Primary Energy Supply**	**-23.56**	**1228.50**
1.一次能源生产量	Indigenous Production		55.51
2.外省(区、市)调入量	Moving In from Other Provinces		2057.77
3.进口量	Import		600.67
4.境内轮船和飞机在境外的加油量	Domestic Airplanes&Ships Refueling in Abroad		
5.本省(区、市)调出量(-)	Sending Out to Other Provinces(-)	25.03	1486.92
6.出口量(-)	Export(-)		
7.境外轮船和飞机在境内的加油量(-)	Oversea Airplanes&Ships Refueling in China(-)		
8.库存增(-)、减(+)量	Stock Change	1.47	1.47
二.加工转换投入(-)产出(+)量	**Input(-) & Output(+) of Transformation**	**25.03**	**-46.93**
1.火力发电	Thermal Power		-0.94
2.供热	Heating Supply		-4.27
3.洗选煤	Coal Washing		
4.炼焦	Coking	25.03	
5.炼油及煤制油	Petroleum Refineries		-15.08
#油品再投入量(-)	Petroleum Products Input (-)		-26.64
6.制气	Gas Works		
#焦炭再投入量(-)	Coke Input (-)		
7.天然气液化	Natural Gas Liquefaction		
8.煤制品加工	Briquettes		
9.回收能	Recovery of Energy		
三.损失量	**Loss**		
四.终端消费量	**Total Final Consumption**	**1.47**	**1180.67**
1.农、林、牧、渔业	Agriculture, Forestry, Animal Husbandry and Fishery		95.95
2.工业	Industry	1.47	228.74
#用作原料、材料	Non-Energy Use		21.43
3.建筑业	Construction		4.78
4.交通运输、仓储和邮政业	Transport, Storage and Post		580.97
5.批发、零售业和住宿、餐饮业	Wholesale, Retail Trade and Hotel, Restaurants		55.14
6.其他	Others		34.79
7.生活消费	Residential Consumption		180.30
城镇	Urban		117.42
乡村	Rural		62.88
五.平衡差额	**Statistical Difference**		**0.90**
六.消费量合计	**Total Energy Consumption**	**1.47**	**1227.60**

Continued 1

原油（万吨） Crude Oil (10^4 tons)	汽油（万吨） Gasoline (10^4 tons)	煤油（万吨） Kerosene (10^4 tons)	柴油（万吨） Diesel Oil (10^4 tons)	燃料油（万吨） Fuel Oil (10^4 tons)	石脑油（万吨） Naphtha (10^4 tons)	润滑油（万吨） Lubricants (10^4 tons)	石蜡（万吨） Paraffin Waxes (10^4 tons)	溶剂油（万吨） White Spirit (10^4 tons)
1428.77	**-140.72**	**-49.31**	**-18.65**	**4.69**	**-3.35**		**0.22**	**0.27**
55.51								
1366.98	249.00		421.00	10.69		0.01	0.23	0.28
421.49			125.36	4.56				
421.89	388.00	48.96	566.00	6.02	3.41			
6.68	-1.72	-0.35	0.99	-4.54	0.06	-0.01	-0.01	-0.01
-1428.77	**432.15**	**105.67**	**591.45**	**19.02**	**3.35**			
			-0.85	-0.09				
			-0.05	-0.30				
-1428.77	432.15	105.67	592.35	19.41	3.35			
	290.89	**56.36**	**572.44**	**23.71**			**0.22**	**0.27**
	9.63		86.32					
	6.89		50.68	10.30			0.22	0.27
	2.13		2.65					
	131.47	56.36	379.73	13.41				
	10.56		30.63					
	12.36		22.43					
	117.85							
	77.32							
	40.53							
	0.54		**0.36**					
1428.77	**290.89**	**56.36**	**573.34**	**24.10**			**0.22**	**0.27**

6-20 续表 2

项　目	Item	石油沥青(万吨) Bitumen Asphalt (10^4 tons)	石油焦(万吨) Petroleum Coke (10^4 tons)
一.可供本地区消费的能源量	**Total Primary Energy Supply**	**-10.06**	**-21.50**
1.一次能源生产量	Indigenous Production		
2.外省(区、市)调入量	Moving In from Other Provinces		
3.进口量	Import		
4.境内轮船和飞机在境外的加油量	Domestic Airplanes&Ships Refueling in Abroad		
5.本省(区、市)调出量(-)	Sending Out to Other Provinces(-)	10.06	22.01
6.出口量(-)	Export(-)		
7.境外轮船和飞机在境内的加油量(-)	Oversea Airplanes&Ships Refueling in China(-)		
8.库存增(-)、减(+)量	Stock Change		0.51
二.加工转换投入(-)产出(+)量	**Input(-) & Output(+) of Transformation**	**11.20**	**41.79**
1.火力发电	Thermal Power		
2.供热	Heating Supply		
3.洗选煤	Coal Washing		
4.炼焦	Coking		
5.炼油及煤制油	Petroleum Refineries	11.20	41.79
#油品再投入量(-)	Petroleum Products Input (-)		
6.制气	Gas Works		
#焦炭再投入量(-)	Coke Input (-)		
7.天然气液化	Natural Gas Liquefaction		
8.煤制品加工	Briquettes		
9.回收能	Recovery of Energy		
三.损失量	**Loss**		
四.终端消费量	**Total Final Consumption**	**1.14**	**20.29**
1.农、林、牧、渔业	Agriculture, Forestry, Animal Husbandry and Fishery		
2.工业	Industry	1.14	20.29
#用作原料、材料	Non-Energy Use	1.14	20.29
3.建筑业	Construction		
4.交通运输、仓储和邮政业	Transport, Storage and Post		
5.批发、零售业和住宿、餐饮业	Wholesale, Retail Trade and Hotel, Restaurants		
6.其他	Others		
7.生活消费	Residential Consumption		
城镇	Urban		
乡村	Rural		
五.平衡差额	**Statistical Difference**		
六.消费量合计	**Total Energy Consumption**	**1.14**	**20.29**

Continued 2

液化石油气（万吨）LPG (10^4 tons)	炼厂干气（万吨）Refinery Gas (10^4 tons)	其他石油制品（万吨）Other Petroleum Products (10^4 tons)	天然气（亿立方米）Natural Gas (10^8 cu.m)	液化天然气（万吨）LNG (10^4 tons)	热力（万百万千焦）Heat (10^10 kJ)	电力（亿千瓦小时）Electricity (10^8 kW•h)	其他能源（万吨标煤）Other Energy (10^4 tce)
28.69		**9.45**	**8.05**	**2.30**		**790.07**	**524.91**
			0.16			774.74	527.09
		9.58	7.87	5.87		136.08	
49.26							
20.57				3.57		120.75	
		-0.13	0.02				-2.18
72.22	**55.15**	**49.84**	**-0.87**	**-0.29**	**8121.49**	**544.25**	**-158.39**
			-0.87	-0.29	-4538.52	544.25	-110.80
	-3.92				8114.36		-47.59
87.63	59.07	61.07					
-15.41		-11.23					
					4545.65		
						81.41	
100.91	**55.15**	**59.29**	**7.18**	**2.01**	**8121.49**	**1252.91**	**366.34**
						26.61	
24.51	55.15	59.29	3.26	2.01	8121.49	811.22	366.34
						16.79	
			0.79			23.29	
13.95						43.13	
						80.86	
62.45			3.13			251.01	
40.10			3.13			136.33	
22.35						114.68	
							0.18
116.32	**59.07**	**70.52**	**8.05**	**2.30**	**12660.01**	**1334.32**	**524.73**

6-21 海南能源平衡表(实物量)-2015

项目	Item	煤合计(万吨) Coal Total (10^4 tons)	原煤(万吨) Raw Coal (10^4 tons)
一.可供本地区消费的能源量	**Total Primary Energy Supply**	**1071.92**	**1071.92**
1.一次能源生产量	Indigenous Production		
2.外省(区、市)调入量	Moving In from Other Provinces	94.64	94.64
3.进口量	Import	980.73	980.73
4.境内轮船和飞机在境外的加油量	Domestic Airplanes&Ships Refueling in Abroad		
5.本省(区、市)调出量(-)	Sending Out to Other Provinces(-)		
6.出口量(-)	Export(-)		
7.境外轮船和飞机在境内的加油量(-)	Oversea Airplanes&Ships Refueling in China(-)		
8.库存增(-)、减(+)量	Stock Change	-3.45	-3.45
二.加工转换投入(-)产出(+)量	**Input(-) & Output(+) of Transformation**	**-883.27**	**-883.27**
1.火力发电	Thermal Power	-853.55	-853.55
2.供热	Heating Supply	-29.72	-29.72
3.洗选煤	Coal Washing		
4.炼焦	Coking		
5.炼油及煤制油	Petroleum Refineries		
#油品再投入量(-)	Petroleum Products Input (-)		
6.制气	Gas Works		
#焦炭再投入量(-)	Coke Input (-)		
7.天然气液化	Natural Gas Liquefaction		
8.煤制品加工	Briquettes		
9.回收能	Recovery of Energy		
三.损失量	**Loss**		
四.终端消费量	**Total Final Consumption**	**188.65**	**188.65**
1.农、林、牧、渔业	Agriculture, Forestry, Animal Husbandry and Fishery		
2.工业	Industry	188.65	188.65
#用作原料、材料	Non-Energy Use		
3.建筑业	Construction		
4.交通运输、仓储和邮政业	Transport, Storage and Post		
5.批发、零售业和住宿、餐饮业	Wholesale, Retail Trade and Hotel, Restaurants		
6.其他	Others		
7.生活消费	Residential Consumption		
城镇	Urban		
乡村	Rural		
五.平衡差额	**Statistical Difference**		
六.消费量合计	**Total Energy Consumption**	**1071.92**	**1071.92**

Energy Balance of Hainan (Physical Quantity) -2015

洗精煤 (万吨) Cleaned Coal (10^4 tons)	其他洗煤 (万吨) Other Washed Coal (10^4 tons)	型煤 (万吨) Briquettes (10^4 tons)	煤矸石 (万吨) Gangue (10^4 tons)	焦炭 (万吨) Coke (10^4 tons)	焦炉煤气 (亿立方米) Coke Oven Gas (10^8 cu.m)	高炉煤气 (亿立方米) Blast Furnace Gas (10^8 cu.m)	转炉煤气 (亿立方米) Converter Gas (10^8 cu.m)	其他煤气 (亿立方米) Other Gas (10^8 cu.m)

6-21 续表 1

项　　目	Item	其他焦化产品(万吨) Other Coking Products (10^4 tons)	油品合计(万吨) Petroleum Products Total (10^4 tons)
一.可供本地区消费的能源量	**Total Primary Energy Supply**		**453.06**
1.一次能源生产量	Indigenous Production		29.98
2.外省(区、市)调入量	Moving In from Other Provinces		51.99
3.进口量	Import		1173.68
4.境内轮船和飞机在境外的加油量	Domestic Airplanes&Ships Refueling in Abroad		
5.本省(区、市)调出量(-)	Sending Out to Other Provinces(-)		501.06
6.出口量(-)	Export(-)		321.36
7.境外轮船和飞机在境内的加油量(-)	Oversea Airplanes&Ships Refueling in China(-)		
8.库存增(-)、减(+)量	Stock Change		19.83
二.加工转换投入(-)产出(+)量	**Input(-) & Output(+) of Transformation**		**-37.20**
1.火力发电	Thermal Power		-0.03
2.供热	Heating Supply		-9.58
3.洗选煤	Coal Washing		
4.炼焦	Coking		
5.炼油及煤制油	Petroleum Refineries		398.47
#油品再投入量(-)	Petroleum Products Input (-)		-426.06
6.制气	Gas Works		
#焦炭再投入量(-)	Coke Input (-)		
7.天然气液化	Natural Gas Liquefaction		
8.煤制品加工	Briquettes		
9.回收能	Recovery of Energy		
三.损失量	**Loss**		**0.42**
四.终端消费量	**Total Final Consumption**		**415.44**
1.农、林、牧、渔业	Agriculture, Forestry, Animal Husbandry and Fishery		49.68
2.工业	Industry		71.35
#用作原料、材料	Non-Energy Use		
3.建筑业	Construction		14.38
4.交通运输、仓储和邮政业	Transport, Storage and Post		186.85
5.批发、零售业和住宿、餐饮业	Wholesale, Retail Trade and Hotel, Restaurants		8.61
6.其他	Others		44.10
7.生活消费	Residential Consumption		40.47
城镇	Urban		33.31
乡村	Rural		7.16
五.平衡差额	**Statistical Difference**		
六.消费量合计	**Total Energy Consumption**		**453.06**

Continued 1

原油 (万吨) Crude Oil (10^4 tons)	汽油 (万吨) Gasoline (10^4 tons)	煤油 (万吨) Kerosene (10^4 tons)	柴油 (万吨) Diesel Oil (10^4 tons)	燃料油 (万吨) Fuel Oil (10^4 tons)	石脑油 (万吨) Naphtha (10^4 tons)	润滑油 (万吨) Lubricants (10^4 tons)	石蜡 (万吨) Paraffin Waxes (10^4 tons)	溶剂油 (万吨) White Spirit (10^4 tons)
1116.11	**-155.42**	**-64.52**	**-214.34**	**17.86**	**-75.76**			
29.98								
		41.75		8.68				
1061.65	16.51		26.82	68.70				
	88.93		165.65		75.55			
	81.63	104.86	76.25	58.62				
24.48	-1.37	-1.41	0.74	-0.90	-0.21			
-1114.43	**248.19**	**150.21**	**331.13**	**22.54**	**75.76**			
			-0.03					
				-1.69				
-1114.43	248.19	150.21	331.16	24.23	75.76			
1.68	**92.77**	**85.69**	**116.79**	**40.40**				
	2.18		47.50					
1.68	0.65		3.79	5.43				
	5.12		9.26					
	14.30	85.69	51.89	34.97				
	3.73		1.68					
	40.81		2.67					
	25.98							
	20.55							
	5.43							
1116.11	**92.77**	**85.69**	**116.82**	**42.09**				

6-21 续表 2

项 目	Item	石油沥青(万吨) Bitumen Asphalt (10^4 tons)	石油焦(万吨) Petroleum Coke (10^4 tons)
一.可供本地区消费的能源量	**Total Primary Energy Supply**	**-3.82**	**1.56**
1.一次能源生产量	Indigenous Production		
2.外省(区、市)调入量	Moving In from Other Provinces		1.56
3.进口量	Import		
4.境内轮船和飞机在境外的加油量	Domestic Airplanes&Ships Refueling in Abroad		
5.本省(区、市)调出量(-)	Sending Out to Other Provinces(-)	3.91	
6.出口量(-)	Export(-)		
7.境外轮船和飞机在境内的加油量(-)	Oversea Airplanes&Ships Refueling in China(-)		
8.库存增(-)、减(+)量	Stock Change	0.09	
二.加工转换投入(-)产出(+)量	**Input(-) & Output(+) of Transformation**	**3.91**	
1.火力发电	Thermal Power		
2.供热	Heating Supply		
3.洗选煤	Coal Washing		
4.炼焦	Coking		
5.炼油及煤制油	Petroleum Refineries	3.91	
#油品再投入量(-)	Petroleum Products Input (-)		
6.制气	Gas Works		
#焦炭再投入量(-)	Coke Input (-)		
7.天然气液化	Natural Gas Liquefaction		
8.煤制品加工	Briquettes		
9.回收能	Recovery of Energy		
三.损失量	**Loss**		
四.终端消费量	**Total Final Consumption**	**0.09**	**1.56**
1.农、林、牧、渔业	Agriculture, Forestry, Animal Husbandry and Fishery		
2.工业	Industry		1.56
#用作原料、材料	Non-Energy Use		
3.建筑业	Construction		
4.交通运输、仓储和邮政业	Transport, Storage and Post		
5.批发、零售业和住宿、餐饮业	Wholesale, Retail Trade and Hotel, Restaurants		
6.其他	Others	0.09	
7.生活消费	Residential Consumption		
城镇	Urban		
乡村	Rural		
五.平衡差额	**Statistical Difference**		
六.消费量合计	**Total Energy Consumption**	**0.09**	**1.56**

Continued 2

液化石油气 (万吨) LPG (10^4 tons)	炼厂干气 (万吨) Refinery Gas (10^4 tons)	其他石油制品 (万吨) Other Petroleum Products (10^4 tons)	天然气 (亿立方米) Natural Gas (10^8 cu.m)	液化天然气 (万吨) LNG (10^4 tons)	热力 (万百万千焦) Heat (10^{10} kJ)	电力 (亿千瓦小时) Electricity (10^8 kW•h)	其他能源 (万吨标煤) Other Energy (10^4 tce)
-43.34		**-125.27**	**44.88**	**8.09**		**37.78**	**20.16**
			1.88			27.90	
			43.00			10.30	20.15
				21.21			
42.35		124.67		13.17		0.42	
-0.99		-0.60		0.05			0.01
73.97	**34.60**	**136.92**	**-5.73**	**0.40**	**608.93**	**234.58**	**-13.53**
			-5.20		-488.68	234.58	-13.53
-3.10	-4.79		-0.46		966.14		
103.34	39.39	536.71					
-26.27		-399.79					
			-0.07	0.40			
					131.47		
	0.42					**16.36**	
30.63	**34.18**	**11.65**	**39.15**	**8.49**	**608.93**	**256.00**	**6.63**
						12.77	
12.41	34.18	11.65	37.30	7.15	608.93	112.34	6.63
			23.35				
						9.09	
			0.75	1.34		4.19	
3.20			0.67			22.32	
0.53						45.59	
14.49			0.43			49.70	
12.76			0.43			24.21	
1.73						25.49	
60.00	**39.39**	**411.44**	**44.82**	**8.49**	**1097.61**	**272.36**	**20.16**

6-22 重庆能源平衡表(实物量)-2015

项 目	Item	煤合计 (万吨) Coal Total (10^4 tons)	原煤 (万吨) Raw Coal (10^4 tons)
一.可供本地区消费的能源量	**Total Primary Energy Supply**	**6047.19**	**5882.18**
1.一次能源生产量	Indigenous Production	3561.83	3561.83
2.外省(区、市)调入量	Moving In from Other Provinces	2781.54	2286.12
3.进口量	Import		
4.境内轮船和飞机在境外的加油量	Domestic Airplanes&Ships Refueling in Abroad		
5.本省(区、市)调出量(-)	Sending Out to Other Provinces(-)	481.18	169.03
6.出口量(-)	Export(-)		
7.境外轮船和飞机在境内的加油量(-)	Oversea Airplanes&Ships Refueling in China(-)		
8.库存增(-)、减(+)量	Stock Change	185.00	203.26
二.加工转换投入(-)产出(+)量	**Input(-) & Output(+) of Transformation**	**-2709.37**	**-4083.68**
1.火力发电	Thermal Power	-1712.32	-1667.00
2.供热	Heating Supply	-242.37	-234.27
3.洗选煤	Coal Washing	-440.57	-2157.51
4.炼焦	Coking	-312.72	-24.90
5.炼油及煤制油	Petroleum Refineries		
#油品再投入量(-)	Petroleum Products Input (-)		
6.制气	Gas Works		
#焦炭再投入量(-)	Coke Input (-)		
7.天然气液化	Natural Gas Liquefaction		
8.煤制品加工	Briquettes	-1.39	
9.回收能	Recovery of Energy		
三.损失量	**Loss**		
四.终端消费量	**Total Final Consumption**	**3337.82**	**1798.50**
1.农、林、牧、渔业	Agriculture, Forestry, Animal Husbandry and Fishery	61.96	38.23
2.工业	Industry	3143.27	1627.68
#用作原料、材料	Non-Energy Use		
3.建筑业	Construction	21.98	21.98
4.交通运输、仓储和邮政业	Transport, Storage and Post	14.83	14.83
5.批发、零售业和住宿、餐饮业	Wholesale, Retail Trade and Hotel, Restaurants	12.68	12.68
6.其他	Others	37.23	37.23
7.生活消费	Residential Consumption	45.87	45.87
城镇	Urban	1.71	1.71
乡村	Rural	44.16	44.16
五.平衡差额	**Statistical Difference**		
六.消费量合计	**Total Energy Consumption**	**6047.19**	**5882.18**

Energy Balance of Chongqing (Physical Quantity) -2015

洗精煤 (万吨) Cleaned Coal (10^4 tons)	其他洗煤 (万吨) Other Washed Coal (10^4 tons)	型煤 (万吨) Briquettes (10^4 tons)	煤矸石 (万吨) Gangue (10^4 tons)	焦炭 (万吨) Coke (10^4 tons)	焦炉煤气 (亿立方米) Coke Oven Gas (10^8 cu.m)	高炉煤气 (亿立方米) Blast Furnace Gas (10^8 cu.m)	转炉煤气 (亿立方米) Converter Gas (10^8 cu.m)	其他煤气 (亿立方米) Other Gas (10^8 cu.m)
13.43	**137.45**	**14.13**	**174.92**	**52.64**				
124.48	356.81	14.13	174.92	92.20				
55.69	256.46			43.15				
-55.36	37.10			3.59				
1018.37	**345.31**	**10.63**	**-174.92**	**217.27**	**6.72**	**36.59**	**1.78**	
	-45.32		-190.05		-1.00	-32.19	-1.00	
	-8.10				-0.58			
1318.21	398.73		15.13					
-287.82				217.27	8.30			
-12.02		10.63						
						68.78	2.78	
1031.80	**482.76**	**24.76**		**269.91**	**6.72**	**36.59**	**1.78**	
	23.73							
1031.80	459.03	24.76		269.91	6.72	36.59	1.78	
1331.64	**536.18**	**24.76**	**190.05**	**269.91**	**8.30**	**68.78**	**2.78**	

6-22 续表 1

项　　目	Item	其他焦化产品(万吨) Other Coking Products (10^4 tons)	油品合计(万吨) Petroleum Products Total (10^4 tons)
一.可供本地区消费的能源量	**Total Primary Energy Supply**	**-1.11**	**793.06**
1.一次能源生产量	Indigenous Production		
2.外省(区、市)调入量	Moving In from Other Provinces		793.16
3.进口量	Import		
4.境内轮船和飞机在境外的加油量	Domestic Airplanes&Ships Refueling in Abroad		
5.本省(区、市)调出量(-)	Sending Out to Other Provinces(-)		
6.出口量(-)	Export(-)		
7.境外轮船和飞机在境内的加油量(-)	Oversea Airplanes&Ships Refueling in China(-)		
8.库存增(-)、减(+)量	Stock Change	-1.11	-0.10
二.加工转换投入(-)产出(+)量	**Input(-) & Output(+) of Transformation**	**9.63**	**-0.58**
1.火力发电	Thermal Power		-0.58
2.供热	Heating Supply		
3.洗选煤	Coal Washing		
4.炼焦	Coking	9.63	
5.炼油及煤制油	Petroleum Refineries		
#油品再投入量(-)	Petroleum Products Input (-)		
6.制气	Gas Works		
#焦炭再投入量(-)	Coke Input (-)		
7.天然气液化	Natural Gas Liquefaction		
8.煤制品加工	Briquettes		
9.回收能	Recovery of Energy		
三.损失量	**Loss**		
四.终端消费量	**Total Final Consumption**	**8.52**	**792.48**
1.农、林、牧、渔业	Agriculture, Forestry, Animal Husbandry and Fishery		20.16
2.工业	Industry	8.52	52.32
#用作原料、材料	Non-Energy Use		
3.建筑业	Construction		45.31
4.交通运输、仓储和邮政业	Transport, Storage and Post		520.96
5.批发、零售业和住宿、餐饮业	Wholesale, Retail Trade and Hotel, Restaurants		42.34
6.其他	Others		17.04
7.生活消费	Residential Consumption		94.35
城镇	Urban		67.97
乡村	Rural		26.38
五.平衡差额	**Statistical Difference**		
六.消费量合计	**Total Energy Consumption**	**8.52**	**793.06**

Continued 1

原油 (万吨) Crude Oil (10^4 tons)	汽油 (万吨) Gasoline (10^4 tons)	煤油 (万吨) Kerosene (10^4 tons)	柴油 (万吨) Diesel Oil (10^4 tons)	燃料油 (万吨) Fuel Oil (10^4 tons)	石脑油 (万吨) Naphtha (10^4 tons)	润滑油 (万吨) Lubricants (10^4 tons)	石蜡 (万吨) Paraffin Waxes (10^4 tons)	溶剂油 (万吨) White Spirit (10^4 tons)
	199.98	**66.63**	**491.21**	**13.90**		**1.16**		
	199.96	66.61	491.16	13.91		1.34		
	0.02	0.02	0.05	-0.01		-0.18		
			-0.58					
			-0.58					
	199.98	**66.63**	**490.63**	**13.90**		**1.16**		
	8.84		11.32					
	12.85	6.21	31.47	0.58		1.16		
	8.66	0.35	34.34	0.87				
	55.56	56.82	396.13	12.45				
	24.14		8.22					
	15.92		1.12					
	74.01	3.25	8.03					
	59.23	3.25	1.02					
	14.78		7.01					
	199.98	**66.63**	**491.21**	**13.90**		**1.16**		

6-22 续表 2

项　　目	Item	石油沥青 (万吨) Bitumen Asphalt (10^4 tons)	石油焦 (万吨) Petroleum Coke (10^4 tons)
一.可供本地区消费的能源量	**Total Primary Energy Supply**		
1.一次能源生产量	Indigenous Production		
2.外省(区、市)调入量	Moving In from Other Provinces		
3.进口量	Import		
4.境内轮船和飞机在境外的加油量	Domestic Airplanes&Ships Refueling in Abroad		
5.本省(区、市)调出量(-)	Sending Out to Other Provinces(-)		
6.出口量(-)	Export(-)		
7.境外轮船和飞机在境内的加油量(-)	Oversea Airplanes&Ships Refueling in China(-)		
8.库存增(-)、减(+)量	Stock Change		
二.加工转换投入(-)产出(+)量	**Input(-) & Output(+) of Transformation**		
1.火力发电	Thermal Power		
2.供热	Heating Supply		
3.洗选煤	Coal Washing		
4.炼焦	Coking		
5.炼油及煤制油	Petroleum Refineries		
#油品再投入量(-)	Petroleum Products Input (-)		
6.制气	Gas Works		
#焦炭再投入量(-)	Coke Input (-)		
7.天然气液化	Natural Gas Liquefaction		
8.煤制品加工	Briquettes		
9.回收能	Recovery of Energy		
三.损失量	**Loss**		
四.终端消费量	**Total Final Consumption**		
1.农、林、牧、渔业	Agriculture, Forestry, Animal Husbandry and Fishery		
2.工业	Industry		
#用作原料、材料	Non-Energy Use		
3.建筑业	Construction		
4.交通运输、仓储和邮政业	Transport, Storage and Post		
5.批发、零售业和住宿、餐饮业	Wholesale, Retail Trade and Hotel, Restaurants		
6.其他	Others		
7.生活消费	Residential Consumption		
城镇	Urban		
乡村	Rural		
五.平衡差额	**Statistical Difference**		
六.消费量合计	**Total Energy Consumption**		

Continued 2

液化石油气 (万吨) LPG (10^4 tons)	炼厂干气 (万吨) Refinery Gas (10^4 tons)	其他石油制品 (万吨) Other Petroleum Products (10^4 tons)	天然气 (亿立方米) Natural Gas (10^8 cu.m)	液化天然气 (万吨) LNG (10^4 tons)	热力 (万百万千焦) Heat (10^10 kJ)	电力 (亿千瓦小时) Electricity (10^8 kW•h)	其他能源 (万吨标煤) Other Energy (10^4 tce)
20.18			**88.37**			**427.92**	**548.85**
			69.31			197.19	312.50
20.18			36.29			259.76	236.35
			17.23			29.03	
			-2.78		**3726.62**	**447.45**	**-32.08**
			-2.50		-1988.68	447.45	-32.08
			-0.28		4325.10		
					1390.20		
			0.29			**49.29**	
20.18			**85.30**		**3726.62**	**826.08**	**516.77**
			0.88			2.42	
0.05			47.58		3726.62	563.38	178.51
			34.04				
1.09			0.23			22.07	
			7.56			17.86	
9.98			4.05			47.93	
			0.06			34.06	
9.06			24.94			138.36	338.26
4.47			24.94			83.25	
4.59						55.11	338.26
20.18			**88.37**		**5715.30**	**875.37**	**548.85**

6-23 四川能源平衡表(实物量)-2015

项　目	Item	煤合计 (万吨) Coal Total (10^4 tons)	原煤 (万吨) Raw Coal (10^4 tons)
一.可供本地区消费的能源量	**Total Primary Energy Supply**	**9288.90**	**8636.69**
1.一次能源生产量	Indigenous Production	6406.46	6406.46
2.外省(区、市)调入量	Moving In from Other Provinces	3067.96	2417.96
3.进口量	Import		
4.境内轮船和飞机在境外的加油量	Domestic Airplanes&Ships Refueling in Abroad		
5.本省(区、市)调出量(-)	Sending Out to Other Provinces(-)	132.18	132.18
6.出口量(-)	Export(-)		
7.境外轮船和飞机在境内的加油量(-)	Oversea Airplanes&Ships Refueling in China(-)		
8.库存增(-)、减(+)量	Stock Change	-53.34	-55.55
二.加工转换投入(-)产出(+)量	**Input(-) & Output(+) of Transformation**	**-4619.86**	**-5925.16**
1.火力发电	Thermal Power	-1772.78	-1716.03
2.供热	Heating Supply	-152.21	-152.21
3.洗选煤	Coal Washing	-845.64	-3955.65
4.炼焦	Coking	-1847.92	-64.41
5.炼油及煤制油	Petroleum Refineries		
#油品再投入量(-)	Petroleum Products Input (-)		
6.制气	Gas Works		
#焦炭再投入量(-)	Coke Input (-)		
7.天然气液化	Natural Gas Liquefaction		
8.煤制品加工	Briquettes	-1.31	-36.86
9.回收能	Recovery of Energy		
三.损失量	**Loss**		
四.终端消费量	**Total Final Consumption**	**4669.04**	**2711.53**
1.农、林、牧、渔业	Agriculture, Forestry, Animal Husbandry and Fishery	7.71	7.71
2.工业	Industry	4321.37	2363.86
#用作原料、材料	Non-Energy Use	276.46	253.16
3.建筑业	Construction	23.52	23.52
4.交通运输、仓储和邮政业	Transport, Storage and Post	4.52	4.52
5.批发、零售业和住宿、餐饮业	Wholesale, Retail Trade and Hotel, Restaurants	29.85	29.85
6.其他	Others	24.25	24.25
7.生活消费	Residential Consumption	257.82	257.82
城镇	Urban		
乡村	Rural	257.82	257.82
五.平衡差额	**Statistical Difference**		
六.消费量合计	**Total Energy Consumption**	**9288.90**	**8636.69**

Energy Balance of Sichuan (Physical Quantity) -2015

洗精煤（万吨） Cleaned Coal (10^4 tons)	其他洗煤（万吨） Other Washed Coal (10^4 tons)	型煤（万吨） Briquettes (10^4 tons)	煤矸石（万吨） Gangue (10^4 tons)	焦炭（万吨） Coke (10^4 tons)	焦炉煤气（亿立方米） Coke Oven Gas (10^8 cu.m)	高炉煤气（亿立方米） Blast Furnace Gas (10^8 cu.m)	转炉煤气（亿立方米） Converter Gas (10^8 cu.m)	其他煤气（亿立方米） Other Gas (10^8 cu.m)
672.94	**-24.97**	**4.24**	**194.09**	**548.94**				
650.00			194.44	586.48				
22.94	-24.97	4.24	-0.35	-37.54				
130.98	**1137.05**	**37.27**	**0.35**	**1304.37**	**29.24**	**197.38**	**3.98**	
	-56.75		-194.44		-9.31	-87.73	-10.60	
					-2.81	-14.55		
1916.21	1193.80		194.79					
-1783.51				1304.37	41.36			
-1.72		37.27						
						299.66	14.58	
803.92	**1112.08**	**41.51**	**194.44**	**1853.31**	**29.24**	**197.38**	**3.98**	
				10.92				
803.92	1112.08	41.51	194.44	1835.19	29.24	197.38	3.98	
17.17	5.20	0.93		62.76				
				4.20				
				3.00				
2589.15	**1168.83**	**41.51**	**388.88**	**1853.31**	**41.36**	**299.66**	**14.58**	

6-23 续表 1

项　目	Item	其他焦化产品(万吨) Other Coking Products (10^4 tons)	油品合计(万吨) Petroleum Products Total (10^4 tons)
一.可供本地区消费的能源量	**Total Primary Energy Supply**	**430.00**	**3029.06**
1.一次能源生产量	Indigenous Production		15.43
2.外省(区、市)调入量	Moving In from Other Provinces	430.00	3008.76
3.进口量	Import		
4.境内轮船和飞机在境外的加油量	Domestic Airplanes&Ships Refueling in Abroad		4.99
5.本省(区、市)调出量(-)	Sending Out to Other Provinces(-)		
6.出口量(-)	Export(-)		
7.境外轮船和飞机在境内的加油量(-)	Oversea Airplanes&Ships Refueling in China(-)		10.23
8.库存增(-)、减(+)量	Stock Change		10.11
二.加工转换投入(-)产出(+)量	**Input(-) & Output(+) of Transformation**	**66.57**	**-283.51**
1.火力发电	Thermal Power		-0.51
2.供热	Heating Supply		-15.40
3.洗选煤	Coal Washing		
4.炼焦	Coking	66.57	
5.炼油及煤制油	Petroleum Refineries		-144.54
#油品再投入量(-)	Petroleum Products Input (-)		-123.06
6.制气	Gas Works		
#焦炭再投入量(-)	Coke Input (-)		
7.天然气液化	Natural Gas Liquefaction		
8.煤制品加工	Briquettes		
9.回收能	Recovery of Energy		
三.损失量	**Loss**		
四.终端消费量	**Total Final Consumption**	**496.57**	**2745.55**
1.农、林、牧、渔业	Agriculture, Forestry, Animal Husbandry and Fishery		166.20
2.工业	Industry	496.57	975.36
#用作原料、材料	Non-Energy Use	0.27	1.25
3.建筑业	Construction		212.34
4.交通运输、仓储和邮政业	Transport, Storage and Post		602.11
5.批发、零售业和住宿、餐饮业	Wholesale, Retail Trade and Hotel, Restaurants		206.02
6.其他	Others		221.56
7.生活消费	Residential Consumption		361.96
城镇	Urban		220.52
乡村	Rural		141.44
五.平衡差额	**Statistical Difference**		
六.消费量合计	**Total Energy Consumption**	**496.57**	**3029.06**

Continued 1

原油(万吨) Crude Oil (10^4 tons)	汽油(万吨) Gasoline (10^4 tons)	煤油(万吨) Kerosene (10^4 tons)	柴油(万吨) Diesel Oil (10^4 tons)	燃料油(万吨) Fuel Oil (10^4 tons)	石脑油(万吨) Naphtha (10^4 tons)	润滑油(万吨) Lubricants (10^4 tons)	石蜡(万吨) Paraffin Waxes (10^4 tons)	溶剂油(万吨) White Spirit (10^4 tons)
989.56	**677.53**	**249.11**	**473.87**	**86.17**	**2.29**	**-0.09**		**0.05**
15.43								
961.60	675.66	250.97	472.44	90.00	2.29			0.05
		4.99						
		10.23						
12.53	1.87	3.38	1.43	-3.83		-0.09		
-989.55	**217.44**	**29.07**	**340.42**	**26.78**		**11.42**	**11.78**	
	-0.01		-0.49	-0.01				
				-10.24				
-989.55	217.45	29.07	340.91	49.51		11.42	11.78	
				-12.48				
0.01	**894.97**	**278.18**	**814.29**	**112.95**	**2.29**	**11.33**	**11.78**	**0.05**
	1.00	0.20	165.00					
0.01	170.78	1.17	264.08	112.95	2.29	0.38	11.78	0.05
0.01	0.30							
	40.34	1.60	3.97					
	204.58	215.67	160.01			10.95		
	75.61	6.03	115.08					
	61.33	53.20	106.03					
	341.33	0.31	0.12					
	205.61	0.01						
	135.72	0.30	0.12					
989.56	**894.98**	**278.18**	**814.78**	**135.68**	**2.29**	**11.33**	**11.78**	**0.05**

6-23 续表 2

项目	Item	石油沥青(万吨) Bitumen Asphalt (10^4 tons)	石油焦(万吨) Petroleum Coke (10^4 tons)
一.可供本地区消费的能源量	**Total Primary Energy Supply**	**128.69**	**29.24**
1.一次能源生产量	Indigenous Production		
2.外省(区、市)调入量	Moving In from Other Provinces	128.54	29.31
3.进口量	Import		
4.境内轮船和飞机在境外的加油量	Domestic Airplanes&Ships Refueling in Abroad		
5.本省(区、市)调出量(-)	Sending Out to Other Provinces(-)		
6.出口量(-)	Export(-)		
7.境外轮船和飞机在境内的加油量(-)	Oversea Airplanes&Ships Refueling in China(-)		
8.库存增(-)、减(+)量	Stock Change	0.15	-0.07
二.加工转换投入(-)产出(+)量	**Input(-) & Output(+) of Transformation**	**34.11**	
1.火力发电	Thermal Power		
2.供热	Heating Supply		
3.洗选煤	Coal Washing		
4.炼焦	Coking		
5.炼油及煤制油	Petroleum Refineries	34.11	
#油品再投入量(-)	Petroleum Products Input (-)		
6.制气	Gas Works		
#焦炭再投入量(-)	Coke Input (-)		
7.天然气液化	Natural Gas Liquefaction		
8.煤制品加工	Briquettes		
9.回收能	Recovery of Energy		
三.损失量	**Loss**		
四.终端消费量	**Total Final Consumption**	**162.80**	**29.24**
1.农、林、牧、渔业	Agriculture, Forestry, Animal Husbandry and Fishery		
2.工业	Industry	0.95	29.24
#用作原料、材料	Non-Energy Use	0.59	
3.建筑业	Construction	161.85	
4.交通运输、仓储和邮政业	Transport, Storage and Post		
5.批发、零售业和住宿、餐饮业	Wholesale, Retail Trade and Hotel, Restaurants		
6.其他	Others		
7.生活消费	Residential Consumption		
城镇	Urban		
乡村	Rural		
五.平衡差额	**Statistical Difference**		
六.消费量合计	**Total Energy Consumption**	**162.80**	**29.24**

Continued 2

液化石油气 (万吨) LPG (10^4 tons)	炼厂干气 (万吨) Refinery Gas (10^4 tons)	其他石油制品 (万吨) Other Petroleum Products (10^4 tons)	天然气 (亿立方米) Natural Gas (10^8 cu.m)	液化天然气 (万吨) LNG (10^4 tons)	热力 (万百万千焦) Heat (10^{10} kJ)	电力 (亿千瓦小时) Electricity (10^8 kW•h)	其他能源 (万吨标煤) Other Energy (10^4 tce)
27.04		**365.60**	**170.98**			**1563.10**	**590.28**
			267.20			2779.24	
27.04		370.86	28.94			50.51	590.28
			125.16			1266.65	
		-5.26					
21.60	**54.32**	**-40.90**	**-17.60**	**65.51**	**4191.27**	**450.32**	**81.02**
			-4.62		-11.30	450.32	-85.00
-0.04	-5.12		-2.99		4202.57		
45.10	59.44	46.22					
-23.46		-87.12					
			-9.99	65.51			
							166.02
			4.77		**3.65**	**174.36**	
48.64	**54.32**	**324.70**	**148.61**	**65.51**	**4187.62**	**1839.06**	**671.30**
			0.01			12.40	
7.16	54.32	320.20	94.48	2.60	4187.62	1168.12	671.30
		0.35	32.90				
0.08		4.50	0.04			39.38	
10.90			5.86	62.91		36.63	
9.30			8.99			97.13	
1.00						144.60	
20.20			39.23			340.80	
14.90			34.72			200.32	
5.30			4.51			140.48	
72.14	**59.44**	**411.82**	**161.94**	**65.51**	**4202.57**	**2013.42**	**756.30**

6-24 贵州能源平衡表(实物量)-2015

项目	Item	煤合计(万吨) Coal Total (10^4 tons)	原煤(万吨) Raw Coal (10^4 tons)
一.可供本地区消费的能源量	**Total Primary Energy Supply**	**13419.75**	**16646.27**
1.一次能源生产量	Indigenous Production	17204.99	17204.99
2.外省(区、市)调入量	Moving In from Other Provinces	321.23	321.23
3.进口量	Import		
4.境内轮船和飞机在境外的加油量	Domestic Airplanes&Ships Refueling in Abroad		
5.本省(区、市)调出量(-)	Sending Out to Other Provinces(-)	4414.08	1000.00
6.出口量(-)	Export(-)		
7.境外轮船和飞机在境内的加油量(-)	Oversea Airplanes&Ships Refueling in China(-)		
8.库存增(-)、减(+)量	Stock Change	307.61	120.05
二.加工转换投入(-)产出(+)量	**Input(-) & Output(+) of Transformation**	**-7166.88**	**-10985.70**
1.火力发电	Thermal Power	-5121.79	-3230.84
2.供热	Heating Supply	-3.05	-3.05
3.洗选煤	Coal Washing	-999.00	-7583.89
4.炼焦	Coking	-1016.59	-166.31
5.炼油及煤制油	Petroleum Refineries		
#油品再投入量(-)	Petroleum Products Input (-)		
6.制气	Gas Works		
#焦炭再投入量(-)	Coke Input (-)		
7.天然气液化	Natural Gas Liquefaction		
8.煤制品加工	Briquettes	-26.45	-1.61
9.回收能	Recovery of Energy		
三.损失量	**Loss**		
四.终端消费量	**Total Final Consumption**	**5666.61**	**5206.33**
1.农、林、牧、渔业	Agriculture, Forestry, Animal Husbandry and Fishery	168.40	168.40
2.工业	Industry	2587.86	2159.86
#用作原料、材料	Non-Energy Use	462.49	462.49
3.建筑业	Construction	30.50	30.50
4.交通运输、仓储和邮政业	Transport, Storage and Post	9.19	9.19
5.批发、零售业和住宿、餐饮业	Wholesale, Retail Trade and Hotel, Restaurants	1163.28	1150.00
6.其他	Others	971.09	969.09
7.生活消费	Residential Consumption	736.29	719.29
城镇	Urban	145.59	143.59
乡村	Rural	590.70	575.70
五.平衡差额	**Statistical Difference**	**586.26**	**454.24**
六.消费量合计	**Total Energy Consumption**	**12833.49**	**16192.03**

Energy Balance of Guizhou (Physical Quantity) -2015

洗精煤 (万吨) Cleaned Coal (10^4 tons)	其他洗煤 (万吨) Other Washed Coal (10^4 tons)	型煤 (万吨) Briquettes (10^4 tons)	煤矸石 (万吨) Gangue (10^4 tons)	焦炭 (万吨) Coke (10^4 tons)	焦炉煤气 (亿立方米) Coke Oven Gas (10^8 cu.m)	高炉煤气 (亿立方米) Blast Furnace Gas (10^8 cu.m)	转炉煤气 (亿立方米) Converter Gas (10^8 cu.m)	其他煤气 (亿立方米) Other Gas (10^8 cu.m)
-3390.96	**165.32**	**-0.88**		**-413.52**				**0.01**
								0.01
3414.08				408.74				
23.12	165.32	-0.88		-4.78				
3576.18	**209.48**	**33.16**		**723.94**	**8.13**	**41.90**	**3.53**	
	-1890.95		-48.21		-4.26	-11.19		
4426.46	2158.43		48.21					
-850.28				723.94	12.39			
	-58.00	33.16						
						53.09	3.53	
53.20	**374.80**	**32.28**		**310.42**	**8.13**	**41.90**	**3.53**	**0.01**
53.20	374.80			310.42	4.19	41.90	3.53	0.01
				26.32				
		13.28			1.00			
		2.00						
		17.00			2.94			
		2.00			2.94			
		15.00						
132.02								
903.48	**2323.75**	**32.28**	**48.21**	**310.42**	**12.39**	**53.09**	**3.53**	**0.01**

6-24 续表 1

项　　目	Item	其他焦化产品(万吨) Other Coking Products (10^4 tons)	油品合计(万吨) Petroleum Products Total (10^4 tons)
一.可供本地区消费的能源量	**Total Primary Energy Supply**		**842.39**
1.一次能源生产量	Indigenous Production		
2.外省(区、市)调入量	Moving In from Other Provinces		835.00
3.进口量	Import		
4.境内轮船和飞机在境外的加油量	Domestic Airplanes&Ships Refueling in Abroad		
5.本省(区、市)调出量(-)	Sending Out to Other Provinces(-)		
6.出口量(-)	Export(-)		
7.境外轮船和飞机在境内的加油量(-)	Oversea Airplanes&Ships Refueling in China(-)		
8.库存增(-)、减(+)量	Stock Change		7.39
二.加工转换投入(-)产出(+)量	**Input(-) & Output(+) of Transformation**	**25.33**	**-1.79**
1.火力发电	Thermal Power		-1.79
2.供热	Heating Supply		
3.洗选煤	Coal Washing		
4.炼焦	Coking	25.33	
5.炼油及煤制油	Petroleum Refineries		
#油品再投入量(-)	Petroleum Products Input (-)		
6.制气	Gas Works		
#焦炭再投入量(-)	Coke Input (-)		
7.天然气液化	Natural Gas Liquefaction		
8.煤制品加工	Briquettes		
9.回收能	Recovery of Energy		
三.损失量	**Loss**		
四.终端消费量	**Total Final Consumption**	**25.33**	**840.60**
1.农、林、牧、渔业	Agriculture, Forestry, Animal Husbandry and Fishery		8.28
2.工业	Industry	25.33	73.48
#用作原料、材料	Non-Energy Use	1.01	20.81
3.建筑业	Construction		31.77
4.交通运输、仓储和邮政业	Transport, Storage and Post		464.26
5.批发、零售业和住宿、餐饮业	Wholesale, Retail Trade and Hotel, Restaurants		42.38
6.其他	Others		190.44
7.生活消费	Residential Consumption		30.00
城镇	Urban		16.95
乡村	Rural		13.05
五.平衡差额	**Statistical Difference**		
六.消费量合计	**Total Energy Consumption**	**25.33**	**842.40**

Continued 1

原油 (万吨) Crude Oil (10^4 tons)	汽油 (万吨) Gasoline (10^4 tons)	煤油 (万吨) Kerosene (10^4 tons)	柴油 (万吨) Diesel Oil (10^4 tons)	燃料油 (万吨) Fuel Oil (10^4 tons)	石脑油 (万吨) Naphtha (10^4 tons)	润滑油 (万吨) Lubricants (10^4 tons)	石蜡 (万吨) Paraffin Waxes (10^4 tons)	溶剂油 (万吨) White Spirit (10^4 tons)
0.02	**293.99**	**31.50**	**453.95**	**0.42**		**0.21**		**0.09**
0.02	290.01	31.60	445.23	0.42		0.21		0.09
	3.98	-0.10	8.72					
	-0.04		**-1.75**					
	-0.04		-1.75					
0.02	**293.95**	**31.50**	**452.21**	**0.42**		**0.21**		**0.09**
	4.00		4.28					
0.02	3.92	1.25	19.20	0.42		0.21		0.09
			1.44	0.06				
	12.11		19.66					
	142.84	30.25	291.17					
	24.89		14.65					
	95.19		95.25					
	11.00		8.00					
	8.00							
	3.00		8.00					
0.02	**293.99**	**31.50**	**453.96**	**0.42**		**0.21**		**0.09**

6-24 续表 2

项目	Item	石油沥青(万吨) Bitumen Asphalt (10^4 tons)	石油焦(万吨) Petroleum Coke (10^4 tons)
一.可供本地区消费的能源量	**Total Primary Energy Supply**	**2.47**	**45.65**
1.一次能源生产量	Indigenous Production		
2.外省(区、市)调入量	Moving In from Other Provinces	2.61	50.72
3.进口量	Import		
4.境内轮船和飞机在境外的加油量	Domestic Airplanes&Ships Refueling in Abroad		
5.本省(区、市)调出量(-)	Sending Out to Other Provinces(-)		
6.出口量(-)	Export(-)		
7.境外轮船和飞机在境内的加油量(-)	Oversea Airplanes&Ships Refueling in China(-)		
8.库存增(-)、减(+)量	Stock Change	-0.14	-5.07
二.加工转换投入(-)产出(+)量	**Input(-) & Output(+) of Transformation**		
1.火力发电	Thermal Power		
2.供热	Heating Supply		
3.洗选煤	Coal Washing		
4.炼焦	Coking		
5.炼油及煤制油	Petroleum Refineries		
#油品再投入量(-)	Petroleum Products Input (-)		
6.制气	Gas Works		
#焦炭再投入量(-)	Coke Input (-)		
7.天然气液化	Natural Gas Liquefaction		
8.煤制品加工	Briquettes		
9.回收能	Recovery of Energy		
三.损失量	**Loss**		
四.终端消费量	**Total Final Consumption**	**2.47**	**45.65**
1.农、林、牧、渔业	Agriculture, Forestry, Animal Husbandry and Fishery		
2.工业	Industry	2.47	45.65
#用作原料、材料	Non-Energy Use		19.31
3.建筑业	Construction		
4.交通运输、仓储和邮政业	Transport, Storage and Post		
5.批发、零售业和住宿、餐饮业	Wholesale, Retail Trade and Hotel, Restaurants		
6.其他	Others		
7.生活消费	Residential Consumption		
城镇	Urban		
乡村	Rural		
五.平衡差额	**Statistical Difference**		
六.消费量合计	**Total Energy Consumption**	**2.47**	**45.65**

Continued 2

液化石油气 (万吨) LPG (10^4 tons)	炼厂干气 (万吨) Refinery Gas (10^4 tons)	其他石油制品 (万吨) Other Petroleum Products (10^4 tons)	天然气 (亿立方米) Natural Gas (10^8 cu.m)	液化天然气 (万吨) LNG (10^4 tons)	热力 (万百万千焦) Heat (10^{10} kJ)	电力 (亿千瓦小时) Electricity (10^8 kW•h)	其他能源 (万吨标煤) Other Energy (10^4 tce)
14.09			**13.19**	**0.96**		**103.06**	**28.32**
			0.93			859.47	28.32
14.09			12.26	1.12			
						756.41	
				-0.16			
			-2.25		**912.86**	**1071.15**	**-28.32**
			-2.24		-2429.75	1071.15	-28.32
			-0.01		47.90		
					3294.71		
						106.56	
14.09			**10.94**	**0.96**	**912.86**	**1067.65**	
						5.24	
0.25			5.84	0.96	894.47	744.60	
			1.30				
						19.11	
			1.40			23.86	
2.84						28.19	
						49.11	
11.00			3.70		18.39	197.54	
8.95			3.53		18.39	126.62	
2.05			0.17			70.92	
14.09			**13.19**	**0.96**	**3342.61**	**1174.21**	**28.32**

6-25 云南能源平衡表(实物量)-2015

项目	Item	煤合计(万吨) Coal Total (10^4 tons)	原煤(万吨) Raw Coal (10^4 tons)
一.可供本地区消费的能源量	**Total Primary Energy Supply**	**7712.86**	**8840.02**
1.一次能源生产量	Indigenous Production	5184.45	5184.45
2.外省(区、市)调入量	Moving In from Other Provinces	4602.99	4456.01
3.进口量	Import		
4.境内轮船和飞机在境外的加油量	Domestic Airplanes&Ships Refueling in Abroad		
5.本省(区、市)调出量(-)	Sending Out to Other Provinces(-)	2067.78	814.97
6.出口量(-)	Export(-)		
7.境外轮船和飞机在境内的加油量(-)	Oversea Airplanes&Ships Refueling in China(-)		
8.库存增(-)、减(+)量	Stock Change	-6.80	14.52
二.加工转换投入(-)产出(+)量	**Input(-) & Output(+) of Transformation**	**-3865.56**	**-5145.76**
1.火力发电	Thermal Power	-1364.00	-1353.47
2.供热	Heating Supply	-24.50	-22.97
3.洗选煤	Coal Washing	-782.40	-3266.54
4.炼焦	Coking	-1433.34	-324.71
5.炼油及煤制油	Petroleum Refineries	-94.91	-94.91
#油品再投入量(-)	Petroleum Products Input (-)		
6.制气	Gas Works	-172.34	-65.27
#焦炭再投入量(-)	Coke Input (-)		
7.天然气液化	Natural Gas Liquefaction		
8.煤制品加工	Briquettes	5.94	-17.88
9.回收能	Recovery of Energy		
三.损失量	**Loss**		
四.终端消费量	**Total Final Consumption**	**3847.30**	**3694.26**
1.农、林、牧、渔业	Agriculture, Forestry, Animal Husbandry and Fishery	245.94	245.13
2.工业	Industry	2987.93	2885.56
#用作原料、材料	Non-Energy Use	673.13	668.99
3.建筑业	Construction	35.39	34.92
4.交通运输、仓储和邮政业	Transport, Storage and Post	15.05	15.05
5.批发、零售业和住宿、餐饮业	Wholesale, Retail Trade and Hotel, Restaurants	135.64	133.78
6.其他	Others	71.27	71.08
7.生活消费	Residential Consumption	356.07	308.75
城镇	Urban	24.90	20.50
乡村	Rural	331.17	288.25
五.平衡差额	**Statistical Difference**		
六.消费量合计	**Total Energy Consumption**	**7712.85**	**8840.02**

Energy Balance of Yunnan (Physical Quantity) -2015

洗精煤 (万吨) Cleaned Coal (10^4 tons)	其他洗煤 (万吨) Other Washed Coal (10^4 tons)	型煤 (万吨) Briquettes (10^4 tons)	煤矸石 (万吨) Gangue (10^4 tons)	焦炭 (万吨) Coke (10^4 tons)	焦炉煤气 (亿立方米) Coke Oven Gas (10^8 cu.m)	高炉煤气 (亿立方米) Blast Furnace Gas (10^8 cu.m)	转炉煤气 (亿立方米) Converter Gas (10^8 cu.m)	其他煤气 (亿立方米) Other Gas (10^8 cu.m)
-553.91	**-569.67**	**-3.58**	**23.10**	**-270.48**				
138.72	8.26		25.66	105.05				
702.16	549.70	0.95		376.09				
9.53	-28.23	-2.63	-2.56	0.56				
626.01	**630.37**	**23.82**	**-10.82**	**1149.81**	**15.24**	**135.48**	**10.14**	**0.01**
-3.68	-6.85		-10.94			-60.46	-1.81	
	-1.53							
1826.08	658.06		0.12					
-1089.32	-19.31			1066.07	13.67			
-107.07				83.74	1.57			0.01
		23.82						
						195.94	11.95	
72.10	**60.70**	**20.24**	**12.28**	**879.33**	**15.24**	**135.48**	**10.14**	**0.01**
		0.81		2.46				
72.10	21.67	8.61	12.28	876.61	10.52	135.48	10.14	
3.60		0.54		43.02				
	0.47							
		1.87			2.00			
		0.19			0.15			
	38.56	8.76		0.26	2.57			0.01
	2.75	1.66		0.12	2.57			0.01
	35.81	7.11		0.15				
1272.17	**88.39**	**20.24**	**23.22**	**879.33**	**15.24**	**195.94**	**11.95**	**0.01**

6-25 续表 1

项目	Item	其他焦化产品(万吨) Other Coking Products (10^4 tons)	油品合计(万吨) Petroleum Products Total (10^4 tons)
一.可供本地区消费的能源量	**Total Primary Energy Supply**	**-61.65**	**1108.30**
1.一次能源生产量	Indigenous Production		
2.外省(区、市)调入量	Moving In from Other Provinces		1380.91
3.进口量	Import		
4.境内轮船和飞机在境外的加油量	Domestic Airplanes&Ships Refueling in Abroad		1.02
5.本省(区、市)调出量(-)	Sending Out to Other Provinces(-)	63.01	230.84
6.出口量(-)	Export(-)		
7.境外轮船和飞机在境内的加油量(-)	Oversea Airplanes&Ships Refueling in China(-)		1.02
8.库存增(-)、减(+)量	Stock Change	1.36	-41.77
二.加工转换投入(-)产出(+)量	**Input(-) & Output(+) of Transformation**	**63.86**	**15.56**
1.火力发电	Thermal Power		-0.45
2.供热	Heating Supply		
3.洗选煤	Coal Washing		
4.炼焦	Coking	52.97	
5.炼油及煤制油	Petroleum Refineries		16.01
#油品再投入量(-)	Petroleum Products Input (-)		
6.制气	Gas Works	20.11	
#焦炭再投入量(-)	Coke Input (-)	-9.22	
7.天然气液化	Natural Gas Liquefaction		
8.煤制品加工	Briquettes		
9.回收能	Recovery of Energy		
三.损失量	**Loss**		
四.终端消费量	**Total Final Consumption**	**2.21**	**1123.85**
1.农、林、牧、渔业	Agriculture, Forestry, Animal Husbandry and Fishery		27.54
2.工业	Industry	1.23	141.78
#用作原料、材料	Non-Energy Use	0.04	50.42
3.建筑业	Construction	0.98	61.72
4.交通运输、仓储和邮政业	Transport, Storage and Post		662.72
5.批发、零售业和住宿、餐饮业	Wholesale, Retail Trade and Hotel, Restaurants		58.46
6.其他	Others		43.34
7.生活消费	Residential Consumption		128.29
城镇	Urban		65.28
乡村	Rural		63.01
五.平衡差额	**Statistical Difference**		**0.01**
六.消费量合计	**Total Energy Consumption**	**11.43**	**1108.29**

Continued 1

原油（万吨） Crude Oil (10⁴ tons)	汽油（万吨） Gasoline (10⁴ tons)	煤油（万吨） Kerosene (10⁴ tons)	柴油（万吨） Diesel Oil (10⁴ tons)	燃料油（万吨） Fuel Oil (10⁴ tons)	石脑油（万吨） Naphtha (10⁴ tons)	润滑油（万吨） Lubricants (10⁴ tons)	石蜡（万吨） Paraffin Waxes (10⁴ tons)	溶剂油（万吨） White Spirit (10⁴ tons)
0.03	**310.87**	**90.39**	**582.87**	**2.51**		**0.86**	**0.01**	**0.46**
0.05	381.03	90.77	682.95	58.81		1.08	0.02	0.47
		1.02						
	62.25		83.41	54.47		0.03		
		1.02						
-0.02	-7.91	-0.37	-16.67	-1.83		-0.19	-0.01	-0.01
	2.08		**-0.45**					
			-0.45					
	2.08							
0.03	**312.95**	**90.39**	**582.42**	**2.51**		**0.86**	**0.01**	**0.46**
	8.93	0.07	18.54					
0.03	5.41	0.14	40.29	2.51		0.52	0.01	0.46
		0.01	0.76			0.35		0.40
	22.19	1.78	37.75					
	133.16	88.26	440.97			0.34		
	30.52		14.19					
	30.66	0.11	10.84					
	82.09	0.04	19.83					
	46.28	0.02	7.56					
	35.81	0.01	12.27					
0.03	**312.95**	**90.39**	**582.87**	**2.51**		**0.86**	**0.01**	**0.46**

6-25 续表 2

项目	Item	石油沥青(万吨) Bitumen Asphalt (10^4 tons)	石油焦(万吨) Petroleum Coke (10^4 tons)
一.可供本地区消费的能源量	**Total Primary Energy Supply**	**8.15**	**83.50**
1.一次能源生产量	Indigenous Production		
2.外省(区、市)调入量	Moving In from Other Provinces	23.20	96.58
3.进口量	Import		
4.境内轮船和飞机在境外的加油量	Domestic Airplanes&Ships Refueling in Abroad		
5.本省(区、市)调出量(-)	Sending Out to Other Provinces(-)	8.50	5.19
6.出口量(-)	Export(-)		
7.境外轮船和飞机在境内的加油量(-)	Oversea Airplanes&Ships Refueling in China(-)		
8.库存增(-)、减(+)量	Stock Change	-6.55	-7.89
二.加工转换投入(-)产出(+)量	**Input(-) & Output(+) of Transformation**		
1.火力发电	Thermal Power		
2.供热	Heating Supply		
3.洗选煤	Coal Washing		
4.炼焦	Coking		
5.炼油及煤制油	Petroleum Refineries		
#油品再投入量(-)	Petroleum Products Input (-)		
6.制气	Gas Works		
#焦炭再投入量(-)	Coke Input (-)		
7.天然气液化	Natural Gas Liquefaction		
8.煤制品加工	Briquettes		
9.回收能	Recovery of Energy		
三.损失量	**Loss**		
四.终端消费量	**Total Final Consumption**	**8.15**	**83.50**
1.农、林、牧、渔业	Agriculture, Forestry, Animal Husbandry and Fishery		
2.工业	Industry	8.15	83.50
#用作原料、材料	Non-Energy Use	7.29	41.59
3.建筑业	Construction		
4.交通运输、仓储和邮政业	Transport, Storage and Post		
5.批发、零售业和住宿、餐饮业	Wholesale, Retail Trade and Hotel, Restaurants		
6.其他	Others		
7.生活消费	Residential Consumption		
城镇	Urban		
乡村	Rural		
五.平衡差额	**Statistical Difference**		
六.消费量合计	**Total Energy Consumption**	**8.15**	**83.50**

Continued 2

液化石油气 (万吨) LPG (10^4 tons)	炼厂干气 (万吨) Refinery Gas (10^4 tons)	其他石油制品 (万吨) Other Petroleum Products (10^4 tons)	天然气 (亿立方米) Natural Gas (10^8 cu.m)	液化天然气 (万吨) LNG (10^4 tons)	热力 (万百万千焦) Heat (10^{10} kJ)	电力 (亿千瓦小时) Electricity (10^8 kW•h)	其他能源 (万吨标煤) Other Energy (10^4 tce)
40.36		**-11.72**	**7.98**	**-11.89**	**13.85**	**1161.01**	**122.93**
			0.02			2275.52	122.40
44.18		1.77	7.96	0.34	13.85	0.28	
						14.47	
3.50		13.48		12.10		1109.17	
						20.09	
-0.32		-0.01		-0.14			0.54
0.45		**13.48**	**-1.79**	**12.32**	**529.27**	**277.85**	**-50.88**
					-2061.29	277.85	-50.88
					304.12		
0.45		13.48					
			-1.79	12.32			
					2286.44		
						119.02	
40.81		**1.76**	**6.19**	**0.43**	**543.12**	**1319.58**	**72.05**
			0.01			14.19	
0.73		0.03	6.08	0.14	540.40	918.52	71.70
		0.02					
						27.32	
				0.29		24.20	0.35
13.75			0.08		2.73	41.72	
		1.73	0.02			76.22	
26.33			0.01			217.41	
11.41			0.01			121.07	
14.92						96.34	
						0.25	
40.81		**1.76**	**6.28**	**0.43**	**2604.41**	**1438.61**	**122.93**

6-26 陕西能源平衡表(实物量)-2015

项目	Item	煤合计(万吨) Coal Total (10^4 tons)	原煤(万吨) Raw Coal (10^4 tons)
一.可供本地区消费的能源量	**Total Primary Energy Supply**	**18388.65**	**24316.20**
1.一次能源生产量	Indigenous Production	52576.25	52576.25
2.外省(区、市)调入量	Moving In from Other Provinces	1588.20	1464.46
3.进口量	Import		
4.境内轮船和飞机在境外的加油量	Domestic Airplanes&Ships Refueling in Abroad		
5.本省(区、市)调出量(-)	Sending Out to Other Provinces(-)	35651.21	29652.34
6.出口量(-)	Export(-)	103.00	103.00
7.境外轮船和飞机在境内的加油量(-)	Oversea Airplanes&Ships Refueling in China(-)		
8.库存增(-)、减(+)量	Stock Change	-21.60	30.83
二.加工转换投入(-)产出(+)量	**Input(-) & Output(+) of Transformation**	**-14024.32**	**-20416.01**
1.火力发电	Thermal Power	-5973.03	-4946.19
2.供热	Heating Supply	-519.47	-513.85
3.洗选煤	Coal Washing	-1707.55	-10435.10
4.炼焦	Coking	-5824.26	-4520.87
5.炼油及煤制油	Petroleum Refineries		
#油品再投入量(-)	Petroleum Products Input (-)		
6.制气	Gas Works		
#焦炭再投入量(-)	Coke Input (-)		
7.天然气液化	Natural Gas Liquefaction		
8.煤制品加工	Briquettes		
9.回收能	Recovery of Energy		
三.损失量	**Loss**		
四.终端消费量	**Total Final Consumption**	**4349.29**	**3893.56**
1.农、林、牧、渔业	Agriculture, Forestry, Animal Husbandry and Fishery	22.14	22.14
2.工业	Industry	3634.99	3179.26
#用作原料、材料	Non-Energy Use	1472.09	1472.04
3.建筑业	Construction	18.12	18.12
4.交通运输、仓储和邮政业	Transport, Storage and Post	27.24	27.24
5.批发、零售业和住宿、餐饮业	Wholesale, Retail Trade and Hotel, Restaurants	81.03	81.03
6.其他	Others	172.62	172.62
7.生活消费	Residential Consumption	393.15	393.15
城镇	Urban	160.90	160.90
乡村	Rural	232.25	232.25
五.平衡差额	**Statistical Difference**	**15.04**	**6.63**
六.消费量合计	**Total Energy Consumption**	**18373.61**	**24309.57**

Energy Balance of Shaanxi (Physical Quantity) -2015

洗精煤 (万吨) Cleaned Coal (10^4 tons)	其他洗煤 (万吨) Other Washed Coal (10^4 tons)	型煤 (万吨) Briquettes (10^4 tons)	煤矸石 (万吨) Gangue (10^4 tons)	焦炭 (万吨) Coke (10^4 tons)	焦炉煤气 (亿立方米) Coke Oven Gas (10^8 cu.m)	高炉煤气 (亿立方米) Blast Furnace Gas (10^8 cu.m)	转炉煤气 (亿立方米) Converter Gas (10^8 cu.m)	其他煤气 (亿立方米) Other Gas (10^8 cu.m)
-3643.12	**-2285.31**	**0.87**	**30.03**	**-2673.40**	**3.74**			
86.65		37.09	29.16	110.54	3.74			
3660.20	2302.46	36.21		2746.88				
-69.57	17.15	-0.01	0.87	-37.06				
3714.60	**2677.09**		**0.53**	**3643.46**	**1.51**	**40.26**	**4.52**	
	-1026.85		-284.83		-40.80	-30.24		
-5.62			-1.84			-19.20		
4991.62	3735.93		287.20					
-1271.39	-31.99			3643.46	42.31			
						89.70	4.52	
66.59	**388.26**	**0.87**	**30.56**	**970.06**	**5.25**	**40.46**	**4.52**	
66.59	388.26	0.87	30.56	970.06	5.25	40.46	4.52	
		0.05		67.64	1.70			
4.89	**3.52**					**-0.19**		
1343.61	**1447.10**	**0.87**	**317.23**	**970.06**	**46.05**	**89.90**	**4.52**	

6-26 续表 1

项　　目	Item	其他焦化产品(万吨) Other Coking Products (10^4 tons)	油品合计(万吨) Petroleum Products Total (10^4 tons)
一.可供本地区消费的能源量	**Total Primary Energy Supply**	**-147.32**	**1122.40**
1.一次能源生产量	Indigenous Production		3736.73
2.外省(区、市)调入量	Moving In from Other Provinces	0.24	87.48
3.进口量	Import		
4.境内轮船和飞机在境外的加油量	Domestic Airplanes&Ships Refueling in Abroad		
5.本省(区、市)调出量(-)	Sending Out to Other Provinces(-)	147.56	2714.22
6.出口量(-)	Export(-)		
7.境外轮船和飞机在境内的加油量(-)	Oversea Airplanes&Ships Refueling in China(-)		
8.库存增(-)、减(+)量	Stock Change		12.41
二.加工转换投入(-)产出(+)量	**Input(-) & Output(+) of Transformation**	**187.93**	**-144.40**
1.火力发电	Thermal Power		-0.25
2.供热	Heating Supply		-1.56
3.洗选煤	Coal Washing		
4.炼焦	Coking	243.78	
5.炼油及煤制油	Petroleum Refineries	-55.85	-98.71
#油品再投入量(-)	Petroleum Products Input (-)		-43.87
6.制气	Gas Works		
#焦炭再投入量(-)	Coke Input (-)		
7.天然气液化	Natural Gas Liquefaction		
8.煤制品加工	Briquettes		
9.回收能	Recovery of Energy		
三.损失量	**Loss**		
四.终端消费量	**Total Final Consumption**	**40.61**	**969.91**
1.农、林、牧、渔业	Agriculture, Forestry, Animal Husbandry and Fishery		48.15
2.工业	Industry	40.61	210.78
#用作原料、材料	Non-Energy Use	11.11	0.54
3.建筑业	Construction		75.81
4.交通运输、仓储和邮政业	Transport, Storage and Post		470.57
5.批发、零售业和住宿、餐饮业	Wholesale, Retail Trade and Hotel, Restaurants		47.30
6.其他	Others		18.28
7.生活消费	Residential Consumption		99.02
城镇	Urban		68.71
乡村	Rural		30.31
五.平衡差额	**Statistical Difference**		**8.09**
六.消费量合计	**Total Energy Consumption**	**96.46**	**1114.31**

Continued 1

原油 (万吨) Crude Oil (10^4 tons)	汽油 (万吨) Gasoline (10^4 tons)	煤油 (万吨) Kerosene (10^4 tons)	柴油 (万吨) Diesel Oil (10^4 tons)	燃料油 (万吨) Fuel Oil (10^4 tons)	石脑油 (万吨) Naphtha (10^4 tons)	润滑油 (万吨) Lubricants (10^4 tons)	石蜡 (万吨) Paraffin Waxes (10^4 tons)	溶剂油 (万吨) White Spirit (10^4 tons)
2109.21	**-455.56**	**1.40**	**-376.28**	**2.18**	**-3.81**	**-0.38**		**0.03**
3736.73								
11.16	12.80		5.94	19.07		0.18		0.03
1641.96	472.17		389.37	16.74	5.13	0.59		
3.28	3.81	1.40	7.15	-0.15	1.32	0.03		
-1967.43	**705.07**	**33.08**	**841.70**	**19.79**	**3.81**	**0.44**		**0.11**
			-0.25					
			-0.04					
-1967.43	705.07	33.08	841.99	23.32	13.32	0.44		0.11
				-3.54	-9.51			
133.67	**249.51**	**34.48**	**465.42**	**21.97**		**0.06**		**0.14**
	8.08		40.07					
133.67	27.84	0.51	46.03	0.14		0.06		0.14
	0.11		0.42					
	9.57		43.49	0.95				
	100.14	33.97	295.14	19.78				
	17.08		23.60	1.10				
	7.04		11.24					
	79.76		5.86					
	61.20		0.38					
	18.56		5.48					
8.10								
2101.10	**249.51**	**34.48**	**465.71**	**25.51**	**9.51**	**0.06**		**0.14**

6-26 续表 2

项　　目	Item	石油沥青(万吨) Bitumen Asphalt (10^4 tons)	石油焦(万吨) Petroleum Coke (10^4 tons)
一.可供本地区消费的能源量	**Total Primary Energy Supply**	**9.20**	**-6.27**
1.一次能源生产量	Indigenous Production		
2.外省(区、市)调入量	Moving In from Other Provinces	37.66	0.24
3.进口量	Import		
4.境内轮船和飞机在境外的加油量	Domestic Airplanes&Ships Refueling in Abroad		
5.本省(区、市)调出量(-)	Sending Out to Other Provinces(-)	23.86	6.45
6.出口量(-)	Export(-)		
7.境外轮船和飞机在境内的加油量(-)	Oversea Airplanes&Ships Refueling in China(-)		
8.库存增(-)、减(+)量	Stock Change	-4.60	-0.06
二.加工转换投入(-)产出(+)量	**Input(-) & Output(+) of Transformation**	**24.18**	**6.51**
1.火力发电	Thermal Power		
2.供热	Heating Supply		
3.洗选煤	Coal Washing		
4.炼焦	Coking		
5.炼油及煤制油	Petroleum Refineries	24.18	7.83
#油品再投入量(-)	Petroleum Products Input (-)		-1.31
6.制气	Gas Works		
#焦炭再投入量(-)	Coke Input (-)		
7.天然气液化	Natural Gas Liquefaction		
8.煤制品加工	Briquettes		
9.回收能	Recovery of Energy		
三.损失量	**Loss**		
四.终端消费量	**Total Final Consumption**	**33.38**	**0.24**
1.农、林、牧、渔业	Agriculture, Forestry, Animal Husbandry and Fishery		
2.工业	Industry		0.24
#用作原料、材料	Non-Energy Use		
3.建筑业	Construction	21.80	
4.交通运输、仓储和邮政业	Transport, Storage and Post	11.58	
5.批发、零售业和住宿、餐饮业	Wholesale, Retail Trade and Hotel, Restaurants		
6.其他	Others		
7.生活消费	Residential Consumption		
城镇	Urban		
乡村	Rural		
五.平衡差额	**Statistical Difference**		
六.消费量合计	**Total Energy Consumption**	**33.38**	**1.56**

Continued 2

液化石油气 (万吨) LPG (10^4 tons)	炼厂干气 (万吨) Refinery Gas (10^4 tons)	其他石油制品 (万吨) Other Petroleum Products (10^4 tons)	天然气 (亿立方米) Natural Gas (10^8 cu.m)	液化天然气 (万吨) LNG (10^4 tons)	热力 (万百万千焦) Heat (10^{10} kJ)	电力 (亿千瓦小时) Electricity (10^8 kW•h)	其他能源 (万吨标煤) Other Energy (10^4 tce)
-46.48		**-110.84**	**100.54**	**-129.31**		**-230.65**	**21.00**
			415.92			170.72	
		0.40					20.90
46.53		111.42	315.38	130.50		401.37	
0.05		0.18		1.19			0.10
69.29		**119.04**	**-23.90**	**141.85**	**10385.71**	**1452.38**	
			-0.82		-1342.15	1452.38	
	-1.53		-1.12		9439.10		
69.29	1.53	148.55					
		-29.51					
			-21.96	141.85			
					2288.76		
22.82		**8.20**	**76.64**	**12.53**	**10385.71**	**1221.73**	**21.00**
						37.50	
0.24		1.90	48.69	2.49	5397.46	770.53	21.00
			0.45				
					46.76	26.77	
3.66		6.30	3.26	10.05	54.91	53.37	
5.52			7.78		274.28	57.76	
			0.46		712.40	88.00	
13.40			16.45		3899.90	187.80	
7.13			16.01		3899.90	115.06	
6.27			0.44			72.75	
22.82	**1.53**	**37.71**	**80.96**	**12.53**	**11727.86**	**1221.73**	**21.00**

6-27 甘肃能源平衡表(实物量)-2015

项　目	Item	煤合计(万吨) Coal Total (10^4 tons)	原煤(万吨) Raw Coal (10^4 tons)
一.可供本地区消费的能源量	**Total Primary Energy Supply**	**6557.06**	**6369.91**
1.一次能源生产量	Indigenous Production	4399.63	4399.63
2.外省(区、市)调入量	Moving In from Other Provinces	3933.63	3729.73
3.进口量	Import		
4.境内轮船和飞机在境外的加油量	Domestic Airplanes&Ships Refueling in Abroad		
5.本省(区、市)调出量(-)	Sending Out to Other Provinces(-)	1785.12	1756.96
6.出口量(-)	Export(-)		
7.境外轮船和飞机在境内的加油量(-)	Oversea Airplanes&Ships Refueling in China(-)		
8.库存增(-)、减(+)量	Stock Change	8.92	-2.49
二.加工转换投入(-)产出(+)量	**Input(-) & Output(+) of Transformation**	**-4549.21**	**-4484.27**
1.火力发电	Thermal Power	-3168.96	-3168.96
2.供热	Heating Supply	-534.68	-533.33
3.洗选煤	Coal Washing	-141.31	-655.79
4.炼焦	Coking	-699.18	-121.11
5.炼油及煤制油	Petroleum Refineries		
#油品再投入量(-)	Petroleum Products Input (-)		
6.制气	Gas Works	-5.08	-5.08
#焦炭再投入量(-)	Coke Input (-)		
7.天然气液化	Natural Gas Liquefaction		
8.煤制品加工	Briquettes		
9.回收能	Recovery of Energy		
三.损失量	**Loss**		
四.终端消费量	**Total Final Consumption**	**2007.85**	**1885.64**
1.农、林、牧、渔业	Agriculture, Forestry, Animal Husbandry and Fishery	51.10	47.00
2.工业	Industry	1481.75	1441.64
#用作原料、材料	Non-Energy Use	168.93	158.50
3.建筑业	Construction	17.00	17.00
4.交通运输、仓储和邮政业	Transport, Storage and Post	28.00	28.00
5.批发、零售业和住宿、餐饮业	Wholesale, Retail Trade and Hotel, Restaurants	22.00	22.00
6.其他	Others	30.00	30.00
7.生活消费	Residential Consumption	378.00	300.00
城镇	Urban	63.00	35.00
乡村	Rural	315.00	265.00
五.平衡差额	**Statistical Difference**		
六.消费量合计	**Total Energy Consumption**	**6557.06**	**6369.91**

Energy Balance of Gansu (Physical Quantity) -2015

洗精煤 (万吨) Cleaned Coal (10^4 tons)	其他洗煤 (万吨) Other Washed Coal (10^4 tons)	型煤 (万吨) Briquettes (10^4 tons)	煤矸石 (万吨) Gangue (10^4 tons)	焦炭 (万吨) Coke (10^4 tons)	焦炉煤气 (亿立方米) Coke Oven Gas (10^8 cu.m)	高炉煤气 (亿立方米) Blast Furnace Gas (10^8 cu.m)	转炉煤气 (亿立方米) Converter Gas (10^8 cu.m)	其他煤气 (亿立方米) Other Gas (10^8 cu.m)
131.75	**-28.16**	**83.56**	**25.85**	**89.87**				
120.34		83.56	25.85	70.89				
	28.16							
11.41				18.98				
-91.75	**28.16**	**-1.35**	**-24.34**	**525.05**	**7.76**	**101.75**	**6.22**	**1.72**
			-49.71		-0.57	-8.18	-0.67	
		-1.35	-7.18		-1.00	-3.45	-0.07	
486.32	28.16		32.55					
-578.07				525.05	9.33			
								1.72
						113.38	6.96	
40.00		**82.21**	**1.51**	**614.92**	**7.76**	**101.75**	**6.22**	**1.72**
		4.10						
40.00		0.11	1.51	614.92	7.60	101.75	6.22	1.72
10.43				42.31				
		78.00			0.16			
		28.00			0.16			
		50.00						
618.07		**83.56**	**58.40**	**614.92**	**9.33**	**113.38**	**6.96**	**1.72**

6-27 续表 1

项　　目	Item	其他焦化产品（万吨）Other Coking Products (10^4 tons)	油品合计（万吨）Petroleum Products Total (10^4 tons)
一.可供本地区消费的能源量	**Total Primary Energy Supply**	**-23.76**	**887.47**
1.一次能源生产量	Indigenous Production		820.29
2.外省(区、市)调入量	Moving In from Other Provinces		665.59
3.进口量	Import		
4.境内轮船和飞机在境外的加油量	Domestic Airplanes&Ships Refueling in Abroad		
5.本省(区、市)调出量(-)	Sending Out to Other Provinces(-)	23.76	595.51
6.出口量(-)	Export(-)		
7.境外轮船和飞机在境内的加油量(-)	Oversea Airplanes&Ships Refueling in China(-)		
8.库存增(-)、减(+)量	Stock Change		-2.90
二.加工转换投入(-)产出(+)量	**Input(-) & Output(+) of Transformation**	**24.76**	**-173.07**
1.火力发电	Thermal Power		-1.11
2.供热	Heating Supply		-12.66
3.洗选煤	Coal Washing		
4.炼焦	Coking	24.76	
5.炼油及煤制油	Petroleum Refineries		-159.30
#油品再投入量(-)	Petroleum Products Input (-)		
6.制气	Gas Works		
#焦炭再投入量(-)	Coke Input (-)		
7.天然气液化	Natural Gas Liquefaction		
8.煤制品加工	Briquettes		
9.回收能	Recovery of Energy		
三.损失量	**Loss**		
四.终端消费量	**Total Final Consumption**	**1.00**	**714.40**
1.农、林、牧、渔业	Agriculture, Forestry, Animal Husbandry and Fishery		37.00
2.工业	Industry	1.00	224.79
#用作原料、材料	Non-Energy Use	0.44	39.67
3.建筑业	Construction		34.00
4.交通运输、仓储和邮政业	Transport, Storage and Post		280.65
5.批发、零售业和住宿、餐饮业	Wholesale, Retail Trade and Hotel, Restaurants		14.16
6.其他	Others		57.00
7.生活消费	Residential Consumption		66.80
城镇	Urban		45.50
乡村	Rural		21.30
五.平衡差额	**Statistical Difference**		
六.消费量合计	**Total Energy Consumption**	**1.00**	**887.47**

Continued 1

原油 (万吨) Crude Oil (10^4 tons)	汽油 (万吨) Gasoline (10^4 tons)	煤油 (万吨) Kerosene (10^4 tons)	柴油 (万吨) Diesel Oil (10^4 tons)	燃料油 (万吨) Fuel Oil (10^4 tons)	石脑油 (万吨) Naphtha (10^4 tons)	润滑油 (万吨) Lubricants (10^4 tons)	石蜡 (万吨) Paraffin Waxes (10^4 tons)	溶剂油 (万吨) White Spirit (10^4 tons)
1446.50	**-237.28**	**-68.35**	**-248.78**	**-11.95**	**4.82**	**-10.50**	**-3.21**	**0.04**
820.29								
635.05					3.83			
	230.28	69.57	256.36	12.69		10.54	3.21	
-8.84	-7.00	1.22	7.58	0.74	0.99	0.04		0.04
-1424.31	**395.48**	**74.21**	**584.08**	**15.95**	**4.59**	**11.00**	**3.27**	**0.33**
			-0.24	-0.03				
			-0.06	-0.94				
-1424.31	395.48	74.21	584.38	16.92	4.59	11.00	3.27	0.33
22.19	**158.20**	**5.86**	**335.30**	**4.00**	**9.41**	**0.50**	**0.06**	**0.37**
	5.00		32.00					
22.19	8.70	0.21	18.00	4.00	9.41	0.50	0.06	0.37
	0.02	0.13	0.27		9.41		0.05	
	11.00		15.00					
	41.00	5.65	234.00					
	8.50		5.00					
	32.00		25.00					
	52.00		6.30					
	35.00		4.00					
	17.00		2.30					
1446.50	**158.20**	**5.86**	**335.60**	**4.97**	**9.41**	**0.50**	**0.06**	**0.37**

6-27 续表 2

项　　目	Item	石油沥青(万吨) Bitumen Asphalt (10^4 tons)	石油焦(万吨) Petroleum Coke (10^4 tons)
一.可供本地区消费的能源量	**Total Primary Energy Supply**	**12.00**	**1.46**
1.一次能源生产量	Indigenous Production		
2.外省(区、市)调入量	Moving In from Other Provinces	11.00	
3.进口量	Import		
4.境内轮船和飞机在境外的加油量	Domestic Airplanes&Ships Refueling in Abroad		
5.本省(区、市)调出量(-)	Sending Out to Other Provinces(-)		
6.出口量(-)	Export(-)		
7.境外轮船和飞机在境内的加油量(-)	Oversea Airplanes&Ships Refueling in China(-)		
8.库存增(-)、减(+)量	Stock Change	1.00	1.46
二.加工转换投入(-)产出(+)量	**Input(-) & Output(+) of Transformation**		**33.16**
1.火力发电	Thermal Power		
2.供热	Heating Supply		
3.洗选煤	Coal Washing		
4.炼焦	Coking		
5.炼油及煤制油	Petroleum Refineries		33.16
#油品再投入量(-)	Petroleum Products Input (-)		
6.制气	Gas Works		
#焦炭再投入量(-)	Coke Input (-)		
7.天然气液化	Natural Gas Liquefaction		
8.煤制品加工	Briquettes		
9.回收能	Recovery of Energy		
三.损失量	**Loss**		
四.终端消费量	**Total Final Consumption**	**12.00**	**34.62**
1.农、林、牧、渔业	Agriculture, Forestry, Animal Husbandry and Fishery		
2.工业	Industry	4.00	34.62
#用作原料、材料	Non-Energy Use		1.94
3.建筑业	Construction	8.00	
4.交通运输、仓储和邮政业	Transport, Storage and Post		
5.批发、零售业和住宿、餐饮业	Wholesale, Retail Trade and Hotel, Restaurants		
6.其他	Others		
7.生活消费	Residential Consumption		
城镇	Urban		
乡村	Rural		
五.平衡差额	**Statistical Difference**		
六.消费量合计	**Total Energy Consumption**	**12.00**	**34.62**

Continued 2

液化石油气 (万吨) LPG (10^4 tons)	炼厂干气 (万吨) Refinery Gas (10^4 tons)	其他石油制品 (万吨) Other Petroleum Products (10^4 tons)	天然气 (亿立方米) Natural Gas (10^8 cu.m)	液化天然气 (万吨) LNG (10^4 tons)	热力 (万百万千焦) Heat (10^{10} kJ)	电力 (亿千瓦小时) Electricity (10^8 kW•h)	其他能源 (万吨标煤) Other Energy (10^4 tce)
-12.99		**15.71**	**25.96**	**0.61**		**392.58**	**6.11**
			1.21			521.79	
		15.71	24.75	0.61		114.85	6.11
12.86						244.06	
-0.13							
22.18	**85.00**	**21.99**	**-0.72**		**11484.48**	**720.41**	**-6.11**
	-0.84		-0.36		-523.64	720.41	-6.11
	-11.66		-0.36		9945.24		
22.18	97.50	21.99					
					2062.88		
						52.55	
9.19	**85.00**	**37.70**	**25.24**	**0.61**	**11484.48**	**1046.17**	
						44.38	
0.03	85.00	37.70	11.74	0.61	8754.48	807.66	
		27.85	4.53				
					60.00	13.05	
			2.80		250.00	41.04	
0.66			2.20		90.00	23.55	
			4.50		70.00	39.87	
8.50			4.00		2260.00	76.62	
6.50			4.00		2260.00	42.36	
2.00						34.26	
						14.27	
9.19	**97.50**	**37.70**	**25.96**	**0.61**	**12008.12**	**1098.72**	**6.11**

6-28 青海能源平衡表(实物量)-2015

项　　目	Item	煤合计(万吨) Coal Total (10^4 tons)	原煤(万吨) Raw Coal (10^4 tons)
一.可供本地区消费的能源量	**Total Primary Energy Supply**	**1508.09**	**1513.68**
1.一次能源生产量	Indigenous Production	816.46	816.46
2.外省(区、市)调入量	Moving In from Other Provinces	703.30	703.30
3.进口量	Import		
4.境内轮船和飞机在境外的加油量	Domestic Airplanes&Ships Refueling in Abroad		
5.本省(区、市)调出量(-)	Sending Out to Other Provinces(-)	10.00	10.00
6.出口量(-)	Export(-)		
7.境外轮船和飞机在境内的加油量(-)	Oversea Airplanes&Ships Refueling in China(-)		
8.库存增(-)、减(+)量	Stock Change	-1.67	3.92
二.加工转换投入(-)产出(+)量	**Input(-) & Output(+) of Transformation**	**-726.02**	**-734.35**
1.火力发电	Thermal Power	-577.78	-577.78
2.供热	Heating Supply	-143.59	-143.59
3.洗选煤	Coal Washing	-4.65	-12.98
4.炼焦	Coking		
5.炼油及煤制油	Petroleum Refineries		
#油品再投入量(-)	Petroleum Products Input (-)		
6.制气	Gas Works		
#焦炭再投入量(-)	Coke Input (-)		
7.天然气液化	Natural Gas Liquefaction		
8.煤制品加工	Briquettes		
9.回收能	Recovery of Energy		
三.损失量	**Loss**	**3.50**	**3.50**
四.终端消费量	**Total Final Consumption**	**778.60**	**775.87**
1.农、林、牧、渔业	Agriculture, Forestry, Animal Husbandry and Fishery	2.71	2.71
2.工业	Industry	627.23	624.50
#用作原料、材料	Non-Energy Use	13.97	12.75
3.建筑业	Construction	4.30	4.30
4.交通运输、仓储和邮政业	Transport, Storage and Post	7.86	7.86
5.批发、零售业和住宿、餐饮业	Wholesale, Retail Trade and Hotel, Restaurants	8.36	8.36
6.其他	Others	36.57	36.57
7.生活消费	Residential Consumption	91.57	91.57
城镇	Urban	10.84	10.84
乡村	Rural	80.73	80.73
五.平衡差额	**Statistical Difference**	**-0.03**	**-0.03**
六.消费量合计	**Total Energy Consumption**	**1508.12**	**1513.71**

Energy Balance of Qinghai (Physical Quantity) -2015

洗精煤 (万吨) Cleaned Coal (10^4 tons)	其他洗煤 (万吨) Other Washed Coal (10^4 tons)	型煤 (万吨) Briquettes (10^4 tons)	煤矸石 (万吨) Gangue (10^4 tons)	焦炭 (万吨) Coke (10^4 tons)	焦炉煤气 (亿立方米) Coke Oven Gas (10^8 cu.m)	高炉煤气 (亿立方米) Blast Furnace Gas (10^8 cu.m)	转炉煤气 (亿立方米) Converter Gas (10^8 cu.m)	其他煤气 (亿立方米) Other Gas (10^8 cu.m)
-5.82		**0.23**		**249.23**	**0.69**			
				242.70	0.69			
-5.82		0.23		6.53				
8.33					**-0.01**	**13.91**		
					-0.01	-3.75		
8.33								
						17.66		
2.50		**0.23**		**249.21**	**0.68**	**13.91**		
2.50		0.23		249.21	0.68	13.91		
1.21				66.38				
0.01				**0.02**				
2.50		**0.23**		**249.21**	**0.69**	**17.66**		

6-28 续表 1

项　　目	Item	其他焦化产品(万吨) Other Coking Products (10^4 tons)	油品合计(万吨) Petroleum Products Total (10^4 tons)
一.可供本地区消费的能源量	**Total Primary Energy Supply**		**261.51**
1.一次能源生产量	Indigenous Production		223.00
2.外省(区、市)调入量	Moving In from Other Provinces		111.46
3.进口量	Import		
4.境内轮船和飞机在境外的加油量	Domestic Airplanes&Ships Refueling in Abroad		
5.本省(区、市)调出量(-)	Sending Out to Other Provinces(-)		86.93
6.出口量(-)	Export(-)		
7.境外轮船和飞机在境内的加油量(-)	Oversea Airplanes&Ships Refueling in China(-)		
8.库存增(-)、减(+)量	Stock Change		13.98
二.加工转换投入(-)产出(+)量	**Input(-) & Output(+) of Transformation**		**-11.53**
1.火力发电	Thermal Power		-0.08
2.供热	Heating Supply		-0.01
3.洗选煤	Coal Washing		
4.炼焦	Coking		
5.炼油及煤制油	Petroleum Refineries		-11.44
#油品再投入量(-)	Petroleum Products Input (-)		
6.制气	Gas Works		
#焦炭再投入量(-)	Coke Input (-)		
7.天然气液化	Natural Gas Liquefaction		
8.煤制品加工	Briquettes		
9.回收能	Recovery of Energy		
三.损失量	**Loss**		
四.终端消费量	**Total Final Consumption**		**249.90**
1.农、林、牧、渔业	Agriculture, Forestry, Animal Husbandry and Fishery		9.01
2.工业	Industry		100.93
#用作原料、材料	Non-Energy Use		38.96
3.建筑业	Construction		13.70
4.交通运输、仓储和邮政业	Transport, Storage and Post		80.61
5.批发、零售业和住宿、餐饮业	Wholesale, Retail Trade and Hotel, Restaurants		15.36
6.其他	Others		8.87
7.生活消费	Residential Consumption		21.42
城镇	Urban		10.00
乡村	Rural		11.41
五.平衡差额	**Statistical Difference**		**0.07**
六.消费量合计	**Total Energy Consumption**		**261.43**

Continued 1

原油 (万吨) Crude Oil (10^4 tons)	汽油 (万吨) Gasoline (10^4 tons)	煤油 (万吨) Kerosene (10^4 tons)	柴油 (万吨) Diesel Oil (10^4 tons)	燃料油 (万吨) Fuel Oil (10^4 tons)	石脑油 (万吨) Naphtha (10^4 tons)	润滑油 (万吨) Lubricants (10^4 tons)	石蜡 (万吨) Paraffin Waxes (10^4 tons)	溶剂油 (万吨) White Spirit (10^4 tons)
154.34	**-8.93**	**0.01**	**47.22**	**-3.47**				
223.00								
			38.32					
68.66	11.66			3.50				
	2.73	0.01	8.90	0.03				
-151.87	**53.91**		**67.26**	**3.48**				
			-0.05	-0.03				
			-0.01					
-151.87	53.91		67.32	3.50				
2.46	**44.96**	**0.01**	**114.46**					
	2.37		6.64					
2.46	3.38	0.01	16.18					
	0.02	0.01	0.35					
	3.93		9.77					
	7.65		72.95					
	3.78		4.61					
	7.49		1.38					
	16.35		2.94					
	9.09		0.30					
	7.26		2.64					
0.01	**0.02**		**0.02**	**0.01**				
154.33	**44.96**	**0.01**	**114.53**	**0.03**				

6-28 续表 2

项　　目	Item	石油沥青(万吨) Bitumen Asphalt (10^4 tons)	石油焦(万吨) Petroleum Coke (10^4 tons)
一.可供本地区消费的能源量	**Total Primary Energy Supply**	**1.20**	**66.63**
1.一次能源生产量	Indigenous Production		
2.外省(区、市)调入量	Moving In from Other Provinces	1.13	65.00
3.进口量	Import		
4.境内轮船和飞机在境外的加油量	Domestic Airplanes&Ships Refueling in Abroad		
5.本省(区、市)调出量(-)	Sending Out to Other Provinces(-)		
6.出口量(-)	Export(-)		
7.境外轮船和飞机在境内的加油量(-)	Oversea Airplanes&Ships Refueling in China(-)		
8.库存增(-)、减(+)量	Stock Change	0.07	1.63
二.加工转换投入(-)产出(+)量	**Input(-) & Output(+) of Transformation**		
1.火力发电	Thermal Power		
2.供热	Heating Supply		
3.洗选煤	Coal Washing		
4.炼焦	Coking		
5.炼油及煤制油	Petroleum Refineries		
#油品再投入量(-)	Petroleum Products Input (-)		
6.制气	Gas Works		
#焦炭再投入量(-)	Coke Input (-)		
7.天然气液化	Natural Gas Liquefaction		
8.煤制品加工	Briquettes		
9.回收能	Recovery of Energy		
三.损失量	**Loss**		
四.终端消费量	**Total Final Consumption**	**1.21**	**66.61**
1.农、林、牧、渔业	Agriculture, Forestry, Animal Husbandry and Fishery		
2.工业	Industry	1.21	66.61
#用作原料、材料	Non-Energy Use	1.21	31.93
3.建筑业	Construction		
4.交通运输、仓储和邮政业	Transport, Storage and Post		
5.批发、零售业和住宿、餐饮业	Wholesale, Retail Trade and Hotel, Restaurants		
6.其他	Others		
7.生活消费	Residential Consumption		
城镇	Urban		
乡村	Rural		
五.平衡差额	**Statistical Difference**		**0.02**
六.消费量合计	**Total Energy Consumption**	**1.21**	**66.61**

Continued 2

液化石油气（万吨） LPG (10^4 tons)	炼厂干气（万吨） Refinery Gas (10^4 tons)	其他石油制品（万吨） Other Petroleum Products (10^4 tons)	天然气（亿立方米） Natural Gas (10^8 cu.m)	液化天然气（万吨） LNG (10^4 tons)	热力（万百万千焦） Heat (10^{10} kJ)	电力（亿千瓦小时） Electricity (10^8 kW•h)	其他能源（万吨标煤） Other Energy (10^4 tce)
2.15		**2.35**	**44.84**	**-3.20**		**536.00**	
			61.37			454.17	
2.15		4.86				110.60	
		3.11	16.53	3.20		28.77	
		0.60					
6.97	**5.61**	**3.11**	**-1.67**	**3.20**	**2537.67**	**122.00**	
			-0.60		-494.39	122.00	
			-0.58		2479.03		
6.97	5.61	3.11					
			-0.50	3.20			
					553.03		
			2.70			**18.25**	
9.12	**5.61**	**5.45**	**40.44**		**2537.67**	**639.74**	
						2.43	
0.02	5.61	5.45	27.58		1780.50	581.27	
		5.45	10.83				
			0.15			6.15	
0.02			1.92		91.40	6.23	
6.97			0.96		107.43	6.62	
			4.58		233.67	14.14	
2.12			5.26		324.67	22.92	
0.61			5.04		324.67	16.01	
1.51			0.22			6.91	
		0.01	**0.02**				
9.12	**5.61**	**5.45**	**44.38**		**3032.06**	**658.00**	

6-29 宁夏能源平衡表(实物量)-2015

项目	Item	煤合计(万吨) Coal Total (10^4 tons)	原煤(万吨) Raw Coal (10^4 tons)
一.可供本地区消费的能源量	**Total Primary Energy Supply**	**8907.47**	**9745.26**
1.一次能源生产量	Indigenous Production	7975.80	7975.80
2.外省(区、市)调入量	Moving In from Other Provinces	3210.38	2928.17
3.进口量	Import		
4.境内轮船和飞机在境外的加油量	Domestic Airplanes&Ships Refueling in Abroad		
5.本省(区、市)调出量(-)	Sending Out to Other Provinces(-)	1942.69	810.99
6.出口量(-)	Export(-)		
7.境外轮船和飞机在境内的加油量(-)	Oversea Airplanes&Ships Refueling in China(-)		
8.库存增(-)、减(+)量	Stock Change	-336.02	-347.72
二.加工转换投入(-)产出(+)量	**Input(-) & Output(+) of Transformation**	**-7048.99**	**-7996.29**
1.火力发电	Thermal Power	-4908.01	-4793.01
2.供热	Heating Supply	-426.34	-418.45
3.洗选煤	Coal Washing	-402.78	-2328.50
4.炼焦	Coking	-1081.26	-224.13
5.炼油及煤制油	Petroleum Refineries	-230.41	-230.41
#油品再投入量(-)	Petroleum Products Input (-)		
6.制气	Gas Works		
#焦炭再投入量(-)	Coke Input (-)		
7.天然气液化	Natural Gas Liquefaction		
8.煤制品加工	Briquettes	-0.18	-1.80
9.回收能	Recovery of Energy		
三.损失量	**Loss**		
四.终端消费量	**Total Final Consumption**	**1858.38**	**1748.87**
1.农、林、牧、渔业	Agriculture, Forestry, Animal Husbandry and Fishery	4.59	4.59
2.工业	Industry	1796.90	1689.00
#用作原料、材料	Non-Energy Use	559.38	487.10
3.建筑业	Construction	5.08	5.08
4.交通运输、仓储和邮政业	Transport, Storage and Post	4.82	4.82
5.批发、零售业和住宿、餐饮业	Wholesale, Retail Trade and Hotel, Restaurants	3.90	3.90
6.其他	Others	8.52	8.52
7.生活消费	Residential Consumption	34.56	32.95
城镇	Urban	2.15	2.15
乡村	Rural	32.41	30.80
五.平衡差额	**Statistical Difference**	**0.10**	**0.10**
六.消费量合计	**Total Energy Consumption**	**8907.37**	**9745.16**

Energy Balance of Ningxia (Physical Quantity) -2015

洗精煤 (万吨) Cleaned Coal (10^4 tons)	其他洗煤 (万吨) Other Washed Coal (10^4 tons)	型煤 (万吨) Briquettes (10^4 tons)	煤矸石 (万吨) Gangue (10^4 tons)	焦炭 (万吨) Coke (10^4 tons)	焦炉煤气 (亿立方米) Coke Oven Gas (10^8 cu.m)	高炉煤气 (亿立方米) Blast Furnace Gas (10^8 cu.m)	转炉煤气 (亿立方米) Converter Gas (10^8 cu.m)	其他煤气 (亿立方米) Other Gas (10^8 cu.m)
-823.56	**-14.23**			**-268.02**				
270.75	11.46			287.78				
1110.22	21.47			561.87				
15.92	-4.22			6.07				
914.19	**31.50**	**1.61**	**33.04**	**756.57**	**15.19**	**14.10**	**0.11**	
	-115.00		-65.24		-1.86	-5.36		
	-7.89		-3.24					
1755.17	170.54		101.51					
-840.98	-16.15			756.57	17.05			
		1.61						
						19.45	0.11	
90.62	**17.27**	**1.61**	**33.01**	**488.53**	**15.19**	**14.10**	**0.11**	
90.62	17.27	0.01	33.01	488.53	15.19	14.10	0.11	
67.85	4.43			221.01		6.28		
		1.61						
		1.61						
0.01	**-0.01**		**0.02**	**0.02**				
931.60	**156.32**	**1.61**	**101.49**	**488.53**	**17.05**	**19.46**	**0.11**	

6-29 续表 1

项目	Item	其他焦化产品 (万吨) Other Coking Products (10^4 tons)	油品合计 (万吨) Petroleum Products Total (10^4 tons)
一.可供本地区消费的能源量	**Total Primary Energy Supply**	**-44.94**	**210.13**
1.一次能源生产量	Indigenous Production		13.35
2.外省(区、市)调入量	Moving In from Other Provinces	1.53	851.24
3.进口量	Import		
4.境内轮船和飞机在境外的加油量	Domestic Airplanes&Ships Refueling in Abroad		
5.本省(区、市)调出量(−)	Sending Out to Other Provinces(-)	46.50	635.37
6.出口量(−)	Export(-)		
7.境外轮船和飞机在境内的加油量(−)	Oversea Airplanes&Ships Refueling in China(-)		
8.库存增(−)、减(+)量	Stock Change	0.02	-19.09
二.加工转换投入(−)产出(+)量	**Input(-) & Output(+) of Transformation**	**49.35**	**-7.44**
1.火力发电	Thermal Power		-0.30
2.供热	Heating Supply		
3.洗选煤	Coal Washing		
4.炼焦	Coking	49.35	
5.炼油及煤制油	Petroleum Refineries		73.83
#油品再投入量(−)	Petroleum Products Input (-)		-80.97
6.制气	Gas Works		
#焦炭再投入量(−)	Coke Input (-)		
7.天然气液化	Natural Gas Liquefaction		
8.煤制品加工	Briquettes		
9.回收能	Recovery of Energy		
三.损失量	**Loss**		
四.终端消费量	**Total Final Consumption**	**4.39**	**202.67**
1.农、林、牧、渔业	Agriculture, Forestry, Animal Husbandry and Fishery		6.78
2.工业	Industry	4.39	65.41
#用作原料、材料	Non-Energy Use	3.19	1.08
3.建筑业	Construction		21.25
4.交通运输、仓储和邮政业	Transport, Storage and Post		95.73
5.批发、零售业和住宿、餐饮业	Wholesale, Retail Trade and Hotel, Restaurants		1.43
6.其他	Others		4.52
7.生活消费	Residential Consumption		7.56
城镇	Urban		4.69
乡村	Rural		2.87
五.平衡差额	**Statistical Difference**	**0.01**	**0.02**
六.消费量合计	**Total Energy Consumption**	**4.39**	**210.11**

Continued 1

原油（万吨） Crude Oil (10^4 tons)	汽油（万吨） Gasoline (10^4 tons)	煤油（万吨） Kerosene (10^4 tons)	柴油（万吨） Diesel Oil (10^4 tons)	燃料油（万吨） Fuel Oil (10^4 tons)	石脑油（万吨） Naphtha (10^4 tons)	润滑油（万吨） Lubricants (10^4 tons)	石蜡（万吨） Paraffin Waxes (10^4 tons)	溶剂油（万吨） White Spirit (10^4 tons)
477.11	**-183.39**	**-14.12**	**-82.34**	**25.11**	**-6.05**	**0.28**		**-0.58**
13.35								
467.51	84.30	2.82	190.15	42.55	0.04	0.27		
	263.87	17.32	268.04	17.62	6.12			0.27
-3.75	-3.82	0.37	-4.45	0.19	0.03	0.01		-0.31
-477.12	**219.53**	**14.22**	**205.18**	**-24.97**	**6.40**			**1.50**
			-0.13	-0.17				
-477.12	219.53	14.22	205.31	25.64	6.40			1.50
				-50.44				
	36.08	**0.02**	**122.61**	**0.22**	**0.33**	**0.39**		**0.90**
	0.90		5.88					
	15.70	0.02	10.20	0.12	0.33	0.18		0.90
			0.40					
	2.48		15.78	0.09				
	6.10		89.42			0.21		
	0.71		0.41					
	3.66		0.86					
	6.53		0.07					
	4.55							
	1.98		0.07					
-0.01	**0.07**	**0.09**	**0.23**	**-0.07**	**0.01**	**-0.11**		**0.02**
477.12	**36.08**	**0.02**	**122.75**	**50.83**	**0.33**	**0.39**		**0.90**

6-29 续表 2

项　　目	Item	石油沥青(万吨) Bitumen Asphalt (10^4 tons)	石油焦(万吨) Petroleum Coke (10^4 tons)
一.可供本地区消费的能源量	**Total Primary Energy Supply**	**3.64**	**36.20**
1.一次能源生产量	Indigenous Production		
2.外省(区、市)调入量	Moving In from Other Provinces	4.86	43.62
3.进口量	Import		
4.境内轮船和飞机在境外的加油量	Domestic Airplanes&Ships Refueling in Abroad		
5.本省(区、市)调出量(-)	Sending Out to Other Provinces(-)	0.88	
6.出口量(-)	Export(-)		
7.境外轮船和飞机在境内的加油量(-)	Oversea Airplanes&Ships Refueling in China(-)		
8.库存增(-)、减(+)量	Stock Change	-0.34	-7.42
二.加工转换投入(-)产出(+)量	**Input(-) & Output(+) of Transformation**		
1.火力发电	Thermal Power		
2.供热	Heating Supply		
3.洗选煤	Coal Washing		
4.炼焦	Coking		
5.炼油及煤制油	Petroleum Refineries		
#油品再投入量(-)	Petroleum Products Input (-)		
6.制气	Gas Works		
#焦炭再投入量(-)	Coke Input (-)		
7.天然气液化	Natural Gas Liquefaction		
8.煤制品加工	Briquettes		
9.回收能	Recovery of Energy		
三.损失量	**Loss**		
四.终端消费量	**Total Final Consumption**	**3.58**	**36.39**
1.农、林、牧、渔业	Agriculture, Forestry, Animal Husbandry and Fishery		
2.工业	Industry	0.68	36.39
#用作原料、材料	Non-Energy Use	0.68	
3.建筑业	Construction	2.90	
4.交通运输、仓储和邮政业	Transport, Storage and Post		
5.批发、零售业和住宿、餐饮业	Wholesale, Retail Trade and Hotel, Restaurants		
6.其他	Others		
7.生活消费	Residential Consumption		
城镇	Urban		
乡村	Rural		
五.平衡差额	**Statistical Difference**	**0.06**	**-0.19**
六.消费量合计	**Total Energy Consumption**	**3.58**	**36.39**

Continued 2

液化石油气（万吨）LPG (10^4 tons)	炼厂干气（万吨）Refinery Gas (10^4 tons)	其他石油制品（万吨）Other Petroleum Products (10^4 tons)	天然气（亿立方米）Natural Gas (10^8 cu.m)	液化天然气（万吨）LNG (10^4 tons)	热力（万百万千焦）Heat (10^{10} kJ)	电力（亿千瓦小时）Electricity (10^8 kW•h)	其他能源（万吨标煤）Other Energy (10^4 tce)
-18.53		**-27.20**	**22.34**	**-12.21**		**-150.89**	
						136.80	
11.34		3.79	22.34			46.66	
30.26		31.00		11.20		334.35	
0.39		0.01		-1.01			
20.50		**27.32**	**-2.96**	**13.66**	**5941.70**	**1029.21**	
					-273.18	1029.21	-6.24
			-0.92		5808.29		
35.73		42.62					
-15.23		-15.30					
			-2.04	13.66			
					406.59		6.24
						23.63	
1.90		**0.25**	**19.38**	**1.45**	**5941.70**	**854.70**	
						16.41	
0.63		0.25	9.97	0.09	3304.81	773.26	
			2.74				
			0.15		15.09	6.46	
			3.25	1.36	28.74	7.11	
0.31			1.37		393.10	11.00	
			0.72		895.34	16.58	
0.96			3.92		1304.62	23.88	
0.14			2.87		1304.62	14.67	
0.82			1.05			9.21	
0.06		**-0.13**					
17.13		**15.55**	**20.45**	**1.45**	**6214.88**	**878.33**	**6.24**

6-30 新疆能源平衡表(实物量)-2015

项目	Item	煤合计(万吨) Coal Total (10^4 tons)	原煤(万吨) Raw Coal (10^4 tons)
一.可供本地区消费的能源量	**Total Primary Energy Supply**	**13866.33**	**14076.35**
1.一次能源生产量	Indigenous Production	15221.48	15221.48
2.外省(区、市)调入量	Moving In from Other Provinces	213.58	213.58
3.进口量	Import	37.33	37.33
4.境内轮船和飞机在境外的加油量	Domestic Airplanes&Ships Refueling in Abroad		
5.本省(区、市)调出量(-)	Sending Out to Other Provinces(-)	1816.41	1557.41
6.出口量(-)	Export(-)	0.04	0.04
7.境外轮船和飞机在境内的加油量(-)	Oversea Airplanes&Ships Refueling in China(-)		
8.库存增(-)、减(+)量	Stock Change	210.39	161.41
二.加工转换投入(-)产出(+)量	**Input(-) & Output(+) of Transformation**	**-14646.77**	**-14978.77**
1.火力发电	Thermal Power	-9493.73	-9490.68
2.供热	Heating Supply	-1580.70	-1576.31
3.洗选煤	Coal Washing	-351.99	-1532.96
4.炼焦	Coking	-2780.64	-1939.11
5.炼油及煤制油	Petroleum Refineries		
#油品再投入量(-)	Petroleum Products Input (-)		
6.制气	Gas Works	-439.71	-439.71
#焦炭再投入量(-)	Coke Input (-)		
7.天然气液化	Natural Gas Liquefaction		
8.煤制品加工	Briquettes		
9.回收能	Recovery of Energy		
三.损失量	**Loss**		
四.终端消费量	**Total Final Consumption**	**2712.51**	**2590.53**
1.农、林、牧、渔业	Agriculture, Forestry, Animal Husbandry and Fishery	112.94	112.94
2.工业	Industry	2096.84	1974.86
#用作原料、材料	Non-Energy Use		
3.建筑业	Construction	28.89	28.89
4.交通运输、仓储和邮政业	Transport, Storage and Post	61.16	61.16
5.批发、零售业和住宿、餐饮业	Wholesale, Retail Trade and Hotel, Restaurants	62.00	62.00
6.其他	Others	57.89	57.89
7.生活消费	Residential Consumption	292.79	292.79
城镇	Urban	59.99	59.99
乡村	Rural	232.80	232.80
五.平衡差额	**Statistical Difference**	**-3492.95**	**-3492.95**
六.消费量合计	**Total Energy Consumption**	**17359.28**	**17569.30**

Energy Balance of Xinjiang (Physical Quantity) -2015

洗精煤 (万吨) Cleaned Coal (10^4 tons)	其他洗煤 (万吨) Other Washed Coal (10^4 tons)	型煤 (万吨) Briquettes (10^4 tons)	煤矸石 (万吨) Gangue (10^4 tons)	焦炭 (万吨) Coke (10^4 tons)	焦炉煤气 (亿立方米) Coke Oven Gas (10^8 cu.m)	高炉煤气 (亿立方米) Blast Furnace Gas (10^8 cu.m)	转炉煤气 (亿立方米) Converter Gas (10^8 cu.m)	其他煤气 (亿立方米) Other Gas (10^8 cu.m)
-82.30	**-127.72**			**-913.50**				**-11.46**
134.49	124.51			921.43				11.46
				6.71				
52.19	-3.21			14.64				
184.82	**147.18**			**1659.31**	**16.80**	**70.00**	**2.95**	**12.53**
	-3.05			-2.78	-2.57	-5.07	-2.31	
	-4.39				-1.89	-16.35	-2.60	
1026.35	154.62							
-841.53				1662.09	21.26			
								12.53
						91.42	7.86	
102.52	**19.46**			**745.81**	**16.80**	**70.00**	**2.95**	**1.07**
102.52	19.46			745.81	16.09	70.00	2.95	1.07
					0.71			
					0.71			
944.05	**26.90**			**748.59**	**21.26**	**91.42**	**7.86**	**1.07**

6-30 续表 1

项目	Item	其他焦化产品(万吨) Other Coking Products (10^4 tons)	油品合计(万吨) Petroleum Products Total (10^4 tons)
一.可供本地区消费的能源量	**Total Primary Energy Supply**	**-100.82**	**1422.81**
1.一次能源生产量	Indigenous Production		2795.09
2.外省(区、市)调入量	Moving In from Other Provinces		22.82
3.进口量	Import		1138.74
4.境内轮船和飞机在境外的加油量	Domestic Airplanes&Ships Refueling in Abroad		2.10
5.本省(区、市)调出量(-)	Sending Out to Other Provinces(-)	100.82	2541.46
6.出口量(-)	Export(-)		0.07
7.境外轮船和飞机在境内的加油量(-)	Oversea Airplanes&Ships Refueling in China(-)		0.75
8.库存增(-)、减(+)量	Stock Change		6.34
二.加工转换投入(-)产出(+)量	**Input(-) & Output(+) of Transformation**	**139.84**	**-40.13**
1.火力发电	Thermal Power		-0.95
2.供热	Heating Supply		-6.62
3.洗选煤	Coal Washing		
4.炼焦	Coking	139.84	
5.炼油及煤制油	Petroleum Refineries		28.17
#油品再投入量(-)	Petroleum Products Input (-)		-60.73
6.制气	Gas Works		
#焦炭再投入量(-)	Coke Input (-)		
7.天然气液化	Natural Gas Liquefaction		
8.煤制品加工	Briquettes		
9.回收能	Recovery of Energy		
三.损失量	**Loss**		
四.终端消费量	**Total Final Consumption**	**39.02**	**1382.68**
1.农、林、牧、渔业	Agriculture, Forestry, Animal Husbandry and Fishery		106.20
2.工业	Industry	39.02	474.31
#用作原料、材料	Non-Energy Use		
3.建筑业	Construction		60.24
4.交通运输、仓储和邮政业	Transport, Storage and Post		509.73
5.批发、零售业和住宿、餐饮业	Wholesale, Retail Trade and Hotel, Restaurants		66.18
6.其他	Others		88.84
7.生活消费	Residential Consumption		77.18
城镇	Urban		63.81
乡村	Rural		13.37
五.平衡差额	**Statistical Difference**		
六.消费量合计	**Total Energy Consumption**	**39.02**	**1422.81**

Continued 1

原油 (万吨) Crude Oil (10^4 tons)	汽油 (万吨) Gasoline (10^4 tons)	煤油 (万吨) Kerosene (10^4 tons)	柴油 (万吨) Diesel Oil (10^4 tons)	燃料油 (万吨) Fuel Oil (10^4 tons)	石脑油 (万吨) Naphtha (10^4 tons)	润滑油 (万吨) Lubricants (10^4 tons)	石蜡 (万吨) Paraffin Waxes (10^4 tons)	溶剂油 (万吨) White Spirit (10^4 tons)
2489.49	**-69.13**	**-44.27**	**-412.44**	**-43.68**	**-19.09**	**-38.06**		**-2.35**
2795.09								
		22.82						
1136.32			0.27	2.09		0.06		
		2.10						
1453.51	65.61	71.20	411.92	44.45	19.60	37.66		4.18
						0.06		
		0.75						
11.59	-3.52	2.76	-0.79	-1.32	0.51	-0.40		1.83
-2424.55	**323.63**	**72.25**	**1048.65**	**43.92**	**19.09**	**41.80**		**2.62**
			-0.92	-0.03				
			-0.01	-0.03				
-2424.55	323.63	72.25	1049.58	45.44	19.09	41.80		2.62
				-1.46				
64.94	**254.50**	**27.98**	**636.21**	**0.24**		**3.74**		**0.27**
	15.00		90.01			0.02		
64.94	9.65	0.13	63.83	0.24		3.18		0.27
	5.77		21.76			0.01		
	110.68	27.50	363.69			0.11		
	16.30		40.53			0.02		
	48.50		38.08			0.02		
	48.60	0.35	18.31			0.38		
	44.00	0.01	12.31			0.24		
	4.60	0.34	6.00			0.14		
2489.49	**254.50**	**27.98**	**637.14**	**1.76**		**3.74**		**0.27**

6-30 续表 2

项目	Item	石油沥青(万吨) Bitumen Asphalt (10^4 tons)	石油焦(万吨) Petroleum Coke (10^4 tons)
一.可供本地区消费的能源量	**Total Primary Energy Supply**	**-127.62**	**-75.07**
1.一次能源生产量	Indigenous Production		
2.外省(区、市)调入量	Moving In from Other Provinces		
3.进口量	Import		
4.境内轮船和飞机在境外的加油量	Domestic Airplanes&Ships Refueling in Abroad		
5.本省(区、市)调出量(-)	Sending Out to Other Provinces(-)	118.14	82.99
6.出口量(-)	Export(-)	0.01	
7.境外轮船和飞机在境内的加油量(-)	Oversea Airplanes&Ships Refueling in China(-)		
8.库存增(-)、减(+)量	Stock Change	-9.47	7.92
二.加工转换投入(-)产出(+)量	**Input(-) & Output(+) of Transformation**	**175.09**	**200.43**
1.火力发电	Thermal Power		
2.供热	Heating Supply		
3.洗选煤	Coal Washing		
4.炼焦	Coking		
5.炼油及煤制油	Petroleum Refineries	175.09	200.43
#油品再投入量(-)	Petroleum Products Input (-)		
6.制气	Gas Works		
#焦炭再投入量(-)	Coke Input (-)		
7.天然气液化	Natural Gas Liquefaction		
8.煤制品加工	Briquettes		
9.回收能	Recovery of Energy		
三.损失量	**Loss**		
四.终端消费量	**Total Final Consumption**	**47.47**	**125.36**
1.农、林、牧、渔业	Agriculture, Forestry, Animal Husbandry and Fishery		
2.工业	Industry	8.52	125.36
#用作原料、材料	Non-Energy Use		
3.建筑业	Construction	32.50	
4.交通运输、仓储和邮政业	Transport, Storage and Post	6.45	
5.批发、零售业和住宿、餐饮业	Wholesale, Retail Trade and Hotel, Restaurants		
6.其他	Others		
7.生活消费	Residential Consumption		
城镇	Urban		
乡村	Rural		
五.平衡差额	**Statistical Difference**		
六.消费量合计	**Total Energy Consumption**	**47.47**	**125.36**

Continued 2

液化石油气（万吨） LPG (10^4 tons)	炼厂干气（万吨） Refinery Gas (10^4 tons)	其他石油制品（万吨） Other Petroleum Products (10^4 tons)	天然气（亿立方米） Natural Gas (10^8 cu.m)	液化天然气（万吨） LNG (10^4 tons)	热力（万百万千焦） Heat (10^{10} kJ)	电力（亿千瓦小时） Electricity (10^8 kW•h)	其他能源（万吨标煤） Other Energy (10^4 tce)
-23.37		**-211.60**	**150.69**	**-35.12**		**130.72**	**2.83**
			293.02			418.55	
			217.99				
23.62		208.58	360.32	35.16		287.83	
0.25		-3.02		0.04			2.83
63.35	**99.52**	**294.07**	**-24.89**	**35.38**	**31648.67**	**2059.96**	**-2.83**
			-4.44		-907.94	2059.96	-16.03
	-6.58		-15.11		32556.61		-4.06
63.35	118.36	341.08					
	-12.26	-47.01					
			-5.34	35.38			
							17.26
						141.99	
39.98	**99.52**	**82.47**	**125.80**	**0.26**	**31648.67**	**2048.69**	
1.17						147.50	
16.20	99.52	82.47	99.18	0.26	13036.12	1695.72	
0.20			0.04		28.70	15.68	
1.30			9.97		89.00	29.39	
9.33			3.76		400.33	28.89	
2.24			2.21		177.00	51.32	
9.54			10.64		17917.52	80.19	
7.25			9.95		17917.52	50.79	
2.29			0.69			29.40	
39.98	**118.36**	**129.48**	**145.81**	**0.26**	**32556.61**	**2190.68**	**20.09**

七、香港、澳门特别行政区能源数据

Chapter 7 Energy Data for Hong Kong and Macao Special Administrative Region

7-1 香港主要能源及相关指标
Major Energy and Related Indicators of Hong Kong

项 目 Item	1990	2000	2005	2008	2009	2010	2011	2012	2013	2014
一次能源供应总量（百万吨标准油） Total Primary Energy Supply (Mtoe)	10.66	15.45	18.07	14.14	14.93	13.67	15.16	14.26	13.93	14.25
净进口量（百万吨标准油） Net Imports (Mtoe)	11.93	18.91	23.53	25.72	29.87	31.47	30.07	28.06	28.46	27.48
油净进口量（百万吨标准油） Net Oil Imports (Mtoe)	6.58	12.40	14.11	15.47	19.08	21.69	19.13	17.29	17.52	16.12
油可供量（百万吨标准油） Oil Supply (Mtoe)	5.27	8.89	8.60	3.83	4.08	3.80	4.11	3.40	2.90	2.70
电消费量（十亿千瓦小时） Electricity Consumption (tW·h)	23.83	36.30	40.05	40.93	41.49	41.95	42.14	43.11	42.60	43.97
能源最终消费量（百万吨标准油） Total Final Consumption of Energy (Mtoe)	7.12	11.92	11.98	8.07	8.91	8.65	8.94	8.60	8.65	9.06
年中人口数（万人） Mid-year Population (10^4 persons)	570.00	666.50	680.00	695.00	700.00	705.00	710.00	720.00	720.00	720.00
国内生产总值（10亿美元,2010年价） GDP (109 US$,2010 prices)	98.86	145.18	177.77	207.08	201.57	220.11	230.79	234.25	241.03	257.50
人均国内生产总值（美元,2005年价） Per Capita GDP (US$,2005 prices)	17343.86	21782.45	26142.65	29795.68	28795.71	31221.28	32505.63	32534.72	33476.39	35763.89
人均能源供应量（吨标准油/人） TPES/Population (toe per capita)	1.52	2.01	1.86	2.03	2.13	2.01	2.14	1.99	1.94	1.97
人均电力消费量（千瓦小时/人） Per Capita Electricity Consumption (kW·h/capita)	4178.00	5446.36	5879.00	5866.00	5924.00	5974.00	5960.00	6027.00	5933.00	6073.00

资料来源： 国际能源署，《非OECD成员国能源平衡表》。
Source: ENERGY BALANCES OF NON-OECD COUNTRIES, IEA.

7-2 香港电力和煤气消费量
Consumption of Electricity and Gas of Hong Kong

年 份 Year	电力（太焦耳） Electricity (terajoule)				煤气（太焦耳） Gas (terajoule)			
	住 宅 Residential	商 业 Commercial	工业 Industrial	总 计 Total	住 宅 Residential	商 业 Commercial	工业 Industrial	总 计 Total
1990	19037	41830	24934	85801	7596	6877	583	15056
1995	27063	60191	20222	107477	11408	9586	978	21972
2000	32234	80672	17769	130675	13866	11209	982	26057
2001	32799	84580	16759	134139	14493	11060	1011	26564
2002	33394	87606	16112	137112	14794	10860	987	26641
2003	34365	89218	14851	138435	15446	10542	1015	27002
2004	34134	91638	15430	141201	15237	10945	955	27137
2005	35811	93724	14636	144171	15444	10919	898	27261
2006	35428	95761	14015	145204	15082	11050	903	27034
2007	36422	97546	13104	147072	14842	11305	895	27041
2008	37100	98063	12182	147345	15583	11095	905	27583
2009	38972	98856	11143	149366	15303	11069	902	27274
2010	39344	99883	11080	150705	15272	11389	917	27578
2011	39872	100067	11104	151432	15500	11562	1086	28147
2012	41188	102440	11283	154911	15473	11556	1331	28360
2013	39941	102070	11190	153201	15266	11678	1612	28556
2014	43415	103271	11281	157967	15400	11762	1673	28835
2015	42368	103893	11436	158083	14941	11813	1649	28403

资料来源：《香港能源统计》，下同。
Source: Hong Kong Energy Statistics, the same applies to tables following.

7-3 香港油产品进口留用量
Hong Kong Retained Imports of Oil Products

年 份 Year	航空汽油与煤油（千公升） Aviation Gasoline and Kerosene (kilolitre)	车用汽油（千公升） Motor Gasoline (kilolitre)		轻质柴油、重质柴油与石脑油(千公升) Gas Oil, Diesel Oil and Naphtha (kilolitre)	燃料油（千公升） Fuel Oil (kilolitre)	液化石油气和天然气(公吨) LPG, Natural Gas (tonne)
1990	2303262	390577		2690712	1347198	169224
		含铅 Leaded Petrol	不含铅 Unleaded Petrol			
1995	3318386	171456	323351	4691324	1561524	147544
2000	4011029		486087	7802247	2140655	2363434
2001	4198740		524588	6920460	2394450	2459050
2002	4315798		473441	6810838	2973785	2420756
2003	3986920		458985	7094270	3216278	1689413
2004	4937314		458802	6989635	4626483	2299778
2005	5424882		454254	4992498	4975866	2310535
2006	5543549		425146	5075975	5915645	2592142
2007	6261518		471418	4762939	7089613	2404774
2008	6003457		447546	3582774	6625377	2728962
2009	5807816		485331	7457229	6949268	2650259
2010	6510406		512091	6576001	9731120	3208070
2011	6990394		535880	5353688	7715460	2644854
2012	6674012		546563	4492756	7263198	2457899
2013	7050700		546062	4286927	7492322	2323320
2014	6959479		497730	4090929	6309426	2270428
2015	7380462		684924	6045939	7644214	2766692

7-4 香港煤产品进口留用量
Hong Kong Retained Imports of Coal Products

单位: 公吨 (tonne)

年 份 Year	蒸馏煤与其他煤产品 Steam Coal and Other Coal	木炭 Wood Charcoal	无烟煤 Anthracite	焦煤与半焦煤 Coke and Semi-coke
1990	8928614	16252	2053	1404
1995	9108994	13920		1063
2000	6057802	6050	1310	
2001	8033097	-4764	540	
2002	8717699	8142	201	
2003	10675881	8313	677	
2004	10691194	8052	396	-59
2005	10823664	7307	1423	
2006	11403420	6491	139	
2007	12261438	3945		
2008	11344961	7374	162	
2009	12331385	5831	389	
2010	10324200	3932	99	
2011	12528714	6094	163	
2012	12350726	4954	9	
2013	12971504	2524	2	
2014	13788766	6935	131	
2015	11184339	4908	141	

7-5 香港电力生产、消费和进出口
Hong Kong Electricity Production,Consumption,Imports and Exports

单位: 太焦耳 (terajoule)

年 份 Year	本地发电厂产电 Electricity Generated at Local Plant	由大陆进口 Imports to Mainland of China	系统损耗 System Loss	出口往大陆 Exports of Mainland of China	由电表量度的本地电力耗用 Local Electricity Consumption as Measured at Meter Point
1990	104256		11985	6470	85801
1995	100496	27164	14843	5340	107477
2000	112783	36732	14587	4253	130675
2001	116745	37278	14192	5692	134139
2002	123522	36655	15235	7830	137112
2003	127822	37428	15988	10827	138435
2004	133663	35413	16763	11112	141201
2005	138414	39604	17654	16192	144172
2006	139005	39230	16731	16300	145204
2007	140212	39453	18066	14527	147072
2008	136765	40668	17299	12789	147345
2009	139420	41725	18347	13432	149366
2010	137850	39765	17518	9392	150705
2011	140495	40822	19240	10645	151432
2012	139506	42508	20487	6616	154911
2013	140628	35889	17376	5940	153201
2014	143291	37038	17948	4414	157967
2015	136525	42272	16441	4273	158083

7-6 澳门主要能源及相关指标
Major Energy Related Indicators of Macao

项 目 Item	1990	1995	2000	2005	2010	2011	2012	2013	2014
净进口量（太焦耳） Net Imports (Terajoule)	13955	17487	22742	33605					
可供电量（百万千瓦小时） Electricity Supply (GWh)		1335	1657	2287	3815	3999	4372	4472	4740
电力消费量（百万千瓦小时） Electricity Consumption (GWh)		1265	1570	2112	3615	3856	4205	4232	4469
能源消费量（太焦耳） Energy Consumption (Terajoule)	8953	12120	12823	16748	23392	24796	26942		
年中人口数（万人） Mid-year Population (10^4 persons)	34	41	43	47	55	55	57	59	62
国内生产总值（万澳门元，现价） GDP (10^4 MOP, Current Market Prices)	2617500	5227400	5141859	9412203	22374332	29374500	34341600	41183900	44346800
人均国内生产总值（澳门元，现价） Per Capita GDP (MOP,Current Prices)	78134	127716	119301	198989	421312	534734	603495	692458	713143
人均能源消费量（百万焦耳） Per Capita Energy Consumption (10^6 joules)	26725	29612	29752	35408	42764	45084	47267		
人均电力消费量（千瓦小时/人） Per Capita Electricity Consumption (kW•h/capita)		3092	3643	4466	6609	6925	7277	7173	7208

资料来源：《澳门统计年鉴》，下同。
Source: Macao Statistical Yearbook, the same applies to tables following.

7-7 澳门能源平衡表
Macao Energy Balance Table

单位：太焦耳 (terajoules)

项 目	Item	1990	1995	2000	2005	2010	2011	2012	2013	2014
进口	Import									
总计	Total Energy	13975	17499	22742	33605	17941	20981	23835		
#轻柴油	#Gas Oil and Diesel	3564	3257	3467	7114	5303	5815	6471	7319	7308
#重油	#Fuel Oil	8274	10325	11949	14108	2607	3773	3485	2119	2199
#电力	#Electricity	327	650	701	1227	10031	11393	13879	14611	14756
#汽油	#Gasoline	752	1128	1340	1758					2106
出口	Export									
总计	Total Energy	20	12							
#电力	#Electricity	9	11							
#液化石油气	#LPG		1							
库存变化	Change in Stocks	252	-43	-487	-68	-399	-86	60	339	-147
内部总消费	Gross Internal Consumption	13704	17670	19795	26050	28823	28720	28762	30582	31552
能源转化	Energy Transformation	-4461	-5124	-6458	-8558	-4705	-3230	-1089	-1828	-4007
电厂自耗和输电损失	Distribution and Transmission Loss	149	240	304	919	895	699	968	864	977
最终能源耗用量	Total Final Consumption	8953	12120	12823	16748	23392	24796	26942	27890	26568

附录 1　台湾省能源数据

Appendix Ⅰ　Energy Data for Taiwan Province

附录1-1　台湾省主要能源及相关指标
Major Energy Related Indicators of Taiwan Province

项　目　Item	1990	2000	2005	2008	2009	2010	2011	2012	2013	2014
能源生产量（百万吨标准油） Energy Production (Mtoe)	10.81	11.49	12.27	12.68	12.84	12.96	13.59	13.27	13.54	13.64
净进口量（百万吨标准油） Net Imports (Mtoe)	41.75	79.31	95.14	97.49	90.88	102.26	97.20	96.74	97.82	101.70
一次能源需求总量（百万吨标准油） Total Primary Energy Supply (Mtoe)	48.24	85.10	102.59	105.50	102.40	111.44	107.73	106.53	108.63	110.23
油净进口量（百万吨标准油） Net Oil Imports (Mtoe)	28.76	45.15	48.20	46.07	43.28	46.14	42.03	44.08	43.62	46.92
油可供量（百万吨标准油） Oil Supply (Mtoe)	25.88	38.31	43.45	42.38	40.43	42.19	39.47	49.49	41.55	42.38
电消费量（十亿千瓦小时） Electricity Consumption (tW•h)	84.85	176.15	218.32	229.73	220.28	237.33	241.87	240.98	245.10	251.06
终端能源消费量（百万吨标准油） Total Final Consumption of Energy (Mtoe)	29.36	48.64	60.44	63.29	62.88	67.71	65.28	65.29	67.66	68.01
年中人口数（百万人） Mid-year Population (106 persons)	20.40	22.10	22.70	22.90	22.95	23.20	23.40	23.30	23.40	23.40
国内生产总值（10亿美元，2010年价） GDP (109 US$,2010 prices)	167.05	305.75	364.85	410.68	402.77	446.48	464.50	470.94	462.20	478.30
人均国内生产总值（美元，2005年价） Per Capita GDP (US$, 2005 prices)	8188.73	13834.84	16072.69	17933.62	17549.89	19322.94	20195.00	20212.02	19752.14	20440.17
人均能源消费量（吨标准油/人） Per Capita Energy Consumption (toe/capita)	2.38	3.85	4.50	4.61	4.46	4.71	4.64	4.57	4.64	4.71
人均电力消费量（千瓦小时/人） Per Capita Electricity Consumption (kW•h/capita)	4184.00	7941.00	9617.00	10023.00	9588.00	10247.00	10414.00	10335.00	10506.00	10738.00

资料来源：国际能源署，《非OECD成员国能源平衡表》
Source: ENERGY BALANCES OF NON-OECD COUNTRIES, IEA

附录1-2 台湾省分行业电力消费量
Taiwan Province Electricity Consumption by Sector

单位: 百万千瓦小时 (GWh)

年 份 Year	总计 Total	农、林、牧、渔业 Farming,Forestry, Animal Husbandry, Fishery	采掘业 Mining and Quarrying	制造业 Manufa-cturing	建筑业 Constru-ction	批发及零售业 Wholesale and Retail Trades	运输及仓储业 Transport and Storage	住宿及餐饮业 Hotels and Catering Services
1990	51841	1611	171	40698	265			
1995	68931	2042	209	50792	564			
2000	94768	2262	319	67378	490	4818	2893	1911
2001	94794	2229	293	66127	543	5011	3014	1997
2002	100435	2326	367	69696	530	5363	3240	2074
2003	106043	2416	431	73691	544	5628	3326	2140
2004	113293	2511	444	79267	556	5936	3440	2262
2005	117648	2490	443	82518	553	6216	3572	2405
2006	123598	2602	453	86869	539	6297	2373	2502
2007	128226	2620	462	91042	575	6302	2669	2574
2008	128644	2600	380	91207	566	6020	3005	2545
2009	121348	2582	338	85298	488	5701	3003	2547
2010	134135	2616	419	97113	472	5631	3143	2680
2011	138161	2726	435	101220	501	5461	3211	2744
2012	139134	2708	416	102170	542	5372	3277	2776
2013	142529	2751	469	105131	561	5320	3394	2854
2014	144579	2833	495	106758	626	5239	3494	2940
2015	145302	2916	482	106852	630	5243	3605	3047

资料来源：中国台湾省编辑的《统计年鉴》，下同。
Source: Statistical Yearbook, Taiwan Province of China, the same applies to tables following.

附录1-3 台湾省能源供给总量及构成
Taiwan Province Energy Supply and Composition

年 份 Year	供给量总计(千公升油当量) Total Supply (10^3 kl oil equivalent)	占供给总量的比重(%) As Percentage of Total Supply (%)						
		煤炭 Coal	石油 Petroleum	天然气 Natural Gas	生物质及废弃物 Biomass and waste	水力发电 Hydro power	核能发电 Nuclear Power	其他 Other
1991	58329	22.8	53.9	5.0		0.6	17.5	0.2
1996	79770	25.9	54.8	5.2		0.6	13.4	0.1
2000	101788	29.7	51.6	6.4	0.8	0.4	11.0	0.1
2001	106382	30.5	51.7	6.5	1.0	0.5	9.7	0.1
2006	136530	30.1	52.1	7.7	1.2	0.3	8.5	0.1
2007	144192	30.0	52.2	7.8	1.5	0.3	8.1	0.1
2008	139162	30.2	50.6	8.7	1.5	0.3	8.5	0.2
2009	136258	28.1	52.5	8.7	1.5	0.3	8.8	0.1
2010	142501	29.3	50.1	10.4	1.3	0.3	8.5	0.1
2011	138237	31.4	46.2	11.8	1.4	0.3	8.8	0.1
2012	140768	29.7	48.0	12.2	1.3	0.4	8.3	0.1
2013	143136	30.2	47.6	11.9	1.3	0.4	8.4	0.2
2014	147453	29.2	48.5	12.2	1.2	0.3	8.3	0.3
2015	145084	29.3	48.2	13.3	1.4	0.3	7.3	0.2

附录1-4 台湾省能源消费总量及分部门消费构成
Taiwan Province Energy Consumption and Composition by Sector

年 份 Year	消费总计(千公升油当量) Total Energy Consumption (10^3 kl oil equivalent)	占消费总量比重(%) As Percentage of Total Energy Consumption(%)						
		农业部门 Agriculture	工业部门 Industry	能源部门 Energy	运输部门 Transportation	服务业部门 Services	住宅部门 Residential	非能源消费 Non-energy Use
1991	53286	2.6	41.2	9.1	14.7	10.3	12.1	10.0
1996	69180	2.2	37.8	9.5	16.2	10.8	12.4	11.0
2000	86486	1.6	39.9	9.2	14.5	11.4	12.4	10.9
2001	91227	1.5	37.3	9.0	13.8	11.1	11.9	15.4
2006	107399	1.1	38.0	8.4	12.9	11.8	11.4	16.4
2007	112665	0.9	37.7	7.8	11.9	11.1	11.0	19.5
2008	109437	1.0	37.3	7.4	11.7	11.5	11.2	19.9
2009	107127	0.9	35.5	7.3	12.0	11.4	11.4	21.5
2010	113717	0.8	37.3	7.1	11.7	11.0	10.8	21.3
2011	112223	0.9	38.8	7.2	12.1	11.0	11.1	19.0
2012	111838	0.9	38.3	7.1	11.9	11.0	10.8	20.0
2013	114546	0.9	38.3	6.9	11.6	10.8	10.5	21.1
2014	115339	0.9	37.7	6.7	11.6	10.9	10.8	21.3
2015	115029	0.9	37.1	6.6	11.9	11.0	10.7	21.8

附录1-5 台湾省电力生产量和消费量
Taiwan Province Electricity Production and Consumption

单位: 百万千瓦小时 (GWh)

年 份 Year	发电量 Electricity Generation				耗电量 Electricity Consumption			损失 Loss
	总计 Total	水力发电 Hydro power	火力发电 Thermal Power	核能发电 Nuclear Power	总计 Total	工业用电 Industry Consumption	住户及商业用电 Residence and Commerce	
1990	82350	8167	42629	31554	74345	51841	22504	5355
1995	117859	8858	75071	33931	105368	68931	36437	6848
2000	156511	8843	110672	36996	142413	94768	47645	8735
2001	158058	4070	114822	34094	143624	94807	48816	8610
2002	165901	3604	121526	38009	151193	100435	50758	9417
2003	173810	3852	129566	37371	159380	106043	53336	8751
2004	181245	3338	136770	37939	167478	113293	54185	8937
2005	189663	3830	143295	38404	175293	117648	57645	9036
2006	196567	3902	150014	38317	181593	123598	57996	9539
2007	201856	3924	154142	38961	187075	128226	58848	9590
2008	200241	3459	152636	39260	186931	128644	58288	8584
2009	193605	3290	145756	39981	179239	121348	57890	9418
2010	207385	3047	159112	40029	193313	134135	59179	9669
2011	213042	2889	164085	40522	198637	138161	60476	10149
2012	211708	2924	162621	38887	198391	139134	59256	9360
2013	213429	3174	162857	40079	201945	142529	59416	7251
2014	219224	3108	166527	40801	205956	144579	61377	8960
2015	219104	3023	165417	35143	206491	145302	61189	8145

附录 2　有关国家和地区能源数据

Appendix Ⅱ　Energy Data for Related Countries or Areas

附录2-1　年中人口数

单位：百万人

国家和地区	Contury or Area	2002	2003	2004	2005	2006	2007	2008
世界总计	**World**	**6202.2**	**6280.2**	**6356.3**	**6431.7**	**6534.5**	**6610.5**	**6687.9**
OECD合计	**OECD Total**	**1148.0**	**1155.7**	**1164.1**	**1171.5**	**1173.8**	**1181.9**	**1189.8**
美国	United States	288.2	291.1	293.9	296.7	298.4	301.7	304.5
日本	Japan	127.4	127.7	127.8	127.8	127.8	127.8	127.7
墨西哥	Mexico	101.4	102.7	104.0	105.3	104.3	105.7	106.6
德国	Germany	82.5	82.5	82.5	82.5	82.4	82.3	82.1
法国	France	61.4	61.9	62.3	62.7	63.0	63.8	64.1
英国	United Kingdom	59.3	59.6	59.8	60.2	60.4	61.0	61.4
意大利	Italy	58.1	57.6	58.2	58.5	58.7	59.4	59.9
韩国	Korea	47.6	47.9	48.1	48.3	48.2	48.5	48.6
西班牙	Spain	41.3	42.0	42.7	43.4	43.7	44.9	45.6
加拿大	Canada	31.4	31.7	32.0	32.3	32.5	32.9	33.3
澳大利亚	Australia	19.8	20.0	20.2	20.5	20.6	21.2	21.5
荷兰	Netherlands	16.2	16.2	16.3	16.3	16.3	16.4	16.4
比利时	Belgium	10.3	10.4	10.4	10.5	10.5	10.6	10.7
瑞典	Sweden	8.9	9.0	9.0	9.0	9.1	9.2	9.3
瑞士	Switzerland	7.3	7.4	7.5	7.5	7.5	7.6	7.7
以色列	Israel	6.6	6.7	6.8	6.9	7.1	7.2	7.3
非OECD合计	**NON-OECD Total**	**5054.3**	**5124.5**	**5192.2**	**5260.2**	**5360.7**	**5428.6**	**5498.1**
中国	China	1280.4	1288.4	1296.2	1300.4	1311.0	1318.3	1325.6
印度	India	1048.6	1064.4	1079.7	1087.2	1109.8	1124.8	1140.0
印度尼西亚	Indonesia	211.8	214.7	217.6	219.1	223.0	225.6	228.2
巴西	Brazil	178.9	181.4	183.9	185.6	188.2	190.1	192.0
俄罗斯	Russia	145.3	144.6	143.9	143.6	142.5	142.1	141.8
埃及	Egypt	69.9	71.3	72.6	72.6	78.6	80.1	81.5
伊朗	Islamic Republic of Iran	65.5	66.4	67.3	68.6	70.1	71.0	72.0
泰国	Thailand	62.6	63.1	63.7	62.8	66.5	67.0	67.4
南非	South Africa	45.3	45.8	46.4	46.6	47.4	47.9	48.7
阿根廷	Argentina	37.6	38.0	38.4	38.6	39.1	39.5	39.9
委内瑞拉	Venezuela	25.2	25.7	26.1	26.4	27.0	27.5	27.9
沙特阿拉伯	Saudi Arabia	22.7	22.1	22.5	22.8	23.7	24.2	24.6
中国，台北	Chinese Taipei	22.5	22.6	22.8	22.7	22.8	22.9	22.9
中国，香港	Hong Kong, China	6.8	6.8	6.9	6.8	6.9	6.9	7.0

资料来源：国际能源署，《OECD成员国能源统计》，《非OECD成员国能源统计》，《OECD成员国能源平衡表》，《非OECD成员国能源平衡表》，下同。

Mid-Year Population

(millions)

2009	2010	比重% Percent of World	2011	比重% Percent of World	2012	比重% Percent of World	2013	比重% Percent of World	2014	比重% Percent of World
6722.4	**6882.2**	**100.00**	**6958.0**	**100.00**	**7039.3**	**100.00**	**7163.6**	**100.00**	**7248.7**	**100.00**
1221.2	**1239.5**	**18.01**	**1240.5**	**17.83**	**1254.1**	**17.82**	**1259.8**	**17.59**	**1266.9**	**17.48**
306.2	309.8	4.50	312.0	4.48	314.3	4.46	316.8	4.42	319.2	4.40
127.4	128.0	1.86	127.8	1.84	127.6	1.81	127.3	1.78	127.1	1.75
107.0	114.3	1.66	109.2	1.57	117.1	1.66	118.4	1.65	119.7	1.65
82.0	81.8	1.19	81.8	1.18	81.9	1.16	80.6	1.13	81.0	1.12
64.3	65.0	0.94	65.1	0.94	65.6	0.93	65.9	0.92	66.2	0.91
61.6	62.8	0.91	62.7	0.90	63.7	0.91	64.1	0.89	64.6	0.89
60.0	59.8	0.87	60.7	0.87	60.3	0.86	60.6	0.85	60.8	0.84
48.7	49.4	0.72	49.8	0.72	50.0	0.71	50.2	0.70	50.4	0.70
45.8	46.6	0.68	46.1	0.66	46.8	0.66	46.6	0.65	46.5	0.64
33.5	34.0	0.49	34.5	0.50	34.8	0.49	35.2	0.49	35.5	0.49
21.9	22.1	0.32	22.8	0.33	22.9	0.33	23.3	0.32	23.6	0.33
16.5	16.6	0.24	16.7	0.24	16.8	0.24	16.8	0.23	16.9	0.23
10.8	10.9	0.16	11.0	0.16	11.1	0.16	11.1	0.16	11.2	0.15
9.3	9.4	0.14	9.5	0.14	9.5	0.14	9.6	0.13	9.7	0.13
7.8	7.8	0.11	7.9	0.11	8.0	0.11	8.1	0.11	8.2	0.11
7.4	7.6	0.11	7.8	0.11	7.9	0.11	8.1	0.11	8.2	0.11
5489.35	**5642.8**	**81.99**	**5717.5**	**82.17**	**5785.2**	**82.18**	**5903.8**	**82.41**	**5981.7**	**82.52**
1328.1	1340.0	19.47	1344.1	19.32	1350.0	19.18	1364.6	19.05	1371.5	18.92
1147.7	1210.0	17.58	1241.5	17.84	1240.0	17.62	1279.5	17.86	1295.3	17.87
236.2	238.7	3.47	242.3	3.48	247.0	3.51	251.3	3.51	254.5	3.51
192.4	195.0	2.83	196.7	2.83	199.0	2.83	204.3	2.85	206.1	2.84
142.0	141.9	2.06	141.9	2.04	143.0	2.03	143.5	2.00	143.8	1.98
79.0	78.1	1.13	82.5	1.19	80.7	1.15	87.6	1.22	89.6	1.24
72.7	74.5	1.08	74.8	1.08	76.4	1.09	77.2	1.08	78.1	1.08
68.5	66.4	0.96	69.5	1.00	66.8	0.95	67.5	0.94	67.7	0.93
49.1	50.8	0.74	50.6	0.73	52.3	0.74	53.2	0.74	54.0	0.74
39.9	40.4	0.59	40.8	0.59	41.1	0.58	42.5	0.59	43.0	0.59
28.2	29.0	0.42	29.3	0.42	30.0	0.43	30.3	0.42	30.7	0.42
26.5	27.3	0.40	28.1	0.40	28.3	0.40	30.2	0.42	30.9	0.43
23.0	23.2	0.34	23.4	0.34	23.3	0.33	23.3	0.33	23.4	0.32
7.0	7.0	0.10	7.1	0.10	7.2	0.10	7.2	0.10	7.2	0.10

Source: ENERGY STATISTICS OF OECD COUNTRIES, ENERGY STATISTICS OF NON-OECD COUNTRIES, ENERGY BALANCES OF OECD COUNTRIES, ENERGY BALANCES OF NON-OECD COUNTRIES, IEA, the same applies to tables following.

附录2-2 国内生产总值汇率算法(2010年价格)

单位：10亿美元

国家和地区	Contury or Area	1973	1980	1990	2000	2005
世界总计	**World**	**22514.4**	**28058.5**	**37705.3**	**49527.3**	**57623.6**
OECD合计	**OECD Total**	**17716.6**	**21425.2**	**29171.4**	**37956.9**	**42259.1**
美国	United States	5490.3	6529.2	9064.4	12713.1	14408.1
日本	Japan	2293.5	2894.2	4553.1	5093.2	5405.0
德国	Germany	1729.0	2040.5	2568.6	3123.9	3213.8
英国	United Kingdom	1128.0	1208.5	1613.6	2051.6	2357.0
法国	France	1224.0	1492.1	1907.3	2346.5	2547.2
意大利	Italy	1074.6	1379.8	1749.2	2060.2	2158.7
加拿大	Canada	616.8	781.3	1014.1	1342.7	1524.5
西班牙	Spain	558.7	653.9	873.1	1149.5	1356.1
韩国	Korea	79.5	141.1	362.9	710.0	894.7
墨西哥	Mexico	334.0	516.6	617.9	869.3	953.7
荷兰	Netherlands	354.1	425.6	530.5	734.7	785.1
瑞士	Switzerland	336.8	344.4	429.0	483.4	520.0
瑞典	Sweden	228.5	258.4	321.1	396.5	451.4
比利时	Belgium	225.4	270.9	330.5	412.5	451.3
澳大利亚	Australia	415.3	500.2	673.3	953.7	1130.1
以色列	Israel	51.5	65.3	94.6	170.4	189.5
非OECD合计	**NON-OECD Total**	**4797.8**	**6633.3**	**8533.8**	**11570.5**	**15364.5**
中国	China	221.3	338.2	824.1	2223.7	3542.8
印度	India	217.6	280.2	481.0	827.9	1146.0
巴西	Brazil	636.0	1007.7	1189.6	1534.6	1774.8
俄罗斯	Russian Federation			1413.9	951.6	1281.3
中国，台北	Chinese Taipei	38.6	76.8	160.2	293.1	349.8
印度尼西亚	Indonesia	96.0	161.6	299.9	453.4	571.2
沙特阿拉伯	Saudi Arabia	152.5	261.9	245.1	320.5	407.0
南非	South Africa	152.8	192.0	223.0	267.0	322.3
阿根廷	Argentina	195.0	236.3	203.0	316.6	349.5
伊朗	Islamic Republic of Iran	226.5	165.1	205.5	281.9	368.5
中国，香港	Hong Kong, China	30.6	54.3	104.1	153.4	188.6
泰国	Thailand	41.3	66.5	141.6	217.7	283.8
委内瑞拉	Venezuela	183.1	217.0	235.3	289.4	328.3
埃及	Egypt	29.5	52.6	89.6	136.4	162.2

Gross Domestic Products Using Exchange Rates(US$2010)

(billion US$)

2010	比重% Percent of World	2013	比重% Percent of World	2014	比重% Percent of World
65597.5	**100.00**	**71007.2**	**100.00**	**72874.1**	**100.00**
44440.2	**67.75**	**46299.6**	**65.20**	**47107.4**	**64.64**
14964.4	22.81	15773.7	22.21	16156.6	22.17
5498.7	8.38	5644.7	7.95	5642.9	7.74
3417.1	5.21	3567.1	5.02	3624.2	4.97
2403.6	3.66	2533.5	3.57	2605.7	3.58
2646.8	4.03	2724.6	3.84	2729.5	3.75
2125.1	3.24	2040.8	2.87	2033.7	2.79
1613.5	2.46	1730.7	2.44	1773.5	2.43
1431.6	2.18	1357.1	1.91	1375.5	1.89
1094.5	1.67	1194.4	1.68	1234	1.69
1049.9	1.60	1151	1.62	1176.7	1.61
836.4	1.28	837.1	1.18	845.6	1.16
581.2	0.89	608.9	0.86	620.4	0.85
488.4	0.74	506.2	0.71	517.6	0.71
483.5	0.74	493	0.69	499.4	0.69
1293.2	1.97	1407.2	1.98	1439	1.97
234.3	0.36	261.4	0.37	268.1	0.37
21157.3	**32.25**	**24707.6**	**34.80**	**25766.7**	**35.36**
6039.7	9.21	7672.4	10.81	8230.1	11.29
1708.5	2.60	2046.5	2.88	2195.6	3.01
2208.9	3.37	2409.7	3.39	2412.2	3.31
1524.9	2.32	1666.1	2.35	1676.8	2.30
428.2	0.65	462.2	0.65	478.3	0.66
755.1	1.15	897.4	1.26	942.5	1.29
526.8	0.80	626.8	0.88	649.6	0.89
375.3	0.57	404.8	0.57	411	0.56
461.6	0.70	518.9	0.73	521.3	0.72
467.8	0.71	444.6	0.63	463.9	0.64
228.6	0.35	251.2	0.35	257.5	0.35
340.9	0.52	379.3	0.53	382.6	0.53
393.8	0.60	439.1	0.62	421.6	0.58
218.9	0.33	232.60	0.33	237.70	0.33

附录2-3 能源生产总量

单位：百万吨标准油

国家和地区	Contury or Area	2005	2006	2007	2008	2009
世界总计	**World**	**11573.31**	**11778.39**	**11985.38**	**12334.15**	**12232.12**
OECD合计	**OECD Total**	**3838.09**	**3842.02**	**3843.28**	**3863.22**	**3793.93**
美国	United States	1629.89	1654.23	1668.96	1706.06	1685.85
加拿大	Canada	402.09	411.74	415.92	407.38	390.15
澳大利亚	Australia	268.19	267.79	298.60	302.13	297.08
墨西哥	Mexico	259.21	255.97	244.44	233.60	220.03
英国	United Kingdom	205.16	186.62	176.44	166.69	158.94
法国	France	137.12	137.02	134.79	136.63	128.86
德国	Germany	135.28	136.76	138.64	134.11	127.15
日本	Japan	99.89	101.07	90.60	88.66	93.96
荷兰	Netherlands	61.90	60.77	61.18	66.54	63.06
韩国	Korea	42.93	43.73	42.60	44.73	44.31
西班牙	Spain	30.13	31.36	30.26	30.42	29.97
瑞典	Sweden	34.67	32.79	33.58	33.24	30.35
意大利	Italy	27.85	27.43	26.38	26.94	26.99
比利时	Belgium	15.64	15.48	14.37	14.55	15.32
瑞士	Switzerland	10.88	12.15	12.62	12.73	12.79
以色列	Israel	2.12	2.65	2.73	3.27	3.27
非OECD合计	**NON-OECD Total**	**7735.22**	**7936.38**	**8142.09**	**8470.93**	**8438.19**
中国	China	1664.62	1724.41	1820.65	1950.58	2044.83
俄罗斯	Russia	1203.24	1227.00	1239.13	1253.92	1186.38
沙特阿拉伯	Saudi Arabia	580.56	570.65	552.00	579.32	528.38
印度	India	423.75	437.87	452.73	470.92	505.41
印度尼西亚	Indonesia	279.94	313.88	333.35	323.63	351.83
伊朗	Islamic Republic of Iran	310.47	311.53	327.37	337.43	341.49
巴西	Brazil	194.61	206.48	216.36	227.94	230.41
委内瑞拉	Venezuela	233.73	195.73	183.83	205.47	198.62
南非	South Africa	157.89	157.97	159.67	161.39	159.53
埃及	Egypt	77.98	79.74	82.28	89.14	87.99
阿根廷	Argentina	84.69	86.19	82.87	82.87	80.82
泰国	Thailand	55.19	56.26	59.31	65.49	64.61
中国，台北	Chinese Taipei	12.48	12.41	12.71	12.71	12.84
中国，香港	Hong Kong, China	0.05	0.05	0.05	0.05	0.05

Total Energy Production

(Mtoe)

2010	比重% Percent of World	2013	比重% Percent of World	2014	比重% Percent of World
12868.54	**100.00**	**13601.55**	**100.00**	**13805.44**	**100.00**
3887.05	**30.21**	**3987.83**	**29.32**	**4143.93**	**30.02**
1723.24	13.39	1878.26	13.81	2011.98	14.57
400.92	3.12	446.75	3.28	469.99	3.40
323.68	2.52	344.56	2.53	365.71	2.65
214.43	1.67	216.54	1.59	208.27	1.51
148.90	1.16	110.51	0.81	108.24	0.78
135.40	1.05	135.73	1.00	137.13	0.99
128.58	1.00	120.43	0.89	119.75	0.87
99.00	0.77	27.65	0.20	26.59	0.19
69.89	0.54	69.28	0.51	58.53	0.42
44.95	0.35	43.60	0.32	49.11	0.36
34.43	0.27	34.73	0.26	35.10	0.25
33.09	0.26	35.08	0.26	34.54	0.25
33.00	0.26	36.76	0.27	36.69	0.27
15.53	0.12	14.95	0.11	12.53	0.09
12.63	0.10	12.96	0.10	13.27	0.10
3.86	0.03	6.52	0.05	7.48	0.05
8981.49	**69.79**	**9613.72**	**70.68**	**9661.51**	**69.98**
2315.54	17.99	2561.49	18.83	2593.11	18.78
1279.37	9.94	1339.87	9.85	1305.68	9.46
531.44	4.13	614.48	4.52	622.42	4.51
496.72	3.86	523.94	3.85	541.81	3.92
379.77	2.95	461.75	3.39	458.00	3.32
342.24	2.66	297.93	2.19	316.25	2.29
246.62	1.92	252.93	1.86	267.25	1.94
197.88	1.54	191.69	1.41	185.71	1.35
163.96	1.27	165.72	1.22	168.32	1.22
84.49	0.66	80.19	0.59	80.36	0.58
79.51	0.62	72.48	0.53	75.33	0.55
70.58	0.55	78.07	0.57	78.74	0.57
12.96	0.10	13.54	0.10	13.64	0.10
0.10		0.11		0.19	

附录2-4 能源生产量/一次能源供应量(能源自给率)
Energy Production/Tpes (Self Sufficiency)

国家和地区	Contury or Area	2002	2003	2004	2005	2010	2013	2014
世界	**World**	**1.01**	**1.00**	**1.00**	**1.01**	**0.99**	**1.00**	**1.01**
OECD合计	**OECD Total**	**0.72**	**0.70**	**0.70**	**0.70**	**0.72**	**0.75**	**0.79**
澳大利亚	Australia	2.27	2.25	2.28	2.34	2.54	2.72	2.92
加拿大	Canada	1.54	1.47	1.48	1.49	1.51	1.64	1.68
墨西哥	Mexico	1.48	1.52	1.53	1.45	1.23	1.13	1.11
荷兰	Netherlands	0.77	0.72	0.82	0.77	0.84	0.90	0.80
美国	United States	0.73	0.72	0.71	0.70	0.78	0.86	0.91
英国	United Kingdom	1.13	1.06	0.97	0.92	0.73	0.58	0.60
瑞典	Sweden	0.61	0.61	0.65	0.67	0.65	0.71	0.72
法国	France	0.51	0.50	0.50	0.51	0.52	0.54	0.57
瑞士	Switzerland	0.43	0.44	0.44	0.42	0.48	0.49	0.53
德国	Germany	0.39	0.39	0.39	0.41	0.39	0.38	0.39
西班牙	Spain	0.24	0.24	0.23	0.21	0.27	0.30	0.31
比利时	Belgium	0.23	0.23	0.24	0.24	0.26	0.27	0.24
日本	Japan	0.19	0.16	0.18	0.19	0.20	0.06	0.06
韩国	Korea	0.17	0.18	0.18	0.20	0.18	0.17	0.18
意大利	Italy	0.16	0.15	0.15	0.16	0.19	0.24	0.25
以色列	Israel	0.04	0.04	0.09	0.11	0.17	0.28	0.33
非OECD合计	**NON-OECD Total**	**1.32**	**1.34**	**1.33**	**1.36**	**1.25**	**1.22**	**1.20**
沙特阿拉伯	Saudi Arabia	3.78	4.31	4.16	4.66	2.87	3.20	2.92
委内瑞拉	Venezuela	3.52	3.36	3.43	3.96	2.73	2.79	2.75
俄罗斯	Russia	1.67	1.73	1.80	1.85	1.86	1.84	1.84
印度尼西亚	Indonesia	1.52	1.53	1.53	1.56	1.79	2.12	2.03
伊朗	Islamic Republic of Iran	1.81	1.89	1.85	1.80	1.68	1.35	1.33
埃及	Egypt	1.16	1.17	1.14	1.27	1.17	1.07	1.07
南非	South Africa	1.26	1.30	1.22	1.23	1.16	1.19	1.15
阿根廷	Argentina	1.45	1.41	1.32	1.27	1.01	0.87	0.87
巴西	Brazil	0.85	0.89	0.87	0.90	0.93	0.86	0.88
中国	China	0.99	0.98	0.95	0.94	0.89	0.85	0.85
印度	India	0.82	0.80	0.78	0.78	0.72	0.68	0.66
泰国	Thailand	0.54	0.54	0.52	0.56	0.60	0.58	0.58
中国，台北	Chinese Taipei	0.12	0.13	0.12	0.12	0.12	0.13	0.12
中国，香港	Hong Kong, China					0.01	0.01	0.01

附录2-5　能源供应量/GDP(2010年价格)
TPES/GDP(2010 US$)

单位：吨标准油/千美元　　　　(toe per thousand US$)

国家和地区	Contury or Area	1973	1980	1990	2000	2005	2010	2013	2014
世界	**World**	**0.27**	**0.26**	**0.23**	**0.20**	**0.20**	**0.20**	**0.19**	**0.19**
OECD合计	**OECD Total**	**0.21**	**0.19**	**0.16**	**0.14**	**0.13**	**0.12**	**0.12**	**0.11**
澳大利亚	Australia	0.14	0.14	0.13	0.11	0.10	0.10	0.09	0.09
加拿大	Canada	0.26	0.25	0.21	0.19	0.18	0.16	0.16	0.16
墨西哥	Mexico	0.16	0.18	0.20	0.17	0.19	0.17	0.17	0.16
荷兰	Netherlands	0.18	0.15	0.12	0.10	0.10	0.10	0.09	0.09
美国	United States	0.32	0.28	0.21	0.18	0.16	0.15	0.14	0.14
英国	United Kingdom	0.19	0.16	0.13	0.11	0.09	0.08	0.08	0.07
瑞典	Sweden	0.17	0.16	0.15	0.12	0.11	0.10	0.10	0.09
法国	France	0.15	0.13	0.12	0.11	0.11	0.10	0.09	0.09
瑞士	Switzerland	0.06	0.06	0.06	0.05	0.05	0.05	0.04	0.04
德国	Germany	0.19	0.18	0.14	0.11	0.11	0.10	0.09	0.08
西班牙	Spain	0.09	0.10	0.10	0.11	0.11	0.09	0.09	0.08
比利时	Belgium	0.20	0.17	0.15	0.14	0.13	0.13	0.11	0.11
日本	Japan	0.14	0.12	0.10	0.10	0.10	0.09	0.08	0.08
韩国	Korea	0.27	0.29	0.26	0.27	0.24	0.23	0.22	0.22
意大利	Italy	0.11	0.10	0.08	0.08	0.09	0.08	0.08	0.07
以色列	Israel	0.15	0.12	0.12	0.11	0.10	0.10	0.09	0.09
非OECD合计	**NON-OECD Total**	**0.45**	**0.45**	**0.47**	**0.39**	**0.37**	**0.34**	**0.32**	**0.31**
伊朗	Islamic Republic of Iran	0.09	0.23	0.34	0.44	0.47	0.44	0.50	0.51
俄罗斯	Russian Federation		1.04	0.62	0.65	0.51	0.45	0.44	0.42
中国	China	1.93	1.77	1.06	0.51	0.51	0.43	0.39	0.37
埃及	Egypt	0.27	0.29	0.36	0.30	0.38	0.33	0.32	0.32
印度	India	0.73	0.71	0.64	0.53	0.45	0.41	0.38	0.38
泰国	Thailand	0.38	0.33	0.30	0.33	0.35	0.35	0.36	0.35
印度尼西亚	Indonesia	0.40	0.35	0.33	0.34	0.32	0.28	0.24	0.24
南非	South Africa	0.32	0.34	0.41	0.41	0.40	0.38	0.35	0.36
沙特阿拉伯	Saudi Arabia	0.05	0.12	0.24	0.31	0.30	0.35	0.31	0.33
委内瑞拉	Venezuela	0.10	0.15	0.17	0.18	0.17	0.18	0.16	0.16
阿根廷	Argentina	0.18	0.18	0.23	0.19	0.19	0.17	0.16	0.17
中国，台北	Chinese Taipei	0.34	0.36	0.30	0.29	0.29	0.26	0.23	0.23
巴西	Brazil	0.13	0.11	0.12	0.12	0.12	0.12	0.12	0.13
中国，香港	Hong Kong, China	0.10	0.09	0.08	0.09	0.07	0.06	0.06	0.06

附录2-6 人均能源供应量
TPES/Population

单位：吨标准油/人 (toe per capita)

国家和地区	Contury or Area	1973	1980	1990	2000	2005	2010	2013	2014
世界	**World**	**1.56**	**1.63**	**1.66**	**1.64**	**1.77**	**1.87**	**1.89**	**1.89**
OECD合计	**OECD Total**	**4.07**	**4.13**	**4.23**	**4.59**	**4.62**	**4.38**	**4.22**	**4.16**
加拿大	Canada	7.09	7.83	7.63	8.27	8.42	7.79	7.73	7.88
美国	United States	8.16	7.93	7.66	8.05	7.83	7.15	6.89	6.94
比利时	Belgium	4.73	4.74	4.81	5.67	5.56	5.55	5.02	4.73
澳大利亚	Australia	4.19	4.70	5.03	5.65	5.60	5.76	5.44	5.30
瑞典	Sweden	4.77	4.87	5.51	5.36	5.71	5.43	5.15	4.97
韩国	Korea	0.63	1.08	2.17	4.00	4.37	5.06	5.25	5.32
荷兰	Netherlands	4.61	4.55	4.40	4.74	4.99	5.03	4.60	4.33
法国	France	3.38	3.48	3.85	4.14	4.29	4.02	3.84	3.67
德国	Germany	4.24	4.56	4.43	4.13	4.14	4.07	3.94	3.78
日本	Japan	2.94	2.94	3.55	4.08	4.06	3.89	3.57	3.48
瑞士	Switzerland	2.94	3.14	3.59	3.45	3.47	3.33	3.30	3.06
英国	United Kingdom	3.88	3.52	3.60	3.79	3.69	3.23	2.99	2.78
以色列	Israel	2.37	2.02	2.46	2.89	2.65	3.04	2.87	2.76
意大利	Italy	2.18	2.32	2.58	3.01	3.20	2.90	2.56	2.41
西班牙	Spain	1.46	1.78	2.29	3.01	3.25	2.74	2.51	2.47
墨西哥	Mexico	0.92	1.35	1.42	1.49	1.67	1.53	1.62	1.57
非OECD合计	**NON-OECD Total**	**0.73**	**0.86**	**0.96**	**0.90**	**1.07**	**1.26**	**1.34**	**1.35**
沙特阿拉伯	Saudi Arabia	1.08	3.14	3.55	4.57	4.95	6.60	6.36	6.91
俄罗斯	Russian Federation			5.93	4.22	4.54	4.82	5.08	4.94
中国，台北	Chinese Taipei	0.85	1.57	2.36	3.87	4.50	4.82	4.64	4.71
伊朗	Islamic Republic of Iran	0.67	0.98	1.23	1.87	2.46	2.75	2.86	3.03
南非	South Africa	2.08	2.37	2.58	2.48	2.71	2.79	2.63	2.72
委内瑞拉	Venezuela	1.51	2.13	1.99	2.09	2.10	2.50	2.27	2.20
中国，香港	Hong Kong, China	0.75	0.91	1.51	2.04	1.85	1.95	1.94	1.97
阿根廷	Argentina	1.41	1.49	1.41	1.66	1.71	1.91	1.95	2.02
中国	China	0.48	0.61	0.77	0.90	1.39	1.96	2.21	2.24
泰国	Thailand	0.39	0.46	0.74	1.15	1.50	1.77	2.01	1.99
巴西	Brazil	0.79	0.93	0.93	1.07	1.14	1.34	1.44	1.47
埃及	Egypt	0.22	0.35	0.57	0.59	0.82	0.88	0.86	0.84
印度尼西亚	Indonesia	0.31	0.38	0.54	0.74	0.80	0.88	0.87	0.89
印度	India	0.27	0.29	0.35	0.42	0.45	0.56	0.61	0.64

附录2-7 煤生产量
Coal Production

单位：百万吨标准油 (Mtoe)

国家和地区	Contury or Area	2002	2003	2004	2005	2010	比重% Percent of World	2013	比重% Percent of World	2014	比重% Percent of World
世界总计	**World**	**2375.3**	**2517.7**	**2743.5**	**2997.2**	**3667.2**	**100.00**	**4006.4**	**100.00**	**4006.4**	**100.00**
中国	China	752.6	876.9	1033.0	1227.0	1722.5	46.97	1890.4	47.18	1889.6	47.16
美国	United States	555.1	526.1	553.2	565.3	531.8	14.50	477.2	11.91	485.0	12.11
印度	India	156.8	166.3	176.4	163.3	212.9	5.80	237.3	5.92	253.5	6.33
澳大利亚	Australia	184.4	185.2	192.6	201.6	246.6	6.72	264.5	6.60	285.4	7.12
印度尼西亚	Indonesia	63.6	70.9	86.0	98.2	186.3	5.08	275.8	6.88	272.3	6.80
俄罗斯	Russian Federation	117.8	127.3	130.1	157.4	166.4	4.54	184.3	4.60	189.7	4.74
南非	South Atrica	124.3	134.8	137.1	138.4	143.9	3.93	145.0	3.62	147.5	3.68
波兰	Poland	71.2	70.8	69.8	68.9	55.4	1.51	57.1	1.43	54.0	1.35
哈萨克斯坦	Kazakhstan	35.6	37.3	38.2	38.4	48.6	1.32	52.4	1.31	49.9	1.25
哥伦比亚	Colombia	26.1	32.8	35.2	38.4	48.3	1.32	55.6	1.39	57.6	1.44
德国	Germany	58.4	57.7	58.3	56.5	45.9	1.25	45.1	1.12	44.1	1.10
加拿大	Canada	32.6	30.3	32.2	34.6	34.0	0.93	35.2	0.88	34.9	0.87
乌克兰	Ukraine	32.0	37.1	34.8	34.7	33.7	0.92	40.8	1.02	31.9	0.80
英国	United Kingdom	17.8	16.8	14.9	11.9	10.7	0.29	7.4	0.19	6.8	0.17

附录2-8 原油和天然气凝析液(NGL)生产量
Production of Crude Oil, NGL and additives

单位：千吨 (1000 tonnes)

国家和地区	Contury or Area	2000	2005	2010	比重% Percent of World	2013	比重% Percent of World	2014	比重% Percent of World
世界总计	**World**	**3620247**	**3956393**	**3980639**	**100.00**	**4117499**	**100.00**	**4203611**	**100.00**
俄罗斯	Russian Federation	321692	466448	504102	12.66	521688	12.66	526126	12.67
沙特阿拉伯	Saudi Arabia	435856	514015	461099	11.58	535818	13.34	541003	13.01
美国	United States	353002	309989	330032	8.29	448208	9.48	523712	10.99
伊朗	Iran	198822	220078	214355	5.38	158690	4.02	162004	3.85
中国	China	163078	181426	203156	5.10	210098	5.07	211622	5.10
加拿大	Canada	124806	142695	163780	4.11	200004	4.39	214837	4.64
委内瑞拉	Venezuela	173891	181556	158969	3.99	153448	3.79	147296	3.74
墨西哥	Mexico	169263	187632	144718	3.64	141077	3.49	136086	3.43
尼日利亚	Nigeria	115178	128648	126511	3.18	113572	2.96	113898	2.76
阿联酋	United Arab Emirates	120837	132943	129757	3.26	154115	3.60	153319	3.76
科威特	Kuwait	104706	134547	122995	3.09	154536	3.86	151652	3.76
伊拉克	Iraq	129286	93644	117270	2.95	147681	3.57	153637	3.59
挪威	Norway	160990	133016	99648	2.50	83452	2.14	85267	2.03
安哥拉	Angola	36825	62446	88415	2.22	86455	2.10	84104	2.10
哈萨克斯坦	Kazakhstan	35281	62238	80961	2.03	83108	1.97	82259	2.02
阿尔及利亚	Algeria	68002	86130	74428	1.87	65230	1.65	69123	1.58
利比亚	Libya	69118	86062	87481	2.20	51641	1.82	25267	1.25
英国	United Kingdom	126375	84722	62962	1.58	40671	1.09	40018	0.99
印度尼西亚	Indonesia	70259	52447	47536	1.19	41391	1.07	40075	1.01
阿根廷	Argentina	41353	37707	35295	0.89	30474	0.78	31967	0.73

附录2-8 续表 Continued

单位：百万标准油 (Mtoe)

国家和地区	Contury or Area	2000	2005	2010	比重% Percent of World	2013	比重% Percent of World	2014	比重% Percent of World
世界总计	**World**	**3701.2**	**4043.5**	**4067.0**	**100.00**	**4218.2**	**100.00**	**4308.5**	**100.00**
俄罗斯	Russian Federation	323.3	468.7	506.5	12.45	524.2	12.43	528.7	12.27
美国	United States	365.6	322.6	346.7	8.52	470.7	11.16	549.9	12.76
加拿大	Canada	128.4	146.2	167.2	4.11	204.1	4.84	219.2	5.09
伊朗	Iran	202.6	224.2	218.4	5.37	161.7	3.83	165.0	3.83
卡塔尔	Qatar	37.7	49.5	71.1	1.75	78.7	1.87	77.6	1.80
中国	China	163.1	181.4	203.2	5.00	210.1	4.98	211.6	4.91
印度尼西亚	Indonesia	71.6	53.5	48.4	1.19	42.2	1.00	40.8	0.95
阿尔及利亚	Algeria	72.3	90.9	78.5	1.93	68.7	1.63	73.0	1.69
沙特阿拉伯	Saudi Arabia	445.1	525.0	471.6	11.59	547.6	12.98	552.9	12.83
荷兰	Netherland	2.7	2.6	1.6	0.04	1.7	0.04	2.1	0.05
英国	United Kingdom	131.7	88.5	64.4	1.58	42.2	1.00	41.5	0.96
埃及	Egypt	36.1	32.8	35.2	0.87	32.1	0.76	31.2	0.72
乌兹别克斯坦	Uzbekistan	7.8	5.6	4.0	0.10	3.2	0.07	3.0	0.07
马来西亚	Malaysia	32.3	37.4	34.4	0.85	29.7	0.70	30.8	0.71
阿联酋	United Arab Emirates	123.0	135.3	132.1	3.25	156.9	3.72	156.1	3.62
澳大利亚	Australia	33.9	25.7	25.5	0.63	20.0	0.47	19.1	0.44
印度	India	37.2	37.7	43.1	1.06	43.0	1.02	42.4	0.98
墨西哥	Mexico	169.2	193.0	147.2	3.62	150.3	3.56	144.8	3.36
特立尼达和多巴哥	Trinidad and Tobago	6.8	8.4	6.7	0.16	5.4	0.13	5.4	0.12
土库曼斯坦	Turkmenistan	7.8	10.3	10.4	0.25	12.6	0.30	12.8	0.30
阿根廷	Argentina	41.4	37.8	35.4	0.87	30.5	0.72	32.0	0.74
巴基斯坦	Pakistan	3.0	3.6	3.5	0.09	4.5	0.11	4.3	0.10
泰国	Thailand	8.1	13.0	17.5	0.43	19.4	0.46	18.9	0.44
委内瑞拉	Venezuela	182.2	191.1	169.4	4.16	163.5	3.88	157.0	3.64
德国	Germany	3.9	4.6	3.3	0.08	3.4	0.08	3.1	0.07

附录2-9 天然气生产量
Production of Natural Gas

单位：万亿焦耳

国家和地区	Contury or Area	2000	2005	2010	比重% Percent of World	2013	比重% Percent of World	2014	比重% Percent of World
世界总计	**World**	**96056169**	**110309786**	**126332075**	**100.00**	**135454957**	**100.00**	**136264391**	**100.00**
俄罗斯	Russian Federation	21898778	23996973	25128116	19.89	26203721	19.34	24082912	17.67
沙特阿拉伯	Saudi Arabia	1431846	2138435	2786550	2.21	3114266.00	2.30	3234801	2.37
美国	United States	20792062	19610918	23017554	18.22	26238464	19.37	28026934	20.57
伊朗	Iran	2319139	3882747	5662412	4.48	6168912	4.55	6872781	5.04
中国	China	1058923	1920077	3729239	2.95	4705201.00	3.47	5067142	3.72
加拿大	Canada	6901752	7170727	6160446	4.88	6063762.00	4.48	6400017	4.70
委内瑞拉	Venezuela	1016539	901033	891379	0.71	911044	0.67	914262	0.67
墨西哥	Mexico	1553098	1789100	1980921	1.57	1883374	1.39	1733745	1.27
尼日利亚	Nigeria	473480	920011	1236538	0.98	1412306	1.04	1611963	1.18
阿联酋	United Arab Emirates	1436370	1863810	1932933	1.53	2057273	1.52	2042202	1.50
科威特	Kuwait	364800	467400	445854	0.35	619826	0.46	571094	0.42
伊拉克	Iraq	119700	69189	265434	0.21	265434	0.20	256790	0.19
挪威	Norway	2153038	3490882	4429083	3.51	4447408	3.28	4418921	3.24
安哥拉	Angola	3249534	3517401	3348004	2.65	3205532	2.37	3266332	2.40
哈萨克斯坦	Kazakhstan	354597	736343	1144686	0.91	1428235	1.05	1454817	1.07
阿尔及利亚	Algeria	3249534	3517401	3348004	2.65	3205532	2.37	3266332	2.40
利比亚	Libya	223440	429400	638780	0.51	486400	0.36	473100	0.35
英国	United Kingdom	4538225	3693564	2394229	1.90	1529125	1.13	1531939	1.12
印度尼西亚	Indonesia	2845363	3050791	3480020	2.75	3104946	2.29	3055983	2.24
阿根廷	Argentina	1596643	1857345	1645453	1.30	1507070	1.11	1512840	1.11

附录2-9 续表 Continued

单位：百万标准油 (Mtoe)

国家和地区	Contury or Area	2000	2005	2010	比重% Percent of World	2013	比重% Percent of World	2014	比重% Percent of World
世界总计	**World**	**2064.3**	**2370.6**	**2714.9**	**100.00**	**2910.9**	**100.00**	**2928.3**	**100.00**
俄罗斯	Russian Federation	470.6	515.7	540.0	19.89	563.1	19.35	517.5	17.67
美国	United States	446.8	421.4	494.7	18.22	563.7	19.36	602.3	20.57
加拿大	Canada	148.3	154.1	132.4	4.88	130.3	4.48	137.5	4.70
伊朗	Iran	49.8	83.4	121.7	4.48	132.6	4.55	147.7	5.04
卡塔尔	Qatar	21.8	39.9	107.3	3.95	145.2	4.99	142.3	4.86
中国	China	22.8	41.3	80.1	2.95	101.1	3.47	108.9	3.72
印度尼西亚	Indonesia	61.2	65.5	74.8	2.75	66.7	2.29	65.7	2.24
阿尔及利亚	Algeria	69.8	75.6	72.0	2.65	68.9	2.37	70.2	2.40
沙特阿拉伯	Saudi Arabia	30.8	46.0	59.9	2.21	66.9	2.30	69.5	2.37
荷兰	Netherland	52.2	56.3	63.4	2.34	61.8	2.12	50.1	1.71
英国	United Kingdom	97.5	79.4	51.5	1.90	32.9	1.13	32.9	1.12
埃及	Egypt	14.4	42.6	46.4	1.71	45.1	1.55	46.1	1.57
乌兹别克斯坦	Uzbekistan	47.2	49.0	48.9	1.80	48.6	1.67	48.6	1.66
马来西亚	Malaysia	42.6	55.4	51.0	1.88	58.2	2.00	58.8	2.01
阿联酋	United Arab Emirates	30.9	40.1	41.5	1.53	44.2	1.52	43.9	1.50
澳大利亚	Australia	28.5	31.4	44.5	1.64	52.1	1.79	52.9	1.81
印度	India	23.1	25.9	43.0	1.58	29.0	1.00	27.5	0.94
墨西哥	Mexico	33.4	38.5	42.6	1.57	40.5	1.39	37.3	1.27
特立尼达和多巴哥	Trinidad and Tobago	12.2	26.5	35.8	1.32	34.5	1.18	34.3	1.17
土库曼斯坦	Turkmenistan	38.2	51.3	36.9	1.36	63.9	2.19	65.2	2.23
阿根廷	Argentina	34.3	39.9	35.4	1.30	32.4	1.11	32.5	1.11
巴基斯坦	Pakistan	16.7	25.6	27.0	0.99	26.5	0.91	26.3	0.90
泰国	Thailand	15.6	18.5	24.7	0.91	28.4	0.97	29.0	0.99
委内瑞拉	Venezuela	21.9	19.4	19.2	0.71	19.6	0.67	19.7	0.67
德国	Germany	15.9	14.3	11.1	0.41	8.9	0.30	6.9	0.23

附录2-10 终端能源消费量
Total Final Consumption of Energy

单位:. 百万吨标准油 (Mtoe)

国家和地区	Contury or Area	2000	2005	2010	比重% Percent of World	2013	比重% Percent of World	2014	比重% Percent of World
世界	**World**	**7040.85**	**7976.61**	**8866.16**	**100.00**	**9301.06**	**100.00**	**9424.69**	**100.00**
OECD合计	**OECD Total**	**3632.50**	**3751.02**	**3690.63**	**41.63**	**3652.19**	**39.27**	**3628.86**	**38.50**
美国	United States	1546.23	1563.04	1512.42	17.06	1509.70	16.23	1537.63	16.31
日本	Japan	328.23	329.17	308.88	3.48	302.78	3.26	295.54	3.14
德国	Germany	231.39	230.67	228.89	2.58	225.33	2.42	216.32	2.30
加拿大	Canada	191.48	198.67	187.42	2.11	199.09	2.14	200.40	2.13
法国	France	163.21	168.59	161.39	1.82	157.46	1.69	147.65	1.57
韩国	Korea	127.11	140.45	157.69	1.78	167.84	1.80	170.29	1.81
英国	United Kingdom	150.73	148.57	138.12	1.56	130.31	1.40	122.92	1.30
意大利	Italy	128.83	141.28	133.74	1.51	120.99	1.30	116.57	1.24
墨西哥	Mexico	95.27	105.99	117.25	1.32	119.57	1.29	118.26	1.25
西班牙	Spain	85.49	102.06	92.24	1.04	81.09	0.87	78.64	0.83
澳大利亚	Australia	69.58	72.23	77.01	0.87	81.13	0.87	81.12	0.86
荷兰	Netherlands	60.18	64.73	66.17	0.75	61.31	0.66	56.74	0.60
比利时	Belgium	41.76	41.85	43.47	0.49	41.74	0.45	40.06	0.43
瑞典	Sweden	35.30	34.54	34.86	0.39	32.39	0.35	31.89	0.34
瑞士	Switzerland	19.38	20.44	20.79	0.23	20.35	0.22	18.66	0.20
以色列	Israel	11.98	11.95	14.83	0.17	13.93	0.15	14.47	0.15
非OECD合计	**NON-OECD Total**	**3134.98**	**3906.09**	**4815.06**	**54.31**	**5294.25**	**56.92**	**5432.63**	**57.64**
中国	China	786.12	1219.88	1659.03	18.71	1918.60	20.63	1987.83	21.09
印度	India	315.33	361.10	480.53	5.42	534.52	5.75	555.74	5.90
俄罗斯	Russia	417.83	411.92	446.59	5.04	449.84	4.84	454.50	4.82
巴西	Brazil	153.35	171.84	210.91	2.38	228.01	2.45	232.11	2.46
伊朗	Islamic Republic of Iran	94.78	126.81	156.80	1.77	169.58	1.82	181.12	1.92
印度尼西亚	Indonesia	120.22	133.38	149.12	1.68	160.62	1.73	165.26	1.75
沙特阿拉伯	Saudi Arabia	63.52	83.42	120.65	1.36	133.07	1.43	141.69	1.50
泰国	Thailand	50.57	69.89	84.90	0.96	95.89	1.03	95.88	1.02
中国，台北	Chinese Taipei	48.69	60.44	67.86	0.77	67.81	0.73	68.01	0.72
南非	South Africa	56.09	64.30	68.19	0.77	74.58	0.80	74.78	0.79
阿根廷	Argentina	47.21	50.81	56.70	0.64	59.81	0.64	62.04	0.66
埃及	Egypt	31.47	42.09	53.04	0.60	51.63	0.56	51.28	0.54
委内瑞拉	Venezuela	32.93	40.79	49.05	0.55	45.48	0.49	44.04	0.47
中国，香港	Hong Kong, China	9.38	7.46	8.20	0.09	8.66	0.09	9.06	0.10

附录2-11 煤的一次供应量
Primary Supply of Coal

单位：百万吨标准油 (Mtoe)

国家和地区	Contury or Area	2000	2005	2010	比重% Percent of Word	2013	比重% Percent of Word	2014	比重% Percent of Word
世界	**World**	**2315.95**	**2993.15**	**3656.60**	**100.00**	**3895.67**	**100.00**	**3918.49**	**100.00**
OECD合计	**OECD Total**	**1100.58**	**1147.74**	**1092.15**	**29.87**	**1028.44**	**26.40**	**1012.46**	**25.84**
美国	United States	533.64	558.32	502.59	**13.74**	432.13	**11.09**	431.71	**11.02**
日本	Japan	97.16	110.05	115.12	3.15	121.90	3.13	118.46	3.02
德国	Germany	84.81	81.90	78.95	2.16	81.64	2.10	79.60	2.03
韩国	Korea	41.95	49.66	73.45	2.01	77.88	2.00	81.70	2.08
澳大利亚	Australia	48.15	51.03	50.47	1.38	43.72	1.12	41.51	1.06
英国	United Kingdom	36.52	37.74	30.77	0.84	37.20	0.95	29.90	0.76
加拿大	Canada	31.68	29.06	23.21	0.63	17.89	0.46	19.40	0.50
意大利	Italy	12.56	16.47	13.67	0.37	13.54	0.35	13.08	0.33
法国	France	15.04	14.30	12.07	0.33	12.45	0.32	9.29	0.24
墨西哥	Mexico	6.88	12.16	13.26	0.36	12.91	0.33	12.65	0.32
西班牙	Spain	20.94	20.57	7.81	0.21	11.01	0.28	11.41	0.29
荷兰	Netherlands	7.77	8.09	7.54	0.21	8.12	0.21	9.01	0.23
以色列	Israel	6.47	7.41	7.41	0.20	7.03	0.18	6.55	0.17
比利时	Belgium	8.05	5.20	3.81	0.10	3.38	0.09	3.30	0.08
瑞典	Sweden	2.45	2.63	2.49	0.07	2.22	0.06	2.10	0.05
瑞士	Switzerland	0.14	0.15	0.15	0.00	0.13	0.00	0.14	0.00
非OECD合计	**NON-OECD Total**	**1215.37**	**1845.41**	**2564.45**	**70.13**	**2867.22**	**73.60**	**2906.03**	**74.16**
中国	China	664.72	1203.69	1788.94	48.92	2020.14	51.86	2011.50	51.33
印度	India	145.92	184.22	279.03	7.63	340.57	8.74	377.88	9.64
俄罗斯	Russian Federation	119.97	112.63	100.93	2.76	108.33	2.78	103.95	2.65
南非	South Africa	81.78	91.94	100.47	2.75	95.43	2.45	102.07	2.60
中国，台北	Chinese Taipei	29.91	38.14	41.43	1.13	40.29	1.03	40.85	1.04
印度尼西亚	Indonesia	12.01	22.13	31.84	0.87	28.85	0.74	36.05	0.92
泰国	Thailand	7.67	11.50	16.36	0.45	17.24	0.44	15.87	0.41
巴西	Brazil	13.01	12.99	14.47	0.40	16.47	0.42	17.53	0.45
中国，香港	Hong Kong, China	3.73	6.67	6.36	0.17	7.99	0.21	8.50	0.22
伊朗	Islamic Republic of Iran	1.46	1.68	1.49	0.04	1.16	0.03	0.89	0.02
阿根廷	Argentina	0.51	0.84	0.99	0.03	1.03	0.03	1.54	0.04
埃及	Egypt	0.83	0.80	0.44	0.01	0.39	0.01	0.39	0.01
委内瑞拉	Venezuela	0.13	0.04	0.20	0.01	0.21	0.01	0.20	0.01

附录2-12 石油的一次供应量
Primary Supply of Oil

单位：百万吨标准油 (Mtoe)

国家和地区	Contury or Area	2000	2005	2010	比重% Percent of Word	2013	比重% Percent of Word	2014	比重% Percent of Word
世界	**World**	**3659.50**	**4003.22**	**4137.89**	**100.00**	**4215.71**	**100.00**	**4285.30**	**100.00**
OECD合计	**OECD Total**	**2114.65**	**2186.98**	**1967.45**	**47.55**	**1890.47**	**44.84**	**1881.11**	**43.90**
美国	United States	871.15	929.18	805.61	19.47	771.73	18.31	782.28	18.25
日本	Japan	255.18	243.14	202.38	4.89	202.15	4.80	192.01	4.48
德国	Germany	124.81	116.20	105.23	2.54	102.90	2.44	101.01	2.36
墨西哥	Mexico	88.52	100.08	90.67	2.19	98.92	2.35	96.40	2.25
韩国	Korea	99.04	92.49	95.11	2.30	96.57	2.29	96.34	2.25
加拿大	Canada	87.10	94.53	97.84	2.36	94.72	2.25	97.29	2.27
法国	France	82.22	86.23	75.58	1.83	71.21	1.69	70.25	1.64
意大利	Italy	86.85	80.25	65.30	1.58	53.34	1.27	51.58	1.20
英国	United Kingdom	73.22	72.92	62.82	1.52	57.87	1.37	58.60	1.37
西班牙	Spain	62.10	68.07	58.16	1.41	47.81	1.13	46.87	1.09
澳大利亚	Australia	34.15	36.91	41.61	1.01	44.54	1.06	43.75	1.02
荷兰	Netherlands	28.11	32.40	31.50	0.76	29.30	0.70	28.51	0.67
比利时	Belgium	22.70	23.61	23.41	0.57	21.66	0.51	22.34	0.52
瑞典	Sweden	13.57	14.27	13.92	0.34	11.89	0.28	11.59	0.27
瑞士	Switzerland	11.02	11.46	10.35	0.25	10.72	0.25	9.40	0.22
以色列	Israel	11.27	9.13	10.57	0.26	9.60	0.23	9.07	0.21
非OECD合计	**NON-OECD Total**	**1271.48**	**1496.74**	**1809.97**	**43.74**	**1970.66**	**46.75**	**2041.07**	**47.63**
中国	China	220.81	317.82	427.96	10.34	485.39	11.51	504.33	11.77
印度	India	111.99	124.59	161.59	3.91	175.80	4.17	184.79	4.31
俄罗斯	Russia	126.11	129.20	139.08	3.36	158.38	3.76	166.21	3.88
巴西	Brazil	88.23	87.11	104.73	2.53	121.87	2.89	126.37	2.95
沙特阿拉伯	Saudi Arabia	67.08	76.59	125.60	3.04	125.25	2.97	143.98	3.36
伊朗	Islamic Republic of Iran	68.53	85.26	79.55	1.92	88.24	2.09	87.93	2.05
印度尼西亚	Indonesia	57.87	65.45	71.79	1.73	76.64	1.82	75.21	1.76
泰国	Thailand	31.88	43.57	44.95	1.09	54.40	1.29	53.78	1.25
委内瑞拉	Venezuela	23.20	29.56	43.98	1.06	39.37	0.93	38.69	0.90
中国，台北	Chinese Taipei	38.27	43.36	44.02	1.06	41.55	0.99	42.38	0.99
埃及	Egypt	22.85	28.20	33.59	0.81	31.81	0.75	30.59	0.71
阿根廷	Argentina	23.47	22.95	31.44	0.76	30.90	0.73	32.95	0.77
南非	South Africa	8.69	17.08	19.65	0.47	21.45	0.51	21.86	0.51
中国，香港	Hong Kong, China	6.58	3.09	3.36	0.08	2.91	0.07	2.70	0.06

附录2-13　天然气供应量
Primary Supply of Gas

单位：百万吨标准油　　(Mtoe)

国家和地区	Contury or Area	2000	2005	2010	2013	2014	比重% Percent of Word
世界	**World**	**2071.21**	**2359.92**	**2736.45**	**2905.30**	**2900.58**	**100.00**
OECD合计	**OECD Total**	**1162.60**	**1213.74**	**1323.91**	**1367.95**	**1343.84**	**46.33**
美国	United States	547.58	507.07	555.92	606.38	624.00	21.51
日本	Japan	65.65	70.57	86.01	106.29	107.79	3.72
英国	United Kingdom	87.37	85.45	85.03	65.66	59.77	2.06
加拿大	Canada	74.24	80.60	78.61	86.18	88.73	3.06
德国	Germany	71.83	77.76	75.88	73.08	63.36	2.18
意大利	Italy	57.92	70.63	68.04	57.37	50.69	1.75
墨西哥	Mexico	35.47	46.09	54.22	62.15	60.51	2.09
法国	France	35.76	41.01	42.53	39.00	32.59	1.12
荷兰	Netherlands	34.98	35.31	39.20	33.31	28.83	0.99
韩国	Korea	17.01	27.37	38.63	47.60	43.12	1.49
西班牙	Spain	15.21	29.84	31.12	26.16	23.66	0.82
澳大利亚	Australia	19.27	18.97	28.43	30.26	31.69	1.09
比利时	Belgium	13.36	14.72	16.99	14.39	12.60	0.43
以色列	Israel	0.01	1.31	4.40	5.74	6.29	0.22
瑞士	Switzerland	2.43	2.78	3.01	3.08	2.67	0.09
瑞典	Sweden	0.78	0.84	1.47	0.96	0.79	0.03
非OECD合计	**NON-OECD Total**	**908.61**	**1146.17**	**1412.55**	**1537.35**	**1556.73**	**53.67**
俄罗斯	Russian Federation	318.92	349.57	383.43	395.05	371.67	12.81
伊朗	Islamic Republic of Iran	52.62	83.81	122.11	129.26	145.86	5.03
中国	China	20.75	38.78	89.36	140.47	153.64	5.30
沙特阿拉伯	Saudi Arabia	30.77	45.95	59.88	66.93	69.52	2.40
印度	India	23.06	31.80	54.39	44.47	43.21	1.49
印度尼西亚	Indonesia	26.56	29.26	38.81	36.50	36.60	1.26
埃及	Egypt	14.43	29.98	35.80	39.94	40.82	1.41
阿根廷	Argentina	30.43	35.81	37.97	41.92	42.20	1.45
泰国	Thailand	17.36	25.92	32.96	37.84	37.83	1.30
委内瑞拉	Venezuela	21.85	19.36	20.83	21.19	20.38	0.70
巴西	Brazil	7.91	16.72	23.02	32.07	35.37	1.22
中国，台北	Chinese Taipei	5.56	8.86	13.28	13.13	13.65	0.47
中国，香港	Hong Kong, China	2.45	2.19	3.13	2.16	2.08	0.07
南非	South Africa	1.40	2.76	3.87	4.09	3.85	0.13

附录2-14 总发电量(2014年)
Total Electricity Generation (2014)

单位：百万千瓦小时 (GWh)

国家和地区	Contury or Area	2000	2005	2010	2013	2014
世界总计	**World**	**15470744**	**18324258**	**21493488**	**23369730**	**23815799**
美国	United States	4025885	4268887	4354363	4287114	4319156
中国	China	1355738	2500466	4197204	5436567	5665745
日本	Japan	1088092	1129365	1139429	1058800	1035530
俄罗斯	Russian Federation	876468	951159	1036116	1057589	1062333
印度	India	569688	715656	979416	1193480	1287398
德国	Germany	572313	615800	626583	632945	621938
加拿大	Canada	605596	621594	595840	660684	656114
法国	France	535184	571210	564285	567157	556979
巴西	Brazil	348910	403033	515745	571088	590632
韩国	Korea	288526	387874	496718	537891	545865
英国	United Kingdom	374375	395425	378621	356264	336042
西班牙	Spain	220921	289445	298320	281445	274949
墨西哥	Mexico	205675	250718	275537	297326	301496
南非	South Africa	207837	242055	256648	253192	249471
中国，台北	Chinese Taipei	180552	223523	243935	249164	256904
乌克兰	Ukraine	171269	185913	188584	193706	181972
瑞典	Sweden	145231	158365	148460	153031	153554
阿根廷	Argentina	88910	105491	125263	139171	141260
荷兰	Netherlands	89631	99921	119270	101736	103418
巴基斯坦	Pakistan	68116	93629	94384	104076	105305
比利时	Belgium	82773	85709	93833	82183	71455
捷克	Czech Republic	72911	81931	85319	86160	84972
芬兰	Finland	69976	70582	80674	71257	68093
瑞士	Switzerland	66124	57789	66052	68720	70102
罗马尼亚	Romania	51934	59413	60619	58536	65202
保加利亚	Bulgaria	40646	43972	46017	43069	46927

附录2-15 国内生产总值电耗(2010年价)
Electricity Consumption/Gdp (2010 US$)

单位：千瓦小时/美元 (kW•h per US$)

国家和地区	Contury or Area	2000	2005	2010	2013	2014
世界	**World**	**0.287**	**0.291**	**0.302**	**0.304**	0.301
OECD合计	**OECD Total**	**0.243**	**0.235**	**0.231**	**0.221**	0.216
非OECD合计	**NON-OECD Total**	**0.430**	**0.445**	**0.450**	**0.451**	**0.458**
埃及	Egypt	0.493	0.588	0.596	0.641	0.640
中国	China	0.564	0.656	0.652	0.668	0.651
俄罗斯	Russia	0.801	0.646	0.600	0.563	0.566
伊朗	Islamic Republic of Iran	0.360	0.394	0.419	0.487	0.505
南非	South Africa	0.771	0.689	0.620	0.568	0.557
泰国	Thailand	0.419	0.441	0.455	0.452	0.454
印度	India	0.502	0.469	0.463	0.478	0.475
沙特阿拉伯	Saudi Arabia	0.365	0.387	0.415	0.421	0.447
委内瑞拉	Venezuela	0.223	0.232	0.231	0.224	0.194
中国，台北	Chinese Taipei	0.601	0.624	0.554	0.5300	0.525
阿根廷	Argentina	0.243	0.268	0.254	0.241	0.252
巴西	Brazil	0.216	0.211	0.210	0.214	0.220
印度尼西亚	Indonesia	0.182	0.198	0.204	0.217	0.220
中国，香港	Hong Kong, China	0.237	0.212	0.184	0.170	0.171

附录2-16 人均电力消费量
Electricity Consumption/Population

单位：千瓦小时/人 (kW•h per capita)

国家和地区	Contury or Area	2002	2003	2004	2005	2010	2013	2014
世界	**World**	**2365**	**2435**	**2507**	**2580**	**2865**	**3010**	3030
OECD合计	**OECD Total**	**7991**	**8081**	**8205**	**7985**	**8304**	**8111**	8028
非OECD合计	**NON-OECD Total**	**1087**	**1162**	**1236**	**1287**	**1679**	**1922**	1971
中国，台北	Chinese Taipei	8441	8898	9293	9606	10254	10506	10738
沙特阿拉伯	Saudi Arabia	5810	6620	6587	6367	7785	8741	9410
俄罗斯	Russia	5305	5480	5642	5770	6410	6539	6603
中国，香港	Hong Kong, China	5612	5653	5779	5879	5974	5934	6073
南非	South Africa	4546	4756	4886	4689	4581	4328	4240
委内瑞拉	Venezuela	2653	2664	2760	2850	3134	3245	2661
中国	China	1184	1379	1586	1782	2944	3773	3927
阿根廷	Argentina	2017	2186	2301	2393	2847	2944	3052
伊朗	Islamic Republic of Iran	1782	1916	2006	2069	2642	2806	2996
巴西	Brazil	1813	1885	1951	1991	2339	2528	2578
泰国	Thailand	1656	1752	1898	1902	2325	2541	2566
埃及	Egypt	1103	1173	1234	1272	1590	1700	1699
印度	India	417	435	457	469	642	765	805
印度尼西亚	Indonesia	428	440	487	501	637	776	814

附录2-17 煤净进口量
Net Import of Coal

单位：百万吨标准油 (Mtoe)

国家和地区	Contury or Area	2002	2003	2004	2005	2010	2013	2014
日本	Japan	102.58	106.48	116.48	111.42	115.02	121.91	118.49
中国	China	-57.40	-63.86	-54.72	-28.95	82.78	164.84	144.25
韩国	Korea	43.95	46.51	50.25	46.90	72.95	77.38	79.52
印度	India	15.48	14.11	19.30	25.07	69.33	100.02	126.36
中国台北	Chinese Taipei	34.15	35.98	39.73	38.60	41.35	40.60	40.46
德国	Germany	24.45	25.14	27.70	25.72	31.64	36.27	35.63
英国	United Kingdom	17.45	20.01	22.59	27.23	15.81	30.59	26.2
意大利	Italy	13.12	14.53	16.78	16.37	14.30	13.02	12.91
土耳其	Turkey	8.34	10.90	11.20	11.72	13.85	17.49	19.3
法国	France	12.60	11.76	13.11	13.51	12.18	11.63	9.15
巴西	Brazil	11.01	11.36	11.02	10.61	12.11	13.35	14.65
荷兰	Netherlands	8.24	9.23	8.58	8.32	9.24	9.06	9.81
以色列	Israel	7.98	7.70	8.02	7.94	7.38	7.65	6.58
西班牙	Spain	14.36	12.72	14.14	14.40	6.73	7.57	8.69
比利时	Belgium	5.46	5.80	5.87	5.09	3.59	3.22	3.37
波兰	Poland	-15.60	-14.72	-14.97	-12.99	-2.74	-5.41	-4.22
加拿大	Canada	-1.46	-2.00	-4.52	-5.09	-12.23	-17.80	-15.16
美国	United States	-11.49	-8.96	-10.06	-8.78	-36.80	-63.02	-50.83
南非	South Africa	-45.17	-46.69	-44.25	-46.43	-42.83	-49.22	-45.58
哥伦比亚	Colombia	-23.20	-29.73	-33.21	-34.85	-45.11	-51.90	-53.72
印度尼西亚	Indonesia	-45.62	-52.06	-65.50	-75.05	-155.85	-249.54	-246.92
澳大利亚	Australia	-132.58	-135.50	-141.70	-150.34	-190.14	-217.31	-242.71

注：负数表示净出口。
Note: Negative numbers show net export.

附录2-18 石油净进口量
Net Import of Oil

单位：百万吨标准油 (Mtoe)

国家和地区	Contury or Area	2002	2003	2004	2005	2010	2013	2014
美国	United States	557.94	594.72	641.07	659.40	508.20	335.36	277.65
中国	China	79.80	106.16	148.29	143.43	253.49	299.95	319.92
日本	Japan	259.08	260.62	256.84	257.88	211.78	211.52	198.51
印度	India	80.35	85.19	88.09	90.32	123.53	138.65	147.19
德国	Germany	124.45	126.3	122.41	123.13	112.67	110.57	107.73
韩国	Korea	106.47	108.69	107.84	102.49	108.80	109.08	109.32
法国	France	93.39	93.78	93.87	93.93	81.78	78.50	76.74
新加坡	Singapore	41.03	34.81	41.79	44.63	62.15	64.78	66.03
西班牙	Spain	74.98	75.71	77.47	79.97	69.47	57.03	59.21
意大利	Italy	85.49	83.97	81.29	78.55	66.80	53.08	50.08
中国，台北	Chinese Taipei	43.79	45.35	48.36	48.20	47.97	43.80	46.92
荷兰	Netherlands	40.49	41.29	44.53	48.75	45.72	43.93	41.7
比利时	Belgium	29.43	31.93	30.72	33.43	33.54	29.68	29.37
泰国	Thailand	28.36	30.98	35.91	34.70	31.99	36.11	36.34
土耳其	Turkey	28.39	28.32	28.94	28.07	29.35	33.19	33.87
希腊	Greece	20.37	19.68	21.53	20.11	17.02	12.42	13.39
英国	United Kingdom	-39.85	-28.52	-14.15	-2.54	11.32	28.50	30.08
厄瓜多尔	Ecuador	-12.64	-13.41	-18.41	-17.96	-13.68	-15.07	-15.41
阿曼	Oman	-45.17	-41.27	-38.79	-38.56	-38.13	-41.63	-41.09
墨西哥	Mexico	-81.73	-94.4	-97.77	-92.24	-56.25	-47.31	-43.72
阿尔及利亚	Algeria	-64.54	-72.39	-75.61	-79.28	-61.10	-49.07	-51.96
利比亚	Libya	-51.25	-59.34	-66.74	-69.16	-72.59	-43.68	-11.08
卡塔尔	Qatar	-32.12	-34.16	-48.36	-52.14	-65.11	-75.31	-74.25
哈萨克斯坦	Kazakhstan	-38.05	-44.38	-50.1	-54.69	-70.07	-66.91	-70.83
加拿大	Canada	-49.08	-49.32	-51.81	-47.03	-74.89	-108.35	-118.48
安哥拉	Angola	-42.82	-41.24	-47.2	-61.28	-85.23	-81.69	-78.24
挪威	Norway	-152.59	-145.41	-144.89	-125.68	-85.83	-69.62	-75.90
伊拉克	Iraq	-73.73	-42.85	-74.1	-70.30	-86.62	-108.01	-112.34
科威特	Kuwait	-86.17	-97.27	-105.23	-118.43	-104.01	-135.95	-133.97
阿联酋	United Arab Emirates	-89.27	-99.54	-104.38	-112.18	-103.45	-124.13	-120.85
委内瑞拉	Venezuela	-139.82	-120.07	-133.02	-169.27	-125.27	-121.57	-117.53
尼日利亚	Nigeria	-90.67	-107.68	-118.68	-116.41	-116.67	-102.73	-105.05
伊朗	Iran	-109.43	-126.37	-129.32	-139.82	-136.26	-71.09	-73.23
俄罗斯	Russian Federation	-250.44	-290.38	-325.42	-334.92	-355.07	-352.63	-337.19
沙特阿拉伯	Saudi Arabia	-346.91	-405.12	-414.65	-430.98	-349.01	-419.79	-405.46

注：负数表示净出口。
Note: Negative numbers show net export.

附录2-19 天然气净进口量
Net Import of Gas

单位：百万吨标准油 (Mtoe)

国家和地区	Contury or Area	2002	2003	2004	2005	2010	2013	2014
日本	Japan	64.46	68.65	68.04	67.78	82.79	103.68	105.27
意大利	Italy	48.50	51.10	55.28	59.82	61.58	50.55	45.46
美国	United States	81.23	76.08	79.52	84.16	60.75	30.67	27.58
德国	Germany	60.05	62.42	65.88	65.72	61.63	63.52	56.66
法国	France	36.73	37.52	38.66	40.71	39.54	38.00	33.78
韩国	Korea	20.85	22.73	25.91	26.10	39.28	47.65	44.00
英国	United Kingdom	-6.98	-7.02	1.46	5.97	32.20	32.91	26.91
西班牙	Spain	18.92	21.16	24.61	30.24	30.94	25.79	24.5
土耳其	Turkey	14.34	17.28	18.12	22.13	30.78	36.70	40.03
乌克兰	Ukraine	45.82	49.00	48.68	48.25	29.55	22.59	15.72
白俄罗斯	Belarus	14.59	15.03	16.30	16.70	17.90	16.82	16.64
比利时	Belgium	13.65	14.24	14.55	14.81	16.79	14.47	12.74
中国，台北	Chinese Taipei	6.24	6.50	8.01	8.35	12.94	13.60	14.32
波兰	Poland	6.68	7.50	8.12	8.53	8.87	10.19	9.64
泰国	Thailand	5.82	6.31	6.85	7.42	8.23	9.46	8.85
匈牙利	Hungary	8.70	9.94	9.28	9.80	7.72	5.56	6.82
阿联酋	United Arab Emirates	-5.73	-5.73	-6.27	-4.84	7.82	10.44	9.77
捷克	Czech Republic	7.92	7.70	7.09	7.53	6.84	6.96	5.95
阿根廷	Argentina	-4.81	-5.59	-5.51	-4.11	2.61	9.53	9.69
文莱	Brunei Darssalam	-7.99	-8.39	-8.31	-8.16	-7.59	-7.72	-6.98
乌兹别克斯坦	Uzbekistan	-3.77	-4.89	-7.03	-9.18	-11.72	-10.99	-11.97
阿曼	Oman	-6.85	-7.62	-8.45	-10.48	-8.86	-8.37	-7.44
澳大利亚	Australia	-8.88	-9.15	-9.25	-12.38	-16.04	-21.87	-21.21
马来西亚	Malaysia	-16.99	-20.36	-25.98	-21.14	-19.81	-20.03	-20.47
土库曼斯坦	Turkmenistan	-32.00	-35.34	-36.56	-37.05	-19.55	-43.66	-44.67
尼日利亚	Nigeria	-6.64	-9.99	-10.67	-10.29	-17.75	-17.84	-20.18
印度尼西亚	Indonesia	-32.88	-33.47	-33.18	-36.27	-35.97	-30.22	-29.08
阿尔及利亚	Algeria	-55.31	-57.60	-57.08	-55.08	-48.64	-40.30	-37.94
加拿大	Canada	-82.78	-75.35	-77.52	-79.55	-60.40	-46.87	-47.35
卡塔尔	Qatar	-15.03	-15.91	-20.36	-26.08	-84.34	-105.84	-99.57
挪威	Norway	-55.04	-60.93	-65.32	-71.10	-87.46	-89.83	-90.02
俄罗斯	Russian Federation	-144.00	-145.87	-156.26	-161.18	-150.63	-166.33	-148.68

注：负数表示净出口。

Note: Negative numbers show net export.

附录2-20 主要高耗能产品单位能耗中外比较
Energy Consumption for Main Energy Intensive Products by Comparing China with Selected Countries

1. 火电厂发电煤耗 Gross Coal Consumption Rate for Fossil-Fired Power Plant

单位：克标准煤/千瓦小时 (gce/kW·h)

国家	Country	1990	1995	2000	2005	2010	2011	2012	2013	2014	2015
中国①	China	392	379	363	343	312	308	305	302	300	297
日本②	Japan	317	315	303	301	294	295	294	291	287	

注(Notes)：①6MW以上机组(>6MW Unit).
②九大电力公司平均(Average level of 9 key electricity companies).

资料来源(Source)：1.中国电力企业联合会(China Electricity Council).
2.The Institute of Energy Economics, Japan, Handbook of Energy and Economic Statistics in Japan, 2016 Edition.

2. 火电厂供电煤耗 Net Coal Consumption Rate for Fossil-fired Power Plant

单位：克标准煤/千瓦小时 (gce/kW·h)

国家	Country	1990	1995	2000	2005	2010	2011	2012	2013	2014	2015
中国	China	427	412	392	370	333	329	325	321	319	315
日本	Japan	332	331	316	314	306	306	305	302	298	
意大利	Italy	326	319	315	288	275	274				

资料来源(Source)：1.中国电力企业联合会(China Electricity Council).
2.The Institute of Energy Economics, Japan, Handbook of Energy and Economic Statistics in Japan, 2016 Edition.
3.International Energy Agency, Electricity Information.

2013年电源结构 2013 Power Generation by Source

单位：% (%)

国家	Country	水电 (Hydropower)	火电 (Thermal power)	核电 (Nuclear power)	其他 (Others)
中国	China	16.6	78.6	2.1	2.7
美国	United States	6.7	67.8	19.2	6.3
日本	Japan	7.5	85.6	0.9	6.0
法国	France	12.4	7.8	74.8	5.0

资料来源(Source)：1.中国电力企业联合会(China Electricity Council).
2.The Insititute of Energy Economics, Japan, Handbook of Energy and Economic Statistics in Japan, 2016 Edition.
3.International Energy Agency, Electricity Information.

3. 钢可比能耗 Comparable Energy Consumption for Steel

单位: 千克标准煤/吨 (kgce/tn)

国家	Country	1990	1995	2000	2005	2010	2011	2012	2013	2014	2015
中国①	China	997	976	784	732	681	675	674	662	654	644
日本	Japan	629	656	646	640	612	614	616	608	615	

注(Notes): ①大中型钢铁企业平均值。(Average level of key enterprises).

②综合能耗中的电耗，均按发电煤耗折算标准得。(In the full energy consumption, all of conversion from electric to coal equivalent according to gross coal consumption for fossil-fired power plant).

资料来源(Source): 1.中国钢铁工业协会。(China Iron and Steel Association).

2.The Institute of Energy Economics, Japan, Handbook of Energy and Economic Statistics in Japan,

4. 电解铝交流电耗 Alternating Current Power Consumption for Electrolytic Aluminium

单位: 千瓦时/吨 (kW·h/t)

国家	Country	1990	1995	2000	2005	2010	2011	2012	2013	2014	2015
中国	China	17100	16620	15418	14575	13979	13913	13844	13740	13596	13562
国际先进水平	International Advanced Level	14400	14400	14400	14100	12900	12900	12900	12900	12900	12900

资料来源(Source): 中国有色金属工业协会。(China Ferrous Metals Industry Association).

5. 水泥综合能耗 Fully Energy Consumption for Cement

单位: 千克标准煤/吨 (kgce/tn)

国家	Country	1990	1995	2000	2005	2010	2011	2012	2013	2014	2015
中国	China	201	199	172	149	143	142	140	139	138	137
日本	Japan	123	124	126	127	130	116	122	126	111	

注(Notes): 综合能耗中的电耗，均按发电煤耗折算标准煤。(In the full energy consumption, all of conversion from electric to coal equivalent according to gross coal consumption for fossil-fired power plant).

资料来源(Source): 1.中国水泥协会(China Cement Association).

2.The Institute of Energy Economics, Japan, Handbook of Energy and Economic Statistics in Japan,

6. 乙烯综合能耗 Fully Energy Consumption for Ethylene

单位: 千克标准煤/吨 (kgce/tn)

国家 Country	1990	2000	2005	2010	2011	2012	2013	2014	2015
中国① China	1580	1125	1073	950	895	893	879	860	854
国际先进水平 International Advanced Level	897	714	629②	629②	629②	629②	629②	629	629

注(Notes): ①主要用石油脑油作原料。(Feedstocks of ethylene production is used naphtha mainly).

②中东地区平均值，主要用乙烷作原料。(Average level of Middle-East region, feedstocks of ethylene production is uesd ethane mainly).

③综合能耗中，电耗按发电煤耗折算标准煤。(In the full energy consumption, all of conversion from electric to coal equivalant according to gross coal consumption for fossil-fired power plant).

资料来源(Source): 中国石油和化学工业联合会。(China Petroleum and Chemical Industry Federation).

7. 合成氨综合能耗 Fully Energy Consumption for Sythetic Ammonia

单位: 千克标准煤/吨 (kgce/tn)

国家 Country	1990	1995	2000	2005	2010	2011	2012	2013	2014	2015
中国① China	2035	1849	1699	1650	1587	1568	1552	1532	1540	1495
美国② United States	1000	1000	1000	990	990	990	990	990	990	990

注(Notes): ①大、中、小型装置平均值. 2014年煤占合成氨原料76%。(Average level of large. medium and small size installation. In 2014, the coal amount to 76% of the feedstocks for sythetic ammonia).

②以天然气为原料的大型装置的平均值. 2010年天然气占合成氨原料98%。 (Average level of large size installation by natural gas. In 2010, the natural gas amount to 98% of the feedstocks for sythetic ammonia).

资料来源(Source): 同表6 (Same Table 6).

8. 纸和纸板综合能耗 Full Energy Consumption for Paper and Paperboard

单位: 千克标准煤/吨 (kgce/tn)

国家 Country	1990	2000	2005	2010	2011	2012	2013	2014	2015
中国 China	1550	1540	1380	1200	1170	1128	1087	1050	1045
日本 Japan	744	678	640	581	531	508	530	506	

注(Notes): 产品能耗为自制浆企业平均(Average level of enterprises which made pulp by oneself).

资料来源(Source): 1.中国造纸协会(China Paper Association).

2 .The Institute of Energy Economics, Japan, Handbook of Energy and Economic Statistics in Japan, 2016 Edition.

附录 3　主要统计指标解释

Appendix Ⅲ Explanatory Notes of Main Statistical Indicators

主要统计指标解释

国内生产总值 指按市场价格计算的一个国家（或地区）所有常住单位在一定时期内生产活动的最终成果。国内生产总值有三种表现形态，即价值形态、收入形态和产品形态。从价值形态看，它是所有常住单位在一定时期内生产的全部货物和服务价值与同期投入的全部非固定资产货物和服务价值的差额，即所有常住单位的增加值之和；从收入形态看，它是所有常住单位在一定时期内创造并分配给常住单位和非常住单位的初次收入之和；从产品形态看，它是所有常住单位在一定时期内最终使用的货物和服务价值与货物和服务净出口价值之和。在实际核算中，国内生产总值有三种计算方法，即生产法、收入法和支出法。三种方法分别从不同的方面反映国内生产总值及其构成。

三次产业 三产业的划分是世界上较为常用的产业结构分类，但各国的划分不尽一致。根据《国民经济行业分类》(GB/T 4754—2011)，我国的三次产业划分是：

第一产业 是指农、林、牧、渔业（不含农、林、牧、渔服务业）。

第二产业 是指采矿业（不含开采辅助活动），制造业（不含金属制品、机械和设备修理业），电力、热力、燃气及水生产和供应业，建筑业。

第三产业 即服务业，是指除第一产业、第二产业以外的其他行业。

能源生产总量 指一定时期内全国（地区）一次能源生产量的总和，是观察全国（地区）能源生产水平、规模、过程构成和发展速度的总量指标。一次能源生产量包括原煤、原油、天然气、水电、核电及其他动力能（如风能、地热能等）发电量。不包括低热值燃料生产量、太阳热能等的利用和由一次能源加工转换而成的二次能源产量。

能源消费总量 指一定地域内（国家或地区）国民经济各行业和居民家庭在一定时期消费的各种能源的总和。能源消费总量分为三部分，即终端能源消费量、能源加工转换损失量和损失量。

(1) 终端能源消费量指一定时期内全国（地区）各行业和居民生活消费的各种能源在扣除了用于加工转换二次能源消费量和损失量以后的数量。

(2) 能源加工转换损失量指一定时期内全国（地区）投入加工转换的各种能源数量之和与产出各种能源产品之和的差额。它是观察能源在加工转换过程中损失量变化的指标。

(3) 能源损失量指一定时期内能源在输送、分配、储存过程中发生的损失和由客观原因造成的各种损失量。不包括各种气体能源放空、放散量。

能源生产弹性系数 是能源生产量的增长与国民经济增长之间的比值。计算公式：

$$\text{能源生产弹性系数}=\frac{\text{能源生产总量年平均增长速度}}{\text{国民经济年平均增长速度}}$$

本资料采用国内生产总值指标计算国民经济年平均增长速度。

电力生产弹性系数 是电力生产量的增长与国民经济增长之间的比值。计算公式：

$$电力生产弹性系数=\frac{电力生产量年平均增长速度}{国民经济年平均增长速度}$$

能源消费弹性系数 是能源消费增长速度与国民经济增长速度之间的比值。计算公式：

$$能源消费弹性系数=\frac{能源消费总量年平均增长速度}{国民经济年平均增长速度}$$

电力消费弹性系数 是电力消费增长速度与国民经济增长速度之间的比值。计算公式：

$$电力消费弹性系数=\frac{电力消费量年平均增长速度}{国民经济年平均增长速度}$$

能源加工转换效率 指一定时期内能源经过加工转换后，产出的各种能源产品的数量与投入加工转换的各种能源数量的比率。它是观察能源加工转换装置和生产工艺先进与落后、管理水平高低等的重要指标。计算公式：

$$能源加工转换效率=\frac{加工转换产出量}{加工转换投入量}\times 100\%$$

Explanatory Notes on Main Statistical Indicators

Gross Domestic Product (GDP): refers to the final products at market prices produced by all resident units in a country during a certain period of time. Gross domestic product is expressed in three different perspectives, namely value, income, and products respectively. GDP in its value perspective refers to the balance of total value of all goods and services produced by all resident units during a certain period of time, minus the total value of input of goods and services of the nature of non-fixed assets; in other words, it is the sum of the value-added of all resident units. GDP from the perspective of income includes the primary income created by all resident units and distributed to resident and non-resident units. GDP from the perspective of products refers to the value of all goods and services for final demand by all resident units plus the net exports of goods and services during a given period of time. In the practice of national accounting, gross domestic product is calculated from three approaches, namely production approach, income approach and expenditure approach, which reflect gross domestic product and its composition from different angles.

Three Strata of Industry: Classification of economic activities into three strata of industry is a common practice in the world, although the grouping varies to some extent from country to country. In China, according to Industrial classification for National Economic Activities (GB/T 4754—2011), economic activities are categorized into the following three strata of industry:

Primary industry: refers to agriculture, forestry, animal husbandry and fishery industries (not including services in support of agriculture, forestry, animal husbandry and fishery industries).

Secondary industry: refers to mining and quarrying (not including support activities for mining), manufacturing (not including repair service of metal products, machinery and equipment), production and supply of electricity, heat, gas and water, and construction.

Tertiary industry: refers to all other economic activities not included in the primary or secondary industries.

Total Energy Production: refers to the total production of primary energy by all energy producing enterprises in the country (region) in a given period of time. It is a comprehensive indicator to show the capacity, scale, composition and development of energy production of the country (region). The production of primary energy includes that of coal, crude oil, natural gas, hydro power and electricity generated by other means such as wind power and geothermal power. However, it excludes the production of fuels of low calorific value, solar thermal and the secondary energy converted from the primary energy.

Total Energy Consumption: refers to the total consumption of energy of various kinds of national economy industries and residents in a certain area (country or region) in a given period of time. Total energy consumption can be divided into three parts:

(1) Final Energy Consumption: refers to the total energy consumption by industry and residential in the country (region) in a given period of time, but excludes the consumption in conversion of the primary energy into the secondary energy and the loss in the process of energy transformation.

(2) Loss During Energy Transformation: refers to the total input of various kinds of energy for transformation, minus the total output of various kinds of energy in the country in a given period of time. It is an indicator to show the loss that occurs during the process of energy transformation.

(3) Loss: refers to the total of the loss of energy during the course of energy transport, distribution and storage and the loss caused by any objective reason in a given period of time. The loss of various kinds of gas due to gas discharges and stocktaking is excluded.

Elasticity of Energy Production: is an indicator to show the relationship between the growth rate of energy production and the growth rate of the national economy. The formula is:

$$\text{Elasticity of Energy Production} = \frac{\text{average annual growth rate of energy production}}{\text{average annual growth rate of national economy}}$$

The gross domestic products (GDP) is used to calculate the growth rate of national economy in this book.

Elasticity of Electricity Production: is an indicator to show the relationship between the growth rate of electricity production and the growth rate of the national economy. The formula is:

$$\text{Elasticity of Electricity Production} = \frac{\text{average annual growth rate of electricity production}}{\text{average annual growth rate of national economy}}$$

Elasticity of Energy Consumption: is an indicator to show the relationship between the growth rate of energy consumption and the growth rate of the national economy. The formula is:

$$\text{Elasticity of Energy Consumption} = \frac{\text{average annual growth rate of energy consumption}}{\text{average annual growth rate of national economy}}$$

Elasticity of Electricity Consumption: is an indicator to show the relationship between the growth rate of electricity consumption and the growth rate of the national economy. The formula is:

$$\text{Elasticity of Electricity Consumption} = \frac{\text{average annual growth rate of electricity consumption}}{\text{average annual growth rate of national economy}}$$

Efficiency of Energy Transformation: refers to the ratio of the total output of energy products after transformation and the total input of energy for transformation in the same reference period. It is an indicator to show the current conditions of energy processing and conversion equipment, production technique and management. The formula is:

$$\text{Efficiency of Energy Transformation} = \frac{\text{output of energy from transformation}}{\text{input of energy for transformation}}$$

附录 4　各种能源折标准煤参考系数

Appendix Ⅳ Conversion Factors from Physical Units to Coal Equivalent

各种能源折标准煤参考系数

能源名称	平均低位发热量	折标准煤系数
原煤	20 908 千焦 /(5 000 千卡)/ 千克	0.7143 千克标准煤 / 千克
洗精煤	26 344 千焦 /(6 300 千卡)/ 千克	0.9000 千克标准煤 / 千克
其他洗煤		
洗中煤	8 363 千焦 /(2 000 千卡)/ 千克	0.2857 千克标准煤 / 千克
煤泥	8 363～12 545 千焦 /(2 000～3 000 千卡)/ 千克	0.2857～0.4286 千克标准煤 / 千克
焦炭	28 435 千焦 /(6 800 千卡)/ 千克	0.9714 千克标准煤 / 千克
原油	41 816 千焦 /(10 000 千卡)/ 千克	1.4286 千克标准煤 / 千克
燃料油	41 816 千焦 /(10 000 千卡)/ 千克	1.4286 千克标准煤 / 千克
汽油	43 070 千焦 /(10 300 千卡)/ 千克	1.4714 千克标准煤 / 千克
煤油	43 070 千焦 /(10 300 千卡)/ 千克	1.4714 千克标准煤 / 千克
柴油	42 652 千焦 /(10 200 千卡)/ 千克	1.4571 千克标准煤 / 千克
液化石油气	50 179 千焦 /(12 000 千卡)/ 千克	1.7143 千克标准煤 / 千克
炼厂干气	45 998 千焦 /(11 000 千卡)/ 千克	1.5714 千克标准煤 / 千克
天然气	32 238～38 931 千焦 /(7 700～9 310 千卡)/ 立方米	1.1000～1.3300 千克标准煤 / 立方米
焦炉煤气	16 726～17 981 千焦/(4 000～4 300 千卡)/ 立方米	0.5714～0.6143 千克标准煤 / 立方米
其它煤气		
发生炉煤气	5 227 千焦 /(1 250 千卡)/ 立方米	0.1786 千克标准煤 / 立方米
重油催化裂解煤气	19 235 千焦 /(4 600 千卡)/ 立方米	0.6571 千克标准煤 / 立方米
重油热裂解煤气	35 544 千焦 /(8 500 千卡)/ 立方米	1.2143 千克标准煤 / 立方米
焦炭制气	16 308 千焦 /(3 900 千卡)/ 立方米	0.5571 千克标准煤 / 立方米
压力气化煤气	15 054 千焦 /(3 600 千卡)/ 立方米	0.5143 千克标准煤 / 立方米
水煤气	10 454 千焦 /(2 500 千卡)/ 立方米	0.3571 千克标准煤 / 立方米
煤焦油	33 453 千焦 /(8 000 千卡)/ 千克	1.1429 千克标准煤 / 千克
粗苯	41 816 千焦 /(10 000 千卡)/ 千克	1.4286 千克标准煤 / 千克
热力(当量)		0.03412 千克标准煤 / 百万焦耳 (0.14286 千克标准煤 /1000 千卡)
电力(当量)	3 600 千焦 /(860 千卡)/ 千瓦小时	0.1229 千克标准煤 / 千瓦小时
(等价)	按当年火电发电标准煤耗计算	
生物质能		
人粪	18 817 千焦 /(4 500 千卡)/ 千克	0.643 千克标准煤 / 千克
牛粪	13 799 千焦 /(3 300 千卡)/ 千克	0.471 千克标准煤 / 千克
猪粪	12 545 千焦 /(3 000 千卡)/ 千克	0.429 千克标准煤 / 千克
羊、驴、马、骡粪	15 472 千焦 /(3 700 千卡)/ 千克	0.529 千克标准煤 / 千克
鸡粪	18 817 千焦 /(4 500 千卡)/ 千克	0.643 千克标准煤 / 千克
大豆秆、 棉花秆	15 890 千焦 /(3 800 千卡)/ 千克	0.543 千克标准煤 / 千克
稻秆	12 545 千焦 /(3 000 千卡)/ 千克	0.429 千克标准煤 / 千克
麦秆	14 635 千焦 /(3 500 千卡)/ 千克	0.500 千克标准煤 / 千克
玉米秆	15 472 千焦 /(3 700 千卡)/ 千克	0.529 千克标准煤 / 千克
杂草	13 799 千焦 /(3 300 千卡)/ 千克	0.471 千克标准煤 / 千克
树叶	14 635 千焦 /(3 500 千卡)/ 千克	0.500 千克标准煤 / 千克
薪柴	16 726 千焦 /(4 000 千卡)/ 千克	0.571 千克标准煤 / 千克
沼气	20 908 千焦 /(5 000 千卡)/ 立方米	0.714 千克标准煤 / 立方米

Conversion Factors from Physical Unit to Coal Equivalent

Energy	Average Low Calorific Value	Conversion Factor
Raw Coal	20 908 kjoule / (5 000 kcal) / kg	0.7143 kgce / kg
Cleaned Coal	26 344 kjoule / (6 300 kcal) / kg	0.9000 kgce / kg
Other Washed Coal		
Middlings	8 363 kjoule / (2 000 kcal) / kg	0.2857 kgce / kg
Slimes	8 363～12 545 kjoule / (2 000～3 000kcal)/ kg	0.2857～0.4286 kgce / kg
Coke	28 435 kjoule / (6 800 kcal) / kg	0.9714 kgce / kg
Crude Oil	41 816 kjoule / (10 000 kcal) / kg	1.4286 kgce / kg
Fuel Oil	41 816 kjoule / (10 000 kcal) / kg	1.4286 kgce / kg
Gasoline	43 070 kjoule / (10 300 kcal) / kg	1.4714 kgce / kg
Kerosene	43 070 kjoule / (10 300 kcal) / kg	1.4714 kgce / kg
Diesel	42 652 kjoule / (10 200 kcal) / kg	1.4571 kgce / kg
Liquefied Petroleum Gas	50 179 kjoule / (12 000 kcal) / kg	1.7143 kgce / kg
Refinery Gas	45 998 kjoule / (11 000 kcal) / kg	1.5714 kgce / kg
Natural Gas	32 238～38 931kjoule / (7 700～9 310 kcal) / cu.m	1.1000～1.3300 kgce / cu.m
Coke Oven Gas	16 726～17 981kKjoule/ (4 000～ 4 300kcal)/ cu.m	0.5714～0.6143 kgce / cu.m
Other Coal Gas		
By Gas Furnace	5 227 kjoule / (1 250 kcal) / cu.m	0.1786 kgce / cu.m
By Heavy Oil Catalytic Cracking	19 235 kjoule / (4 600 kcal) / cu.m	0.6571 kgce / cu.m
By Heavy Oil Thermal Cracking	35 544 kjoule / (8 500 kcal) / cu.m1.2143 kgce / cu.m	
Coke Gas	16 308 kjoule / (3 900 kcal) / cu.m	0.5571 kgce / cu.m
By Pressure Gasification	15 054 kjoule / (3 600 kcal) / cu.m	0.5143 kgce / cu.m
Water Coal Gas	10 454 kjoule / (2 500 kcal) / cu.m	0.3571 kgce / cu.m
Coal Tar	33 453 kjoule / (8 000 kcal) / kg	1.1429 kgce / kg
Benzene	41 816 kjoule / (10 000 kcal) / kg	1.4286 kgce / kg
Heat (in calorific value)	0.03412 kgce / Mjoule	(0.14286 kgce / 1000 kcal)
Electricity (in calorific value)	3 600 kjoule / (860 kcal) / kW • h	0.1229 kgce / kW • h
(in coal equivalent)	calculated by average coal input for thermal power generation in the year	
Biomass Energy		
Night Soil1	8 817 kjoule / (4 500 kcal) / kg	0.643 kgce / kg
Cow Dung	13 799 kjoule / (3 300 kcal) / kg	0.471 kgce / kg
Pig Dung	12 545 kjoule / (3 000 kcal) / kg	0.429 kgce / kg
Sheep/Donkey/Horse/Mule Dung	15 472 kjoule / (3 700 kcal) / kg	0.529 kgce / kg
Poultry Manure	18 817 kjoule / (4 500 kcal) / kg	0.643 kgce / kg
Soybean Stalk, Cotton Stalk	15 890 kjoule / (3 800 kcal) / kg	0.543 kgce / kg
Paddy Stalk	12 545 kjoule / (3 000 kcal) / kg	0.429 kgce / kg
Wheat stalk	14 635 kjoule / (3 500 kcal) / kg	0.500 kgce / kg
Maize Stalk	15 472 kjoule / (3 700 kcal) / kg	0.529 kgce / kg
Fireweed	13 799 kjoule / (3 300 kcal) / kg	0.471 kgce / kg
Leaves	14 635 kjoule / (3 500 kcal) / kg	0.500 kgce / kg
Firewood	16 726 kjoule / (4 000 kcal) / kg	0.571 kgce / kg
Biogas	20 908 kjoule / (5 000 kcal) / cu.m	0.714 kgce / cu.m